CERT® C 프로그래밍 2/e

CERT® C 프로그래밍 2/e

버그 없는 안전한 소프트웨어

로버트 C. 시코드 지음   노영찬 옮김

i!i
에이콘

 에이콘출판의 기틀을 마련하신 故 정완재 선생님 (1935-2004)

나의 사랑하는 아내 론다와 내 아이들 첼시와 조단 그리고 손주들에게…

지은이 소개

로버트 C. 시코드 Robert C. Seacord

카네기멜론대학교 Carnegie Mellon University 의 소프트웨어 엔지니어링 연구소 SEI, Software Engineering Institute CERT 부서의 안전한 코딩 기술 책임자다. CERT 프로그램은 사이버 보안의 위험에 대응해 획기적이며 효과적으로 사용할 수 있는 믿을 수 있는 서비스다. 안전한 코딩 이니셔티브 Secure Coding Initiative 라는 부서에서 소프트웨어를 배포하기 전 코딩의 에러를 유발할 수 있는 취약한 부분의 제거 및 표준의 가이드를 제공하는 개발자 및 개발 회사들과 함께 협력하고 있다. 카네기멜론대학교의 정보 네트워킹 연구소와 컴퓨터 과학 학부의 조교수이기도 하다.

현재까지 『C & C++ 시큐어 코딩』(에이콘, 2015), 『자바 시큐어 코딩 가이드라인』(인피니티북스, 2017)을 포함해 총 8권의 책을 썼다. 소프트웨어 보안과 컴포넌트 기반의 소프트웨어 엔지니어링, 웹 기반 시스템 설계, 구 시스템의 현대화, 컴포넌트 저장소와 검색 엔진, 사용자 인터페이스 및 개발 등과 관련해 총 40편의 논문을 발표했다. 2005년부터 산업 기관과 교육 기관, 정부 기관 등에 C와 C++ 언어로 된 안전한 코딩을 강의하고 있다. 1982년 IBM에서 전문적인 프로그래밍을 시작했으며 통신과 운영체제 소프트웨어, 프로세서 개발, 소프트웨어 엔지니어링 등 다방면에서 프로젝트를 진행하고 있다. X 컨소시엄 X Consortium 에서 일했으며 당시 공통 데스크톱 환경과 X 윈도우 시스템 개발과 코드 유지 보수 지원을 했다. C 프로그래밍 언어의 표준화를 위한 ISO/IEC JTC1/SC22/WG14에서 카네기멜론대학교의 대표 멤버로 활동하고 있다.

감사의 글

이 책은 커뮤니티 멤버들의 노력으로 완성됐다. 먼저 이 책의 중요한 지침과 가이드 라인을 제공한 다음의 공헌자들에게 감사를 드린다.

Arbob Ahmad, Juan Alvarado, Dave Aronson, Abhishek Arya, Berin Babcock-McConnell, Roberto Bagnara, Bruce Bayha, Joe Black, Jodi Blake, Jill Britton, Levi Broderick, Hal Burch, J. L. Charton, Steve Christey, Ciera Christopher, Geoff Clare, FrankCostello, Joe Damato, Stephen C. Dewhurst, Susan Ditmore, Chad Dougherty,Mark Dowd, Apoorv Dutta, Emily Evans, Xiaoyi Fei, William Fithen, HallvardFuruseth, Jeff Gennari, Andrew Gidwani, Ankur Goyal, Douglas A. Gwyn, Shaun Hedrick, Michael Howard, Sujay Jain, Christina Johns, Pranjal Jumde, AndrewKeeton, David Kohlbrenner, Takuya Kondo, Masaki Kubo, Pranav Kukreja, Richard Lane, Stephanie Wan-Ruey Lee, Jonathan Leffler, Pengfei Li, Fred Long, Justin Loo, Gregory K. Look, Larry Maccherone, Aditya Mahendrakar, Lee Mancuso, John McDonald, James McNellis, Randy Meyers, Dhruv Mohindra, Nat Lyle, Bhaswanth Nalabothula, Todd Nowacki, Adrian Trejo Nuñez, Bhadrinath Pani,Vishal Patel, David M. Pickett, Justin Pincar, Thomas Plum, Abhijit Rao, Raunak Rungta, Dan Saks, Alexandre Santos, Brendan Saulsbury, Jason Michael Sharp, Astha Singhal, Will Snavely, Nick Stoughton, Alexander E. Strommen, Glenn Stroz, Dean Sutherland, Kazunori Takeuchi, Chris Tapp, Chris Taschner, Mira Sri Divya Thambireddy, Melanie Thompson, Elpiniki Tsakalaki, Ben Tucker, Fred J. Tydeman, Abhishek Veldurthy, Wietse Venema, Alex Volkovitsky, Michael Shaye-Wen Wang, Grant Watters, Tim Wilson, Eric Wong, Lutz Wrage, Shishir Kumar Yadav, Gary Yuan, Ricky Zhou, Alen Zukich.

다음의 검토자들에게도 감사를 드린다.

Stefan Achatz, Arbob Ahmad, Laurent Alebarde, Kevin Bagust, Greg Beeley, Arjun Bijanki, John Bode, Konrad Borowski, Stewart Brodie, Jordan Brown, Andrew Browne, G. Bulmer, Kyle Comer, Sean Connelly, Ale Contenti, Tom Danielsen, Eric Decker, Mark Dowd, T. Edwin, Brian Ewins, Justin Ferguson, William L. Fithen, Stephen Friedl, Hallvard Furuseth, Shay Green, Samium Gromoff, Kowsik Guruswamy, Jens Gustedt, Peter Gutmann, Douglas A. Gwyn, Richard Heathfield, Darryl Hill, Paul Hsieh, Ivan Jager, Steven G. Johnson, Anders Kaseorg, Matt Kraai, Piotr Krukowiecki, Jerry Leichter, Nicholas Marriott, Frank Martinez, Scott Meyers, Eric Miller, Charles-Francois Natali, Ron Natalie, Adam O'Brien, Heikki Orsila, Balog Pal, Jonathan Paulson, P. J. Plauger, Leslie Satenstein, Kirk Sayre, Neil Schellenberger, Michel Schinz, Eric Sosman, Chris Tapp, Andrey Tarasevich, Josh Triplett, Yozo Toda, Pavel Vasilyev, Ivan Vecerina, Zeljko Vrba, David Wagner, Henry S. Warren, Colin Watson, Zhenyu Wu, Drew Yao, Christopher Yeleighton, Robin Zhu.

애디슨 웨슬리^{Addison-Wesley} 출판사의 직원들에게 감사를 드린다.

편집자 킴 베디그하이머^{Kim Boedigheimer}, 제작 편집자 캐롤라인 세나이^{Caroline Senay}, 제작 매니저 줄리 B. 나힐^{Julie B. Nahil}, 출판 편집자 데보라 톰슨^{Deborah Thompson}, 편집 담당 이사 크리스토퍼 구지코브스키^{Christopher Guzikowski}, 편집국장 존 풀러^{John Fuller}, 마케팅 스테판 나킵^{Stephane Nakib}.

이 프로젝트를 허락해 준 피터 고든^{Peter Gordon}에게도 감사를 전한다. 이 작업이 끝나기 전 은퇴를 했지만 이 프로젝트를 위해 많은 부담을 덜어 줬다. 1999년 로스엔젤레스 공항 근처 힐튼 호텔에서 이 책의 공동 저자인 커드 월나우^{Kurt Wallnau}와 함께 첫 번째 공동 작업인 『Building Systems from Commercial Components』(Addison-Wesley, 2001)에 대한 토의를 하려고 만났다. 산타모니카에 있는 해산물 레스토랑에서 어떤 대화를 했는지 정확히 기억나지는 않지만 피터의 전문 지식은 그날 아침 식사 이상의 가치를 줬으며, 즐거운 시간을 보냈던 것으로 기억한다.

그날의 만남 이후 지난 14년 동안 8권의 책을 함께하는 좋은 동료가 됐다. 보스턴의 백베이^{Back Bay}의 저녁 식사를 시작으로 도쿄에서의 점심까지 오랜 기간 나에게 전문 지식의 깊은 영향을 줬고 그 기간에 만났던 어떤 사람보다도 나의 경력을 키우는 데 많은 도움을 줬다. 사실 피터와는 대부분 식사를 통해 만났으며 기술 관련 서적의 마케팅과 관련해 예를 들면 책의 표지는 붉은색으로 하고 제목에 숫자를 포함해야 한다는 등의 다양한 지식과 유익한 정보를 줬다. 가장 중요한 점은 피터가 도널드 커누스^{Donald Knuth}나 나와 같은 여러 유명한 저자들과 함께 일을 했지만 상당히 겸손한 사람이라는 것이다. 은퇴 후 재미있는 일을 즐기길 바라며 빠른 시일 내로 함께 식사할 시간을 갖고 싶다.

CERT 팀 멤버들, 타마라 버틀러^{Tamara Butler}, 파멜라 커티스^{Pamela Curtis}, 지나 데콜라^{Gina DeCola}, 에드 데소텔스^{Ed Desautels}, 샤논 하스^{Shannon Haas}, 폴 루지에로^{Paul Ruggiero}, 오소나 스티브^{Osona Steave}, 트레이시 타물레스^{Tracey Tamules}, 페니 월터스^{Pennie Walters}에게 또한 감사를 드린다. 그들의 도움과 지원이 없었다면 이 책의 출판이 어려웠을 것이다.

마지막으로 언급하지만 너무 중요한 역할을 해준 팀 내의 편집자인 캐롤 J. 랠리어^{Carol J. Lallier}가 이 일을 가능하게 했고 다시 한 번 감사의 뜻을 전한다.

아치 앤드루^{Archie Andrew}와 마크 셔먼^{Mark Sherman}, 빌 윌슨^{Bill Wilson} 마지막으로 릭 페시아^{Rick Pethia}에게 특별한 감사를 드린다.

그날의 만남 이후 지난 14년 동안 8권의 책을 함께하는 좋은 동료가 됐다. 보스턴의 백베이[Back Bay]의 저녁 식사를 시작으로 도쿄에서의 점심까지 오랜 기간 나에게 전문 지식의 깊은 영향을 줬고 그 기간에 만났던 어떤 사람보다도 나의 경력을 키우는 데 많은 도움을 줬다. 사실 피터와는 대부분 식사를 통해 만났으며 기술 관련 서적의 마케팅과 관련해 예를 들면 책의 표지는 붉은색으로 하고 제목에 숫자를 포함해야 한다는 등의 다양한 지식과 유익한 정보를 줬다. 가장 중요한 점은 피터가 도널드 커누스[Donald Knuth]나 나와 같은 여러 유명한 저자들과 함께 일을 했지만 상당히 겸손한 사람이라는 것이다. 은퇴 후 재미있는 일을 즐기길 바라며 빠른 시일 내로 함께 식사할 시간을 갖고 싶다.

CERT 팀 멤버들, 타마라 버틀러[Tamara Butler], 파멜라 커티스[Pamela Curtis], 지나 데콜라[Gina DeCola], 에드 데소텔스[Ed Desautels], 샤논 하스[Shannon Haas], 폴 루지에로[Paul Ruggiero], 오소나 스티브[Osona Steave], 트레이시 타물레스[Tracey Tamules], 페니 월터스[Pennie Walters]에게 또한 감사를 드린다. 그들의 도움과 지원이 없었다면 이 책의 출판이 어려웠을 것이다.

마지막으로 언급하지만 너무 중요한 역할을 해준 팀 내의 편집자인 캐롤 J. 랠리어[Carol J. Lallier]가 이 일을 가능하게 했고 다시 한 번 감사의 뜻을 전한다.

아치 앤드루[Archie Andrew]와 마크 셔먼[Mark Sherman], 빌 윌슨[Bill Wilson] 마지막으로 릭 페시아[Rick Pethia]에게 특별한 감사를 드린다.

공헌자 소개

아론 발맨 Aaron Ballman

CERT의 보안 소프트웨어 엔지니어다. Clang 오픈 소스 C, C++, Objective-C 컴파일러의 개발자로 활동 중이며 프론트엔드 개발에 주력하고 있다. 10년 이상 다양한 프로그래밍 언어를 사용하는 여러 컴파일러를 작성한 경험이 있고 여러 운영체제에서 공통적으로 사용할 수 있는 C와 C++ 프레임워크를 개발하고 있다. 『Ramblings on REALbasic』(2009)의 저자다.

존 베니토 John Benito

소프트웨어 개발, 관리, 테스팅과 관련된 컨설턴트로 활동 중이다. 현재 표준 C$^{C\ Standard}$를 관리하는 ISO 그룹인 ISO/IEC JTC 1/SC 22/WG14의 의장이다. ISO/IEC JTC 1/SC 22 WG 23의 초기 의장이었고 Technical Report 24772의 프로젝트 편집인이며 INCITS PL22.11(ANSI C) 기술 위원회의 멤버다. INCITS PL22.16(ANSI C++)과 ISO Java 스터디 그룹의 멤버였고 38년 넘게 소프트웨어 개발, 프로젝트 관리, 테스팅 등 많은 프로젝트에 참여하고 있다. 24년 동안 국제 표준 개발에 참여, 활동을 하고 있으며 INCITS Exceptional International Leadership Award를 받았다.

데이비드 키턴David Keaton

C 프로그래밍 언어의 표준화를 관리하는 ANSI C 위원회의 미주 지역 의장이다. 1990년부터 위원회의 의결권을 가진 멤버로 활동하고 있다. 임베디드 시스템부터 슈퍼 컴퓨터까지 여러 형태의 컴파일러를 작성했다. 컴파일러에 지원되는 보안 메커니즘과 관련한 2개의 특허를 보유했다.

댄 플라코스Dan Plakosh

SEI에 참여하기 전 해군 수상전 센터NSWCDD, Naval Surface Warfare Center에서 소프트웨어 엔지니어링 부서의 리더로 활동했다. 방위산업과 산학협력 분야에서 15년간의 소프트웨어 개발 경험을 갖고 있다. 주된 연구 분야는 실시간 분산 시스템과 네트워크 통신 및 프로토콜, 시스템 엔지니어링, 실시간 2D 및 3D 그래픽, UNIX 운영체제다. 현재는 오래된 분산 시스템에서 최신의 통신 기술을 이용한 분산 시스템으로 전환하는 작업에 많은 시간을 쏟고 있다.

마틴 세보르Martin Sebor

시스코 시스템즈Cisco Systems, Inc.에 네트워크 운영체제 그룹Network Operating Systems Group의 C와 C++ 컴파일러 그룹의 기술 리더이며 이와 관련한 개발 도구와 컴파일러, 시스코 네트워킹 운영체제 IOS에 대한 일을 하고 있다. 시스코 안전한 코딩 표준Cisco Secure Coding Standard을 개발 및 배포하는 일을 이끌고 있다. C와 C++ 언어, 개발 도구, 포식스POSIX 운영체제 표준에 전문 지식과 경험을 갖고 있다. C, C++ 국제 표준 위원회(PL22.11과 PL22.16은 PL22인 INCITS technical committee for Programming Languages의 하위그룹이다)의 시스코 대표 멤버로 활동하고 있다.

데이비드 스보보다 David Svoboda

CERT의 소프트웨어 보안 엔지니어다. 1991년부터 카네기 멜론 대학의 다양한 소프트웨어 개발 프로젝트에 선임 개발자로 활동하고 있다. 계층적 칩 모델링hierarchical chip modeling과 사회과학 분야의 조직 시뮬레이션 및 자동화 번역AMT, Automated Machine Translation 프로그램 등 다양한 범위에서 프로젝트를 진행하고 있다. KANTOO AMT 소프트웨어는 1996년 개발돼 캐터필러Caterpillar에서 여전히 사용되고 있다. 정부나 국방 관련 기관, 금융기관 등 전 세계의 많은 단체에 C와 C++의 안전한 코딩 표준을 교육하고 있다. C++ 언어의 표준화를 위한 ISO/IEC JTC1/SC22/WG21와 C 프로그래밍 언어의 표준화를 위한 ISO/IEC JTC1/SC22/WG14 위원회에 참여하고 있다.

옮긴이 소개

노영찬(youngc.noh@gmail.com)

롯데 정보통신에서 ERP 시스템 개발을 위해 7년간 프로그래머로 근무했으며 서던캘리포니아 대학교의 Software Engineering 전공으로 대학원을 졸업했다. 현재는 미국 캘리포니아에서 비즈니스 솔루션 개발 및 시스템 컨설팅을 위한 Cloud Cornerstore를 설립하고 고객에게 다양한 IT 서비스를 제공하고 있다.

옮긴이의 말

왜 코딩 표준을 따라야 하는가? 만약 프로그래머들이 정의되지 않은 코딩 표준에서 자신만의 방식으로 코딩을 한다면 프로그램 로직 안에 인지되지 않은 버그와 에러로 보안 공격에 쉽게 노출될 수 있다. 또한 소프트웨어의 성능 저하로 사용자, 소프트웨어, 하드웨어 시스템 전체에 악영향을 야기할 수 있다.

이 책에서는 소프트웨어 개발 시에 발생하는 버그와 프로그램의 취약성을 유발하는 코드를 제거해 안전하고 신뢰할 수 있는 C 프로그램을 개발하는 방법을 제시한다. 표준에 해당하는 관련 규칙을 제목과 설명, 부적절한 코드 예제, 규칙에 부합하는 해결 방법으로 구성해서 독자들이 실용적으로 이해할 수 있도록 정리했다. 또한 프로젝트 시에 이해관계자의 요구 사항 정리와 소스 코드를 검증하기 위한 도구로 사용하기 위해 위험 평가 항목을 포함하고 있다. 개발자의 부적절한 코드로 인해 발생하는 잠재적인 위험을 알려 주며, 위험 요소를 제거하기 위해 예상되는 비용도 함께 제시하고 있다. 위험 평가 항목은 개발 팀 내에서 문제 해결을 위한 우선순위를 결정하는 데 유용하게 사용할 수 있다.

CERT 코딩 표준은 현재 산업 전반에 걸쳐 널리 사용되는 국제 표준 가이드이며 C 코드 개발자가 효과적으로 활용할 수 있는 길잡이가 될 것이다. 이해관계자의 요구 사항을 효과적으로 정리하고 버그 없이 안전하며 보안 공격을 견딜 수 있는 견고한 소프트웨어 개발을 원하는 개발자에게 참고할 만한 가치가 있는 책이라 생각한다.

차례

들어가며

이 책은 소프트웨어 개발 시 발생하는 프로그램 오류 및 취약성을 유발하는 불안전한 프로그램 코드를 제거해 안전성, 신뢰성, 보안성을 갖춘 C 프로그램을 개발할 수 있는 효과적인 방법을 제시한다. 책에서 명시하는 표준 규칙은 C 언어로 소프트웨어를 개발할 때 프로그램의 안전성과 신뢰성, 보안성을 보장할 수 있다. 물론 CERT C 프로그래밍 표준을 준수하며 동시에 안전하고 보안성을 갖춘 소프트웨어 설계를 동반해야 한다. 일반적으로 보안 관련 시스템은 프로그래밍의 표준 규칙보다는 소프트웨어의 요구 사항requirement에 따른 엄격한 코딩 규칙을 동반한다. 예를 들어 모든 메모리의 정적 할당을 요구하는 시스템은 신뢰성과 튼튼한 구조 및 보안 공격에 대한 방어 능력을 가진 최적화된 코딩 표준을 수반한다.

표준에 해당하는 관련 규칙은 제목title과 설명description, 부적절한 코드 예제noncompliant code example, 규칙에 부합하는 해결 방법compliant solution으로 구성한다. 제목은 함축적이나 모호하지 않고 규칙에 대한 설명을 내포해야 하며 규칙에 대한 설명은 관련 규칙의 제안과 판단, 평가의 기준을 명시한다. 부적절한 코드 예제는 관련 규칙에 어긋나는 부분을 예제를 통해 설명한다. 마지막으로 규칙에 부합하는 해결 방법은 관련 규칙에 적합하거나 그 밖에 적합한 해결 방법을 코드 예제를 통해 보여 준다.

관련 규칙이 문서에 의해 충분히 입증되고 권고될 수 있는 것은 C 언어 코딩 표준의 기본 요소다. 코딩 표준은 프로그래머의 개인적인 선호도보다는 프로젝트나 조직, 이해관계자의 요구 사항에 의해 정의되는 통일된 규칙 및 권고이며 프로그래머가 따라야 하는 코딩 표준이다. 확정된 코딩 표준은 소스 코드를 검증하기 위한 도구로 사용된다(검증은 수동 또는 자동적인 프로세스로 이뤄진다).

CERT 코딩 표준은 산업 전반에 널리 사용되는 국제 표준 가이드다. 시스코 시스템즈Ciso Systems는 2011년 9월 SecCon 콘퍼런스에서 제품 개발을 위한 코딩 표준으로

CERT C 안전한 코딩 표준^{CERT C Secure Coding Standard}을 채택한다고 발표했다. 최근 오라클^{Oracle}도 현재 사용 중인 보안 코딩 표준에 CERT 보안 코딩 표준을 사용한다고 밝혔다. 『The CERT® Oracle Secure Coding Standard for Java』(Addison-Wesley, 2011)에서 가이드라인^{guideline}을 제공하는 것으로 오라클도 CERT 표준 적용을 위한 협력 작업을 진행하고 있다는 사실에 주목해야 한다.

■ 범위

이 책은 다음 문서에 정의된 C 프로그래밍 버전으로 개발됐다.

- ISO/IEC 9899:2011, Programming Languages—C, Third Edition [ISO/IEC 9899:2011]
- ISO/IEC 9899:2011/Cor.1:2012, Technical Corrigendum 1

이 책은 C 언어의 표준인 C99(C 언어의 현대 개정판) [ISO/IEC 9899:1999]를 사용해 2008년에 발행된 『The CERT® C Secure Coding Standard』[1](Addison-Wesley, 2008)를 개정하고 보완해 출간했다. 개정판은 C11(C 언어의 최신 개정된 표준)을 사용해 개발됐으나 C99를 포함, C 언어의 하위 버전과 호환해서 사용할 수 있다. 표준 규칙을 적용하는 데 영향을 미칠 수 있는 표준 C^{C Standard} 버전 간의 차이에 주의해야 한다.

대부분의 규칙은 표준의 범위를 한정하고자 문제가 될 수 있는 부적절한 코드 예제^{noncompliant code example}를 C11을 사용한 프로그램 코드로 설명한다. 그러나 코딩의 문제점을 해결하는 최선의 방법은 소프트웨어를 개발하는 플랫폼의 이해를 동반해야 한다. 따라서 대부분의 표준 규칙은 포식스^{POSIX} 유닉스 운영체제^{operating system}와 윈도우^{Windows} 운영체제의 플랫폼에 적용할 수 있는 적절한 해결 방법^{compliant solutions}을 제공한다. ISO/IEC TR 24731-2, Extensions to the C Library—Part II:Dynamic Allocation Functions [ISO/IEC TR 24731-2:2010]에서 설명하듯이 ISO/IEC(국제표준화기구/국제표준회의)의 기술 보고서로 발표된 언어 및 라이브러리 확장은 표준 규

---

1   한국어판은 2010년에 『버그 없는 안전한 소프트웨어를 위한 CERT C 프로그래밍』(에이콘)으로 출간했다.

칙에서 자주 우선순위로 고려된다. 리눅스^{Linux}나 OpenBSD(BSD 계열의 오픈 소스 운영 체제)와 같은 특정 플랫폼에 적용할 수 있는 해결책을 제공한다. 때로는 흥미롭게 보일 수 있는 특정한 구현 동작$^{implementation-specific behaviors}$을 설명하는 데 사용한다.

이론적 근거

C 프로그래밍 언어의 코딩 표준은 C11(최신 표준 C 언어)과 C11 후속 버전의 기술 보고서에 근간을 두고 작성해야 오랜 기간 유효한 표준으로 사용할 수 있다.

표준 C(C11)안은 어디서든 규약으로 존재할 수 있으며 따라서 모든 기능은 표준안에 포함되기 전 반드시 구현(컴파일 단계) 테스트를 실행해야 한다. 이 책은 널리 알려지지 않은 새로운 절차나 지침을 소개하고 부적절한 지침이 여전히 사용되고 있을 때 모범적 절차나 지침$^{best practice}$을 새로운 표준으로 설정하는 것이 주요 목적이며 표준 C 언어(C11)와 차이점이다. 즉 이 책은 단순히 규칙을 문서화하는 것이 아니라 프로그래밍에서 발생할 수 있는 다양한 문제점에 대응할 수 있는 능동적 대처를 유도한다.

예를 들어 표준 C11에서 소개된 선택적이지만 규범적으로 따라야 하는 아넥스 K$^{Annex K}$의 '경계 검사 인터페이스$^{Bounds-Checking Interfaces}$'는 상당한 지지를 받고 있지만 현재는 소수의 소프트웨어 회사에서만 구현했다. 데이터 수신자의 버퍼 크기를 할당해 보안 기능을 제공하는 memcpy_s()와 같은 함수를 운영체제와 애플리케이션 사이의 인터페이스$^{API, Application Programming Interface}$에 추가하는 기능을 소개했다. 향후에 사용여부를 예측해서 작성된 문서가 현 시점에 널리 적용되지 않는다고 이러한 함수를 간과해서는 안 된다. 표준 C가 향후 폭넓게 사용되도록 하며, 특히 새로운 C 코드 개발자들은 계속 진화 중인 컴파일러와 개발 도구를 효과적으로 활용할 수 있는 길잡이가 필요하다.

소프트웨어 개발이 종료될 때까지 C 언어 표준의 일부만을 채택하는 회사도 있고 C 언어의 기본 표준을 확장해서 사용하는 경우도 있다. 결과적으로 C99나 C95, C90 등의 단순한 버전의 차이를 논의하는 것이 아니다. 다만 각 회사의 지원 상황이 너무 복잡해 적당한 선 긋기 작업이 어렵고 어떤 컴파일러가 정확히 어떤 표준을 지원하는지 정의하기 어렵다. 더욱이 각 회사가 적당한 협의점을 채택했어도 언어의 특정 부분에 여전히 상반되는 의견을 가질 수 있다. 따라서 모든 가능성을 고려한 지원을 위해 각 언어의 기능과 여러 컴파일러에 대입 및 교차cross-product하는 테스트를 진행해야 한다. 결과적으로 위에서 언급한 절차에 따른, 즉 표준에 의해 정의된 규칙은 회사, 이해관계자가 가능한 한 오랫동안 적용할 수 있는 것이 표준이 될 수 있다. 이러한 지원 형태의 가변성으로 프로그래머가 단지 C99에 정의된 기능만을 사용할 때 프로그램 소스 코드의 호환성을 높일 수 있는데 이는 C 언어 프로그래밍에서 상충하는 여러 문제 중 하나인 보안성과 호환성이 충돌하는 문제가 발생한다.

향후 사용에 대비해 만들어진 미래지향적 정보들은 시간이 지남에 따라 사용 빈도, 즉 가치가 증가하고 과거의 정보를 기반으로 만들어진 정보는 시작 시점부터 가치가 감소한다.

위에서 언급한 대로 표준의 우선순위는 C 표준에 아직 포함되지 않은, C11이나 C11 이후의 버전을 사용해 개발될 새로운 프로그램 코드를 지원하는 것이며, 두 번째로 C99와 관련한 기술 문서를 사용하는 오래된 코드를 개선하는 표준을 지원하는 것이다.

이러한 코딩 표준은 오래된 컴파일러가 여전히 중요하게 사용되며 다른 우선순위를 위태롭게 하지 않을 때 지원할 수 있다. 표준 C에 벗어나는 모든 예외 사항을 다루려는 것은 아니며 몇 가지 중요한 부분을 다룰 것이다.

언급되지 않은 주제

이 책의 표준 코딩에서 언급하지 않은 주제는 다음과 같다.

코딩 스타일. 코딩 스타일(coding style)은 상당히 주관적인 부분이며 표준을 위한 적절한 가이드라인에 대한 합의점을 찾아 표준으로 만들기가 어렵다. 결과적으로 이 책은 특정 코딩 스타일을 사용하도록 강요하지 않고, 개발 조직 내에서 정의하고 채택한 코딩 스타일의 가이드라인을 일괄적으로 적용하는 것을 추천한다. 코딩 스타일을 일률적으로 사용하는 가장 손쉬운 방법은 코드 형식 도구(code-formatting tool)를 이용하는 것이다. 대다수의 상호 개발 환경(IDE, Interactive Development Environment)에서 그러한 도구를 사용한다.

논란의 여지가 있는 규칙. 이 책은 대다수의 합의를 이루지 못해 논란의 여지가 있는 규칙(controversial rule)들은 언급하지 않았다.

■ 이 책의 대상 독자

C 언어 개발자를 우선 대상으로 하며 맞춤형 소프트웨어bespoke software를 위한 이해관계자의 요구 사항을 정의하는 데 사용한다. 신뢰성과 견고성이 있고 보안 공격에 잘 견디는 고성능 시스템 개발에 관심 있는 개발자라면 더욱 흥미롭게 읽을 것이다.

C++ 개발자를 대상으로 하지는 않지만 C 언어 프로그램에서 발생하는 대다수의 문제가 C++ 프로그램에서 공통적으로 발생되기 때문에 C++ 개발자도 참고하기 좋다.

■ 변천 과정

CERT 코딩 표준은 2006년 봄 독일 베를린에서 열린 C Standards Committee(공식 명칭은 ISO/IEC JTC1/SC22/WG14)에서 시작됐다[Seacord 2013a]. 표준 C는 신뢰할 수 있는 문서지만 주요 대상이 컴파일러 실행자이며 여러 번 언급한 대로 표준 C 언어는 이해하기 어렵고 눈에 잘 들어오지 않는다. 이러한 코딩 표준은 C 언어 프로그래머를 우선 대상으로 하며 프로그래밍 언어에서 보안성을 갖춘 코딩을 어떻게 하는지 실행 가능한 지침을 제공한다.

안전한 CERT 코딩 표준은 커뮤니티에 기초한 개발 프로세스를 따르는 위키wiki 안전한 CERT 코딩 표준(http://www.securecoding.cert.org)에 의해 발전해 왔다. WG14 C 표준위원회의 구성원을 포함한 커뮤니티의 전문가들은 위키 사이트에 지속적인 업데이트를 위해 내용을 변경할 수 있는 권한을 줬다. 커뮤니티 회원들은 위키 사이트에 무료 계정을 등록하고 코딩 표준과 사용자들에 의해 제안된 규칙의 문제점 지적과 개인의 견해 등을 작성할 수 있도록 했다. 높은 수준의 견해를 제공해 준 회원에게 코딩 표준의 발전에 직접 기여할 수 있도록 위키 사이트에 변경할 수 있는 권한을 주고 있다. 현재 위키 CERT 코딩 표준 커뮤니티에 1,576명의 회원들이 안전한 CERT 코딩 표준을 위해 활동하고 있다.

위키를 사용한 커뮤니티 개발 프로세스는 많은 이점이 있다. 전문가 그룹이 참여해 표준 규칙에 대한 검토와 합의를 할 수 있는 과정을 거친다. 하지만 위키 안전한 코딩 표준의 내용은 지속적으로 변경될 수 있는 단점이 있다. 이러한 가변성과 충분히 입증되지 않은 사항도 함께 받아들이는 것을 허용한다면 가장 최신 정보를 얻을 수 있는 장점이 있다. 그러나 많은 소프트웨어 개발 조직은 소프트웨어 개발 프로세스에 요구 사항에 적용할 수 있는 안정된 표준 규칙과 제안 사항이 필요하다. 이런 목적으로 안전한 CERT C 코딩 표준은 2년 반 동안 커뮤니티를 통한 지속적인 개발과 검증 과정을 거쳐 이 책으로 출판된 것이다. 2008년 6월 책 출간과 함께 버전 1.0의 안전한 코딩 표준은 위키 버전의 안전한 코딩 표준과 나뉘게 됐다.

CERT C 안전한 코딩 가이드라인은 2007년 4월 런던 WG14 회의에서 검토되고 2007년 8월 하와이 코나Kona 회의에서 다시 검토됐다.

2008년 4월 15일 J11/U.S. TAG 회의에서 논의된 type2나 type3의 기술 보고서 채택을 위해 INCITS PL22.11는 CERT C 안전한 코딩 표준을 WG14 위원회에 제출했다. J11은 PL22.11 Programming Language C 위원회의 전신이며 이 위원회는 U.S. Technical Advisory Group to ISO/IEC JTC 1 SC22/WG14라고 한다. 이 회의를 통한 비공식적인 질의, 즉 '이 프로젝트를 위해 누가 일을 할 것인가?'라는 의제에 4명의 위원이 이 프로젝트를 위한 시간 활용이 가능하며 12명의 위원은 불가능하다고 답했다. 그 후 안전한 CERT C 코딩 표준은 WG14의 많은 기술 전문가가 개발하고 여러 차례 검증을 통한 확고한 가이드라인이 됐다. 다만 개발자에게 축복을 주는 가이드라인을 제공하는 것이 목적이 아니며 컴파일러와 같은 규범적인 요구 사항을 정의하는 도구에 중요한 수단이 됐다.

이러한 지식 강화를 위해 WG14는 C 언어의 안전한 코딩 가이드라인을 만드는 데 발생하는 문제점을 공유하고 해결하는 스터디 그룹을 만들자고 제안했다. 스터디 그룹은 2009년 10월 27일 첫 만남을 가졌다. CERT는 표준화된 프로세스로 사용하려고 안전한 C 언어 코딩 표준 중에 자동적으로 시행할 수 있는 표준을 ISO/IEC에 등록했다.

이 스터디 그룹에는 커버리티Coverity, 포티파이Fortify, 감마테크GammaTech, 김플Gimple, 클록워크Klockwork, LDRA와 같은 애널라이저 회사와 보안 전문가, 전문 프로그래머, 일반 소비자들이 참여했다. ISO/IEC TS 17961 C 안전한 코딩 표준을 개발하고 발표하는 일은 2012년 3월 WG14 회의에서 승인됐다. WG14 이탈리아를 대표하는 로베르토 바그나라Roberto Bagnara는 추후 WG14 편집 위원회의 구성원으로 참여하게 됐다. ISO/IEC TS 17961:2013(E),Information Technology?Programming Languages,

Their Environments and System Software Interfaces?C Secure Coding Rules [ISO/IEC TS 17961:2013]는 2013년 11월 공식적으로 발표되고 ISO 스토어(http://www.iso.org/iso/catalogue_detail.htm?csnumber=61134)에서 구입할 수 있다.

■ ISO/IEC TS 17961 C 안전한 코딩 표준

ISO/IEC TS 17961의 목적은 C 언어 컴파일러를 포함한 진단 도구의 기본이 되는 요구 사항을 정립하고 프로그래밍 언어 표준의 요구 사항을 넘어 불안전한 코드를 진단하고 싶은 사용자에게 적용하는 것이다. 모든 규칙은 정적 분석으로 수행될 수 없다. 채택된 표준 규칙들은 진단 도구를 이용해 과도한 긍정 오류false positive의 발생 없이 보안 코딩의 오류를 효과적으로 진단할 수 있어야 한다.

현재까지 보안성을 위한 정적 분석의 적용은 여러 조직에 의해 임시적으로 시행됐으나 주요한 보안 문제 해결을 위해 일관되지 않은 결과를 초래했다. ISO/IEC TS 17961는 보안 코딩 표준을 열거하고 규칙 위반 사항에 대해 진단하는 분석 엔진을 요구한다. 이런 규칙은 구현하는 방식에 따라 확장될 수 있으며 정적 분석 수행을 준수하는 이해관계자에게 최소한의 위험 보장을 제공한다.

ISO/IEC TS 17961는 C 프로그래밍 언어의 안전한 코딩 표준을 명시하고 각 규칙에 대한 코드의 예를 포함한다. 부적절한 코드 예제noncompliant code example는 잠재적으로 악용될 수 있는 보안과 관련된 코드 구성을 실례로 보여 준다. 해결 방법의 예제compliant example는 문제점에 대한 진단을 예제로서 어렵지 않게 끌어낸다. ISO/IEC TS 17961는 이런 코딩 표준을 강제하거나 어떠한 특정 코딩 스타일coding style을 강요하는 메커니즘을 규정하는 것은 아니다.

표 P-1 ISO/IEC TS 17961과 다른 표준과의 비교

코딩 표준	C 표준	보안 표준	안전 표준	국제 표준	모든 언어
CWE	None/all	Yes	No	No	해당 없음
MISRA C2	C89	No	Yes	No	No
MISRA C3	C99	No	Yes	No	No

코딩 표준	C 표준	보안 표준	안전 표준	국제 표준	모든 언어
CERT C99	C99	Yes	No	No	Yes
CERT C11	C11	Yes	Yes	No	Yes
ISO/IEC TS 17961	C11	Yes	No	Yes	Yes

표 P-1은 ISO/IEC TS 17961이 다른 표준 및 가이드라인과의 연관성을 보여 준다. ISO/IEC TS 17961은 개발자가 아닌 진단 및 분석 도구에게 적용할 수 있는 유일한 표준이다.

규정을 준수하는 진단 도구는 기술적인 표준안에서 규칙이 위반 사항을 감지할 때 진단을 할 수 있는 능력을 가져야 한다. 만약 동일한 프로그램에서 텍스트가 동시에 여러 개의 위반을 했을 경우에 진단 도구는 분석한 사항을 전체적으로 종합해서 적어도 하나 이상의 진단 결과를 만들어 내야 한다. 진단 메시지는 다음의 형태로 표현할 수 있다.

```
Accessing freed memory in function abc, file xyz.c, line nnn.
```

ISO/IEC TS 17961는 진단 도구가 문법적 오류나 C 언어 표준의 제약 사항 위반에 대한 진단 메시지를 요구하지 않는다. 규칙의 준수는 단지 진단 도구에서 보이는 소스 코드에 한해서 정의된다. 바이너리로 한정된 라이브러리^{binary-only library}와 호출하는 함수는 현재 논의하고 있는 규칙의 범위는 아니다.

기술 표준안에서 흥미로운 것은 호환성에 대한 가정이다. 샌프란시스코에 본사가 있는 커버리티^{Coverity}가 주최한 미팅에서 처음으로 언급되고 발전된 개념으로 '샌프란시스코 규칙'으로 이름 붙인 이 가정에서 진단 도구는 C 언어 구현을 위한 가이드라인의 위반 사항을 진단할 수 있어야 하며, 만약 소프트웨어 구현에 대한 결과가 문서화되고 심각한 결함을 일으키지 않는다면 규칙 위반에 대한 진단을 할 필요는 없다고 언급하고 있다. 소프트웨어 구현 및 컴파일의 다양성으로 인한 차이는 분석 도구가 호환성 문제를 고려한 진단을 해야 하는 것이다. 예를 들면 다음의 일부 프로그램은 %d와 long int 사이에서 타입 불일치의 진단을 해야 하는 것이다.

```
long i; printf ("i = %d", i);
```

이런 불일치는 프로그램의 전체적인 구현을 위한 문제는 아니지만 int와 long이 항상 동일한 데이터를 표현하지 않기 때문에 호환성의 문제를 일으킬 수 있다.

이미 언급한 추가적인 목적 외에 이 책은 ISO/IEC TS 17961과 일관성을 유지하며 최근 정보로 업데이트했다. 각 문서는 서로 다른 독자를 대상으로 하고 있지만 두 문서 사이의 일관성은 코딩 표준의 위반 사항을 찾기 위한 ISO/IEC TS 17961의 진단 도구를 사용하는 개발자가 효과적인 역량을 발휘할 수 있도록 많은 도움을 줄 것이다.

Secure Coding Validation Suite(https://github.com/SEI-CERT/scvs)는 ISO/IEC TS 17961에서 정의된 규칙을 검증하려고 CERT가 개발한 테스트 도구다. 이 테스트는 기술 표준에 있는 예제를 기초로 하며 BSD-style 라이선스와 함께 배포된다.

■ 도구 선택과 검증

규칙에 대한 검증은 수작업으로 실행될 수 있지만 프로그램의 크기와 복잡도가 커짐에 따라 실행이 어렵다. 따라서 현재는 진단 도구에 의한 검증을 추천한다.

어떤 종류의 컴파일러를 선택하더라도(일반적으로 링커linker가 포함된 것으로 이해한다) C 컴플라이언트 컴파일러C-compliant compiler는 필요시 항상 사용한다. 만약 규칙을 따르는 실행이 정의되지 않은undefined 동작과 정의된 동작implementation-defined이라고 명확히 한정을 했더라도 컴파일러로 번역된 단위 프로그램translation unit이 문법과 제약 조건을 위반했을 시 적어도 하나의 경고 메시지를 보여 주며 대부분의 진단 도구는 C 컴플라이언트 컴파일러라고 가정하면 된다.

소스 코드 진단 도구를 선택할 때는 가능하면 위키 사이트에서 추천하는 가능한 한 많은 제안 사항을 진단할 수 있는 도구를 선택하는 것이 바람직하다. 모든 권고 사항을 강제할 순 없겠지만 몇 가지 엄격히 지켜야 하는 권고 사항은 컴파일러 선택으로 해결할 수 있다.

CERT는 진단 도구로 ISO/IEC TS 17961의 사용을 추천하지만 연방 정부의 지원을 받는 연구 개발 센터FFRDC, Federally Funded Research and Development Center에 속하는 소프트웨어 엔지니어링 연구소Software Engineering Institute는 특정 제품이나 도구를 공개적으로 추천할 수 없다. 소프트웨어 회사들은 규칙을 준수하는 진단 도구를 개발하려고 노력하고 있으며 이런 코딩 표준을 사용하는 개발자는 그들의 목적에 부합하는 진단 도구를 자유롭게 평가 및 선택할 수 있다.

완전성과 안전성

일반적으로 코딩 표준의 준수 여부를 산술적으로 결정하는 것은 불가능하다. 정적 분석의 정확도는 실질적인 한계가 있다. 예를 들면 컴퓨터 과학에서 정확한 제어 흐름을 갖는 프로그램이 존재하는지를 판단하는 정지 문제[halting theorem]를 정적으로 증명하기는 어렵다. 결과적으로 정지 문제와 같은 제어 흐름에 의존하는 속성을 가진 것은 프로그램으로 정확히 판단하기가 어렵다. 증명 불능의 결과는 특정한 환경에서 주어진 규칙을 만족하는지의 여부를 도구를 사용해 정적으로 결정하는 것은 어렵고 소스 코드는 진단 도구로부터 예상치 못한 예외의 결과로 이어질 수 있다.

그러나 검사에 의한 분석 가능성의 여지는 있다.

- **부정 오류**[false negative]: 가장 심각한 분석 오류로 간주되며 코드의 실제 결함을 찾지 못하는 것이다. 대부분의 도구는 지나치게 조심스럽게 검증하게 되고 실제 오류가 존재함에도 검출하지 못하고 결과적으로 부정 오류를 발생한다. 경우에 따라서는 부정 오류의 발생은 긍정 오류를 갖고 있는 사용자보다 높은 위험성의 오류를 보고할 수 있다.
- **긍정 오류**[false positive]: 오류가 없는데도 진단 도구가 오류라고 보고하는 것이다. 긍정 오류는 코드가 너무 복잡해 진단 도구가 완전한 분석을 할 수 없을 때 발생할 수 있다. 함수 포인터나 라이브러리의 사용으로 긍정 오류가 쉽게 발생할 수 있다.

실현 가능성을 극대화하고자 진단 도구는 시행할 수 있는 규칙과 함께 완전[complete]하고 안전[sound]해야 한다. 진단 도구가 만약 부정 오류의 결과가 없다면 특정 규칙에 대해 안전하다고 간주할 수 있으며 만약 긍정 오류나 오류 검출[false alarm]의 결과가 없다면 분석 도구는 완전하다고 할 수 있다. 주어진 설명에 대해 발생할 수 있는 가능성은 그림 P-1에서 보여 주고 있다.

긍정 오류와 완전

	Y	N
N	긍정 오류	완전성과 안전성
Y	긍정 오류와 불완전	불완전

부정 오류

그림 P-1 부정 오류(false-negative)와 긍정 오류(false-positive) 가능성

컴파일러와 소스 코드 진단 도구는 신뢰할 수 있는 프로세스다. 즉 진단 도구의 결과는 신뢰도에 바탕을 둬야 하는 것을 의미한다. 따라서 개발자는 이런 신뢰도가 떨어지지 않도록 정확한 사용을 해야 하며 이상적으로 이런 신뢰성은 Secure Coding Validation Suite 같은 적절한 검증 테스트를 수행하는 도구에 의해 이뤄져야 한다.

긍정 오류

많은 규칙이 일반적인 예외 리스트를 갖고 있지만 각 가이드라인에 완벽한 예외 리스트를 만드는 것은 불가능하다. 결과적으로 규칙과 진단 도구를 따르는 소스 코드가 중요하며 최대한의 지속 가능성을 위해서 규칙을 위반하지 않는 긍정 오류를 최소화하는 것이 중요하다. 긍정 오류의 진단을 최소화하는 진단 도구는 컴파일러 품질quality-of-implementation의 문제다.

■ 오염 분석

오염과 오염된 소스

연산과 함수는 피연산자와 변수의 부분 집합이며 각각의 영역을 갖는다. 실제 데이터가 정의된 영역의 밖에 있을 때 그 결괏값은 정의되지 않거나 예기치 못한 값을 갖는 경우가 있다. 만약 피연산자와 변수의 값이 그 값을 처리하는 함수와 연산의 영역 밖에 있다면 외부의 데이터가 프로그램으로 입력되고(커맨드라인^{command line} 변수나 시스템 호출에 의한 데이터 반환, 공용 메모리의 데이터) 그 데이터는 오염됐거나 출처가 오염된 소스^{tainted source}로 간주한다. 오염된 데이터는 반드시 외부 영역에 있다고 간주하기 어렵고 더 정확히 내부 영역에 있는 것도 아니다. 단지 피연산자나 변수가 아닌 데이터의 값이 오염될 수 있고 경우에 따라 피연산자와 변수는 오염과 오염되지 않은 데이터를 다른 경로를 통해 함께 갖고 있을 수도 있다. 앞에서 언급한 대로 오염은 오염된 소스로부터 발생된 데이터 값의 속성이다.

제한적 싱크

피연산자와 매개 변수는 타입에 의해 정의되는 영역을 갖게 되며 그 영역을 제한적 싱크^{restricted sink}라고 한다. 포인터 연산에서 사용되는 정수형 피연산자는 연산자를 위한 제한적 싱크, 즉 연산에 대한 결과를 저장하고 전달하는 한정적인 장소다. 라이브러리 함수의 매개 변수 또한 제한적 싱크다. 이런 함수들은 매개 변수와 함께 주소 연산을 하거나 자원의 할당을 제한 또는 다른 한정된 싱크로 매개 변수를 전달하기 때문이다. 널^{null}로 종료되지 않은 문자열을 전달하는 것이 가능하기 때문에 라이브러리 함수에 입력하는 모든 문자열 변수는 제한적 싱크다. 단 예외적인 것은 변수를 strncpy()와 strncpy_s()로 입력하는 것이며 이것은 문자열이 널로 종료하지 않는 것을 허용하지 않기 때문이다.

오염 확산

오염은 연산이 제한적 싱크에서 데이터의 결괏값에 대한 제약 조건을 통제하지 않는다면 피연산자부터 연산 결과에 이르기까지 모든 과정을 통해 확산된다. 그뿐만 아니라 연산도 동일한 종류의 오염으로 확산되며, 피연산자의 오염이 결과에 따라 다른 종류의 오염으로 확산되는 경우도 있다. 가장 흔한 예로 strlen() 함수의 문자열 길이에 대한 오염이 범위를 사용하는 연산의 반환값$^{return\ value}$의 오염으로 확장될 수 있다.

반복문의 종료^{exit} 조건은 일반적으로 제한적 싱크로 간주하지 않지만 오염된 데이터에 따라 종료하는 반복문은 반복 횟수에 비례해 증가, 감소하는 변수 또는 포인터 변수의 오염을 확산시킨다.

오염 제거

데이터의 값으로부터 오염을 제거하려면 제한적 싱크의 한정된 영역에서 데이터의 움직임을 파악해 오염을 제거해야 한다. 교체와 종료에 의해 오염은 제거될 수 있다. 교체는 외부의 데이터를 내부의 데이터로 대체하고 원래의 위치에서 내부의 데이터를 사용해 처리를 하는 것이다. 종료는 프로그램의 로직이 외부의 데이터를 인지할 때 코드가 사용한 데이터가 무엇인지에 상관없이 실행 경로를 종료하는 것이다.

일반적으로 오염 제거는 정적 분석으로 명확히 인식될 수 없다. 오염 분석을 실행하는 진단 도구는 비언어 메커니즘$^{extralinguistic\ mechanism}$에 변수를 오염시키는 함수를 식별하고 오염이 제거된 변수를 반환하거나 변수가 정확한 영역에 존재하는지를 알리는 상태 코드의 반환을 제공한다. 이러한 비언어 메커니즘은 코딩 표준 범위의 바깥 영역에 있기 때문에 오염 제거로 인지하기 쉬운 기본적인 오염을 제거하는 데 사용한다. 하지만 비오염 제거 또는 적합한 코드가 오염 제거 코드로 잘못 해석될 수 있다. 오염 제거에 대한 분석은 가상의 실행을 수행해서 발생할 수 있는 각 데이터를 제약 조건으로 유지 관리하는 것이다. 즉 데이터 값의 범위를 한정해 제한적 싱크 타입의 영역을 정의하고, 주어진 제한적 싱크에 대한 데이터 값은 코드를 통해 주어진 이동 경로에서 오염 제거를 할 수 있다. 예를 들면 배열의 인덱스 연산을 위해 부호를 지닌 정수의 오염 제거는 0부터 배열의 크기에서 1을 뺀 정수 범위로 제한하는 오염 제거를 해야 한다.

위의 설명은 숫자 데이터에는 적합하지만 문자열의 오염 제거는 일반적인 방법으로 인식하기가 어렵다.

■ 규칙 대 권고 사항

이 책은 98개 코딩 표준을 설명한다. 책을 쓰는 당시에 위키 CERT 코딩 표준에는 178개 권고 사항이 있었다. 규칙은 코드에 대한 규범적인 요구 사항이며, 권고 사항들은 가이드라인으로 제공한다. 즉 가이드라인을 지키는 것은 소프트웨어의 안전성과 신뢰성, 보안성을 향상시킨다. 하지만 권고 사항에 대한 위반은 반드시 코드의 결함을 나타내는 것은 아니다.

규칙과 권고 사항을 총괄해서 가이드라인으로 언급할 것이다.

규칙은 다음의 조건을 만족해야 한다.

1. 가이드라인의 위반은 시스템의 안전성, 신뢰성, 보안성의 결함으로 이어질 가능성이 높다. 예를 들어 보안상의 결함은 악용할 수 있는 취약성으로 발전한다.

2. 가이드라인은 프로그래머의 가정이나 소스 코드의 주석에 의존하지 않는다.

3. 가이드라인의 준수 여부는 자동화 분석(동적 또는 정적)이나 정형화된 방법, 수동 검사 기술을 통해 알 수 있다.

권고 사항은 코드의 품질을 향상시키기 위한 제안이다. 가이드라인은 다음의 조건을 만족할 때 권고 사항으로 정의한다.

1. 가이드라인의 적용이 소프트웨어 시스템의 보안성, 신뢰성, 안전성을 향상시킨다.

2. 가이드라인을 규칙으로 적용할 때 만족할 수 없는 요구 사항이 하나 이상 존재한다.

그림 P-2는 98개의 규칙과 178개의 권고 사항이 어떻게 구성되는지 보여 준다.

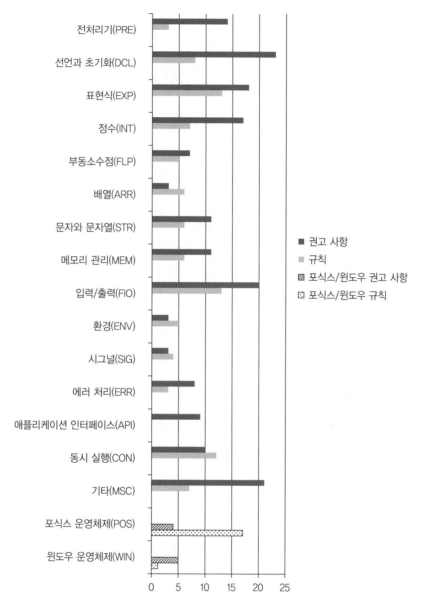

그림 P-2 CERT C 코딩 가이드라인

위키 사이트는 포식스와 윈도우 운영체제의 플랫폼에 맞는 규칙을 포함하고 있으나 표준의 중요한 부분이 아니기 때문에 이 책에서는 생략했다.

별도의 작업이 필요한 권고 사항은 최종 소프트웨어의 요구 사항에 따라 결정한다. 엄격한 요구 사항이 있는 프로젝트는 시스템의 보안성, 신뢰성, 안전성을 보장하는 데 결과적으로 더 많은 자원이 필요하며 더 방대한 권고 사항을 수용하게 된다.

■ 사용

이 표준안의 규칙들은 특정 조직의 규칙으로 확장할 수 있다. 하지만 표준을 따르려면 표준 규칙을 반드시 지켜야 한다.

코딩 표준의 적절한 활용을 위해 소프트웨어 전문가 교육 과정을 이수할 수 있으며 시험을 통과한 프로그래머는 코딩 전문가로 인증받는다. 예를 들면 SDC^{Software Developer Certification}는 카네기멜론대학교에서 개발한 공인 인증 자격증이다. SDC 자격증은 다음의 사항을 검증할 수 있다.

1. 특정 프로그래밍 기술에 대한 적합한 자격을 갖고 있는지 확인
2. 잘 훈련된 프로그래머인지 증명
3. 교육과 훈련기관의 지침과 기준점을 제공

코딩 표준이 만들어진 후 표준의 준수 여부를 판단하려고 도구와 프로세스를 개발하고 수정할 수 있다.

■ 표준 적합성 테스트

소스 코드가 코딩 표준을 준수하는지 보장하고자 규칙의 위반 사항을 체크하는 측정 수단이 필요하다. 가장 효과적으로 수행하는 수단은 하나 이상의 ISO/IEC TS 17961 진단 도구를 사용하는 것이다. 진단 도구로 위반 사항을 체크할 수 없을 때는 수작업으로 점검하는 것이 필요하다.

SCALe^{Source Code Analysis Laboratory}는 책에서 언급한 코딩 표준과 다른 코딩 표준의 준

수 여부를 평가하기 위한 방법을 제공한다. CERT 코딩 표준은 소프트웨어 시스템이 평가될 수 있는 규범적인 규칙을 제공한다. 규칙을 준수하는 소프트웨어 시스템은 준수하지 않는 시스템보다 보안성, 신뢰성, 안전성이 향상된다.

카네기멜론대학교의 소프트 엔지니어링 연구소 내 CERT 부서의 SCALe 팀은 개발자의 소스 코드를 분석하고 코드의 문제점을 가이드하기 위한 상세한 분석 보고서를 제공한다. 개발자가 이 분석 보고서로 체크하고 SCALe 팀은 해당 프로그램이 표준 규칙을 준수하는지를 결정한다. CERT 프로그램^{CERT Program}은 대상 개발자를 보안 코딩 전문가로 인정하고 해당 프로그램이 표준을 준수하는 시스템으로 인증한다. 이 보고서는 SCALe의 절차를 설명하고 소프트웨어 시스템의 분석 데이터를 제공한다.

적합성

CERT C 코딩 표준을 준수하는 것은 이 책에서 언급한 특정 규칙을 위반하지 않는다는 의미다. 만약 예외 조건이 제기된다면 예외는 사전 정의된 예외 조건과 일치해야 하며 예외에 대한 적용은 소스 코드에 문서화한다.

위키 사이트의 권고 사항에 대한 규정이 CERT C 코딩 표준을 준수해야 할 필요는 없다. 많은 경우 권고 사항에 대한 준수는 규칙을 따르도록 하며 많은 잠재적인 소스 결함을 제거한다.

예외 절차

모든 규칙의 엄격한 준수는 사실상 어렵고 필요한 경우 특정 규칙의 위반과 관련된 예외^{deviation}가 필요하게 된다. 예외는 진양성 발견^{true-positive finding}이 규칙 위반으로 간주되는 경우 사용될 수 있으며 코드가 정확한 것으로 간주한다. 진양성 발견은 소프트웨어 설계를 통한 결과이거나 코딩에 의한 예상하지 못한 원인에 의해 발생할 수 있다. 이런 점에서 보면 예외 절차는 코딩 표준이 너무 엄격할 경우 허용될 수 있다 [Seacord 2012].

예외 절차는 성능과 유용성의 이유로 정당화되지 않는다. 표준 적합성 테스트를 성공적으로 통과한 소프트웨어 시스템은 결함과 악용 가능한 취약성을 포함하지 않아야 한다. 예외 절차의 요청은 선임 평가자가 살펴보고 만약 개발자가 예외 절차에서 취약성의 문제를 발생시키지 않는다는 충분한 근거를 제공한다면 예외 절차의 요청을 수용할 수 있다. 많은 경우 코딩의 에러를 수정하는 것이 그 해당 에러가 취약한 결과를 초래하지 않는다는 것을 증명하는 것보다 쉽기 때문에 예외 절차를 빈번히 사용하지 않는다.

■ 시스템 품질

코딩 표준의 목표는 보안성, 신뢰성, 안전성 있는 시스템을 만드는 것이다. 예를 들면 보안 관련 시스템은 동적 메모리 할당을 허용하지 않는다는 추가적인 요구 사항이 필요할 수 있다. 소프트웨어는 호환성, 편이성, 유용성, 용이한 유지 보수, 가독성, 높은 성능을 가져야 한다.

이러한 속성들은 상호 간에 깊이 연결돼 있다. 예를 들면 프로그램 가독성은 효과적인 유지 보수를 위한 속성이다. 두 속성 모두 소프트웨어의 유지 보수 기간에 보안성의 결함이나 신뢰성의 문제를 일으키는 결함을 제한할 수 있는 중요한 요소다. 추가적으로 가독성은 보안 관리자의 코드 검사를 용이하게 한다. 가독성과 용이성은 적절한 자원 관리가 요구되며 시스템의 안전성과 보안성에 중요한 요소가 된다. 성능과 보안성과 같은 속성은 한 시스템 내에서 충돌할 수 있으며 균형을 유지하는 것이 필요하다.

■ 이 책의 구성

총 14장으로 구성됐으며 특정 주제에 대한 표준과 규칙, 세 파트로 구성된 부록과 참고 문헌, 색인을 포함한다. 부록의 첫 부분은 이 책에서 사용된 용어 사전이다. 용어 사전에 정의된 용어는 항목을 나타낼 때 굵은 글씨체로 인쇄했으며 설명을 나타낼 때는 일반 글씨체로 인쇄했다. 두 번째 부분은 Annex J, J.2 [ISO/IEC 9899:2011] 표준 C에 정의되지 않은 가이드라인을 쉽게 참조하도록 번호를 붙여 주제별로 분류했다. 번호로 분류했기 때문에 표준 규칙에 쉽게 참조할 수 있다. 세 번째 부분은 Annex J, J.1 [ISO/IEC 9899:2011] 표준 C에 정의되지 않은 가이드라인을 포함했으며 필요시 표준 규칙으로 쉽게 참조할 수 있다. 참고 문헌은 각 가이드라인에 사용한 참고 문헌을 집약했으며 책 전반에 참조된 문헌도 포함했다.

대부분의 가이드라인은 일관된 구성을 갖고 있다. 각 가이드라인은 제목에 고유의 식별자identifier가 있다. 제목과 서두의 설명 부분에서 가이드라인을 정의하고 부적절한 코드 예제noncompliant code example와 해결 방법compliant solution을 설명한다. 가이드라인은 위험 평가risk-assessment와 관련 가이드라인related guideline, 필요한 경우 참고 문헌bibliography도 포함하며 관련 취약성related vulnerabilities도 표에 포함될 수 있다. CERT C 코딩 표준 위키CERT C Coding Standards wiki의 권고 사항도 유사한 형태로 구성돼 있다.

식별자

가이드라인은 고유의 식별자identifier 사용을 권고하며 다음의 세 파트로 구성된다.

- 표준 영역(가이드라인의 범주)을 표시하는 3개의 문자로 표시한 기호
- 00부터 99 사이의 두 자리 숫자
- C 언어의 가이드라인이라는 것을 표현하는 문자 C

세 문자로 표시한 기호는 코딩 가이드라인이 어떤 범주에 속하는지 또는 유사한 가이드라인을 분류하는 데 사용한다.

두 자리 숫자는 고유의 식별자에 각 가이드라인을 구별하기 위해 사용되며 00부터 29까지의 숫자는 권고 사항을 위해 사용되며 30부터 99까지는 가이드라인의 일반 규칙을 위해 사용한다. 가이드라인의 규칙과 권고 사항은 책에서 사용한 식별자와 숫자로 자주 참조된다. 규칙은 책에 포함된 표에서 찾을 수 있지만 권고 사항은 위키 사이트를 통해 참고할 수 있다.

부적절한 코드 예제와 해결 방법

부적절한 코드 예제는 현재 제시한 가이드라인의 위반 사항을 코드로 설명한다. 단지 하나의 예를 설명한 것이며 부적절한 코드를 모두 제거한다고 해서 가이드라인을 충실히 따르는 코드로 간주하지 않는다.

부적절한 코드 예제에 대한 적합하고 안전한 규칙을 준수하는 해결 방법^{compliant} 이 아닌 ^{solution}을 제시한다. 별도의 언급이 없는 한 부적절한 코드 예제는 현재 제시한 규칙에만 위반한 것으로 간주한다. 해결 방법은 안전한 코딩 표준을 모두 준수해야 하지만 경우에 따라 권고 사항은 만족하지 않을 수도 있다.

예외

규칙이나 제안 사항은 소프트웨어의 안전성, 신뢰성, 보안성과 관련이 없는 것을 예외 사항으로 정리할 수 있다. 추가 정보로 유용하게 활용할 수 있으며 꼭 따라야 하는 것은 아니다.

위험 평가

이 책은 위험 평가^{risk assessment} 항목을 포함하며 소프트웨어 개발자가 특정한 규칙의 부적절한 코드의 사용으로 발생되는 잠재적인 위험을 알려 주며 위험 요소를 제거하는 데 예상되는 비용을 함께 제시한다. 위험 평가 항목은 개발 팀에서 부적절한 코드의 개선을 위한 우선순위를 정하는 데 사용되기도 한다. 위험 평가 표는 프로젝트의 위험 요소를 우선적으로 개선하려고 설계됐다. 새로운 코드를 개발할 경우 모든 코딩 표준과 권고 사항에 맞게 개발되는 것을 가정해야 한다.

규칙과 권고 사항은 우선순위가 있다. 우선순위는 FMECIA^{Failure Mode, Effects, Criticality Analysis} 기법을 사용한다. 심각도, 위험 발생 가능성 여부, 개선 비용의 항목을 1부터 3까지의 값으로 평가한다.

- **심각도**^{severity}: 규칙 위반 시 얼마나 심각한 결과를 초래하는가?

평가	설명	취약성의 예
1	낮음	서비스 거부 공격(DoS), 비정상 종료
2	보통	데이터 무결성 위반, 의도하지 않은 정보 노출
3	높음	임의 코드 실행

- **위험 발생 가능성**^{likelihood}: 규칙을 위반해 악용당할 취약성으로 커져 위험을 초래할 가능성이 얼마인가?

평가	설명
1	발생할 가능성 낮음
2	발생할 가능성 있음
3	발생할 가능성 높음

- **개선비용**^{remediation cost}: 규칙을 준수하는 데 비용은 얼마인가?

평가	설명	감지 방법	개선 방법
1	높음	수동	수동
2	보통	자동	수동
3	낮음	자동	자동

각 규칙에 세 값을 곱하고 그 결과를 적용할 때 우선순위로 사용할 수 있다. 1, 2, 3, 4, 6, 8, 9, 12, 18, 27로 1부터 27 사이의 10가지 경우로만 결과를 표현하지만 이 결과 값을 우선순위를 표시하는 데 사용한다. 규칙과 제안 사항이 1부터 4 범위에 있다면 레벨^{Level} 3으로 분류, 6부터 9 범위에 있다면 레벨 2로 분류, 12부터 27 범위에 있다면 레벨 1로 분류된다. 다음의 표는 우선순위와 분류 레벨에서 가능한 해석 기준을 보여 준다.

레벨	우선순위	설명
L1	12, 18, 27	높은 심각성, 위험 발생 가능성 낮음, 개선 비용 낮음
L2	6, 8, 9	보통 심각성, 위험 발생 가능성 있음, 개선 비용 보통
L3	1, 2, 3, 4	낮은 심각성, 위험 발생 가능성 높음, 개선 비용 높음

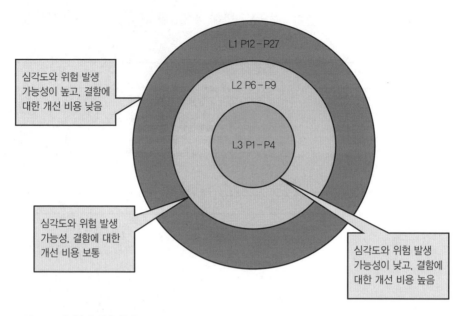

심각도와 위험 발생
가능성이 높고, 결함에
대한 개선 비용 낮음

L1 P12 – P27

L2 P6 – P9

L3 P1 – P4

심각도와 위험 발생
가능성, 결함에 대한
개선 비용 보통

심각도와 위험 발생
가능성이 낮고, 결함에
대한 개선 비용 높음

그림 P-3 우선순위 분류 레벨

특정 프로젝트는 그림 P-3에서 보이는 것처럼 낮은 순위의 작업을 수행하기 전 일정한 수준에서 상위 우선순위의 문제점을 먼저 수행하도록 교정할 수 있다.

자동화 검출

위키 사이트의 규칙과 권고 사항에 대한 자동화 검출을 설명하는 부분이 있다. 코딩 가이드라인에 위반 사항을 자동적으로 진단한 분석 정보를 제공한다. C 프로그래밍 언어에서 대부분의 자동화 분석은 안전하거나 완벽하지 않으며 단지 특정한 규칙의 한정된 위반 사항을 진단하는 데 사용할 수 있다. Secure Coding Validation Suite은 단지 ISO/IEC TS 17961의 위반 사항을 진단하고 점검하는 데 사용하며 이 책에서 언급한 규칙들의 위반 사항을 진단하는 테스트 도구는 없다. 결과적으로 위키 사이트의 자동화 검출 섹션에 대한 정보는 다음의 경로를 통해 제공된다.

- 소프트웨어 회사에 의해 제공되는 경우
- CERT에 기반한 분석기가 비공식적인 평가에 의해 결정되는 경우
- CERT에 기반한 개발 회사의 문서를 통해 결정되는 경우

자동 검출 도구는 지속적으로 성능이 개선되고 기존의 정보는 쉽게 쓸모가 없는 낡은 데이터가 되기 때문에 가능하면 현재 사용하는 도구의 정확한 버전을 기록해야 한다. 지속적인 가변성으로 이와 관한 정보는 책에서 생략했고 위키 사이트 참조하도록 한다.

관련 취약성

위키 사이트에 관련 취약성related vulnerability 부분은 CERT 웹 사이트에 관련 취약성 검색에 대한 링크를 포함한다. CERT Vulnerability Notes는 코딩 가이드라인의 고유 아이디와 대응하는 주요 용어를 함께 연결했다. 이런 검색 기능은 특정 가이드라인의 위반으로 기인한 실제 현장에서 발생하는 취약성의 정보를 최근까지 업데이트된 리스트로 제공한다. 관련 취약성은 CERT/CC의 취약성 분석팀이 소스 코드를 평가하고 취약성에 대한 원인을 정확히 밝혔을 때 관련 취약성으로 표기한다. 많은 취약성은 이미 사용되지 않는 시스템의 취약성을 참조하는 경우도 많기 때문에 관련 취약성의 추가적인 분석을 제공하는 게 불가능한 경우도 있다. 결과적으로 관련 취약성의 문제는 드물게 정의되는 경향이 있다. 관련 취약성에 대한 최신 정보를 얻으려면 다음의 URL 주소를 사용한다.

https://www.kb.cert.org/vulnotes/bymetric?searchview&query=FIELD+KEYWORDS+contains+XXXNN-X

XXXNN-X는 검색을 통해 찾으려는 규칙이나 권고 사항의 ID다.

특정 취약성VU, VUlnerability의 아이디와 그외 일반적 취약성의 아이디는 이 책을 통해 참조된다. 특정 취약성에 더 자세한 정보를 얻고자 관련 ID를 검색 URL 주소의 끝에 덧붙여 검색할 수 있다. 다음은 관련 취약성에 대한 검색 URL을 만드는 예다.

- VU#551436, "Mozilla Firefox SVG viewer vulnerable to integer overflow," https://www.kb.cert.org/vulnotes/id/의 검색 주소에 ID 551436을 붙여 https://www.kb.cert.org/ vulnotes/id/551436을 검색 주소로 사용한다.

- CVE-2006-1174, http://cve.mitre.org/cgi-bin/cvename.cgi?name=의 검색 주소에 ID CVE-2006-1174를 붙여 http://cve.mitre.org/cgi-bin/cvename.cgi?name=CVE-2006-1174를 검색 주소로 사용한다.

관련 취약성은 이 책에서 언급한 특정 규칙에 한정해서 서로 관련이 있는 정보만 포함했다.

관련 가이드라인

가이드라인과 연관된 표준, 기술 설명서, 가이드라인 컬렉션(Information Technology—Programming Languages, Their Environments and System Software Interfaces—C Secure Coding Rules [ISO/IEC TS 17961:2013]; Information Technology—Programming Languages—Guidance to Avoiding Vulnerabilities in Programming Languages through Language Selection and Use [ISO/IEC TR 24772:2013]; MISRA C 2012: Guidelines for the Use of the C Language in Critical Systems [MISRA C:2012]; and CWE IDs in MITRE's Common Weakness Enumeration(CWE) [MITRE 2013])등과 연결하는 링크를 포함한다. CWE^Common Weakness Enumeration에서 더 자세한 정보를 얻고 싶다면 관련 ID를 검색 URL 뒤에 붙여 검색할 수 있다. 예를 들면 CWE-192, "Integer Coercion Error,"의 더 자세한 정보를 얻고 싶다면 192.html을 http://cwe.mitre.org/data/definitions/의 검색 주소 뒤에 붙이면 된다(http://cwe.mitre.org/data/definitions/192.html).

상용화된 기술 설명서, 기술 보고서, 가이드라인이 참조된다.

목록

모든 규칙은 관련된 정보를 제공한 문서와 참조된 항목을 정리한 리스트를 갖는다.

■ 자동 생성 코드

코드 생성 도구^code-generating tool를 사용한다면 적합한 도구의 선택과 함께 효과적인 검증을 수행해야 한다. 문서의 요구 사항을 따르는 것은 도구를 평가하는 데 중요한 기준을 제공한다.

코딩 가이드라인은 코드를 어떻게 생성하고 유지 보수하는지에 따라 달라진다. 코드의 생성과 유지 보수 방법은 다음과 같다.

- 도구에 의해 자동 생성tool-generated과 자동 유지 보수tool-maintained되는 코드는 컴파일러가 다루는 고급 언어 형태로 작성되고 유지 보수된다. 소스 코드는 고급 언어 형태로 생성되고 컴파일러에게 제공한다. 작성된 소스 코드는 프로그래머가 눈으로 직접 검사하거나 수정하지는 않는다.

- 도구에 의해 자동 생성tool-generated과 수작업으로 유지 보수hand-maintained하는 코드는 컴파일러가 다루는 고급 언어 형태로 작성 및 유지 보수된다. 하지만 프로그램 개발 단계에서 자동 생성하는 도구의 사용을 중단하고 프로그래머가 직접 점검하고 수정, 유지 보수한다.

- 수작업으로 작성된 코드hand-coded code는 프로그래머가 텍스트 편집기나 프로그램 개발 도구IDE, Interactive Development Environment를 사용해 소스 코드를 직접 작성하는 것이다. 프로그래머는 컴파일링을 위해 제공되는 소스 코드를 직접 유지 보수한다.

직접 작성하고 유지 보수하는 소스 코드는 다음의 속성을 가져야 한다.

- 가독성readability
- 소스 코드 이해도program comprehension

위에서 본 요구 사항들은 프로그래머가 직접 유지 보수하는 소스 코드에는 적용하지 않는다. 가독성과 소스 코드 이해도에 대한 요구 사항은 도구에 의해 자동 생성tool-generated되고 수작업으로 유지 보수hand-maintained되는 코드에는 적용할 수 있지만 도구에 의해 자동 생성tool-generated과 자동 유지 보수tool-maintained되는 코드에는 적용되지 않는다. 도구에 의해 자동 생성과 자동 유지 보수되는 코드는 프로그래머가 직접 작성한 코드에서 발생할 수 있는 위험성에 제약을 두어 안전성을 보장할 수 있다.

■ 정부의 규정

안전한 코딩 표준에 의한 소프트웨어 개발은 바람직한 움직임이며 그에 대한 요구 사항 또한 갈수록 커지고 있다. 2013 회계연도의 National Defense Authorization Act, 933항 "Improvements in Assurance of Computer Software Procured by the Department of Defense"는 소프트웨어 개발과 기능 개선, 점검, 평가 등의 사용을 포함한 유지 보수 활동 기간 동안에 정부의 소프트웨어 개발과 조직, 이해관계자들을 관리하는 것은 국방부DoD, Department of Defense에서 승인한 안전한 코딩 표준을 따라 소프트웨어 코딩에 적용했는지의 증거를 요구하게 됐다.

국방부 프로그램은 The Application Security and Development Security Technical Implementation Guide(STIG) 버전 2, 첫 번째 배포판 [DISA 2008] 요구 제안서RFP, Request For Proposal에 명시돼 있다. 2.1.5항, '코딩 표준'은 '프로그램 매니저는 개발팀이 반드시 코딩 표준을 준수하도록 해야 한다'라고 명시하고 있다.

표준에 적합한 프로그램은 시스템이 Application Security and Development STIG [DISA 2008]에 명시한 다음의 요구 사항을 준수하도록 해야 한다.

- (APP2060.1: CAT II) 프로그램 매니저는 개발 팀이 반드시 코딩 표준을 준수하도록 한다.

- (APP2060.2: CAT II) 프로그램 매니저는 개발 팀이 반드시 불안전한 함수의 사용을 피하고자 리스트를 만들고 코딩 표준에 추가해야 한다.

- (APP3550: CAT I) 설계자는 프로그램이 반드시 정수형 연산에 취약하지 않도록 한다.

- (APP3560: CAT I) 설계자는 프로그램이 반드시 취약한 포맷 문자열format string을 포함하지 않도록 한다.

- (APP3570: CAT I) 설계자는 프로그램이 반드시 명령어 삽입command Injection을 허용하지 않도록 한다.

- (APP3590.1: CAT I) 설계자는 프로그램이 반드시 메모리에 할당된 버퍼의 양을 초과buffer overflows하지 않도록 한다.

- (APP3590.2: CAT I) 설계자는 프로그램이 반드시 버퍼의 양을 초과^{buffer overflows}하는 결함이 있는 함수를 사용하지 않도록 한다.

- (APP3590.3: CAT II) 설계자는 프로그램이 반드시 프로그래밍 언어로 허용된 메모리 할당에 부호값을 갖지 않도록 한다.

- (APP3600: CAT II) 설계자는 프로그램이 반드시 표준 표현식에 취약하지 않도록 한다.

- (APP3630.1: CAT II) 설계자는 프로그램이 반드시 경합 조건^{race condition}으로 인한 결함이 생기지 않도록 한다.

- (APP3630.2: CAT III) 설계자는 프로그램이 반드시 지역 변수 사용이 가능할 때 전역 변수를 사용하지 않도록 한다.

교육 중인 프로그래머와 소프트웨어 테스터^{tester}는 다음의 요구 사항들을 충족시켜야 한다.

- (APP2120.3: CAT II) 프로그램 매니저는 반드시 개발자에게 적어도 1년에 한 번은 안전한 설계와 코딩 표준에 대한 교육을 제공해야 한다.

- (APP2120.4: CAT II) 프로그램 매니저는 반드시 테스터에게 연간 교육을 제공해야 한다.

- (APP2060.3: CAT II) 설계자는 프로젝트에서 결정된 코딩 표준을 준수해야 한다.

- (APP2060.4: CAT II) 설계자는 프로젝트 코딩 표준에 불안전한 함수를 사용하지 않는다.

- (APP5010: CAT III) 테스트 매니저는 반드시 적어도 한 명의 테스터에게 기능적 테스트와 보안 결함에 대한 테스트를 하도록 한다.

오탈자

한국어판의 정오표는 에이콘출판사의 도서정보 페이지 http://www.acornpub.co.kr/book/cert-c-2e 에서 볼 수 있다.

문의사항

한국어판에 관한 질문은 에이콘출판사 편집 팀(editor@acornpub.co.kr)이나 옮긴이의 이메일로 문의 하길 바란다.

1장

전처리기

1장 목차

위험 평가

규칙	심각도	위험 발생 가능성	개선 비용	우선순위	레벨
PRE30-C	낮음	낮음	보통	P2	L3
PRE31-C	낮음	낮음	낮음	P3	L3
PRE32-C	낮음	낮음	보통	P2	L3

■ PRE30-C. 유니버설 문자 이름을 여러 문자열에 붙여서 만들지 마라

표준 C는 식별자, 문자 상수, 기본 문자열 집합에 포함되지 않는 특정 문자열을 지정하는 **문자열 리터럴**string literal을 사용할 수 있도록 유니버설 문자 이름을 지원한다. 유니버설 문자 이름 \Unnnnnnnn은 8자리 길이의 숫자 식별자 nnnnnnnn(ISO/IEC 10646

에 명시된 것처럼)으로 이름을 지정한다. 유사한 형태로 유니버설 문자 이름 \unnnn은 4자리 숫자 식별자인 nnnn으로 이름을 표시한다.

다음은 C Standard, 5.1.1.2, 4절 [ISO/IEC 9899:2011]의 내용이다.

> 만약 유니버설 이름과 동일한 문자열이 토큰 병합에 의해 생성된다면(6.10.3.3) 프로그램에서 정의되지 않은 비정상적인 동작을 유발할 것이다.

부록 B의 **정의되지 않은 동작 3**[undefined behavior 3]을 참조하라.

일반적으로 꼭 필요한 경우가 아니면 유니버설 문자 이름을 식별자로 사용하는 것을 피해야 한다.

부적절한 코드 예제

다음의 코드 예제는 토큰 병합으로 유니버설 문자 이름을 생성했기 때문에 부적절하다.

```
#define assign(uc1, uc2, val) uc1##uc2 = val

void func(void) {
    int \u0401;
    /* ... */
    assign(\u04, 01, 4);
    /* ... */
}
```

해결 방법

다음의 코드 예제는 토큰 병합으로 유니버설 문자 이름을 만들지 않았기 때문에 적합한 해결 방법으로 사용할 수 있다.

```
#define assign(ucn, val) ucn = val;

void func(void) {
    int \u0401;
    /* ... */
    assign(\u0401, 4);
    /* ... */
}
```

위험 평가

토큰 병합으로 유니버설 이름을 생성하는 것은 정의되지 않은 동작을 유발할 수 있다.

규칙	심각도	위험 발생 가능성	개선 비용	우선순위	레벨
PRE30-C	낮음	낮음	보통	P2	L3

참고 문헌

[ISO/IEC 10646:2012]	
[ISO/IEC 9899:2011]	5.1.1.2, "Translation Phases"

■ PRE31-C. 불안전한 매크로에 매개 변수로 인한 부수 효과를 피하라

불안전한 함수형 매크로^{unsafe function-like macro}는 매개 변수를 한 번 이상 평가하거나 전혀 평가하지 않을 때 발생한다. 불안전한 매크로는 할당이나 증가, 감소, 빈번한 메모리 접근, 입/출력, 다른 표현식을 포함(**부수 효과**^{side effect}의 원인이 될 수 있는 함수 호출을 포함)하는 인자와 함께 절대 사용하지 마라.

불안전한 매크로 사용 시 부수 효과를 일으킬 수 있는 변수 사용에 대한 경고 사항을 정의해야 한다. 하지만 그에 대한 책임은 매크로를 사용하는 프로그래머에게 있다. 여러 위험 요소 때문에 불안전한 함수형 매크로를 사용을 추천하지 않는다('PRE00-C. 함수형 매크로보다는 인라인이나 정적 함수를 사용하라' 참조).

이 규칙은 "EXP44-C. sizeof, _Alignof, _Generic 피연산자에서 외부 효과에 의존하지 마라"와 유사하다.

부적절한 코드 예제

불안전한 매크로의 문제점 중 하나인 매크로 인자의 부작용이다. 다음의 코드는 부적절한 코드 예제를 보여 준다.

```
#define ABS(x) (((x) < 0) ? -(x) : (x))
```

```
void func(int n) {
    /* 변수 n이 주어진 범위 내에서 유효한지 검증 */
    int m = ABS(++n);

    /* ... */
}
```

위의 예에서 ABS() 매크로의 호출 명령은 다음과 같이 치환돼,

```
m = (((++n) < 0) ? -(++n) : (++n));
```

결과 코드는 문제없이 정의되지만 n이 한 번이 아닌 두 번 증가하는 원인을 초래한다.

해결 방법

해결 방법으로 증가 연산 ++n이 불안전한 매크로 호출 전 수행되도록 한다.

```
#define ABS(x) (((x) < 0) ? -(x) : (x)) /* 불안전한 매크로 */

void func(int n) {
    /* 변수 n이 주어진 범위 내에서 유효한지 검증 */
    ++n;
    int m = ABS(n);

    /* ... */
}
```

매크로가 불안전한 것을 경고하도록 주석을 해야 한다. 매크로 이름도 ABS_UNSAF()로 변경해서 해당 매크로가 불안전하다는 것을 명확히 표현할 수 있다. 다른 모든 해결 방법이 그렇듯이 만약 ABS()의 인자가 부호를 가진 정수형('INT32-C. signed 정수의 연산이 오버플로되지 않도록 보장하라' 참조)의 음수를 갖는다면 이 해결 방법도 정의되지 않은 동작을 발생시킬 수 있다.

해결 방법

이 해결 방법은 ABS() 함수형 매크로 인라인 함수인 iabs()로 대체하는 것이며 'PRE00-C. 함수형 매크로보다는 인라인이나 정적 함수를 사용하라'는 가이드라인

을 준수한 것이다. 다른 타입의 피연산자를 처리하는 ABS() 함수형 매크로와는 다르게 iabs() 함수는 int 타입보다 더 넓은 타입의 변수라도 int로 변환해 반환한다.

```
#include <complex.h>
#include <math.h>

static inline int iabs(int x) {
    return (((x) < 0) ? -(x) : (x));
}

void func(int n) {
    /*변수 n이 주어진 범위 내에서 유효한지 검증*/
int m = iabs(++n);
    /* ... */
}
```

해결 방법

더 유연한 해결 방법은 _Generic을 사용해서 ABS() 매크로를 선언하는 것이다. 모든 산술형 데이터 타입을 지원하는 해결 방법으로 정수의 절댓값을 계산하는 인라인 함수를 사용한다('PRE00-C. 함수형 매크로보다는 인라인이나 정적 함수를 사용하라' 참조).

다음은 C Standard, 6.5.1.1, 3절 [ISO/IEC 9899:2011]의 내용이다.

> 제네릭 선택(generic selection)의 제어 표현식(controlling expression)은 평가되지 않는다. 만약 제네릭 선택문에 제어 표현식의 타입과 일치하는 타입을 갖는다면 결과 표현식은 제네릭 선택문의 타입과 일치하는 제네릭 규칙을 따른다. 그렇지 않으면 제네릭 선택문에서 결과 표현식은 제네릭의 default로 정의된다.

표현식은 제네릭 선택의 부분으로 평가되지 않기 때문에 이 해결 방법에서 매크로 사용은 매개 변수 v가 단지 한 번 평가되는 것을 보장할 수 있다.

```
#include <complex.h>
#include <math.h>

static inline long long llabs(long long v) {
    return v < 0 ? -v : v;
```

```c
}
static inline long labs(long v) {
    return v < 0 ? -v : v;
}
static inline int iabs(int v) {
    return v < 0 ? -v : v;
}
static int sabs(short v) {
    return v < 0 ? -v : v;
}
static inline int scabs(signed char v) {
    return v < 0 ? -v : v;
}

#define ABS(v) _Generic(v, signed char : scabs, \
                           short : sabs, \
                           int : iabs, \
                           long : labs, \
                           long long : llabs, \
                           float : fabsf, \
                           double : fabs, \
                           long double : fabsl, \
                           double complex : cabs, \
                           float complex : cabsf, \
                           long double complex : cabsl)(v)

void func(int n) {
    /*변수 n이 주어진 범위 내에서 유효한지 검증*/
    int m = ABS(++n);
    /* ... */
}
```

제네릭 선택은 C11에 소개됐으며 C99와 그 이전 버전에서는 사용할 수 없다.

해결 방법(GCC)

GCC^{GNU Compiler Collection}의 _typeof는 매크로 피연산자의 데이터에 임시적으로 동일한 데이터 타입과 연산을 수행하도록 선언과 할당을 한다. 결과적으로 피연산자의 데이터는 정확히 한 번 평가된다. 또 다른 GCC 확장자로 문장 표현식^{statement expression}은 표현식이 필요한 곳에 1개 이상의 문장statement을 묶어서 블록 구문block statement의 사용을
가능하게 한다.

```
#define ABS(x) __extension__ ({ __typeof (x) tmp = x; \
                                tmp < 0 ? -tmp : tmp; })
```

위의 예와 같은 코드는 호환성이 없고 MSC14-C 규칙('MSC14-C. 불필요하게 플랫폼
의존성을 끌어들이지 마라' 참조)을 위반할 수 있다는 것을 상기해야 한다.

부적절한 코드 예제(assert())

assert() 매크로는 코드에서 통합 진단 테스트를 위한 편리한 메커니즘이다('MSC11-C. 어
설션assertion을 사용한 부적절한 진단 테스트' 참조). assert() 매크로의 인자를 사용하는 표
현식은 평가가 진행되는 동안 부수 효과를 갖지 않는다. assert() 매크로의 동작은 **객
체형 매크로**object-like macro NDEBUG의 정의 여부에 따라 달라진다. 만약 매크로 NDEBUG가 정
의되지 않는다면 assert() 매크로가 정의돼 인자로 들어 있는 표현식을 평가하고, 만
약 표현식의 결과가 0(false)이면 abort() 함수를 호출한다. 만약 NDEBUG가 정의된다
면 assert는 ((void)0)으로 확장 정의된다. 결과적으로 어설션assertion의 표현식은 평가
되지 않고 부수 효과도 나타나지 않으며 코드의 디버깅 없이 동작한다.

다음의 부적절한 코드 예제는 부수 효과가 발생할 수 있는 표현식(index++)을 포함
한 assert() 매크로다.

```
#include <assert.h>
#include <stddef.h>

void process(size_t index) {
    assert(index++ > 0); /* 부수 효과 */
    /* ... */
}
```

해결 방법(assert())

이 해결 방법은 부수 효과를 포함하는 표현식을 assert() 매크로의 바깥쪽으로 이동
시켜 어설션에서 발생할 수 있는 부수 효과의 가능성을 피한다.

```
#include <assert.h>
#include <stddef.h>

void process(size_t index) {
    assert(index > 0); /* 부수 효과 없음*/
    ++index;
    /* ... */
}
```

예외

PRE31-EX1: 예외는 부수 효과가 없는 함수를 호출하는 불안전한 매크로를 실행할 경우 생성될 수 있다. 하지만 라이브러리 함수와 같이 소스 코드의 활용이 불가능해서 함수의 부수 효과 파악이 어려운 경우에 쉽게 간과될 수 있다. 예를 들면 errno를 변경하는 것도 부수 효과를 발생시킨다. 함수가 사용자에 의해 직접 작성된 것이 아니고 단지 연산을 수행하고 다른 함수의 호출 없이 결과를 반환하는 단순 동작을 한다면 많은 개발자는 부수적인 외부 효과를 쉽게 지나칠 수 있다. 결과적으로 예외는 상당히 조심스럽게 사용해야 한다.

위험 평가

부수 효과를 갖고 있는 불안전한 매크로를 사용하는 것은 한 번 이상의 다른 부수 효과를 발생시키는 원인을 제공할 수 있다. 이런 불안전한 매크로 사용은 예상 밖의 잘못된 동작을 유발시킬 수 있다.

규칙	심각도	위험발생 가능성	개선비용	우선순위	레벨
PRE31-C	낮음	낮음	낮음	P3	L3

관련된 가이드라인

ISO/IEC TR 24772:2013	Pre-processor Directives [NMP]
MISRA C:2012	Rule 20.5 (advisory)

참고 문헌

[ISO/IEC 9899:2011]	6.5.1.1, "Generic selection"
[Plum 1985]	Rule 1-11
[Dewhurst 2002]	Gotcha 28: "Side Effects in Assertions"

■ PRE32-C. 함수형 매크로 호출에 전처리기 지시자를 사용하지 마라

함수형 매크로 사용에 #define, #ifdef, #include와 같은 전처리기 지시자를 사용하지 않도록 한다. 만약 사용한다면 정의되지 않은 동작을 유발할 수 있다.

다음은 C Standard, 6.10.3, 11절 [ISO/IEC 9899:2011]의 내용이다.

> 가장 바깥쪽의 괄호에 의해 구분되는 전처리 토큰의 시퀀스는 함수형 매크로로 인자들의 리스트를 구성한다. 리스트안의 각 인자들은 전처리 토큰의 콤마에 의해 분리된다. 만약 전처리기 지시자처럼 실행되는 인자들의 리스트 안에 전처리 토큰의 시퀀스가 있다면 동작은 정의되지 않는다.

부록 B의 정의되지 않은 동작 93을 참조하라.

이 규칙 또한 함수가 매크로에 의한 수행 여부와 관계없이 함수의 인자에 전처리기 지시자를 사용하는 것에 적용할 수 있다. 예를 들면 memcpy()나 printf(), assert()와 같은 표준 라이브러리 함수는 매크로로 수행될 수 있다.

부적절한 코드 예제

다음의 부적절한 코드 예제 [GCC Bugs]로 프로그래머가 플랫폼에 한정된 인수를 memcpy()에 정의하고자 전처리기 지시자를 사용한다. 하지만 memcpy()가 매크로로 사용된다면 코드의 수행 결과는 정의되지 않은 동작을 유발할 수 있다.

```
#include <string.h>

void func(const char *src) {
    /* 호출한 문자열을 검증하고 길이를 계산 */
```

```
    char *dest;
    /* malloc() 반환될 문자열 */
    memcpy(dest, src,
        #ifdef PLATFORM1
            12
        #else
            24
        #endif
    );
    /* ... */
);
```

해결 방법

이 해결 방법 [GCC Bugs]는 memcpy()를 위한 적합한 사용이 함수의 외부 영역에서
수행되는 것이다.

```
#include <string.h>

void func(const char *src) {
    /*호출한 문자열을 검증하고 길이를 계산*/
    char *dest;
    /* malloc() 반환될 문자열*/
    #ifdef PLATFORM1
        memcpy(dest, src, 12);
    #else
        memcpy(dest, src, 24);
    #endif
    /* ... */
}
```

위험 평가

매크로 인수에 전처리기 지시자를 포함하는 것은 정의되지 않은 동작이다.

규칙	심각도	위험 발생 가능성	개선 비용	우선순위	레벨
PRE32-C	낮음	낮음	보통	P3	L3

참고 문헌

[GCC Bugs]	"Non-bug"
[ISO/IEC 9899:2011]	6.10.3, "Macro Replacement"

2장

선언과 초기화

2장 목차

위험 평가

규칙	심각도	위험 발생 가능성	개선 비용	우선순위	레벨
DCL30-C	높음	보통	높음	P6	L2
DCL31-C	낮음	낮음	낮음	P3	L3
DCL36-C	보통	보통	보통	P8	L2
DCL37-C	낮음	낮음	낮음	P3	L3

규칙	심각도	위험 발생 가능성	개선 비용	우선순위	레벨
DCL38–C	낮음	낮음	낮음	P3	L3
DCL39–C	낮음	낮음	높음	P1	L3
DCL40–C	낮음	낮음	보통	P2	L3
DCL41–C	보통	낮음	보통	P4	L3

■ DCL30-C. 객체를 선언할 때 적절한 지속 공간을 지정하라

모든 객체는 수명을 결정하는 지속 공간을 갖는다(static, thread, automatic, allocated). 다음은 C Standard, 6.2.4. 2절 [ISO/IEC 9899:2011]의 내용이다.

객체의 수명은 프로그램 수행 시 할당된 지정 공간에 상주할 수 있는 시간으로 프로그램 실행 시간의 부분이다. 상수 주소(constant address)를 갖고 있는 객체는 자신의 수명 내에서 마지막으로 저장된 값을 갖고 유지하게 된다. 만약 객체가 수명을 다한 후 외부로부터 참조된다면 정의되지 않은 동작이 발생할 수 있다. 수명이 끝난 객체의 포인터는 정의되지 않은 값을 갖는다.

수명이 다한 객체에 접근하려는 시도를 하지 마라. 정의되지 않은 동작을 유발할 수 있으며 악용할 수 있는 **취약성**vulnerability으로 이어질 수 있다('부록 B, 정의되지 않은 동작 9' 참조).

부적절한 코드 예제(다른 지속 공간)

다음의 부적절한 코드 예제로 자동 존속 시간을 갖는 변수 c_str의 주소가 변수 p에 할당되고 한정된 지속 시간을 갖는다. 변수의 할당은 유효하나 변수 p가 해당 주소를 사용하는 동안 c_str은 외부로부터 참조되고 정의되지 않은 동작을 유발시킬 수 있으며 dont_do_this()에서 수명을 다하게 된다.

```
#include <stdio.h>

const char *p;
```

```
void dont_do_this(void) {
    const char c_str[] = "This will change";
    p = c_str; /* Dangerous */
}

void innocuous(void) {
    printf("%s\n", p);
}

int main(void) {
    dont_do_this();
    innocuous();
    return 0;
}
```

해결 방법(동일한 지속 공간)

이 해결 방법은 변수 p가 this_is_OK() 함수의 외부로부터 정의되지 않은 값을 차단하고 변수 c_str과 같은 동일한 지속 시간을 갖도록 선언한다.

```
void this_is_OK(void) {
    const char c_str[] = "Everything OK";
    const char *p = c_str;
    /* ... */
}
/* p는 문자열 변수 c_str의 스코프 외부에서 접근할 수 없다 */
```

변경적으로 변수 p와 c_str 두 변수에 한정된 지속 공간을 선언할 수 있다.

해결 방법(다른 지속 공간)

변수 p가 한정된 지속 시간을 갖고 c_str이 좀 더 제한적인 지속 시간을 가져야 한다면 c_str이 소멸되기 전에 p에 NULL을 설정할 수 있다. 이 해결 방법은 p 참조할 때마다 NULL을 체크해야 하지만 P에 정의되지 않은 값이 할당되는 것을 막을 수 있다.

```
const char *p;
void is_this_OK(void) {
    const char c_str[] = "Everything OK?";
```

```
    p = c_str;
    /* ... */
    p = NULL;
}
```

부적절한 코드 예제(반환값)

다음의 부적절한 코드 예제로 함수 init_array()가 자동 존속 기간을 갖는 문자 배열에 대한 포인터를 반환한다.

```
char *init_array(void) {
    char array[10];
    /* 배열 초기화 */
    return array;
}
```

컴파일러에 따라 위에서 언급한 예제처럼 자동 존속 기간을 가진 객체의 포인터가 함수 내에서 반환될 때 **경고 메시지**diagnostic message를 발생한다. 프로그래머는 높은 경고 수준으로 컴파일을 해야 하며 모든 종류의 경고 메시지를 해결해야 한다('MSC00-C. 컴파일 시 높은 경고 메시지 옵션을 줘라' 참조).

해결 방법(반환값)

이 해결 방법은 프로그래머의 의도에 달려 있다. 만약 배열의 값을 수정하고 수정된 값을 init_arry() 함수의 밖에서 계속 유지하고 싶다면 함수의 외부에서 배열을 선언하고 인수로 init_arry() 함수로 전달함으로써 프로그래머가 원하는 동작을 할 수 있다.

```
#include <stddef.h>

void init_array(char *array, size_t len) {
    /* 배열 초기화 */
    return;
}

int main(void) {
```

```
    char array[10];
    init_array(array, sizeof(array) / sizeof(array[0]));
    /* ... */
    return 0;
}
```

부적절한 코드 예제(출력 변수)

다음의 부적절한 코드 예제는 squirrel_away() 함수가 지역 변수인 local 변수의 포인터를 함수 변수인 ptr_param에 의해 저장한다. squirrel_away() 함수의 반환 여부에 따라 ptr_param 포인터는 수명이 다한 변수를 참조한다.

```
void squirrel_away(char **ptr_param) {
    char local[10];
    /* 배열 초기화 */
    *ptr_param = local;
}

void rodent(void) {
    char *ptr;
    squirrel_away(&ptr);
    /* ptr은 존속하고 있으나 부적합한 값을 갖는다 */
}
```

해결 방법(출력 변수)

이 해결 방법은 local 변수가 한정된 지속 공간을 갖는 것이다. 결과적으로 ptr 변수는 rodent() 함수 안에서 local 배열을 참조해서 사용할 수 있다.

```
char local[10];

void squirrel_away(char **ptr_param) {
    /* 배열 초기화 */
    *ptr_param = local;
}

void rodent(void) {
    char *ptr;
```

```
    squirrel_away(&ptr);
    /* ptr은 스코프 안에서 유효*/
}
```

위험 평가

수명이 다한 객체를 외부에서 참조하는 것은 외부 침입자가 코드를 임의적으로 실행할 수 있는 결과를 초래한다.

규칙	심각도	위험 발생 가능성	개선 비용	우선순위	레벨
DCL30-C	높음	보통	높음	P6	L2

관련된 가이드라인

ISO/IEC TR 24772:2013	Dangling References to Stack Frames [DCM]
ISO/IEC TS 17961:2013	Escaping of the address of an automatic object [addrescape]

참고 문헌

[Coverity 2007]	
[ISO/IEC 9899:2011]	6.2.4, "Storage Duration of Objects"

■ DCL31-C. 식별자를 사용하기 전에 먼저 선언하라

C11 표준은 타입 지정을 요구하며 암시적 함수의 선언을 금지한다. C90 표준은 변수와 함수의 암시적 타입 선언을 허용했고 결과적으로 오래된 코드에는 암시적 타입 선언이 존재한다. 컴파일러에 따라 여전히 암시적 타입 선언을 허용하는 코드를 지원하지만 이런 코드는 새로운 코드에는 적용될 수 없다. 그러한 컴파일러는 암시적 선언을 가정해서 컴파일을 수행하고 기존에 프로그램을 지원하고자 지속적으로 컴파일 기능을 제공한다.

부적절한 코드 예제(암시적 int)

C 언어는 선언부에 암시적 타입을 허용하지 않는다. 다음은 C Standard, 6.7.2 [ISO/IEC 9899:2011]의 내용이다.

> 각 선언부와 struct 내부의 지정자 한정자 리스트(specifier-qualifier list), 타입 이름에 적어도 1개 이상의 타입 지정자가 주어져야 한다.

> 다음의 부적절한 코드 예제는 타입 지정자를 생략했다.

```
extern foo;
```

대부분의 C 컴파일러는 선언과 관련된 제약 사항을 진단하지 않는다. 이런 컴파일러들은 암시적으로 선언된 타입과 함수를 int 타입으로 명시하고 처리한다.

해결 방법(암시적 int)

이 해결 방법은 타입 지정자를 명시적으로 포함한다.

```
extern int foo;
```

부적절한 코드 예제(암시적 함수 선언)

함수를 암시적으로 선언하는 것은 허용하지 않는다. 모든 함수는 호출 전에 반드시 명시적으로 선언해야 한다. C90에서는 만약 함수가 명시적인 프로토타입 없이 호출되면 컴파일러는 암시적인 선언문을 제공한다.

C90 Standard [ISO/IEC 9899:1990]은 다음의 요구 사항을 포함한다.

> 만약 함수 호출을 위해 괄호로 구분된 인자를 갖는 표현식이 단순히 식별자로 구성되고 이 식별자를 위한 선언이 없다면 식별자는 extern int identifier();의 선언이 함수 호출을 포함하는 코드 블록에 선언된 것으로 가정한다.

만약 함수 선언이 호출하는 곳에서 보이지 않는다면 C90 컴파일러는 다음의 명시적 선언이 있다는 가정하에 코드를 실행한다.

```
extern int identifier();
```

이러한 선언은 함수가 임의의 숫자를 갖고 int 타입으로 반환을 한다. 하지만 현재 C 표준을 준수하고자 프로그래머는 함수를 사용하기 전에 모든 함수를 명시적으로 선언해야 한다. C 표준을 준수하는 컴파일러는 암시적인 함수 선언을 허용하거나 그렇지 않을 수 있다. 하지만 C 언어의 컴파일러는 만약 정의되지 않은 함수가 사용된다면 진단을 할 수 있는 기능을 요구한다.

다음의 부적절한 코드 예제로 만약 malloc()이 선언되지 않거나 stdlib.h를 포함하지 않을 때 C90을 따르는 컴파일러는 int malloc()을 암시적으로 선언한다. 만약 플랫폼에서 int의 크기가 32비트로 제한되고 함수에서 포인터의 크기가 64비트라면 포인터의 결괏값은 암시적으로 선언된 32비트 정수형의 타입으로 반환하게 된다.

```
#include <stddef.h>
/* #include <stdlib.h> 를 선언하지 않음*/

int main(void) {
   for (size_t i = 0; i < 100; ++i) {
     /* int malloc()로 가정 */
     char *ptr = (char *)malloc(0x10000000);
    *ptr = 'a';
   }
   return 0;
}
```

해결 방법(암시적 함수 선언)

이 해결 방법은 적합한 헤더 파일을 포함한 malloc()를 선언한다.

```
#include <stdlib.h>

int main(void) {
   for (size_t i = 0; i < 100; ++i) {
     char *ptr = (char *)malloc(0x10000000);
     *ptr = 'a';
   }
   return 0;
}
```

함수 선언을 위한 더 자세한 정보는 'DCL07-C. 함수 선언 시 적절한 타입 정보를 포함시켜라'를 참조하라.

부적절한 코드 예제(암시적 반환 타입)

암시적인 반환 타입을 가진 함수를 선언하지 마라. 예를 들어 함수가 중요하게 사용되는 정숫값을 반환한다면 함수를 int로 선언해야 한다. 만약 어떤 값도 반환하지 않는다면 함수를 void로 선언할 수 있다.

```
#include <limits.h>
#include <stdio.h>

foo(void) {
    return UINT_MAX;
}

int main(void) {
    long long int c = foo();
    printf("%lld\n", c);
    return 0;
}
```

위의 부적절한 코드 예제에서 컴파일러는 foo() 함수가 int 타입의 값을 반환한다고 가정하기 때문에 UNIT_MAX는 -1로 부정확하게 변환된다.

해결 방법(암시적 함수 선언)

이 해결 방법은 foo() 함수에 unsigned int를 사용해 명시적인 반환 타입을 정의한다. 결과적으로 함수는 UINT_MAX를 정확히 반환한다.

```
#include <limits.h>
#include <stdio.h>

unsigned int foo(void) {
    return UINT_MAX;
}
```

```
int main(void) {
    long long int c = foo();
    printf("%lld\n", c);
    return 0;
}
```

위험 평가

암시적 선언은 프로그램 내에서 엄격한 타입 검사가 이뤄지지 못하고 예상하지 못한 잘못된 동작을 유발할 수 있다. 코드에 존재하는 생략된 타입 지정자는 드물긴 하지만, 결과적으로 **프로그램의 비정상적 종료**abnormal program termination와 같은 오류를 발생시킨다.

규칙	심각도	위험 발생 가능성	개선 비용	우선순위	레벨
DCL31-C	낮음	낮음	낮음	P3	L3

관련된 가이드라인

ISO/IEC TR 24772:2013	Subprogram Signature Mismatch [OTR]
MISRA C:2012	Rule 8.1 (required)

참고 문헌

[ISO/IEC 9899:1990]	
[ISO/IEC 9899:2011]	6.7.2, "Type Specifiers"
[Jones 2008]	

■ DCL36-C. 연결(링크) 분류에서 충돌하는 식별자를 선언하지 마라

연결linkage은 다른 영역scope에서 정의된 식별자 또는 동일한 객체나 함수를 참조하는 같은 영역에서 여러 번 선언되는 식별자를 만들 수 있다. 식별자는 외부 연결external linkage, 내부 연결internal linkage, 무연결no linkage로 분류한다. 세 가지 연결은 다음의 특징을 갖는다[Kirch-Prinz 2002].

- **외부 연결**: 외부 연결을 지닌 식별자는 전체 프로그램에서 동일한 객체나 함수를 나타낸다. 즉 프로그램에서 라이브러리들과 모든 컴파일 단위에 연결되는 것이다. 식별자는 링커를 통해 사용할 수 있다. 외부 연결을 가진 동일한 식별자가 한 번 이상 다시 선언될 때 링커는 동일한 객체와 함수를 가진 식별자로 사용할 수 있다.
- **내부 연결**: 내부 연결을 지닌 식별자는 컴파일 단위로 구분되는 동일한 객체와 함수 내에서 표현한다. 링커는 내부 연결을 가진 식별자에 대한 어떤 정보도 갖고 있지 않다. 결과적으로 이 식별자는 각각의 컴파일 단위 내부에 있다.
- **무연결**: 식별자가 어떠한 연결(링크)도 없다. 새로운 지역 변수나 새로운 타입을 가진 식별자를 선언할 수 있다.

C Standard, 6.2.2 [ISO/IEC 9899:2011]을 참조하면 링크는 다음과 같이 결정된다.

객체나 함수를 위한 파일 스코프 식별자의 선언이 저장 클래스 식별자인 **static**을 포함한다면 식별자는 내부 연결이다.

저장 클래스 식별자 **extern**을 가진 식별자의 선언은 식별자의 이전 선언이 확인 가능한지에 따라 구분될 수 있다. 만약 이전 선언이 내부 또는 외부 연결을 확인할 수 있다면 나중에 선언된 연결은 이전에 선언된 연결과 동일하므로 연결을 결정할 수 있다. 만약 이전의 연결이 확인 불가능하거나 이전에 연결이 없음으로 선언됐다면 식별자는 외부 연결로 결정된다.

함수의 식별자 선언 시 저장 클래스의 지정자가 없는 경우 링크는 **extern**을 가진 클래스를 정의할 때와 같이 동일하게 결정한다. 객체의 식별자 선언이 파일 스코프를 갖고 저장 클래스 지정자가 없다면 외부 연결로 결정한다.

다음의 세 가지 식별자는 무연결이다.

- 식별자가 함수나 객체가 아닌 그 외 다른 것으로 선언
- 식별자가 함수의 매개 변수로 선언
- 저장 클래스 지정자인 **extern** 없이 선언된 객체에 대한 블록 스코프(block scope) 식별자

표 2-1 할당된 연결(assigned linkage)

First		Second		
		static	링크 없음	extern
	static	내부	정의되지 않음	내부
	링크 없음	정의되지 않음	링크 없음	외부
	extern	정의되지 않음	정의되지 않음	외부

내부와 외부 연결을 모두 갖는 식별자(동일한 컴파일 단위 안에서)의 사용은 정의되지 않은 동작을 유발할 수 있다('부록 B, 정의되지 않은 동작 8' 참조). 컴파일 단위는 프로그램 헤더와 전처리기 지시자 #include를 통해 포함된 모든 소스 파일을 포함한다.

표 2-1은 한 번의 컴파일 단위에서 다시 정의된 객체에 할당되는 연결을 보여 준다. 표 2-1의 열은 첫 번째 선언에 대해 결정되는 연결, 표 2-1의 행은 다시 정의된 경우에 할당되는 연결을 보여 준다.

부적절한 코드 예제

다음의 부적절한 코드 예제는 i2와 i5가 내부와 외부 연결을 모두 갖도록 정의한다. 두 식별자의 사용은 정의되지 않은 동작을 유발한다.

```
int i1 = 10;        /* 정의, 외부 연결 */
static int i2 = 20; /* 정의  내부 연결 */
extern int i3 = 30; /* 정의, 외부 연결 */
int i4;             /* 임시 정의, 외부 연결 */
static int i5;      /* 임시 정의, 내부 연결 */

int i1; /* 유효한 임시 정의 */
int i2; /* 정의되지 않음, 이전 정의와 일치하지 않음 */
int i3; /* 유효한 임시 정의 */
int i4; /* 유효한 임시 정의 */
int i5; /* 정의되지 않음, 이전 정의와 일치하지 않음 */

int main(void) {
   /* ... */
   return 0;
}
```

해결 방법

이 해결 방법은 충돌하는 정의를 포함하지 않는다.

```c
int i1 = 10;        /* 정의, 외부 연결 */
static int i2 = 20; /* 정의, 내부 연결 */
extern int i3 = 30; /* 정의, 외부 연결 */
int i4;             /* 임시 정의, 외부 연결 */
static int i5;      /* 임시 정의, 내부 연결 */

int main(void) {
   /* ... */
return 0;
}
```

위험 평가

식별자를 내부와 외부 연결로 함께 사용하는 것은 정의되지 않은 동작을 유발한다.

규칙	심각도	위험 발생 가능성	개선 비용	우선순위	레벨
DCL36-C	보통	보통	보통	P8	L2

관련된 가이드라인

MISRA-C	Rule 8.2 (required)
	Rule 8.4 (required)
	Rule 17.3 (mandatory)

참고 문헌

[Banahan 2003]	Section 8.2, "Declarations, Definitions and Accessibility"
[ISO/IEC 9899:2011]	6.2.2, "Linkage of Identifiers"
[Kirch-Prinz 2002]	

■ DCL37-C. 예약어를 식별자로 선언하거나 정의하지 마라

C Standard, 7.1.3 [ISO/IEC 9899:2011]에 따르면 다음과 같다.

- 밑줄 표시 기호로 시작하고 두 번째 문자가 대문자이거나 또 다른 밑줄 표시 기호로 시작되는 모든 식별자는 항상 예약된다.

- 밑줄 표시 기호로 시작하는 모든 식별자는 파일 스코프에서 일반 식별자와 태그 이름을 위해 예약된다.

- 표준 헤더 파일을 포함했을 때 그 헤더 파일과 연관된 매크로 이름(미래 표준 라이브러리 포함)은 예약된다.

- 외부 연결과 연관된 모든 표준 라이브러리 식별자(미래 표준 라이브러리 포함)와 errno는 항상 외부 연결과 관련된 식별자로서 예약된다.

- 파일 스코프를 가진 식별자는 그 헤더 파일을 포함시켰을 경우 동일한 네임 스페이스를 지닌 파일 스코프에서 매크로 이름이 예약된다.

추가적으로 하위 절 7.31 미래 표준 라이브러리를 위한 많은 다른 예약어를 정의한다.

그외 다른 어떤 식별자도 예약어로 정의하지 않는다(POSIX 운영체제의 표준은 자신이 소유한 open-ended set을 포함해서 표준 C에서 예약된 식별자를 확장해서 사용한다. Portable Operating System Interface [POSIX®], Base Specifications, Issue 7, section 2.2, "The Compilation Environment" [IEEE Std 1003.1-2013] 참조). 예약어를 식별자로 선언하거나 정의하고 또는 매크로 이름으로 사용하는 예약어를 정의하는 것은 프로그램이 정의되지 않은 동작을 유발한다('부록 B, 정의되지 않은 동작 106' 참조).

부적절한 코드 예제(헤더 가드)

부적절한 방식으로 헤더 파일의 인클루전inclusion에 대한 전처리 조건 가딩preprocessor conditional guarding에 사용하는 이름으로 예약어를 선택한다('PRE06-C. 헤더 파일에 항상 인클루전 가드를 둬라' 참조). 그 이름은 표준 C 라이브러리에서 정의된 이름과 표준 C 라이브러리 헤더에 포함되지 않지만 컴파일러에 의해 암시적으로 사전 정의된 예약어와 충돌할 수 있다.

```
#ifndef _MY_HEADER_H_
#define _MY_HEADER_H_

/* Contents of <my_header.h> */

#endif /* _MY_HEADER_H_ */
```

해결 방법(헤더 가드)

이 해결 방법은 헤더 가드의 이름에 밑줄 표시 기호가 사용되는 것을 피한다.

```
#ifndef MY_HEADER_H
#define MY_HEADER_H

/* <my_header.h>의 코드 */

#endif /* MY_HEADER_H */
```

부적절한 코드 예제(파일 스코프 객체)

다음의 부적절한 코드 예제로 파일 스코프 객체의 이름인 _max_limit와 _limit가 밑줄 표시 기호로 시작한다. _max_limit는 한정적이며 이 선언은 컴파일러에 정의된 이름과 충돌하는 것에 크게 영향을 받지 않는다. 하지만 헤더 <stddef.h>는 size_t를 정의하고자 포함되고 잠재적인 충돌이 존재한다(그러나 컴파일러는 표준 C 라이브러리 헤더를 명시적으로 포함했는지 상관없이 내부적으로 예약어 선언을 한다). 추가해서 _limit는 외부 연결로 참조하기 때문에 헤더에 선언이 되지 않았다 해도 프로그래밍 라이브러리에서 정의하는 동일한 이름과 충돌하게 된다. 결과적으로 그것의 연결(링크)이 하나의 컴파일 단위로 제한을 하더라도 파일 스코프 식별자의 이름을 밑줄 표시가 있는 기호로 시작하는 것은 안전하지 않다.

```
#include <stddef.h>

static const size_t _max_limit = 1024;
size_t _limit = 100;

unsigned int getValue(unsigned int count) {
```

```
    return count < _limit ? count : _limit;
}
```

해결 방법(파일 스코프 객체)

이 해결 방법은 파일 스코프 객체의 이름을 밑줄 표시 기호로 시작하지 않는 것이다.

```
#include <stddef.h>

static const size_t max_limit = 1024;
size_t limit = 100;

unsigned int getValue(unsigned int count) {
    return count < limit ? count : limit;
}
```

부적절한 코드 예제(예약된 매크로)

다음의 부적절한 코드 예제로 표준 C 라이브러리 헤더 <intypes.h>는 <stdin.h>를 포함하고자 정의하고, size_t의 상한선을 정의하고자 사용하는 MAX_SIZE는 동일한 이름의 표준 매크로와 충돌한다. 추가적으로 INTFAST16_LIMIT_MAX는 표준 C 라이브러리에 의해 정의하지 않지만 INT라는 접두사로 시작하고 _MAX라는 접미어로 끝나기 때문에 예약어로 간주한다(C Standard, 7.31.10 참조).

```
#include <inttypes.h>
#include <stdio.h>

static const int_fast16_t INTFAST16_LIMIT_MAX = 12000;

void print_fast16(int_fast16_t val) {
    enum { MAX_SIZE = 80 };
    char buf[MAX_SIZE];
    if (INTFAST16_LIMIT_MAX < val) {
       sprintf(buf, "The value is too large");
     } else {
       snprintf(buf, MAX_SIZE, "The value is %" PRIdFAST16, val);
    }
}
```

해결 방법(예약된 매크로)

이 해결 방법은 예약어의 재사용과 접두사와 접미어의 사용을 피하는 것이다.

```
#include <inttypes.h>
#include <stdio.h>

static const int_fast16_t MY_INTFAST16_UPPER_LIMIT = 12000;

void print_fast16(int_fast16_t val) {
    enum { BUFSIZE = 80 };
    char buf[BUFSIZE];
    if (MY_INTFAST16_UPPER_LIMIT < val) {
        sprintf(buf, "The value is too large");
    } else {
        snprintf(buf, BUFSIZE, "The value is %" PRIdFAST16, val);
    }
}
```

부적절한 코드 예제(외부 연결 식별자)

표준 C 라이브러리 헤더에서 함수 정의를 위해 사용하는 기호뿐만 아니라 외부 연결 식별자는 동일한 이름의 매크로에 의해 마스크 여부와 상관없이 errno와 math_errhandling을 포함한다.

다음의 부적절한 예제는 표준 C 라이브러리 함수인 malloc()와 free()의 정의를 보여 준다. 이 예제는 오래된 유닉스(예제로 Dmalloc 라이브러리) 컴파일러에 의해 허용되지만 C 표준에 따라 정의되지 않은 행동을 유발한다. 시스템에 따라 malloc()을 대체하도록 허용하지만 aligned_alloc(), calloc(), realloc()의 교체 없이 수행한다면 문제가 발생하기 쉽다.

```
#include <stddef.h>

void *malloc(size_t nbytes) {
    void *ptr;
    /* 풀(pool)에 메모리 할당과 ptr 정의 */
    return ptr;
}
```

```
void free(void *ptr) {
    /* 풀에 메모리 반환*/
}
```

해결 방법(외부 연결 식별자)

호환성 있는 해결 방법은 외부 연결로 참조되는 표준 C 라이브러리 식별자를 다시 정
의하지 않는다. 추가적으로 메모리 할당 함수를 모두 정의한다.

```
#include <stddef.h>

void *my_malloc(size_t nbytes) {
    void *ptr;
    /* 풀에 메모리 할당과 ptr 정의 */
    return ptr;
}
void *my_aligned_alloc(size_t alignment, size_t size) {
    void *ptr;
    /* 풀에 메모리 할당과 정렬, ptr 정의 */
    return ptr;
}

void *my_calloc(size_t nelems, size_t elsize) {
    void *ptr;
    /* 풀에 메모리 할당과 0으로 초기화, ptr 정의*/
    return ptr;
}

void *my_realloc(void *ptr, size_t nbytes) {
    /* 풀에 메모리 재할당과 ptr 정의*/
    return ptr;
}

void my_free(void *ptr) {
    /* 풀에 메모리 반환*/
}
```

부적절한 코드 예제(errno)

C Standard, 7.5, 2절 [ISO/IEC 9899:2011]에 따르면 프로그램의 정의되지 않은 동작은 다음의 상황에서 발생한다.

> errno의 매크로 정의가 실제 객체의 접근을 금지하거나 또는 프로그램이 errno 이름의 식별자를 정의한다.

부록 B, 정의되지 않은 동작 114를 참조하라.

errno 식별자는 타입 int를 가진 수정 가능한 lvalue로 확장되며 반드시 객체의 식별자일 필요는 없다. *errno()와 같은 함수 호출의 결과로 수정 가능한 lvalue가 확장된다. errno가 매크로나 외부 연결로 연결된 식별자인지 정의되지 않는다. 매크로 정의가 실제 객체의 접근을 금지하거나 errno 이름을 가진 식별자가 프로그램에 정의된다면 정의되지 않은 동작을 유발한다.

오래된 코드는 다음과 같이 부적절한 선언을 포함할 수 있다.

```
extern int errno;
```

해결 방법(errno)

errno를 선언하는 정확한 방법은 헤더에 <errno.h>를 포함하는 것이다.

```
#include <errno.h>
```

표준 C를 준수하는 컴파일러는 <errno.h>에 errno를 선언하도록 요구하며 그렇지 않은 오래된 컴파일러도 있다.

예외

DCL 37-EX1: 라이브러리 함수는 헤더에 정의된 타입의 참조 없이 선언할 수 있으며 표준 선언과 호환하는 헤더를 포함하지 않고 함수를 선언하는 것이 허용된다.

```
/* stdlib.h를 포함하지 않음 */
void free(void *);
```

```
void func(void *ptr) {
    free(ptr);
}
```

위의 코드 예제와 같이 선언은 stdlib.h가 제공하는 것과 동일하며 예약어를 다시 정의하지 않기 때문에 규정을 따르는 것이다. 하지만 앞의 예에서 free() 함수에 대한 정의를 하는 것은 받아들여지지 않는다.

위험 평가

예약어 식별자를 사용하는 것은 부정확한 프로그램 연산을 유발한다.

규칙	심각도	위험 발생 가능성	개선 비용	우선순위	레벨
DCL37-C	낮음	낮음	낮음	P3	L3

관련된 가이드라인

ISO/IEC TS 17961:2013	Using identifiers that are reserved for the implementation [resident]

참고 문헌

[IEEE Std 1003-2013]	Section 2.2, "The Compilation Environment"
[ISO/IEC 9899:2011]	7.1.3, "Reserved Identifiers" 7.31.10, "Integer Types <stdin.h>"

■ DCL38-C. 유연한 배열 멤버를 선언할 때 정확한 문법을 사용하라

유연한 배열의 멤버member는 특별한 타입의 배열로, 하나 이상의 멤버를 가진 구조체의 요소element에서 불안전한 배열 타입을 갖는 것이다. 즉 구조체 안에서 배열의 크기는 명확하게 한정하지 않는다. 이것은 'struct hack'으로 일반적으로 알려져 있으며 다양한 컴파일러에 의해 지원된다. 결과적으로 다양한 문법으로 유연한 배열의 멤버를 선언하는 데 사용할 수 있다. 표준 C 컴파일러의 수행을 위해 C 표준에서 제공하는 문법을 사용해야 한다.

유연한 배열의 멤버는 C Standard, 6.7.2.1, 18절 [ISO/IEC 9899:2011]에서 다음과 같이 설명하고 있다.

> 특별한 경우로, 하나 이상의 멤버를 포함하는 구조체에서 마지막 원소(element)는 완벽하지 않은 배열 타입을 갖을 수 있다. 이것을 유연한 배열 멤버(flexible array member)라고 한다. 대부분의 경우 유연한 배열 멤버는 무시된다. 특히 구조체의 크기는 원소를 나누는 종료 문자 등을 제외하고 유연한 배열 멤버는 마치 생략된 것으로 간주한다. 하지만 . (또는 –)) 연산자가 왼쪽에 유연한 배열 멤버를 갖는 구조체인 피연산자를 갖고 오른쪽에 피연산자는 멤버이며 멤버가 사용될 객체보다 더 큰 구조체를 만들지 않고 동일한 타입의 가장 긴 배열로 대체되도록 동작한다. 달라진 교체 배열에서 오프셋은 유연한 배열의 멤버로 계속 남는다. 만약 배열이 구성 멤버를 갖지 않는다면 하나의 원소가 있는 것처럼 간주하며 일련의 접근 시도로 인해 그 멤버에 접근하거나 포인터를 발생해서 정의되지 않은 동작을 한다.

유연한 배열 멤버를 가진 구조체는 정의된 행동으로 코드를 생성하는 데 사용할 수 있다. 하지만 다음의 조건에 따라 제한적인 적용이 필요하다.

1. 불안전한 배열 타입은 '반드시' 구조체 내의 마지막 엘리먼트element여야 한다.
2. 유연한 배열 멤버를 포함하는 것은 구조체의 배열이 될 수 없다.
3. 유연한 배열 멤버를 포함하는 구조체는 구조체의 마지막 멤버를 제외하고 다른 구조체의 멤버로 사용될 수 없다.
4. 구조체는 적어도 하나의 이름을 가진 멤버와 유연한 배열 멤버를 포함해야만 한다.

'MEM33-C. 유연한 배열 멤버를 포함하는 구조체를 동적으로 할당하고 복사하라'는 유연한 배열 멤버를 포함하는 구조체를 어떻게 할당하고 복사하는지 설명한다.

부적절한 코드 예제

표준 C의 유연한 배열 멤버를 설명하기 전에 마지막 멤버로 하나의 배열을 가진 구조체는 동일한 기능을 수행하는 데 사용한다. 다음의 부적절한 코드 예제는 struct flexArrayStruct가 이런 경우 어떻게 선언돼야 하는지를 설명하고 있다.

다음의 예제는 마지막 멤버로 하나의 배열을 가진 구조체가 유연한 배열의 멤버flexible array-like member처럼 할당하려는 것을 보여 준다. 구조체가 정의될 때 malloc()에 대해 계산된 크기는 동적 배열의 실제 크기를 위해 수정된다.

```
#include <stdlib.h>

struct flexArrayStruct {
   int num;
   int data[1];
};

void func(size_t array_size) {
    /* 구조체를 위한 메모리 할당 */
    struct flexArrayStruct *structP
      = (struct flexArrayStruct *)
        malloc(sizeof(struct flexArrayStruct)
               + sizeof(int) * (array_size - 1));
    if (structP == NULL) {
      /* malloc 예외 처리*/
    }

    structP->num = array_size;

    /*
     * data[] 가data[array_size]로 할당된 것처럼 접근
     */
    for (size_t i = 0; i < array_size; ++i) {
      structP->data[i] = 1;
    }
}
```

이 예제는 data 배열의 첫 번째 엘리먼트를 제외하고 다른 엘리먼트에 접근할 때 정의되지 않은 동작을 유발한다(C Standard, 6.5.5 참조). 결과적으로 컴파일러는 배열의 두 번째 데이터에 접근할 때 예상하지 못한 값을 반환하는 코드를 생성한다.

위의 방식은 아직 표준 C 문법을 수행하지 않는 컴파일러를 위한 변경적 접근 방식이다.

해결 방법

이 해결 방법은 동적인 크기를 갖는 구조체에 유연한 배열 멤버를 사용한다.

```c
#include <stdlib.h>

struct flexArrayStruct{
    int num;
    int data[];
};

void func(size_t array_size) {
    /* 구조체를 위한 메모리 할당*/
    struct flexArrayStruct *structP
        = (struct flexArrayStruct *)
           malloc(sizeof(struct flexArrayStruct)
                    + sizeof(int) * array_size);
    if (structP == NULL) {
       /* Handle malloc failure */
    }

    structP->num = array_size;

    /*
     *  data[]가 data[array_size]로 할당된 것처럼 접근
     */
    for (size_t i = 0; i < array_size; ++i) {
      structP->data[i] = 1;
    }
}
```

위의 예제는 구조체의 구성 멤버 data[]가 C 표준에 맞게 data[array_size]로 선언해서 사용할 수 있다.

위험 평가

정확하지 않은 문법이 컴파일을 통해 동작할 수 있지만 유연한 배열 멤버를 선언하고자 정확한 문법을 사용하지 않는 것은 정의되지 않은 동작을 유발할 수 있다.

규칙	심각도	위험 발생 가능성	개선 비용	우선순위	레벨
DCL38-C	낮음	낮음	낮음	P3	L3

참고 문헌

[ISO/IEC 9899:2011]	6.5.6, "Additive Operators" 6.7.2.1, "Structure and Union Specifiers"
[McCluskey 2001]	"Flexible Array Members and Designators in C9X"

■ DCL39-C. 구조체 패딩에서 정보의 누출을 피하라

C Standard 6.7.2.1는 구조체 필드의 구성을 논의한다. 비트 필드가 없는non-bit-field 멤버는 컴파일러의 정의된 방식으로 정렬되고 구조체의 안쪽이나 끝에 패딩padding(멤버 사이에 추가되는 빈 공간)이 있다. 더욱이 구조체 멤버의 초기화는 패딩 바이트의 초기화를 보장하지 않는다. 다음은 C Standard 6.2.6.1, 6절 [ISO/IEC 9899:2011]의 내용이다.

> 데이터 값이 멤버 객체를 포함해서 구조체나 유니온 타입의 객체에 저장할 때 객체의 패딩 바이트에 정의되지 않은 임의의 값이 채워진다.

포인터가 다른 믿을 수 있는 경계를 통해 다른 신뢰할 수 있는 공간으로 전달될 때 프로그래머는 이 구조체의 패딩 바이트(구조체 멤버 사이의 빈 공간)가 민감한 정보를 포함하지 않도록 해야 한다.

부적절한 코드 예제

다음의 부적절한 코드 예제는 커널 공간에서 실행되고 struct test로부터 사용자 공간으로 데이터를 복사한다. 패딩 바이트는 구조체 멤버의 적절한 정렬 순서를 보장하고자 구조체 안에서 사용될 수 있다. 이러한 패딩 바이트는 민감한 정보를 포함할 수 있으며 사용자 공간으로 복사될 때 데이터가 누출될 수 있다.

```
#include <stddef.h>

struct test {
    int a;
    char b;
    int c;
};

/* 바이트를 사용자 공간으로 안전하게 이동 */
extern int copy_to_user(void *dest, void *src, size_t size);

void do_stuff(void *usr_buf) {
    struct test arg = {.a = 1, .b = 2, .c = 3};
    copy_to_user(usr_buf, &arg, sizeof(arg));
}
```

부적절한 코드 예제(memset())

패딩 바이트는 `memset()`을 호출하는 것으로 명시적으로 초기화할 수 있다.

```
#include <string.h>

struct test {
    int a;
    char b;
    int c;
};

/* 바이트를 사용자 공간으로 안전하게 이동 */
extern int copy_to_user(void *dest, void *src, size_t size);

void do_stuff(void *usr_buf) {
    struct test arg;

    /* 패딩 바이트를 포함한 모든 바이트를 0으로 초기화*/
    memset(&arg, 0, sizeof(arg));

    arg.a = 1;
    arg.b = 2;
    arg.c = 3;
```

```
    copy_to_user(usr_buf, &arg, sizeof(arg));
}
```

하지만 컴파일러는 32비트 레지스터에서 arg.b = 2에 대한 수행을 위해 한정된 바이트만 사용하며 레지스터에 모든 32비트는 메모리에 저장되며 컴파일이 수행된다. 이것은 레지스터에서 바이트의 레지던트^{resident}가 사용자에게 누출될 수 있다.

해결 방법

이 해결 방법은 신뢰할 수 없는 코드로 복사되기 전에 구조체 데이터를 다시 분류하는 것이다.

```
#include <stddef.h>

struct test {
    int a;
    char b;
    int c;
};

/* 바이트를 사용자 공간으로 안전하게 이동 */
extern int copy_to_user(void *dest, void *src, size_t size);

void do_stuff(void *usr_buf) {
    struct test arg = {.a = 1, .b = 2, .c = 3};
    /* 필요한 것보다 더 크게 할당*/
    unsigned char buf[sizeof(arg)];
    size_t offset = 0;

    memcpy(buf + offset, &arg.a, sizeof(arg.a));
    offset += sizeof(arg.a);
    memcpy(buf + offset, &arg.b, sizeof(arg.b));
    offset += sizeof(arg.b);
    memcpy(buf + offset, &arg.c, sizeof(arg.c));
    offset += sizeof(arg.c);

    copy_to_user(usr_buf, buf, offset /* size of info copied */);
}
```

위의 코드 예제는 초기화되지 않은 패딩 바이트가 권한이 없는 사용자에게 복사되지 않도록 보장한다. 사용자 공간으로 복사되는 구조체는 이제 패딩 바이트를 줄인 팩으로 된 구조체packed structure이며 copy_to_user() 함수는 기존의 패딩된 구조를 다시 초기의 상태로 재생성할 수 있다.

해결 방법(패딩 바이트)

패딩 바이트 구조체에서 필드로 명시적으로 선언할 수 있다. 하지만 컴파일과 대상 메모리 구조에 의존하기 때문에 이 해결 방법은 호환성이 없다. 다음의 해결 방법은 x86-32 구조에 한정한다.

```
#include <assert.h>
#include <stddef.h>

struct test {
  int a;
  char b;
  char padding_1, padding_2, padding_3;
  int c;
};

/*바이트를 사용자 공간으로 안전하게 이동 */
extern int copy_to_user(void *dest, void *src, size_t size);

void do_stuff(void *usr_buf) {
  /* c가  마지막 패딩 바이트의 다음 바이트라는 것을 보장 */
  static_assert(offsetof(struct test, c) ==
                      offsetof(struct test, padding_3) + 1,
                      "Structure contains intermediate padding");
  /* 패딩 종료가 없음을 보장 */
  static_assert(sizeof(struct test) ==
                      offsetof(struct test, c) + sizeof(int),
                      "Structure contains trailing padding");
  struct test arg = {.a = 1, .b = 2, .c = 3};
  arg.padding_1 = 0;
  arg.padding_2 = 0;
  arg.padding_3 = 0;
```

```
    copy_to_user(usr_buf, &arg, sizeof(arg));
}
```

표준 C의 static_assert() 매크로는 상수 표현식과 **에러 메시지**[error message]를 수용한다. 표현식은 컴파일 시 평가되고 만약 거짓이라면 컴파일은 종료되고 에러 메시지가 출력된다('DCL03-C. 상수 수식의 값을 테스트할 때 정적 어설션을 사용하라' 참조). struct 안에 패딩 바이트의 명시적 삽입은 컴파일러에 의해 패딩 바이트가 추가되지 않았다는 것을 보장해야 하며 결과적으로 둘의 정적 어설션은 참[true]이 돼야 한다. 그러나 특정한 컴파일 수행을 위해 해결 방법이 정확하다는 것을 보장하고자 이런 가정을 증명해야 한다.

해결 방법(structure packing – GCC)

GCC는 _attribute_((_packed_)) 키워드라는 속성을 정의하도록 허용한다. 이 속성이 존재할 때 컴파일러는 _Alignas라는 메모리 정렬 지정자의 요구가 없다면 메모리 정렬을 위한 패딩 바이트를 추가하지 않고 인접한 메모리의 오프셋[offset]에 필드를 위치하려고 시도할 것이다.

```
#include <stddef.h>

struct test {
    int a;
    char b;
    int c;
} _attribute_((_packed_));

/*바이트를 사용자 공간으로 안전하게 이동 */
extern int copy_to_user(void *dest, void *src, size_t size);

void do_stuff(void *usr_buf) {
    struct test arg = {.a = 1, .b = 2, .c = 3};
    copy_to_user(usr_buf, &arg, sizeof(arg));
}
```

해결 방법(structure packing – 마이크로소프트 비주얼 스튜디오)

마이크로소프트 비주얼 스튜디오^{Microsoft Visual Studio}는 #program pack()이 패딩 바이트를 제거할 수 있도록 지원한다. 컴파일러는 현재 패킹 모드에 의존해 메모리 정렬을 위한 패딩 바이트를 추가하지만 _declspec(align())에 의해 여전히 분류된 정렬이 있다. 다음의 해결 방법으로 패킹 모드는 1로 세팅된다.

```
#include <stddef.h>

#pragma pack(push, 1) /* 1 byte */
struct test {
    int a;
    char b;
    int c;
};
#pragma pack(pop)

/*바이트를 사용자 공간으로 안전하게 이동*/
extern int copy_to_user(void *dest, void *src, size_t size);

void do_stuff(void *usr_buf) {
    struct test arg = {1, 2, 3};
    copy_to_user(usr_buf, &arg, sizeof(arg));
}
```

pack pragma는 pragma가 보인 후 첫 번째 struct 선언에 영향을 준다.

위험 평가

표준 C는 패딩 바이트가 **명시되지 않은 값**^{unspecified value}을 갖도록 허용하기 때문에 패딩 바이트는 민감한 데이터를 포함할 수 있다. 이러한 구조로 인해 포인터는 다른 함수로 전달될 수 있고 정보 누출의 원인이 될 수 있다.

규칙	심각도	위험 발생 가능성	개선 비용	우선순위	레벨
DCL39-C	낮음	낮음	높음	P1	L3

관련 취약성

리눅스 커널에서 취약성은 위에서 논의된 규칙 위반으로 발생할 수 있다. CVE-2010-4083은 이런 규칙 위반에 대한 취약성을 설명한다. 왜냐하면 semctl() 시스템 호출은 권한이 없는 사용자가 초기화되지 않은 스택 메모리를 읽을 수 있도록 허용하며 스택에 정의된 semid_ds struct의 다양한 필드가 사용자에게 복사되기 전 변경되거나 0으로 바뀌지 않기 때문이다. CVE-2010-3881도 취약성을 설명하고 있다. QEMU-KVE의 데이터 구조에서 구조체 패딩과 예약된 필드는 사용자 공간으로 복사되기 전 초기화되지 않는다. CVE-2010-3477는 act_police에서 커널 정보 누출을 설명하며 부정확하게 초기화된 구조로 인한 커널 메모리의 노출이 사용자 공간 프로그램으로 허용된다.

참고 문헌

[Graff 2003]	
[ISO/IEC 9899:2001]	6.2.6.1, "General" 6.7.2.1, "Structure and Union Specifiers"
[Sun 1993]	

■ DCL40-C. 동일한 함수나 객체에 호환되지 않는 선언을 생성하지 마라

동일한 함수나 객체에 둘 또는 그 이상의 호환되지 않는 선언은 동일한 프로그램에 나타나지 않아야 하며 정의되지 않은 결과를 초래할 수 있다. C Standard 6.2.7, 두 타입이 구별되지만 호환되고 2개의 구별되는 타입이 호환될 때를 정확히 설명하고 있다.

C Standard는 네 가지의 상황을 설명하고 동일한 함수나 객체에 호환되지 않는 선언으로 정의되지 않은 동작(UB, Undefined Behavior)이 발생할 수 있다.

- 동일한 객체나 함수의 두 선언이 호환되지 않는 타입을 명시한다('부록 B, 정의되지 않은 동작 15' 참조).

- 두 식별자는 중요 문자(키워드가 아닌)를 제외한 이름에서 서로 다르다('부록 B, 정의되지 않은 동작 31' 참조).

- 객체는 허용 가능한 타입의 lvalue에 저장된 값을 갖는다('부록 B, 정의되지 않은 동작 37' 참조).

- 함수는 호출된 함수 표현식의 타입과 호환되지 않는 타입을 정의한다('부록 B, 정의되지 않은 동작 41' 참조).

동일한 프로그램에서 나타나는 2개의 호환되지 않는 선언의 효과는 대부분의 컴파일에 영향을 미친다. 함수 선언에 호환되지 않는 표현식의 타입으로 함수를 호출하는 것은 일반적으로 큰 문제를 일으킨다. 마찬가지로 객체의 선언과 호환되지 않는 타입의 lvalue를 사용하는 객체에 접근하는 것은 뜻하지 않은 정보의 노출부터 메모리 오버라이트overwrite로 인한 하드웨어 장애hardware trap까지 일으킬 수 있다.

부적절한 코드 예제(호환되지 않는 객체 선언)

다음의 부적절한 코드 예제에서 변수 i는 파일 a.c에 int 타입으로 선언되지만 파일 b.c에 short 타입으로 정의된다. 두 선언은 호환되지 않고 결과적으로 정의되지 않는 동작 15를 유발한다. 더욱이 호환되지 않는 타입의 lvalue를 사용하는 객체에 접근하는 것은 function f()에 보이는 것처럼 정의되지 않은 동작 37을 유발하며 그 결과는 의도하지 않은 정보 노출부터 메모리 오버라이트overwrite로 인한 하드웨어 장애hardware trap를 발생한다.

```
/* 파일 a.c */
extern int i; /* UB 15 */

int f(void) {
    return ++i; /* UB 37 */
}

/* 파일 b.c */
short i; /* UB 15 */
```

해결 방법(호환되지 않는 객체 선언)

이 해결 방안은 변수 i의 호환되는 선언을 한다.

```
/* 파일 a.c */
extern int i;

int f(void) {
    return ++i;
}

/* 파일 b.c */
int i;
```

부적절한 코드 예제(호환되지 않는 배열 선언)

다음의 부적절한 코드 예제는 변수 a가 파일 a.c에 포인터 타입으로 선언됐으나 파일 b.c에는 배열 타입으로 선언된 것이다. 이 두 타입은 호환되지 않으며 정의되지 않은 동작 15의 결과를 유발한다. 앞에서와 같이 f() 함수의 객체에 접근하는 것은 하드웨어 장애^{hadware trap}을 유발시키며 정의되지 않은 동작 37의 결과를 초래한다.

```
/* 파일 a.c */
extern int *a; /* UB 15 */

int f(unsigned int i, int x) {
    int tmp = a[i]; /* UB 37: 읽기 접근 */
    a[i] = x;        /* UB 37: 쓰기 접근*/
    return tmp;
}

/* 파일 b.c */
int a[] = { 1, 2, 3, 4 }; /* UB 15 */
```

해결 방법(호환되지 않는 배열 선언)

이 해결 방법은 a.c와 b.c에 배열로 선언한다.

```
/* 파일 a.c */
extern int a[];

int f(unsigned int i, int x) {
   int tmp = a[i];
   a[i] = x;
   return tmp;
}

/* 파일 b.c */
int a[] = { 1, 2, 3, 4 };
```

부적절한 코드 예제(호환되지 않는 함수 선언)

다음의 부적절한 코드 예제로 f() 함수는 하나의 프로토타입^{prototype}으로 파일 a.c에 선언되지만 파일 b.c에 또 다른 프로토타입으로 선언된다. 두 프로토타입은 호환되지 않고 정의되지 않는 동작 15를 유발한다. 더욱이 함수 호출은 정의되지 않은 동작 41과 함께 심각한 결과를 초래한다.

```
/* 파일 a.c */
extern int f(int a); /* UB 15 */

int g(int a) {
   return f(a);   /* UB 41 */
}

/* 파일 b.c */
long f(long a) {   /* UB 15 */
   return a * 2;
}
```

해결 방법(호환되지 않는 함수 선언)

이 해결 방법은 f() 함수의 호환되는 프로토타입을 갖는다.

```
/* 파일 a.c */
extern int f(int a);
```

```
int g(int a) {
    return f(a);
}

/* 파일 b.c */
int f(int a) {
    return a * 2;
}
```

부적절한 코드 예제(호환되지 않는 variadic 함수 선언)

다음의 부적절한 코드 예제로 함수 buginf()는 다양한 변수를 갖도록 정의하고 모든 변수들이 부호 있는 정수와 센티넬 값^{sentinel value} -1을 갖는다.

```
/* 파일 a.c */
void buginf(const char *fmt, ...) {
        /* ... */
}

/* 파일 b.c */
void buginf();
```

위의 코드는 buginf()의 프로토타입이 적게 선언^{prototype-less declaration}된 것으로 잘 정의된 것으로 볼 수 있지만 C Standard, 6.7.6.3, 15절 [ISO/IEC 9899:2011]에 따라 정의되지 않은 동작을 유발한다.

두 함수의 타입이 호환되기 위해서는 반환 타입도 호환돼야 한다. 더욱이 두 함수가 현존한다면 변수 리스트에서 매개 변수의 개수와 생략 기호가 서로 동일해야 하며 서로 대응하는 변수도 호환돼야 한다. 하나의 타입이 변수 타입 리스트를 갖고 다른 타입은 함수 정의 부분이 아닌 함수 선언자에 의해 명시되고 비어 있는 식별자 리스트를 포함한다면 변수 리스트는 생략 기호(ellipsis terminator)를 갖지 않고 변수 타입은 기본 인자 진급(default argument promotion)으로부터 가져오는 가변적 변수 타입과 호환된다.

해결 방법(호환되지 않는 variadic 함수 선언)

이 해결 방법에서 buginf() 함수의 프로토타입은 그것이 사용될 소스 파일의 스코프 안에 포함된다.

```
/* 파일 a.c */
void buginf(const char *fmt, ...) {
     /* ... */
}

/* 파일 b.c */
void buginf(const char *fmt, ...);
```

부적절한 코드 예제(과도하게 긴 식별자)

다음의 부적절한 코드 예제는 파일 bashline.h의 함수 포인터 bash_groupname_completion_function()을 선언하는 식별자의 길이가 외부 식별자로 31개의 문자 길이 제한에 3개를 초과하고 정확히 31개의 문자 길이를 갖는 b.c 파일에 정의된 bash_groupname_completion_funct와 충돌을 가져올 수 있다. 이것은 정의되지 않은 동작 31의 결과를 유발한다. 동일한 함수의 호환되지 않은 선언의 결과를 유발한다('정의되지 않은 동작 15' 참조). 추가적으로 함수의 호출은 일반적으로 심각한 문제와 함께 정의되지 않은 동작 41을 유발한다.

```
/* 파일 bashline.h */
/* UB 15, UB 31 */
extern char *bash_groupname_completion_function(const char *, int);

/* 파일 a.c */
#include "bashline.h"

void f(const char *s, int i) {
  bash_groupname_completion_function(s, i); /* UB 41 */
}

/* 파일 b.c */
int bash_groupname_completion_funct; /* UB 15, UB 31 */
```

> **노트** 위에서 참조된 식별자 bash_groupname_completion_function은 GNU Bash version 3.2에서 발췌했다.

해결 방법(과도하게 긴 식별자)

이 해결 방법은 bashline.h의 함수 포인터 bash_groupname_completion()를 선언하는 식별자의 길이가 32자 미만이다. 결과적으로 표준을 준수하는 어떤 플랫폼에서도 bash_groupname_completion_funct은 문제를 유발하지 않는다.

```
/* 파일 bashline.h */
extern char *bash_groupname_completion(const char *, int);

/* 파일 a.c */
#include "bashline.h"

void f(const char *s, int i) {
    bash_groupname_completion(s, i);
}

/* 파일 b.c */
int bash_groupname_completion_funct;
```

위험 평가

규칙	심각도	위험 발생 가능성	개선 비용	우선순위	레벨
DCL40-C	낮음	낮음	중간	P2	L3

관련된 가이드라인

ISO/IEC TS 17961:2013	Declaring the same function or object in incompatible ways [funcdecl]

참고 문헌

[Hatton 1995]	Section 2.8.3
[ISO/IEC 9899:2011]	6.7.6.3, "Function Declarations (including Prototypes)" J.2, "Undefined Behavior"

■ DCL41-C. switch 구문에 첫 번째 case 절 앞에 변수를 선언하지 마라

C Standard 6.8.4.2, 4절 [ISO/IEC 9899:2011]에 따르면 다음과 같다.

> switch 문은 제어식의 값과 default 절의 존재 여부, 다른 case 절의 값에 따라 구문 (statement)을 뛰어넘거나 구문으로 들어가거나 구문을 지나간다.

프로그래머가 첫 번째 case 절 앞에 변수를 선언하거나 초기화한다면 다른 case 절 안에서도 사용할 수 있다. 이 변수들은 switch 블록의 안쪽에 스코프(영역)를 갖게 되지만 초기화되지 않고 결과적으로 정의되지 않은 값을 갖게 된다.

부적절한 코드 예제

다음의 부적절한 코드 예제는 switch 문에서 첫 번째 case 절 앞에서 변수를 선언하고 실행 가능한 구문을 포함한다.

```
#include <stdio.h>

extern void f(int i);
void func(int expr) {
    switch (expr) {
        int i = 4;
        f(i);
    case 0:
        i = 17;
        /*기본 코드로 완료 되지 못한 경우*/
     default:
        printf("%d\n", i);
    }
}
```

해결 방법

이 해결 방법은 첫 번째 case 절 앞에 있던 구문을 switch 문 앞에서 발생되도록 한다.

```
#include <stdio.h>
```

```
extern void f(int i);

int func(int expr) {
  /*
   * swith 블록의 앞으로 코드를 이동 후,
   * 다음 구문 실행이 가능
   */
  int i = 4;
  f(i);

  switch (expr) {
    case 0:
      i = 17;
      /* 기본 코드로 완료되지 못한 경우 */
    default:
      printf("%d\n", i);
  }
  return 0;
}
```

위험 평가

switch 블록 안쪽의 첫 번째 case 절 앞에 변수를 초기화하고 테스트 조건을 사용하는 것은 **예기치 않은 동작**이나 정의되지 않은 동작을 유발시킨다.

규칙	심각도	위험 발생 가능성	개선 비용	우선순위	레벨
DCL41-C	보통	낮음	보통	P4	L3

관련된 가이드라인

MISRA C:2012	Rule 16.1 (required)

참고 문헌

[ISO/IEC 9899:2011]	6.8.4.2, "The switch Statement"

3장

표현식

3장 목차

위험 평가

규칙	심각도	위험 발생 가능성	개선 비용	우선순위	레벨
EXP30–C	보통	보통	보통	P8	L2
EXP32–C	낮음	높음	보통	P6	L2
EXP33–C	높음	보통	보통	P12	L1
EXP34–C	높음	높음	보통	P18	L1
EXP35–C	낮음	보통	보통	P4	L3
EXP36–C	낮음	보통	보통	P4	L3
EXP37–C	보통	보통	높음	P4	L3
EXP39–C	보통	낮음	높음	P2	L3
EXP40–C	낮음	낮음	보통	P2	L3
EXP42–C	보통	보통	보통	P8	L2
EXP43–C	보통	보통	높음	P4	L3
EXP44–C	낮음	낮음	낮음	P3	L3
EXP45–C	낮음	높음	보통	P6	L2

■ EXP30-C. 부수 효과로 인한 평가 순서에 의존하지 마라

표현식EXP, EXPression의 평가는 부수 효과가 발생할 수 있다. 프로그램을 실행하는 동안 **시퀀스 포인트**sequence point라고 알려진 특정 지점은 이전 평가의 부수 효과가 완료되고 계속되는 평가에 부수 효과가 발생하지 않는 지점이다. 중개 시퀀스 포인트intervening sequence point가 없다면 부수 효과로 인한 평가 순서에 의존하지 마라.

다음은 C Standard, 6.5, 2절 [ISO/IEC 9899:2011]의 내용이다.

만약 스칼라(sclar) 객체의 부수 효과가 동일한 스칼라 객체의 다른 부수 효과나 또는 동일한 스칼라 객체의 값을 사용하는 계산과 관련해 평가 순서가 무질서해지면 프로그램의 동작은 정의되지 않는다. 만약 하위 표현식에 허용 가능한 다양한 평가 순서가 있다면 그로 인한 비순서적인 부수 효과가 발생할 수 있고 정의되지 않은 동작을 유발할 수 있다.

이 요구 사항은 전체 표현식의 하위 표현식이 허용 가능한 순서를 만족해야 하며 그렇지 않으면 동작은 정의되지 않는다('부록 B, 정의되지 않은 동작 35' 참조).

다음의 시퀀스 포인트는 C Standard, Annex C [ISO/IEC 9899:2011]에 정의된 내용이다.

- 함수 호출자에 의한 평가와 함수 인자를 호출하는 중간 지점
- 아래 연산자가 첫 번째 피연산자와 두 번째 피연산자의 사이에 있는 중간 지점
    - 논리 AND: &&
    - 논리 OR: ||
    - 콤마: ,
- 조건식 ?: 연산자의 첫 번째 피연산자 평가가 완료되고 두 번째 그리고 세 번째 피연산자가 평가되는 중간 지점
- 전체 선언문의 끝 지점
- 전체 표현식의 평가 완료 지점과 다음에 평가돼야 할 전체 표현식의 중간 지점, 다음은 전체 표현식에 대한 설명이다.
    - 복합 상수compound literal가 아닌 초기화 구문initializer
    - 표현식 구문에서 표현식
    - 조건문의 조건 표현식(if 또는 switch)
    - while 또는 do 문장의 조건 표현식
    - for 문장 각각의 표현식
    - return문의 표현식
- 라이브러리 함수 반환 직후
- 포맷 입/출력 함수의 변환 지정자와 관련된 동작이 수행된 후
- 비교 함수의 호출 직전 및 직후 그리고 비교 함수를 호출하는 것과 호출 시 인자를 전달하는 객체가 이동한 시점 사이

이 규칙은 다음의 구문과 같이,

```
i = i + 1;
a[i] = i;
```

는 정의된 동작을 하며, 다음의 구문은 정의된 동작을 하지 않는다.

```
/* i는 시퀀스 포인트 사이에서 두 번 수정된다 */
i = ++i + 1;
```

```
/* i는 저장될 값을 결정하는 것 이외의 목적으로 읽힌다 */
a[i++] = i;
```

C 코드에서 컴마는 항상 컴마 연산자의 사용을 의미하지 않는다. 예를 들어 함수 호출 시 인자 사이의 콤마는 시퀀스 포인트가 아니다. 하지만 다음의 C Standard 6.5.2.2, 10절 [ISO/IEC 9899:2011] 내용을 참조한다.

> 호출된 함수의 보디(body) 부분에 특정한 실행 순서를 지정하지 않았다면 함수 호출(다른 함수 호출을 포함해서)의 모든 평가는 순서가 결정되지 않은 미결정의 순차 평가다.

이 규칙은 함수 호출 인자의 평가 순서는 지정되지 않고 다양한 순서로 발생할 수 있음을 의미한다.

부적절한 코드 예제

프로그램은 시퀀스 포인트 사이의 피연산자 평가 순서에 의존할 수 없다. 다음의 부적절한 코드 예제로 i는 중개 시퀀스 포인트intervening sequence point 없이 두 번 평가되고 표현식의 동작은 정의되지 않는다.

```
#include <stdio.h>

void func(int i, int *b) {
    int a = i + b[++i];
    printf("%d, %d", a, i);
}
```

해결 방법

다음의 예는 피연산자의 평가 순서에 독립적이며 한 방향으로 실행된다.

```c
#include <stdio.h>

void func(int i, int *b) {
    int a;
    ++i;
    a = i + b[i];
    printf("%d, %d", a, i);
}
```

　　또는

```c
#include <stdio.h>

void func(int i, int *b) {
  int a = i + b[i + 1];
  ++i;
  printf("%d, %d", a, i);
}
```

부적절한 코드 예제

다음의 부적절한 코드 예제에서 func() 함수 호출은 인자 표현식 사이에 시퀀스 포인트가 없기 때문에 정의되지 않은 동작을 유발한다.

```c
extern void func(int i, int j);

void f(int i) {
    func(i++, i);
}
```

　　첫 번째(왼쪽) 인자의 표현식은 i의 값을 읽고 난 후(저장될 값을 결정하려고) i를 수정한다. 두 번째(오른쪽) 인자의 표현식은 첫 번째 인자와 동일한 시퀀스 포인트로 i의 값을 읽지만 i에 저장될 값을 결정하려는 것이 아니다. i의 값을 읽으려는 이런 추가적인 시도는 정의되지 않은 동작을 유발한다.

해결 방법

이 해결 방법은 func() 함수에 두 인자를 동일한 값으로 설정하면 적합한 동작을 수행한다.

```
extern void func(int i, int j);

void f(int i) {
    i++;
    func(i, i);
}
```

이 해결 방법은 프로그래머의 의도가 두 번째 인수가 첫 번째보다 1만큼 크게 하는 것이라면 적합하다.

```
extern void func(int i, int j);

void f(int i) {
    int j = i++;
    func(j, i);
}
```

부적절한 코드 예제

함수 인자의 평가 순서는 지정되지 않는다. 다음의 부적절한 코드 예제는 **지정되지 않은 동작**unspecified behavior을 보여 주며 정의되지 않은 동작undefined behavior을 유발하지는 않는다.

```
extern void c(int i, int j);
int glob;

int a(void) {
    return glob + 10;
}

int b(void) {
    glob = 42;
    return glob;
```

```
}

void func(void) {
    c(a(), b());
}
```

a()와 b()가 호출되는 순서는 지정되지 않는다. 단지 a()와 b()는 c()가 호출되기 전에 먼저 호출되도록 보장한다. 만약 a()나 b()가 반환값을 계산할 때 서로의 상태에 의존한다면 c()로 전달되는 결과 인자는 컴파일러나 시스템의 구조에 따라 차이를 보일 수 있다.

해결 방법

이 해결 방법에서 a()와 b()의 평가 순서가 고정되고, 지정되지 않은 동작unspecified behavior은 발생하지 않는다.

```
extern void c(int i, int j);
int glob;

int a(void) {
    return glob + 10;
}

int b(void) {
    glob = 42;
    return glob;
}

void func(void) {
    int a_val, b_val;

    a_val = a();
    b_val = b();

    c(a_val, b_val);
}
```

위험 평가

시퀀스 포인트 사이에서 객체를 여러 번 수정하는 것은 객체가 예상하지 못한 값을 갖게 하고, 원하지 않는 프로그램 동작을 유발할 수 있다.

규칙	심각도	위험 발생 가능성	개선 비용	우선순위	레벨
EXP30-C	보통	보통	보통	P8	L2

관련된 가이드라인

ISO/IEC TR 24772:2013	Operator Precedence/Order of Evaluation [JCW] Side-effects and Order of Evaluation [SAM]
MISRA C:2012	Rule 12.1 (advisory)

참고 문헌

[ISO/IEC 9899:2011]	6.5, "Expressions" 6.5.2.2, "Function Calls" Annex C, "Sequence Points"
[Saks 2007]	
[Summit 2005]	Questions 3.1, 3.2, 3.3, 3.3b, 3.7, 3.8, 3.9, 3.10a, 3.10b, and 3.11

■ EXP32-C. volatile이 아닌 참조자로 volatile 객체에 접근하지 마라

volatile로 한정된 타입의 객체는 알려지지 않은 방식으로 수정되거나 또는 알려지지 않은 부수 효과를 갖는다. non-volatile lvalue 사용으로 volatile 객체를 참조하는 것은 정의되지 않은 행동을 유발한다. 다음은 C Standard 6.7.3절 [ISO/IEC 9899:2011]의 내용이다.

volatile이 아닌 참조자를 가진 lvalue의 사용으로 volatile 타입의 객체 참조하려는 시도는 정의되지 않은 동작을 유발한다.

'부록 B 정의되지 않은 동작 65'를 참조하라.

부적절한 코드 예제

다음의 부적절한 코드 예제에서 volatile 객체는 volatile이 아닌 참조자[non-volatile reference]를 통해 접근되고, 정의되지 않은 동작을 유발한다.

```c
#include <stdio.h>

void func(void) {
    static volatile int **ipp;
    static int *ip;
    static volatile int i = 0;

    printf("i = %d.\n", i);

    ipp = &ip; /* 에러를 발생한다 */
    ipp = (int**)&ip;
    /* 제약 사항 위반, 에러를 발생한다. */
    *ipp = &i; /* 유효함 */
    if (*ip != 0) { /* 유효함 */
      /* ... */
    }
}
```

ipp=&ip 할당은 volatile이 아닌 참조자 ip를 통해 volatile 객체 i에 값을 참조하도록 허용하기 때문에 안전하지 않다. 위의 예제에서 컴파일러는 만약 ip가 가리키는 것이 volatile 객체가 아니라면 *ip != 0이 거짓이기 때문에 전체의 if 블록을 제거해 최적화할 수 있다.

해결 방법

이 해결 방법은 ip를 volatile로 선언하는 것이다.

```c
#include <stdio.h>

void func(void) {
```

```
    static volatile int **ipp;
    static volatile int *ip;
    static volatile int i = 0;

    printf("i = %d.\n", i);
    ipp = &ip;
    *ipp = &i;
    if (*ip != 0) {
      /* ... */
    }
}
```

위험 평가

volatile이 아닌 참조자를 통해 volatile로 한정된 객체에 접근하는 것은 정의되지 않은 동작을 유발한다.

규칙	심각도	위험 발생 가능성	개선 비용	우선순위	레벨
EXP32-C	낮음	높음	보통	P6	L2

관련된 가이드라인

ISO/IEC TR 24772:2013	Pointer Casting and Pointer Type Changes [HFC] Type System [IHN]
MISRA C:2012	Rule 11.8 (required)

참고 문헌

[ISO/IEC 9899:2011]	6.7.3, "Type Qualifiers"

■ EXP33-C. 초기화되지 않은 메모리를 읽지 마라

로컬 영역에서 자동 변수는 초기화되기 전에 읽으면 예상하지 못한 값을 갖는다. 다음은 C Standard 6.7.9, 10절 [ISO/IEC 9899:2011]의 내용이다.

자동 저장 존속 기간(automatic storage duration)을 갖는 객체가 명시적으로 초기화되지 않았다면 객체의 값은 결정돼 있지 않다.

부록 B, 정의되지 않은 동작 11을 참조하라.

로컬 영역에서 자동 변수가 프로그램 스택에 저장되면 스택 메모리에 현재 저장된 값이 초기화 값으로 설정된다.

추가적으로 어떤 동적 메모리 할당 함수는 그들이 할당한 메모리의 내용을 초기화하지 않는다. 표 3-1을 참조하라.

초기화되지 않은 자동 변수나 동적으로 할당된 메모리는 결정되지 않은 값을 갖고 **잘못된 표현**trap representation을 할 수 있다. 그런 잘못 표현된 값을 읽는 것은 정의되지 않은 동작을 유발하고('부록 B, 정의되지 않은 동작 10과 정의되지 않은 동작 12' 참조), 프로그램이 예상치 못한 방식으로 동작하며 잘못된 공격에 진입로를 제공할 수 있다. 대부분의 컴파일러는 초기화되지 않은 변수를 읽을 때 경고 메시지를 발생시킨다('MSC00-C. 컴파일 시 높은 경고 메시지 옵션을 줘라' 참조).

표 3-1 동적 메모리 할당 함수

함수	초기화
`aligned_alloc()`	초기화를 수행하지 않음
`calloc()`	메모리가 0으로 초기화(zero-initialize)
`malloc()`	초기화를 수행하지 않음
`realloc()`	원시 포인터로부터 내용을 복사하고, 모든 메모리를 초기화하지 않을 수 있음

부적절한 코드 예제(참조에 의한 반환)

다음의 부적절한 코드 예제로 set_flag() 함수는 number의 부호를 sign_flag 변수에 할당한다. 하지만 프로그래머는 number가 0인 경우를 고려하지 않았다. 지역 변수 sign이 set_flag()를 호출할 때 초기화되지 않고 set_flag()에 의해 결코 쓰이지 않는다. 프로그램이 sign을 읽을 때 비교 연산은 정의되지 않은 동작을 유발한다.

```
void set_flag(int number, int *sign_flag) {
    if (NULL == sign_flag) {
        return;
    }

    if (number > 0) {
        *sign_flag = 1;
    } else if (number < 0) {
        *sign_flag = -1;
    }
}

int is_negative(int number) {
    int sign;
    set_flag(number, &sign);
    return sign < 0;
}
```

　어떤 컴파일러는 초기화되지 않은 변수의 주소가 함수에서 사용될 때 함수 내에서 초기화된다고 가정한다. 컴파일러는 변수의 초기화가 실패해도 진단하지 못하기 때문에 프로그래머는 코드의 정확성을 위해 추가적으로 정밀한 점검을 해야 한다.

　이런 결함은 모든 가능한 데이터의 상태를 고려하지 않았기 때문에 발생한다 ('MSC01-C. 논리적으로 완전해지도록 노력하라' 참조).

해결 방법(참조에 의한 반환)

이 해결 방법은 number가 0이 될 수 있는 가능성을 추가해서 문제를 간단히 해결할 수 있다.

　컴파일러와 **정적 분석**static analysis 도구는 소스 코드에 접근해서 초기화되지 않은 변수의 사용을 찾을 수 있지만 소소 코드가 접근이 불가능한 오브젝트 코드에서 발생하는 초기화나 사용에 대한 진단은 어렵고 때로는 불가능한 경우도 있다. 성능의 문제로 그렇게 하는 것이 어렵다면 고려할 만한 수단으로 심층 방어defense-in-depth 방법은 로컬 변수를 선언한 후 바로 초기화하는 것이다.

```
void set_flag(int number, int *sign_flag) {
    if (NULL == sign_flag) {
        return;
    }
    /* 0이 되는 경우를 고려함 */
    if (number >= 0) {
        *sign_flag = 1;
    } else {
        *sign_flag = -1;
    }
}

int is_negative(int number) {
    int sign = 0; /* 심층 방어를 위한 초기화 */
    set_flag(number, &sign);
    return sign < 0;
}
```

부적절한 코드 예제(초기화되지 않은 지역 변수)

다음의 부적절한 코드 예제에서 프로그래머는 실수로 report_erro() 함수에 지역 변수 error_log를 msg 인자로 초기화하지 않았다[Mercy 2006]. error_log는 초기화되지 않았기 때문에 결정되지 않은 값이 읽힌다. sprint()는 결정되지 않은 error_log 변수에 의해 참조되는 임의 공간의 데이터를 널null 바이트를 만날 때까지 복사한다. 그것은 버퍼 오버플로를 유발할 수 있다.

```
#include <stdio.h>

/* 사용자로부터 사용자 이름과 비밀번호를 입력받고 에러 시 -1을 반환 */
extern int do_auth(void);
enum { BUFFERSIZE = 24 };
void report_error(const char *msg) {
    const char *error_log;
    char buffer[BUFFERSIZE];

    sprintf(buffer, "Error: %s", error_log);
    printf("%s\n", buffer);
}
```

```
int main(void) {
  if (do_auth() == ?1) {
    report_error("Unable to login");
  }
  return 0;
}
```

부적절한 코드 예제(초기화되지 않은 지역 변수)

다음의 부적절한 코드 예제에서 error_log가 적합하게 초기화되도록 report_error()
함수를 수정한다.

```
#include <stdio.h>
enum { BUFFERSIZE = 24 };
void report_error(const char *msg) {
    const char *error_log = msg;
    char buffer[BUFFERSIZE];

    sprintf(buffer, "Error: %s", error_log);
    printf("%s\n", buffer);
}
```

위의 코드 예제는 만약 msg에 의해 참조되는 널^{null}로 끝나는 문자열이 널 종료 문
자를 포함해서 16개 문자보다 많다면 버퍼 오버플로가 발생하기 때문에 문제가 있다
('STR31-C. 문자열을 위한 공간이 문자 데이터와 널 종료 문자를 담기에 충분함을 보장하라' 참조).

해결 방법(초기화되지 않은 지역 변수)

이 해결 방법에서는 snprintf() 함수를 호출해 버퍼 오버플로를 제거한다.

```
#include <stdio.h>
enum { BUFFERSIZE = 24 };
void report_error(const char *msg) {
      char buffer[BUFFERSIZE];

  if (0 < snprintf(buffer, BUFFERSIZE, "Error: %s", msg))
    printf("%s\n", buffer);
  else
```

```
    puts("Unknown error");
}
```

해결 방법(초기화되지 않은 지역 변수)

에러 발생 가능성을 줄이는 간단한 해결 방법은 인터미디에이트 버퍼^{intermediate buffer}의
사용보다 직접적인 에러 메시지를 출력하는 것이다.

```
#include <stdio.h>

void report_error(const char *msg) {
    printf("Error: %s\n", msg);
}
```

부적절한 코드 예제(mbstate_t)

다음의 부적절한 코드 예제에서 mbrlen() 함수는 초기화되지 않은 mbstate_t 자동 객
체의 주소를 전달한다. mbrlen()은 역참조하고 세 번째 인수를 읽기 때문에 정의되지
않은 동작 200(부록 B 참조)을 유발한다.

```
#include <string.h>
#include <wchar.h>

void func(const char *mbs) {
    size_t len;
    mbstate_t state;

    len = mbrlen(mbs, strlen(mbs), &state);
}
```

해결 방법(mbstate_t)

멀티바이트 변환 함수로 전달되기 전에 mbstate_t 객체는 초기 변환 상태로 초기화하
거나 또는 멀티바이트 변환 함수의 이전 호출에 의한 가장 최근에 이동한 상태의 값
을 설정해야 한다. 이 해결 방법은 mbstate_t 객체가 모두 0으로 설정해서 초기 변환
상태를 설정한다.

```
#include <string.h>
#include <wchar.h>

void func(const char *mbs) {
    size_t len;
    mbstate_t state;

    memset(&state, 0, sizeof(state));
    len = mbrlen(mbs, strlen(mbs), &state);
}
```

부적절한 코드 예제(POSIX, 엔트로피)

다음의 부적절한 코드 예제는 'More Randomness of Less'[Wang 2012]에서 언급한 프로세스 ID, 시간, 초기화되지 않은 메모리 정크junk가 난수 발생기random number generator의 시드seed로 사용하는 데 익숙하다. 이런 동작은 엔트로피 소스로서 초기화되지 않은 메모리를 사용하는 데비안 리눅스Debian Linux에서 파생된 분산 시스템의 특징이다. 하지만 결정되지 않은 값을 접근하는 것은 정의되지 않은 동작을 유발하기 때문에 컴파일러는 초기화되지 않은 변수의 접근을 최적화하고자 결과적으로 엔트로피 손실을 초래한다.

```
#include <time.h>
#include <unistd.h>
#include <stdlib.h>
#include <sys/time.h>

void func(void) {
    struct timeval tv;
    unsigned long junk;

    gettimeofday(&tv, NULL);
    srandom((getpid() << 16) ^ tv.tv_sec ^ tv.tv_usec ^ junk);
}
```

RSA 암호화와 같이 예측 불가능성에 의존하는 보안 프로토콜protocol의 엔트로피 손실은 곧 보안이 취약한 시스템으로 발전한다.

해결 방법(POSIX, 엔트로피)

이 해결 방법은 초기화되지 않은 메모리를 읽는 대신에 CPU 클록^{clock}과 실제 클록을 사용한 의사 난수 발생기로 난수를 생성하는 것이다.

```c
#include <time.h>
#include <unistd.h>
#include <stdlib.h>
#include <sys/time.h>

void func(void) {
    double cpu_time;
    struct timeval tv;

    cpu_time = ((double) clock()) / CLOCKS_PER_SEC;
    gettimeofday(&tv, NULL);
    srandom((getpid() << 16) ^ tv.tv_sec ^ tv.tv_usec ^ cpu_time);
}
```

부적절한 코드 예제(realloc())

realloc() 함수는 동적으로 할당된 메모리 객체의 사이즈를 변경한다. 반환된 메모리 객체의 초기 size 바이트는 변경되지 않는다. 하지만 새롭게 추가된 공간은 초기화되지 않고 값은 결정되지 않는다. malloc()처럼 원래의 객체 사이즈를 초과하는 메모리의 접근은 정의되지 않은 동작 181(부록 B 참조)을 유발한다.

malloc(), realloc()과 함께 할당된 메모리는 사용되기 전에 적합하게 초기화해야 하며 전적으로 프로그래머의 책임이다.

다음의 부적절한 코드 예제로 배열은 malloc()로 할당되고 적합하게 초기화된다. 초기화된 후 배열은 더 큰 크기로 확장되지만 원래 배열을 포함해서 초과한 것을 초기화하지 않는다. 배열이 확장된 뒤 새로운 배열의 초기화되지 않은 바이트에 접근하는 것은 정의되지 않은 동작을 유발한다.

```c
#include <stdlib.h>
#include <stdio.h>
enum { OLD_SIZE = 10, NEW_SIZE = 20 };
```

```
int *resize_array(int *array, size_t count) {
    if (0 == count) {
        return 0;
    }

    int *ret = (int *)realloc(array, count * sizeof(int));
    if (!ret) {
        free(array);
        return 0;
     }

     return ret;
}

void func(void) {

    int *array = (int *)malloc(OLD_SIZE * sizeof(int));
    if (0 == array) {
        /* Handle error */
    }

    for (size_t i = 0; i < OLD_SIZE; ++i) {
        array[i] = i;
    }

    array = resize_array(array, NEW_SIZE);
    if (0 == array) {
        /* Handle error */
    }

    for (size_t i = 0; i < NEW_SIZE; ++i) {
        printf("%d ", array[i]);
    }
}
```

해결 방법(realloc())

이 해결 방법에서 resize_array() 도움 함수는 배열의 원래 크기를 위해 두 번째 인자를 사용하고 새롭게 할당된 원소를 초기화할 수 있다.

```c
#include <stdlib.h>
#include <stdio.h>
#include <string.h>

enum { OLD_SIZE = 10, NEW_SIZE = 20 };

int *resize_array(int *array, size_t old_count, size_t new_count) {
    if (0 == new_count) {
        return 0;
    }

    int *ret = (int *)realloc(array, new_count * sizeof(int));
    if (!ret) {
        free(array);
        return 0;
    }

    if (new_count > old_count) {
        memset(ret + old_count, 0, (new_count ? old_count) * sizeof(int));
    }
    return ret;
}

void func(void) {

    int *array = (int *)malloc(OLD_SIZE * sizeof(int));
    if (0 == array) {
        /* 에러 처리 */
    }

    for (size_t i = 0; i < OLD_SIZE; ++i) {
        array[i] = i;
    }

    array = resize_array(array, OLD_SIZE, NEW_SIZE);
    if (0 == array) {
        /* 에러 처리 */
    }

    for (size_t i = 0; i < NEW_SIZE; ++i) {
```

```
        printf("%d ", array[i]);
    }
}
```

예외

EXP33-EX1: unsigned char 타입의 lvalue에 의해 초기화되지 않은 메모리를 읽는 것은 정의되지 않은 동작을 유발하지 않는다. unsinged char 타입은 잘못된 표현을 갖지 않도록 정의된다(C Standard, 6.2.6.1, 3절). 그러나 Intel Itanium 같은 아키텍처에서 레지스터는 그들이 초기화됐는지의 여부를 지시하기 위한 비트^{bit}를 갖는다. C Standard, 6.3.2.1, 2절, 객체가 자신의 주소를 갖지 않고 만약 그런 객체가 어떤 방식으로든 참조된다면 레지스터에 저장되고 그 객체는 문제의 원인을 제공하게 된다.

위험 평가

초기화되지 않은 변수를 읽는 것은 정의되지 않은 동작을 유발하고 예상치 못한 프로그램 동작을 유발한다. 경우에 따라 이런 **보안 결함**^{security flaw}은 임의 코드의 실행을 허용할 수 있다.

엔트로피를 생성하고자 초기화되지 않은 변수를 읽는 것은 문제가 있다. 이유는 이런 메모리 접근은 컴파일러에 의해 제거될 수 있기 때문이다. VU#925211는 이런 코딩 에러에 의한 취약성을 야기시키는 예다.

규칙	심각도	위험 발생 가능성	개선 비용	우선순위	레벨
EXP33-C	높음	보통	보통	P12	L1

관련 취약성

CVE-2009-1888은 이 규칙을 위반해서 발생한다. SAMBA의 하위 버전(3.3.5까지)은 접근 권한과 관련된 2개의 초기화되지 않은 값들이 있는 함수를 호출한다. 침입자는 이 코딩 에러를 이용해 접근 통제 리스트를 우회하고 보안 파일에 접근하도록 악용할 수 있다[xorl 2009].

관련된 가이드라인

ISO/IEC TR 24772:2013	Initialization of Variables [LAV]
ISO/IEC TS 17961:2013	Referencing uninitialized memory [uninitref]
MITRE CWE	CWE-119, Improper Restriction of Operations within the Bounds of a Memory Buffer CWE-665, Improper Initialization

참고 문헌

[Flask 2006]	
[ISO/IEC 9899:2011]	6.7.9, "Initialization" 6.2.6.1, "General" 6.3.2.1, "Lvalues, Arrays, and Function Designators"
[Mercy 2006]	
[VU#925211]	
[Wang 2012]	"More Randomness or Less"
[xorl 2009]	"CVE-2009-1888: SAMBA ACLs Uninitialized Memory Read"

■ EXP34-C. 널 포인터를 역참조하지 마라

역참조하는 널[null] 포인터는 정의되지 않은 동작을 유발한다.

많은 플랫폼에서 역참조하는 널 포인터는 비정상적인 프로그램 종료를 유발하지만 표준에서 요구하는 사항은 아니다. 'Clever Attack Exploits Fully-Patched Linux Kernel'[Goodin 2009]는 널 포인터 역참조로 악용된 코드 실행의 예다.

부적절한 코드 예제

다음의 부적절한 코드 예제는 대중적인 ARM 기반 핸드폰에 배포됐던 libpng 라이브러리의 취약성이 발견된 버전으로 실제 사례다. libpng 라이브러리는 애플리케이션이 PNG[Portable Network Graphics] 점사 방식의 이미지 파일을 읽고, 만들고, 작동할 수 있도록 한다. libpng 라이브러리는 에러 또는 0바이트 인자를 전달할 경우 널 포인터를 반환하는 malloc() 함수의 래핑을 수행한다.

이 코드는 또한 'ERR33-C. 표준 라이브러리 에러를 발견하고 처리하라'를 위반했다.

```c
#include <png.h> /* libpng 참조 */
#include <string.h>

void func(png_structp png_ptr, int length, const void *user_data) {
    png_charp chunkdata;
    chunkdata = (png_charp)png_malloc(png_ptr, length + 1);
    /* ... */
    memcpy(chunkdata, user_data, length);
    /* ... */
}
```

만약 length가 -1을 갖는다면 덧셈 연산은 0을 넘겨주고 png_malloc()은 계속해서 널 포인터를 반환하고 chunkdata에 할당된다. chunkdata 포인터는 나중에 memcpy() 호출에 대상 인자로 사용되고, 메모리의 주소 0에서부터 사용자 정의 데이터를 덮어쓰는 결과를 초래한다. ARM과 XScale 아키텍처의 경우에서 0x0 주소는 메모리에서 매핑되고 예외 벡터 표로 제공된다. 결과적으로 역참조하는 0x0 주소는 비정상적인 프로그램 종료를 발생시키지 않는다.

해결 방법

이 해결 방법은 png_malloc()에 의해 반환되는 포인터가 널이 아닌 것을 보장한다. 부호값을 갖지 않는 타입 size_t가 length 변수를 전달하는 데 사용하고 음수가 func() 함수에 전달되지 않도록 보장한다.

```c
#include <png.h> /* libpng 참조 */
#include <string.h>

void func(png_structp png_ptr, size_t length, const void *user_data) {
    png_charp chunkdata;
    if (length == SIZE_MAX) {
```

```
        /* Handle error */
    }
    chunkdata = (png_charp)png_malloc(png_ptr, length + 1);
    if (NULL == chunkdata) {
        /* Handle error */
    }
    /* ... */
    memcpy(chunkdata, user_data, length);
    /* ... */

}
```

부적절한 코드 예제

다음의 부적절한 코드 예제에서 input_str은 c_str에 참조되는 동적으로 할당된 메모리로 복사된다. 만약 malloc()가 실패하면 c_str에 의해 할당된 널 포인터를 반환한다. c_str이 memcpy()에서 역참조될 때 프로그램은 정의되지 않은 동작을 유발한다. 추가적으로 input_str이 널 포인터이면 strlen()의 호출은 널 포인터를 역참조하고 정의되지 않은 동작을 초래한다. 이 코드는 또한 'ERR33-C. 표준 라이브러리 에러를 발견하고 처리하라'도 위반한다.

```
#include <string.h>
#include <stdlib.h>

void f(const char *input_str) {
    size_t size = strlen(input_str) + 1;
    char *c_str = (char *)malloc(size);
    memcpy(c_str, input_str, size);
    /* ... */
    free(c_str);
    c_str = NULL;
    /* ... */
}
```

해결 방법

이 해결 방법은 input_str과 malloc()에 의해 반환되는 포인터가 널이 아님을 보장한다.

```
#include <string.h>
#include <stdlib.h>

void f(const char *input_str) {
    size_t size;
    char *c_str;

    if (NULL == input_str) {
        /* Handle error */
    }

    size = strlen(input_str) + 1;
    c_str = (char *)malloc(size);
    if (NULL == c_str) {
        /* Handle error */
    }
    memcpy(c_str, input_str, size);
    /* ... */
    free(c_str);
    c_str = NULL;
    /* ... */
}
```

부적절한 코드 예제

다음의 부적절한 코드 예제는 drivers/net/tun.c의 버전부터 그리고 Linux kernel 2.6.30 [Goodin 2009]에 영향을 미쳤다.

```
static unsigned int tun_chr_poll(struct file *file,
                                 poll_table *wait) {
    struct tun_file *tfile = file->private_data;
    struct tun_struct *tun = __tun_get(tfile);
    struct sock *sk = tun->sk;
    unsigned int mask = 0;
```

```
if (!tun)
    return POLLERR;

DBG(KERN_INFO "%s: tun_chr_poll\n", tun->dev->name);

poll_wait(file, &tun->socket.wait, wait);

if (!skb_queue_empty(&tun->readq))
    mask |= POLLIN | POLLRDNORM;

if (sock_writeable(sk) ||
    (!test_and_set_bit(SOCK_ASYNC_NOSPACE,
                        &sk->sk_socket->flags) &&
      sock_writeable(sk)))
    mask |= POLLOUT | POLLWRNORM;

if (tun->dev->reg_state != NETREG_REGISTERED)
    mask = POLLERR;

tun_put(tun);
return mask;
}
```

sk 포인터는 tun이 널 포인터임을 체크하기 전에 tun->sk로 초기화된다. 널 포인터 역참조는 정의되지 않은 동작을 유발하기 때문에 컴파일러(이 경우 GCC)는 tun->sk로 초기화된 후 if(!tun)이 수행되기 때문에 if 문을 제거해 최적화할 수 있고 암시적으로 tun이 널이 아닌 것으로 지정한다. 결과적으로 이 부적절한 코드 예제는, 예를 들면 MAP_FIXED 플래그로 mmap(2)를 사용하는 리눅스^{Linux}와 맥^{Mac} OS X 또는 SHM_RND 플래그로 shmat() POSIX 함수를 사용하는 여러 플랫폼에서 허용될 수 있기 때문에 널 포인터 역참조로 악용 가능한 침해로 발전할 수 있다.

해결 방법

이 해결 방법은 널 포인터 체크 후 sk를 tun->sk로 초기화해 널 포인트 역참조의 가능성을 제거한다.

```
static unsigned int tun_chr_poll(struct file *file,
                                 poll_table *wait) {
    struct tun_file *tfile = file->private_data;
    struct tun_struct *tun = __tun_get(tfile);
    struct sock *sk;
    unsigned int mask = 0;

    if (!tun)
        return POLLERR;

    sk = tun->sk;

    /* The remaining code is omitted because it is unchanged... */
}
```

위험 평가

널 포인터를 역참조하는 것은 정의되지 않은 동작을 유발하고 일반적으로 비정상적인 프로그램 종료를 가져온다. 하지만 때로는 널 포인터 역참조로 임의 코드의 실행을 유발할 수도 있다[Jack 2007], [van Sprundel 2006]. 이 경우에 더 심각할 수 있지만 임의 코드를 널 포인터 역참조로 수행하는 것이 불가능한 플랫폼에서는 실제 위험성이 낮다.

규칙	심각도	위험 발생 가능성	개선 비용	우선순위	레벨
EXP34-C	높음	높음	보통	P18	L1

관련된 가이드라인

ISO/IEC TR 24772:2013	Pointer Casting and Pointer Type Change [HFC] Null Pointer Dereference [XYH]
ISO/IEC TS 17961:2013	Dereferencing an out-of-domain pointer [nullref]
MITRE CWE	CWE-476, NULL Pointer Dereference

참고 문헌

[Goodin 2009]	
[Jack 2007]	
[Liu 2009]	
[van Sprundel 2006]	
[Viega 2005]	Section 5.2.18, "Null-Pointer Dereference"

■ EXP35-C. 임시 존속 기간을 가진 객체를 수정하지 마라

C11 표준[ISO/IEC 9899:2011]은 임시 존속 기간$^{temporary\ lifetime}$이라는 새로운 용어를 사용했다. 임시 존속 기간을 가진 객체를 수정하는 것은 정의되지 않은 동작을 유발한다. 6.2.4항 8절에 따르면 다음과 같다.

> 배열을 가진 구조체나 공용체(반복적으로 구조체와 공용체를 멤버로 갖는 배열을 포함)의 lvalue가 아닌 표현식은 자동 존속 기간과 임시 존속 기간을 가진 객체를 참조한다. 존속 기간은 표현식이 평가되고 표현식의 값으로 초기화될 때 시작하며 전체 표현식과 선언의 평가가 끝날 때 존속 기간은 종료한다. 임시 존속 기간을 가진 개체를 수정하려는 시도는 정의되지 않은 동작을 유발한다.

이 정의는 C99 표준과는 다르다(함수 호출의 결괏값을 다음 시퀀스 포인트 후에 수정하거나 접근하려는 것은 정의되지 않은 동작을 유발한다). 임시 객체의 존속 기간은 전체 표현식이나 모든 선언을 포함하는 평가식이 끝날 때 종료하기 때문에 함수 호출의 결과는 접근할 수 있다. 이런 임시 존속 기간의 확장은 C90과는 다른 많은 변화를 가져왔고 C++과의 호환성을 향상시켰다.

C 함수는 배열을 반환할 수 없지만 배열을 포함하는 struct(구조체)나 union(공용체) 형태 또는 배열의 포인터를 반환한다. 결과적으로 함수가 배열을 포함하는 struct나 union의 값으로 반환된다면 함수 호출을 포함하는 표현식 내에서 배열을 수정하지 마라. 다음 시퀀스 포인트 뒤, 전체 표현식의 평가 뒤, 전체 선언이 끝난 뒤에 반환되는 배열에 접근하지 마라.

부적절한 코드 예제(C99)

다음의 부적절한 코드 예제로 C11 표준을 준수하지만 C99 표준을 따르지는 않는다. C99 표준을 따르는 컴파일로 컴파일한다면 printf() 호출 이전의 시퀀스 포인트는 함수 인자 값의 평가와 반환되는 객체를 printf() 문자열에 의해 접근하기 때문에 이 코드는 정의되지 않은 동작을 유발한다.

```
#include <stdio.h>

struct X { char a[8]; };

struct X salutation(void) {
  struct X result = { "Hello" };
  return result;
}

struct X addressee(void) {
  struct X result = { "world" };
  return result;
}

int main(void) {
  printf("%s, %s!\n", salutation().a, addressee().a);
  return 0;
}
```

해결 방법

이 해결 방법은 printf() 함수 호출 전에 먼저 addressee() 호출에 의해 반환되는 구조체를 저장한다. 결과적으로 이 프로그램은 C99와 C11의 표준을 준수한다.

```
#include <stdio.h>

struct X { char a[8]; };

struct X salutation(void) {
  struct X result = { "Hello" };
  return result;
}
```

```
struct X addressee(void) {
    struct X result = { "world" };
    return result;
}

int main(void) {
    struct X my_salutation = salutation();
    struct X my_addressee = addressee();

    printf("%s, %s!\n", my_salutation.a, my_addressee.a);
    return 0;
}
```

부적절한 코드 예제

다음의 부적절한 코드 예제는 배열을 읽어 들이고 배열의 첫 번째 원소를 증가하려 한다. 배열은 함수 호출에 의해 반환되는 struct의 부분이다. 결과적으로 배열은 임시 존속 기간을 갖고 수정되는 배열은 정의되지 않은 동작을 유발한다.

```
#include <stdio.h>

struct X { int a[6]; };

struct X addressee(void) {
    struct X result = { { 1, 2, 3, 4, 5, 6 } };
    return result;
}

int main(void) {
    printf("%x", ++(addressee().a[0]));
    return 0;
}
```

해결 방법

이 해결 방법은 printf() 함수 호출 전에 addressee()에 의해 반환되는 구조체를 my_x 로 저장한다. 배열이 수정될 때 그것의 존속 기간은 임시 존속 기간보다 길지 않지만 main() 블록의 존속 기간과 같다.

```
#include <stdio.h>

struct X { int a[6]; };

struct X addressee(void) {
    struct X result = { { 1, 2, 3, 4, 5, 6 } };
    return result;
}

int main(void) {
    struct X my_x = addressee();
    printf("%x", ++(my_x.a[0]));
    return 0;
}
```

위험 평가

존속 기간이 종료한 후 배열을 수정하거나 접근하려는 시도는 잘못된 프로그램 동작을 유발한다.

규칙	심각도	위험 발생 가능성	개선 비용	우선순위	레벨
EXP35-C	낮음	보통	보통	P4	L3

관련된 가이드라인

ISO/IEC TR 24772:2013	Declaring References to Stack Frames [DCM]
	Side-effects and Order of Evaluation [SAM]

참고 문헌

[ISO/IEC 9899:2011]	6.2.4, "Storage Duration of Objects"

■ EXP36-C. 포인터를 더 엄격하게 할당된 포인터 타입으로 변환하지 마라

포인터 값을 참조된 타입보다 더 엄격하게 정렬된 포인터 타입으로 변환하지 마라. 다른 타입의 객체는 다른 타입의 정렬이 가능하다. 타입 검사 시스템^{type-checking system}이 명시적 타입 변경이나 포인터가 void 포인터^{void *}로 변환됐다가 다른 타입으로 변경돼 타입 검사의 기능을 하지 못하면 객체의 정렬이 변경될 수 있다.

다음은 C Standard, 6.3.2.3, 7절[ISO/IEC 9899:2011]의 내용이다.

> 객체나 불안전한 타입의 포인터는 다른 객체나 불완전한 타입으로 변환될 수 있다. 만약 참조되는 타입의 결과 포인터가 정확하게 정렬되지 않는다면 동작은 정의되지 않는다.

부록 B, 정의되지 않은 동작 25를 참조하라.

만약 정렬되지 않은 포인터가 역참조되면 프로그램은 비정상적으로 종료될 수 있다. 아키텍처에 따라 타입 변경(캐스트)은 관련된 타입이 다른 정렬 요구를 갖고 있어 값이 역참조되지 않는다 해도 정보 손실의 원인이 된다.

부적절한 코드 예제

다음의 부적절한 코드 예제로 char 포인터 &c는 더 엄격하게 정렬된 int 포인터 ip로 변환된다. 구현 방식에 따라 cp는 &c와 동일하지 않다. 결과적으로 한 객체 타입의 포인터가 다른 객체 타입의 포인터로 전환될 수 있으며 두 번째 객체 타입은 첫 번째 타입보다 더 엄격한 정렬을 요구해선 안 된다.

```
#include <assert.h>

void func(void) {
    char c = 'x';
    int *ip = (int *)&c;        /* 정보를 손실할 수 있다 */
    char *cp = (char *)ip;

    /* 구현에 따라 실행에 실패한다 */
    assert(cp == &c);
}
```

해결 방법(중간 객체)

이 해결 방법은 char 값이 int 타입의 객체로 저장되고 포인터의 값은 적합하게 정렬된다.

```
#include <assert.h>

void func(void) {
    char c = 'x';
    int i = c;
    int *ip = &i;

    assert(ip == &i);
}
```

해결 방법(C11, alignas())

이 해결 방법은 int 타입 객체와 동일한 정렬을 갖는 char 객체 c를 선언하고자 정렬 지정자를 사용한다. 결과적으로 두 포인터는 동일하게 정렬된 포인터 타입을 참조한다.

```
#include <stdalign.h>
#include <assert.h>

void func(void) {
    /* c를 int 타입으로 정렬*/
    alignas(int) char c = 'x';
    int *ip = (int *)&c;
    char *cp = (char *)ip;
    /* cp와 &c는 동일하게 정렬된 객체*/
    assert(cp == &c);
}
```

부적절한 코드 예제

표준 C는 객체 포인터가 void*로 변환되거나 void*에서 다른 타입으로 변환되도록 한다. 결과적으로 어떤 포인터 타입이 void* 타입의 포인터로 변환되거나 저장될 수 있고 또는 이렇게 변환된 포인터가 최종 타입으로 저장되거나 변환된 경우 컴파일러는 타입 변환의 문제를 진단하지 못하고 변경할 수 있다. 다음의 부적절한 코드 예제로 loop_function()는 char 포인터인 loop_ptr로 전달되지만 int 포인터 타입으로 객체를 반환한다.

```c
int *loop_function(void *v_pointer) {
    /* ... */
    return v_pointer;
}

void func(char *loop_ptr) {
    int *int_ptr = loop_function(loop_ptr);
    /* ... */
}
```

위 예제는 에러 없이 컴파일된다. 하지만 v_pointer는 int* 타입의 객체보다 더 엄격하게 정렬된다.

해결 방법

입력되는 매개 변수는 반환되는 값에 직접적으로 영향을 주기 때문에 loop_function() 은 int * 타입의 객체를 반환하므로 전자 매개 변수 v_pointer는 단지 int * 타입의 객체만을 수용하려고 재선언된다.

```c
int *loop_function(int *v_pointer) {
    /* ... */
    return v_pointer;
}

void func(int *loop_ptr) {
    int *int_ptr = loop_function(loop_ptr);
    /* ... */
}
```

또 다른 해결 방법으로 객체는 저장 공간storage에 적합하게 정렬되도록 보장돼야 하기 때문에 loop_ptr이 mallo()에 의해 반환되는 객체를 참조하도록 보장하는 것이다. 하지만 향후 프로그램이 수정될 때 이러한 세부 사항들이 쉽게 간과될 수 있으며 쉽고 안전한 방법은 타입 시스템 문서^{type system document}로 정렬 조건^{alignment needs}을 관리하는 것이다.

부적절한 코드 예제

어떤 시스템은 바이트보다 더 큰 객체에 접근할 때 포인터가 정확하게 정렬되도록 요구한다. 하지만 다음의 부적절한 코드 예제처럼 시스템 코드에서 정렬되지 않은 데이터(예를 들면 네트워크 스택)가 정확하게 정렬된 메모리 위치로 반드시 복사돼야 하는 경우가 많다.

```
#include <string.h>

struct foo_header {
    int len;
    /* ... */
};

void func(char *data, size_t offset) {
    struct foo_header *tmp;
    struct foo_header header;

    tmp = data + offset;
    memcpy(&header, tmp, sizeof(header));
    /* ... */
}
```

정렬이 필요한 타입을 참조하는 포인터에 정렬되지 않은 값을 할당하는 것은 정의되지 않은 동작을 유발한다. 예를 들면 구현 시 tmp와 header가 정렬돼야 하고 정렬된 데이터를 가정해 memcpy() 인라인 함수가 사용된다.

해결 방법

이 해결 방법은 foo_header 포인터 사용을 피한다.

```
#include <string.h>

struct foo_header {
```

```
    int len;
    /* ... */
};

void func(char *data, size_t offset) {
    struct foo_header header;
    memcpy(&header, data + offset, sizeof(header));
    /* ... */
}
```

예외

EXP36-EX1: 어떤 하드웨어 아키텍처는 포인터 정렬에 관한 엄격하지 않은 요구 사항을 갖고 있다. 적합하게 정렬되지 않은 포인터의 사용은 시스템 성능에 좋지 못한 영향을 줄 수 있지만 아키텍처에 의해 정확하게 처리될 수 있다. 이런 시스템에서 부적절한 포인터 정렬은 허용되지만 효율성 문제가 숙제로 남게 된다.

위험 평가

적합하게 정렬되지 않은 포인터나 객체에 접근하는 것은 프로그램이 충돌하거나 부정확한 정보를 발생시키며 성능 면에서 느린 포인터 접근을 야기할 수 있다(만약 시스템 구조가 비정렬된 접근을 허용한다면).

규칙	심각도	위험 발생 가능성	개선 비용	우선순위	레벨
EXP36-C	낮음	보통	보통	P4	L3

관련된 가이드라인

ISO/IEC TR 24772:2013	Pointer Casting and Pointer Type Change [HFC]
ISO/IEC TS 17961:2013	Converting pointer values to more strictly aligned pointer types [alignconv]
MISRA C:2012	Rule 11.1 (required) Rule 11.2 (required) Rule 11.5 (required) Rule 11.7 (required)

참고 문헌

[Bryant 2003]	
[ISO/IEC 9899:2011]	6.3.2.3, "Pointers"
[Walfridsson 2003]	Aliasing, Pointer Casts and GCC 3.3

■ EXP37-C. 인자의 정확한 개수와 타입으로 함수를 호출하라

부정확한 인수의 개수와 타입으로 함수를 호출하지 마라.

표준 C는 호환되지 않은 타입 선언을 사용하거나 또는 부정확한 인수의 타입이나 개수에 의한 함수의 호출 결과로 발행할 수 있는 정의되지 않은 동작을 다섯 가지 상황으로 구분한다.

- 포인터는 참조되는 타입과 호환되지 않는 타입으로 함수를 호출하는 데 사용한다('부록 B, 정의되지 않은 동작 26' 참조).

- 스코프 내에서 함수의 프로토타입이 없는 함수 호출을 위해 인자의 개수가 매개 변수의 개수와 동일하지 않다('부록 B, 정의되지 않은 동작 38' 참조).

- 함수의 프로토타입이 정의된 스코프 내에서 프로토타입 없는 함수 호출을 위해 생략 부호 없이 프로토타입이 끝나거나 확장된 인자의 타입이 매개 변수 타입과 호환되지 않는다('부록 B, 정의되지 않은 동작 39' 참조).

- 함수의 프로토타입이 정의된 스코프 내에서 프로토타입 없는 함수 호출을 위해, 확장된 인자 타입이 확장된 후의 매개 변수의 타입과 호환되지 않는다('부록 B, 정의되지 않은 동작 40' 참조).

- 함수가 호출 함수를 나타내는 표현식에 의해 참조되는 타입과 호환되지 않는 타입으로 정의된다('부록 B, 정의되지 않은 동작 41' 참조).

적합하게 선언된 함수는('DCL40-C. 동일한 함수나 객체에 호환되지 않는 선언을 생성하지 마라' 참조) 함수의 인자 개수나 타입이 부정확하다면 컴파일러가 에러 메시지를 발생시킨다. 하지만 부정확한 인자를 함수로 넘기는 경우 컴파일러는 기껏해야 경고 메시지를 발생시킬 것이다. 이런 경고 메시지는 반드시 해결해야 하지만 프로그램 컴파일을 중단시키지 않는다('MSC00-C. 컴파일 시 높은 경고 메시지 옵션을 줘라' 참조).

부적절한 코드 예제

<tgmath.h> 헤더는 수학 함수를 위한 일반적 타입^{type-generic}의 매크로를 제공한다. <math.h> 헤더에 있는 대부분의 함수는 복소수 처리를 위해 <complex.h>에 대응 함수가 있지만 어떤 함수들은 그렇지 않다. 복소수의 값으로 표 3-2에 나열된 일반적 타입의 함수를 호출하는 것은 정의되지 않은 동작을 유발한다.

표 3-2 복소수의 값으로 호출되면 안 되는 함수

atan2()	fdim()	ilogb()	logb()	rint()
cbrt()	floor()	ldexp()	lrint()	round()
ceil()	fma()	lgamma()	lround()	scalbn()
copysign()	fmax()	llrint()	nearbyint()	scalbln()
erf()	fmin()	llround()	nextafter()	tgamma()
erfc()	fmod()	log10()	nexttoward()	trunc()
exp2()	frexp()	log1p()	remainder()	
expm1()	hypot()	log2()	remquo()	

다음의 부적절한 코드 예제는 복소수의 아래 값이 2인 로그 값을 취하려 하고 있어 정의되지 않은 동작을 유발한다.

```
#include <tgmath.h>

void func(void) {
    double complex c = 2.0 + 4.0 * I;
    double complex result = log2(c);
}
```

해결 방법(복소수)

clog2() 함수가 컴파일을 실행할 수 없다면 프로그래머는 log2() 대신에 log()를 사용해서 복소수의 아래 값이 2인 로그를 취할 수 있다. 다음의 해결 방법처럼 log()는 복소수의 인수로 사용될 수 있다.

```
#include <tgmath.h>

void func(void) {
    double complex c = 2.0 + 4.0 * I;
    double complex result = log(c)/log(2);
}
```

해결 방법(실수)

프로그래머가 복소수의 실수 부분에 아래 값이 2인 로그 값을 취한다면 다음의 해결 방법을 사용할 수 있다.

```
#include <tgmath.h>

void func(void) {
    double complex c = 2.0 + 4.0 * I;
    double complex result = log2(creal(c));
}
```

부적절한 코드 예제

다음의 부적절한 코드 예제에서 표준 C 라이브러리 함수 strchr()는 부정확한 타입을 갖고 프로토타입 없이 선언된 fp 포인터를 통해 호출된다. 다음은 C Standard, 6.3.2.3, 8절[ISO/IEC 9899:2011]의 내용이다.

> 한 타입에 대한 함수의 포인터는 다른 타입에 대한 함수의 포인터로 변환될 수 있고 그 결과는 원시의 포인터와 동일한 타입으로 변환된다. 변환된 포인터가 참조된 타입과 호환되지 않는 함수를 호출하는 데 사용하면 정의되지 않은 동작을 유발한다.

'부록 B, 정의되지 않은 동작 26'을 참조하라.

```
#include <stdio.h>
#include <string.h>

char *(*fp)();

int main(void) {
    const char *c;
    fp = strchr;
    c = fp('e', "Hello");
    printf("%s\n", c);
    return 0;
}
```

해결 방법

이 해결 방법은 fp(C표준 라이브러리 함수 stchr()을 참조한다) 함수 포인터가 정확한 매개 변수와 함께 선언되고 인자의 정확한 개수와 타입으로 호출된다.

```
#include <stdio.h>
#include <string.h>

char *(*fp)(const char *, int);

int main(void) {
    const char *c;
    fp = strchr;
    c = fp("Hello",'e');
    printf("%s\n", c);
    return 0;
}
```

부적절한 코드 예제

다음의 부적절한 코드 예제로 f() 함수는 long 타입의 인자를 취하도록 정의되지만 f() 함수는 int 타입의 인자를 갖고 다른 파일로부터 호출된다.

```
/* 다른 소스 파일*/
long f(long x) {
   return x < 0 ? -x : x;
}

/* 해당 소스 파일의 스코프 내에 f 프로토타입이 없다 */
long f();

long g(int x) {
   return f(x);
}
```

해결 방법

이 해결 방법에서 f() 함수에 대한 프로토타입은 호출 시 소스 파일의 스코프 내에 포함되며 f() 함수는 long 타입의 인자와 함께 정확하게 호출된다.

```
/* 다른 소스 파일 */

long f(long x) {
   return x < 0 ? -x : x;
}

/* 해당 소스 파일의 스코드 내에 f 프로토타입 존재*/

long f(long x);

long g(int x) {
   return f((long)x);
}
```

부적절한 코드 예제(POSIX)

포식스의 open() 함수[IEEE Std 1003.1-2013]는 다음의 프로토타입을 갖는 가변 인자 함수다.

```
int open(const char *path, int oflag, ...);
```

open() 함수는 새롭게 생성된 파일의 접근 모드를 결정하고자 세 번째 인자를 수용한다. open()이 새로운 파일을 생성하고자 사용되고 세 번째 인자가 생략되면 의도되지 않은 접근 권한으로 파일이 생성된다('FIO06-C.적절한 접근 권한으로 파일을 생성하라' 참조).

다음의 부적절한 코드 예제는 CWE-2006-1174에서 언급한 shadow-utils 패키지의 useradd() 함수의 취약성으로 open() 함수의 세 번째 인자가 우연히 생략됐다.

```
fd = open(ms, O_CREAT|O_EXCL|O_WRONLY|O_TRUNC);
```

새로운 파일을 생성하지 않을 때 open() 함수에 세 번째 인자를 전달하는 것은 부정확한 호출이라는 것을 인지해야 한다(즉 O_CREATE 플래그를 설정하지 않은 경우).

해결 방법(POSIX)

이 해결 방법에서는 세 번째 인자가 open() 함수 호출을 위해 지정된다.

```
#include <fcntl.h>

void func(const char *ms, mode_t perms) {
    /* ... */
    int fd;
    fd = open(ms, O_CREAT | O_EXCL | O_WRONLY | O_TRUNC, perms);
    if (fd == -1) {
        /* Handle error */
    }
}
```

위험 평가

부정확한 인자로 함수를 호출하는 것은 예상하지 못한 프로그램 동작을 유발한다.

규칙	심각도	위험 발생 가능성	개선 비용	우선순위	레벨
EXP37-C	보통	보통	높음	P4	L3

ISO/IEC TR 24772:2013	Subprogram Signature Mismatch [OTR]
ISO/IEC TS 17961:2013	Calling function with incorrect arguments [argcomp]
MISRA C:2012	Rule 8.2 (required) Rule 17.3 (mandatory)
MITRE CWE	CWE-628, Function Call with Incorrectly Specified Arguments CWE-686, Function Call with Incorrect Argument Type

참고 문헌

[CVE]	CVE-2006-1174
[IEEE Std 1003-2013]	open()
[ISO/IEC 9899:2011]	6.3.2.3, "Pointers" 6.5.2.2, "Function Calls"
[Spinellis 2006]	Section 2.6.1, "Incorrect Routine or Arguments"

■ EXP39-C. 호환되지 않는 타입의 포인터 변수에 접근하지 마라

호환되지 않은 타입(unsigned char 외의 것)의 포인터 변수를 변경하는 것은 예상할 수 없는 결과를 초래할 수 있다. C Standard 6.2.7의 하위 절은 두 타입이 다르지만 호환되는 경우를 설명한다.

이 문제는 에일리어싱 규칙aliasing rule의 위반으로 자주 발생된다. C Standard, 6.5, 7절[ISO/IEC 9899:2011], 객체가 에일리어싱될 수 있거나 또는 될 수 없는 환경을 지정한다.

객체는 아래 타입의 lvalue 표현식에 의해 접근되는 값을 저장한다.

- 타입은 객체의 유효한 타입과 호환되며,
- 타입의 지정된 버전은 객체의 유효한 타입과 호환되며,
- signed나 unsigned 타입은 객체의 유효한 타입과 대응하며,
- signed나 unsigned 타입은 객체의 유효한 타입의 지정된 버전과 대응하며,

- 집합체(aggregate)나 공용체(union) 타입의 멤버로 앞에서 언급한 타입 중에 하나를 포함하며(하위 집합체의 멤버나 포함된 공용체를 포함), 또는
- 문자(character) 타입이다.

다른 lvalue 표현식(unsigned char 외에)을 사용해서 객체에 접근하는 것은 정의되지 않은 동작 34를 유발한다(부록 B 참조).

부적절한 코드 예제

다음의 부적절한 코드 예제에서 float 타입의 객체가 int*을 통해 증가된다. 프로그래머는 부동소수점 타입에 대해 다음에 나타낼 값을 얻고자 마지막 위치에 유닛을 사용할 수 있다. 하지만 호환되지 않는 타입의 포인터로 객체에 접근하는 것은 정의되지 않은 동작을 유발한다.

```
#include <stdio.h>

void f(void) {
    if (sizeof(int) == sizeof(float)) {
        float f = 0.0f;
        int *ip = (int *)&f;
        (*ip)++;
        printf("float is %f\n", f);
    }
}
```

해결 방법

이 해결 방법에서는 표준 C nextafterf() 함수가 가장 큰 부동소수점 값을 찾는 데 사용된다.

```
#include <float.h>
#include <math.h>
#include <stdio.h>

void f(void) {
    float f = 0.0f;
```

```
    f = nextafterf(f, FLT_MAX);
    printf("float is %f\n", f);
}
```

부적절한 코드 예제

다음의 부적절한 코드 예제에서 short 타입인 두 값의 배열은 정수로 취급되고 정숫 값을 할당한다. 결괏값은 결정되지 않는다.

```
#include <stdio.h>

void func(void) {
    short a[2];
    a[0]=0x1111;
    a[1]=0x1111;

    *(int *)a = 0x22222222;

    printf("%x %x\n", a[0], a[1]);
}
```

이 코드를 번역할 때 컴파일러가 정수 포인터로 접근하는 것은 short 타입의 배열 a를 변경할 수 없다고 가정한다. 결과적으로 printf()는 a[0]과 a[1]의 원시 값과 함께 호출된다.

해결 방법

이 해결 방법에서는 객체의 유효한 타입과 호환되는 타입을 포함하는 union 타입을 사용한다.

```
#include <stdio.h>

void func(void) {
    union {
        short a[2];
        int i;
    } u;
```

```
    u.a[0]=0x1111;
    u.a[1]=0x1111;
    u.i = 0x22222222;

    printf("%x %x\n", u.a[0], u.a[1]);
    /* ... */
}
```

이 해결 방법에서 printf()의 동작은 지정되지 않지만 일반적인 구현 방식으로 수용된다('부록 C, 지정되지 않은 동작11' 참조).

이 함수는 일반적으로 '2222 2222'를 출력한다. 하지만 이것이 정확하다고 보장할 수 없다. 구현에 따라 지정되지 않은 동작을 정의할 수 있지만 short 타입의 값은 int 타입의 값과 동일한 표현을 요구하지 않기 때문이다.

부적절한 코드 예제

다음의 부적절한 코드 예제에서 gadget 객체는 할당되고 realloc()은 gadget 객체로부터 메모리를 사용하는 widget 객체를 생성하고자 호출된다. 타입 변경을 위한 메모리의 재사용은 수용 가능하지만 원래 객체로부터 단순히 복사된 메모리의 접근은 정의되지 않은 동작을 유발한다.

```
#include <stdlib.h>

struct gadget {
    int i;
    double d;
    char *p;
};

struct widget {
    char *q;
    int j;
  double e;
};

void func(void) {
    struct gadget *gp;
```

```c
    struct widget *wp;

    gp = (struct gadget *)malloc(sizeof(struct gadget));
    if (!gp) {
        /* 에러 처리 */
    }
    /* ...  gadget 초기화 ... */
    wp = (struct widget *)realloc(gp, sizeof(struct widget));
    if (!wp) {
        free(gp);
        /* 에러 처리 */
    }
    if (wp->j == 12) {
        /* ... */
    }
}
```

해결 방법

이 해결 방법은 gadget 객체로부터 메모리를 재사용한다. 하지만 그것을 읽기 전에 동일한 상태(동일한 타입)로 메모리를 다시 초기화한다.

```c
#include <stdlib.h>
#include <string.h>

struct gadget {
    int i;
    double d;
    char *p;
};

struct widget {
    char *q;
    int j;
    double e;
};

void func(void) {
    struct gadget *gp;
```

```
    struct widget *wp;

    gp = (struct gadget *)malloc(sizeof (struct gadget));
    if (!gp) {
        /* 에러 처리 */
    }
    /* ... */
    wp = (struct widget *)realloc(gp, sizeof(struct widget));
    if (!wp) {
        free(gp);
        /* 에러 처리 */
    }
    memset(wp, 0, sizeof(struct widget));
    /* ... widget 초기화 ... */
    if (wp->j == 12) {
      /* ... */
    }
}
```

부적절한 코드 예제

C Standard, 6.7.6.2 [ISO/IEC 9899:2011]에 따라서 표현식에 둘 이상의 호환되지 않는 배열은 정의되지 않은 동작을 유발한다('부록 B, 정의되지 않은 동작 76' 참조).

두 배열 타입은 호환 가능해야 하며 호환되는 원소 타입을 갖고 배열의 크기 지정자는 동일한 상수 값을 갖고 있어야 한다. 이런 속성들이 위반된다면 결과 동작은 정의되지 않는다.

다음의 부적절한 코드 예제로 2개의 배열 a와 b는 배열의 호환성을 위한 동일한 크기의 지정자를 갖고 있지 않다. a와 b의 배열 크기가 동일하지 않기 때문에 유효한 멤버라고 믿고 쓰이는 것은 정의된 메모리의 경계를 초과할 수 있고 임의 메모리가 겹쳐 쓰이는 결과를 초래한다.

```
enum { ROWS = 10, COLS = 15 };

void func(void) {
    int a[ROWS][COLS];
    int (*b)[ROWS] = a;
}
```

대부분의 컴파일러는 만약 두 배열 타입에 사용된 표현식이 호환되지 않으면 경고 진단을 할 것이다.

해결 방법

이 해결 방법에서는 b가 배열의 호환성을 위한 크기 기준을 만족하도록 a와 동일한 개수의 원소를 가진 배열을 참조하도록 선언된다.

```
enum { ROWS = 10, COLS = 15 };

void func(void) {
    int a[ROWS][COLS];
    int (*b)[COLS] = a;
}
```

위험 평가

성능을 최적화하는 것은 상당히 찾기 어려운 에일리어싱 에러aliasing error를 유발한다. 게다가 앞의 예제에서 봤듯이 예상치 못한 결과는 버퍼 오버플로 공격과 보안 검사를 피할 수 있고 의도치 않은 실행을 초래할 수 있다.

규칙	심각도	위험 발생 가능성	개선 비용	우선순위	레벨
EXP39-C	보통	낮음	높음	P2	L3

관련된 가이드라인

ISO/IEC TS 17961:2013	Accessing an object through a pointer to an incompatible type [ptrcomp]
MITRE CWE	CWE-119, Improper Restriction of Operations within the Bounds of a Memory Buffer

참고 문헌

[Action 2006]	"Understanding Strict Aliasing"
[ISO/IEC 9899:2011]	6.5, "Expressions" 6.7.6.2, "Array Declarators"
[Walfridsson 2003]	Aliasing, Pointer Casts and GCC 3.3

■ EXP40-C. 상수 객체를 수정하지 마라

다음은 C Standard, 6.7.3, 6절 [ISO/IEC 9899:2011]의 내용이다.

> const 타입을 갖지 않는 lvalue의 사용으로 const타입으로 정의된 객체를 수정하려 한다면 동작은 정의되지 않는다.

'부록 B, 정의되지 않은 동작 64'를 참조하라.

const로 한정된 객체가 경고 메시지^{warning message} 없이 수정될 수 있도록 허용하는 컴파일러가 있다.

const 한정자를 캐스트^{cast}로 없애는 것을 피해야 한다. 그렇게 하는 것은 진단 메시지 없이 const로 지정된 객체를 수정할 수 있도록 한다('EXP05-C. const를 캐스트로 없애지 마라'와 'STR30-C. 문자열 리터럴을 수정하려고 하지 마라' 참조).

부적절한 코드 예제

다음의 부적절한 코드 예제는 상수 객체가 수정되도록 허용한다.

```
const int **ipp;
int *ip;
const int i = 42;

void func(void) {
    ipp = &ip; /* 제약 사항 위반*/
    *ipp = &i; /* 유효*/
    *ip = 0;   /* 42를 가졌던 상수 i를 수정 */
}
```

위의 코드는 const 객체 i의 값이 변경되도록 했기 때문에 첫 번째 할당은 불안전
하다.

해결 방법

이 해결 방법은 프로그래머의 의도에 의존한다. 만약 i의 값이 수정 가능하려면 const
로 선언되지 않아야 한다.

```
int **ipp;
int *ip;
int i = 42;

void func(void) {
    ipp = &ip; /* 유효 */
    *ipp = &i; /* 유효*/
    *ip = 0;   /* 유효 */
}
```

i의 값을 변경하려는 의도가 없다면 그것을 수정하려는 부적절한 코드를 사용하지
마라.

위험 평가

상수가 아닌 참조로 상수 객체를 수정하는 것은 정의되지 않은 동작을 유발한다.

규칙	심각도	위험 발생 가능성	개선 비용	우선순위	레벨
EXP40-C	낮음	낮음	보통	P2	L3

참고 문헌

[ISO/IEC 9899:2011]	6.7.3, "Type Qualifiers"

■ EXP42-C. 패딩 데이터를 비교하지 마라

다음은 C Standard, 6.7.2.1 [ISO/IEC 9899:2011]의 내용이다.

구조체 객체 내에 명명되지 않은 패딩이 존재할 수 있다. 하지만 그것의 앞에 위치하는 것이 아니고…구조체나 공용체의 끝에 명명되지 않은 패딩이 있다.

6.7.9, 9절,

구조체나 공용체 타입의 명명되지 않은 멤버는 초기화되지 않는다. 구조체의 명명되지 않은 멤버는 초기화 후에도 결정된 값을 갖지 않는다.

유일한 예외 사항은 정적 또는 스레드 로컬 객체^{thread-local object}가 암시적으로 초기화될 때 패딩 비트는 0으로 할당된다(10절).

자동 존속 기간을 가진 객체가 명시적으로 초기화되지 않는다면 객체의 값은 결정되지 않는다. 정적 또는 스레드 저장 존속 기간을 가진 객체가 명시적으로 초기화되지 않는다면,

- 그것이 집합체이면 이 규칙에 따라 모든 멤버는 반복적으로 초기화되고 패딩 데이터는 0 비트로 초기화되며,
- 그것이 공용체이면 이 규칙에 따라 첫 번째 명명된 멤버는 반복적으로 초기화되고 패딩 데이터는 0 비트로 초기화된다.

이런 패딩 값이 지정되지 않았기 때문에 구조체 사이에서 바이트 단위로 비교하는 것은 부정확한 결과를 초래한다[Summit 1995].

부적절한 코드 예제

다음의 부적절한 코드 예제에서 memcmp()는 패딩 바이트를 포함해 두 구조체의 내용을 비교하고자 사용된다.

```
#include <string.h>

struct s {
  char c;
```

```
    int i;
    char buffer[13];
};

void compare(const struct s *left, const struct s *right) {
    if (0 == memcmp(left, right, sizeof(struct s))) {
      /* ... */
    }
}
```

해결 방법

이 해결 방법은 패딩 바이트가 비교되는 것을 피하고자 필드의 모든 값이 직접 비교 연산에 의해 수동으로 비교된다.

```
#include <string.h>

struct s {
  char c;
  int i;
  char buffer[13];
};

void compare(const struct s *left, const struct s *right) {
    if ((left && right) &&
        (left->c == right->c) &&
        (left->i == right->i) &&
        (0 == memcmp(left->buffer, right->buffer, 13))) {
      /* ... */
    }
}
```

예외

EXP42-EX1: 구조체는 멤버가 적합하게 정렬되도록 하거나 구조체가 특정 패킹packing 구현을 사용해서 묶이도록 정의될 수 있다. 멤버 데이터 타입이 패딩 비트가 없을 때 그리고 객체가 그들의 값과 동일하게 나타날 때 정확하게 동작한다. 하지만 _Bool 타입이나 부동소수점과 포인터에 대해서는 정확하게 동작하지 않는다. 그런 경우 컴파일러는 패딩을 삽입하지 않고 memcmp()와 같은 함수를 사용한다.

이 해결 방법은 마이크로소프트 비주얼 스튜디오의 컴파일 확장자 #pragma pack을 사용해 구조체 멤버가 최대한 인접하게 묶이도록 보장한다.

```
#include <string.h>

#pragma pack(push, 1)
struct s {
   char c;
   int i;
   char buffer[13];
};
#pragma pack(pop)

void compare(const struct s *left, const struct s *right) {
   if (0 == memcmp(left, right, sizeof(struct s))) {
     /* ... */
   }
}
```

위험 평가

패딩 바이트를 비교하는 것은 예상하지 못한 프로그램 동작을 유발한다.

규칙	심각도	위험 발생 가능성	개선 비용	우선순위	레벨
EXP42-C	보통	보통	보통	P8	L2

관련된 가이드라인

ISO/IEC TS 17961:2013	Comparison of padding data [padcomp]

참고 문헌

[ISO/IEC 9899:2011]	6.7.2.1, "Structure and Union Specifiers"
[Summit 1995]	Question 2.8 Question 2.12

■ EXP43-C. restrict로 한정된 포인터를 사용할 때 정의되지 않은 동작을 피하라

restrict로 한정된 포인터를 통해 접근되는 객체는 해당 포인터와 특별한 연관을 맺는다. 이 연관성은 객체에 대한 모든 접근이 특정한 포인터의 값을 직간접적으로 사용하도록 요구한다. restrict 한정자를 사용하려는 의도는 최적화를 향상시키고 프로그램에서 한정자의 모든 인스턴스를 삭제한다 해도 그것의 의미를 변경하지 않는다 (즉 확인 가능한 동작). 이런 한정자가 없을 때 다른 포인터는 이 객체를 에일리어싱할 수 있다. restrict로 한정된 포인터를 통해 지정된 객체의 값을 캐싱caching하는 것은 포인터가 선언된 블록의 시작점에서 안전하며, 그 이유는 객체 참조하고자 사용된 이전의 에일리어싱이 없기 때문이다. 캐시된 값은 블록의 끝에서 객체로 저장돼야 하며 이미 존재하던 에일리어스가 다시 이용 가능하게 된다. 새로운 에일리어스는 블록 내에서 형성될 수 있지만 이것들은 restrict로 한정된 포인터의 값에 의존해야 하며 캐시된 값을 참조하고자 구분되거나 조정될 수 있다. 파일 스코프에서 restrict 한정된 포인터에 대해 파일 내에서 블록은 각 함수의 범위(보디)가 된다[Walls 2006]. 개발자는 C++가 restrict 한정자를 지원하지 않는 것을 인지해야 하지만 C++ 컴파일러는 확장자로 동일한 한정자를 지원한다.

C Standard [ISO/IEC 9899:2011]는 다음의 정의되지 않은 동작을 언급한다.

restrict로 한정된 포인터는 또 다른 restrict로 한정된 포인터(해당 포인터와 연관된 블록 앞에서 실행이 시작되지 않거나 또는 할당되기 전에 끝나지 않는 블록의 포인터)에 기초한 값이 할당된다.

이것은 지나친 단순화이긴 하지만 restrict로 한정된 포인터의 사용과 관련된 정의되지 않은 동작을 이해하고자 C Standard의 6.7.3.1절에서 restrict의 정의를 검토하는 게 중요하다.

동일한(오버래핑) 객체

restrict 한정자의 사용은 포인터들이 동일한 객체 참조하지 않도록 요구한다. 객체가 함수의 오버래핑으로 인자들에게 참조된다면(객체는 동일한 메모리 주소를 공유) 동작은 정의되지 않는다.

부적절한 코드 예제

다음의 코드 예제는 동일한 스코프 내에서 2개의 restrict로 지정된 포인트 사이에서 할당됐기 때문에 부적절하다.

```
int *restrict a;
int *restrict b;

extern int c[];
int main(void) {
   c[0] = 17;
   c[1] = 18;
   a = &c[0];
   b = &c[1];
   a = b;        /* 정의되지 않은 동작 */
   /* ... */
}
```

단지 a가 b를 할당할 때 정의되지 않은 동작이 발생되는 것을 인지해야 한다. a와 b가 동일한 배열 객체를 참조하는 것은 유효하며 하나의 포인터 접근을 통해 제공된 범위가 또 다른 하나의 포인터를 통해 접근된 범위와 겹치지 않는다.

해결 방법

정의되지 않은 동작을 제거하기 위한 한 가지 방법은 연관된 포인터들에 restrict 한정된 것을 단순히 제거하는 것이다.

```
int *a;
int *b;

extern int c[];

int main(void) {
   c[0] = 17;
   c[1] = 18;
   a = &c[0];
   b = &c[1];
   a = b;        /* 정의된 동작 */
```

```
    /* ... */
}
```

restrict 지정된 함수의 매개 변수

restrict 지정된 매개 변수를 갖는 함수를 호출할 때 하나 또는 그 이상의 포인터가
메모리 수정을 위해 사용된다면 포인터 인자들이 오버래핑 객체를 참조하지 않는 것
이 중요하다. 결과적으로 호출된 함수의 의미semantics를 이해하는 것이 중요하다.

부적절한 코드 예제

다음의 부적절한 코드 예제에서 f() 함수는 3개의 매개 변수를 갖는다. 함수는
restrict로 한정된 포인터 p에 의해 참조되는 int 배열에서 restrict 한정된 포인터 q
에 의해 참조되는 int 배열로 n 정수를 복사한다. 목적지 배열은 함수의 실행 동안 수
정되고(n이 0이 될 때까지) 만약 배열이 하나의 포인터 변수를 통해 접근된다면 다른 것
은 접근될 수 없다. restrict로 한정된 포인터로 함수의 매개 변수를 선언하는 것은
컴파일러에게 능동적인 최적화를 가능하게 하지만 만약 이 포인터들이 오버래핑 객
체를 참조한다면 정의되지 않은 동작을 유발할 수 있다.

```
#include <stddef.h>
void f(size_t n, int *restrict p, const int *restrict q) {
    while (n-- > 0) {
        *p++ = *q++;
    }
}

void g(void) {
    extern int d[100];
    /* ... */
    f(50, d + 1, d); /* Undefined behavior */
}
```

  함수 g()는 int 값으로 구성된 100개의 원소를 갖는 배열 d를 선언하고 배열의 주
소를 복사하고자 인보크 함수 f()를 선언한다. d[1]부터 d[49]는 p와 q를 통해 접근되
기 때문에 이 호출은 정의되지 않은 동작을 유발한다.

해결 방법

이 해결 방법은 f() 함수는 변하지 않지만 프로그래머는 f() 함수의 호출이 정의되지 않은 동작을 유발하지 않도록 보장해야 한다. d를 위한 저장 공간의 할당이 2개의 분리된 객체로 나뉘었기 때문에 g() 함수 내에서 f() 함수의 호출은 유효하다.

```c
#include <stddef.h>

void f(size_t n, int *restrict p, const int *restrict q) {
    while (n-- > 0) {
        *p++ = *q++;
    }
}

void g(void) {
    extern int d[100];
    /* ... */
    f(50, d + 50, d); /* Defined behavior */
}
```

부적절한 코드 예제

다음의 부적절한 코드 예제에서 add() 함수는 restrict로 한정된 포인터 lhs에 의해 참조되는 정수 배열을 restrict로 한정된 포인터에 rhs에 의해 참조되는 정수 배열에 더하고 res에 의해 restrict로 한정된 포인터에 결과를 저장한다. f() 함수는 100개의 int 값으로 구성된 배열을 선언하고 배열의 한 공간에서 다른 공간으로 메모리를 복사하고자 add()를 호출한다. res에 의해 수정된 객체가 lhs와 rhs에 의해 접근되기 때문에 add(100, a, a, a) 호출은 정의되지 않은 동작을 유발한다.

```c
#include <stddef.h>

void add(size_t n, int *restrict res, const int *restrict lhs,
         const int * restrict rhs) {
  for (size_t i = 0; i < n; ++i) {
    res[i] = lhs[i] + rhs[i];
  }
}
```

```
void f(void) {
    int a[100];
    add(100, a, a, a); /* 정의되지 않은 동작*/
}
```

해결 방법

이 해결 방법에서는 수정되지 않은 객체가 2개의 제한된 포인터를 통해 에일리어싱
된다. a와 b는 분리된 배열로 add(100, a, b, b)의 호출은 정의된 동작을 하며 배열 b
가 add 함수 내에서 수정되지 않기 때문이다.

```
#include <stddef.h>
void add(size_t n, int *restrict res, const int *restrict lhs,
            const int *restrict rhs) {
    for (size_t i = 0; i < n; ++i) {
        res[i] = lhs[i] + rhs[i];
    }
}

void f(void) {
    int a[100];
    int b[100];
    add(100, a, b, b);            /* 정의된 동작 */
}
```

restrict로 한정된 포인터를 가진 라이브러리 함수 호출

restrict로 지정된 소스와 대상 포인터는 라이브러리 함수를 사용할 때 오버래핑 객
체 참조하지 않도록 보상해야 한다. 예를 들면 표 3-3 리스트, 표준 C 라이브러리 함
수는 restrict으로 한정된 포인터에 의해 참조되는 소스 객체를 restrict로 한정된 포
인터를 참조하는 대상 객체로 메모리를 복사한다.

함수의 인자들에 의해 참조된 객체가 오버랩된다면(객체는 동일한 메모리 주소를 공유
한다는 의미), 동작은 정의되지 않는다('부록 B, 정의되지 않은 동작 68' 참조). 함수의 결과
는 예측할 수 없고 데이터는 오류가 생긴다. 결과적으로 이 함수는 포인터를 오버래
핑된 객체로 전달할 수 없다. 만약 데이터가 동일한 메모리 주소를 공유하는 객체에

복사돼야 한다면 memmove()와 같은 메모리 블록이 겹쳐(오버래핑) 있어도 동작할 수 있는 복사 함수가 사용돼야 한다.

부적절한 코드 예제

다음의 부적절한 코드 예제에서 ptr1과 ptr2로 참조되는 객체의 값은 메모리 영역이 겹쳐지기 때문에 memcpy()를 호출한 후 결과는 예상할 수 없게 된다.

```
#include <string.h>

void func(void) {
    char c_str[]= "test string";
    char *ptr1 = c_str;
    char *ptr2;

    ptr2 = ptr1 + 3;
    /* 오버래핑 객체로 인한 정의되지 않은 동작 유발 */
    memcpy(ptr2, ptr1, 6);
    /* ... */
}
```

표 3-3 restrict 복사 함수

Standard C	Annex K
strcpy()	strcpy_s()
strncpy()	strncpy_s()
strcat()	strcat_s()
strncat()	strncat_s()
memcpy()	memcpy_s()
	strtok_s()

해결 방법

해결 방법은 memcpy() 호출을 memmove() 호출로 대체하는 것이다. 메모리 영역이 겹쳐지지 않을 때 memmove() 함수는 memcpy() 함수와 동일한 연산을 수행한다. 메모리 영역이 겹쳐질 때 원본 ptr1에 의해 참조되는 n개의 문자는 대상 (ptr2)에 의해 참조되는 객체와 겹쳐지지 않도록 n개의 문자를 임시 배열 안으로 복사를 하고 다시 임시 배열로부터 n개의 문자를 대상 공간으로 복사한다.

```c
#include <string.h>

void func(void) {
    char c_str[]= "test string";
    char *ptr1 = c_str;
    char *ptr2;

    ptr2 = ptr1 + 3;
    memmove(ptr2, ptr1, 6); /* memcpy()  호출을 대체*/
    /* ... */
}
```

memmove()를 사용하는 해결 방법은 문자열의 바이트 크기와 복사되는 문자열의 널 종료가 적절히 이뤄지게 주의한다면 문자열 함수를 대체할 수 있다.

restrict로 한정된 포인터를 가진 함수를 const 타입으로 호출

restrict로 한정된 포인터가 const 타입으로 수용될 수 있는 함수는 포인터에 의해 참조되는 객체를 수정하지 않도록 보장해야 한다. 포맷된 입력과 출력 표준 라이브러리 함수가 이 설명에 적합하다. 표 3-4 리스트는 restrict로 한정된 포인터가 const 타입으로 호출되는 함수다.

표 3-4 restrict 형 문자열 함수

Standard C	Annex K
printf()	printf_s()
scanf()	scanf_s()
sprint()	sprint_s()
snprintf()	snprintf_s()

printf()와 같은 출력 함수는 프로그래머가 포맷 문자열을 수정하는 것이 쉽지 않다. 하지만 프로그램이 'FIO30-C. 포맷 문자열에서 사용자 입력을 배제하라'를 위반한다면 침입자는 문자열의 수정을 시도할 것이고 문자열의 오염된 값^{tainted value}을 전달할 것이다.

부적절한 코드 예제

다음의 부적절한 코드 예제에서 프로그래머는 "%d%f 1 3.3"처럼 stdin에서 읽을 수 있는 포맷 문자열을 겹쳐 쓰려 하고 1과 3.3의 다음 값을 입력하기 위한 "%s%d%f"의 변경된 문자열을 사용하고 있다.

```
#include <stdio.h>

void func(void) {
    int i;
    float x;
    char format[100] = "%s";
    /* 정의되지 않은 동작 */
    int n = scanf(format, format + 2, &i, &x);
    /* ... */
}
```

해결 방법

의도한 결과는 이 해결 방법으로 처리된다.

```
#include <stdio.h>

void func(void) {
    int i;
    float x
    int n = scanf("%d%f", &i, &x); /* 정의된 동작 */
    /* ... */
}
```

한정된 포인터에 대한 외부에서 내부로의 할당

외부 블록에서 restrict로 한정된 포인터를 내부의 중복된 블록 안에서 할당하는 것은 정의된 동작을 수행한다.

부적절한 코드 예제

동일한 블록 내에서 restrict로 한정된 포인터에 restrict로 지정된 다른 포인터로 할당하는 것은 정의되지 않은 동작을 유발한다.

```
void func(void) {
    int * restrict p1;
    int * restrict q1;

    int * restrict p2 = p1; /* 정의되지 않은 동작 */
    int * restrict q2 = q1; /* 정의되지 않은 동작 */
}
```

해결 방법

의도한 결과는 내부에 중복된 블록을 사용해서 달성될 수 있으며 다음의 코드에서 보여 준다.

```
void func(void) {
    int * restrict p1;
    int * restrict q1;
    { /* 내부 블록에 추가*/
      int * restrict p2 = p1; /* 유효, 잘 정의된 동작*/
      int * restrict q2 = q1; /* 유효, 잘 정의된 동작*/
    }
}
```

위험 평가

restrict로 한정된 포인터의 부정확한 사용은 정의되지 않은 동작을 유발하며 데이터 무결성 위반의 원인이 될 수 있다.

규칙	심각도	위험 발생 가능성	개선 비용	우선순위	레벨
EXP43-C	보통	보통	높음	P4	L3

관련된 가이드라인

ISO/IEC TR 24772:2013	Passing Parameters and Return Values [CS]
ISO/IEC TS 17961:2013	Passing pointers into the same object as arguments to different restrict-qualified parameters [restrict]

참고 문헌

[ISO/IEC 9899:2011]	6.7.3.1, "Formal Definition of restrict"
[Walls 2006]	

■ EXP44-C. sizeof, _Alignof, _Generic에서 피연산자의 부수 효과에 의존하지 마라

어떤 연산자는 피연산자가 제공하는 타입 정보가 커서 피연산자를 평가하지 않는다. 이런 연산자를 사용할 때 피연산자를 쉽게 지나치지 않도록 해야 한다. 그렇지 않으면 부수 효과를 유발하게 된다.

sizeof 연산자는 피연산자의 크기를(바이트 단위로) 계산하고 피연산자는 표현식이나 괄호로 둘러싸인 타입의 이름으로 나타낸다. 대부분의 경우 피연산자는 평가되지 않는다. 예외로 피연산자의 타입이 가변 배열VLA, Variable Length Array일 때 표현식이 평가된다. sizeof 연산자의 피연산 부분이 VLA 타입일 때, 그리고 VLA의 크기 표현식에 대한 값의 변경이 연산자의 결과에 영향을 주지 않을 때, 크기 표현식이 평가됐는지 상관없이 동작은 지정되지 않는다('부록 C, 지정되지 않은 동작' 참조).

_Alignof로 전달되는 피연산자는 평가되지 않으며 _Generic 선택 표현식의 제어문에 사용되는 피연산자도 평가되지 않는다.

부수 효과를 발생하는 표현식이 제공되면 프로그래머는 sizeof에 사용된 VLA의 경우와 같이 평가되지 않는 표현식을 인지하지 못해 잘못된 오해를 일으킬 수 있으며 지정되지 않은 결과를 가져온다. 결과적으로 프로그래머는 프로그램에 대한 부정확한 가정을 하고 에러가 발생되며 소프트웨어 취약성으로 발전하게 된다.

이 규칙은 'PRE31-C. 불안전한 매크로에 매개 변수로 인한 부수 효과를 피하라'와 유사하다.

부적절한 코드 예제(sizeof)

다음의 부적절한 코드 예제에서 표현식 a++은 평가되지 않는다.

```
#include <stdio.h>
void func(void) {
    int a = 14;
    int b = sizeof(a++);
    printf("%d, %d\n", a, b);
}
```

결과적으로 b가 초기화된 후에 a의 값은 14가 된다.

해결 방법(sizeof)

이 해결 방법은 변수 a가 sizeof 연산의 밖에서 증가된다.

```
#include <stdio.h>

void func(void) {
    int a = 14;
    int b = sizeof(a);
    ++a;
    printf("%d, %d\n", a, b);
}
```

부적절한 코드 예제(sizeof, VLA)

다음의 부적절한 코드 예제에서는 a의 초기화 표현식에서 ++n 표현식이 평가돼야 한다. 왜냐하면 그것의 값은 sizeof 연산으로 VLA 피연산자의 크기에 영향을 주기 때문이다. 하지만 b의 초기화 표현식에서 ++n % 1의 표현식은 0으로 평가되고 n의 값이 sizeof 연산 결과에 영향을 주지 않는다. 결과적으로 b가 초기화될 때 n이 증가될지 여부와 상관없이 지정되지 않은 동작을 한다.

```
#include <stddef.h>
#include <stdio.h>

void f(size_t n) {
    /* n must be incremented */
    size_t a = sizeof(int[++n]);

    /* n need not be incremented */
    size_t b = sizeof(int[++n % 1 + 1]);

    printf("%z, %z, %z\n", a, b, n);
    /* ... */
}
```

해결 방법(sizeof, VLA)

이 해결 방법은 sizeof 표현식에서 사용된 n 변수의 값이 변경되는 것을 피하고 대신에 sizeof 표현식 뒤에 안전하게 증가된다.

```
#include <stddef.h>
#include <stdio.h>

void f(size_t n) {
   size_t a = sizeof(int[n + 1]);
   ++n;

   size_t b = sizeof(int[n % 1 + 1]);
   ++n;
   printf("%z, %z, %z\n", a, b, n);
   /* ... */
}
```

부적절한 코드 예제(_Generic)

다음의 부적절한 코드 예제는 _Generic 선택에서 제어 표현식으로 변수의 값이 수정되도록 한다. 프로그래머는 a가 증가된다는 것을 예상하지만 _Generic은 제어문을 평가하지 않기 때문에 a의 값은 수정되지 않는다.

```
#include <stdio.h>

#define S(val) _Generic(val, int : 2, \
                             short : 3, \
                             default : 1)
void func(void) {
    int a = 0;
    int b = S(a++);
    printf("%d, %d\n", a, b);
}
```

해결 방법(_Generic)

이 해결 방법에서는 변수 a가 _Generic 선택문 밖에서 증가된다.

```
#include <stdio.h>

#define S(val) _Generic(val, int : 2, \
                             short : 3, \
                             default : 1)
void func(void) {
    int a = 0;
    int b = S(a);
    ++a;
    printf("%d, %d\n", a, b);
}
```

부적절한 코드 예제(_Alignof)

다음의 부적절한 코드 예제는 기본 정렬 값을 갖고 있는 변수를 수정하려는 것이다. 사용자는 _Alignof 표현식의 부분으로 val 증가되는 것을 예상할 수 있지만 _Algnof가 그것의 피연산자를 평가하지 않기 때문에 val은 변하지 않는다.

```
#include <stdio.h>

void func(void) {
    int val = 0;
    /* ... */
    size_t align = _Alignof(++val);
    printf("%z, %d\n", align, val);
    /* ... */
}
```

해결 방법(_Alignof)

이 해결 방법은 _Alignof 연산의 밖으로 표현식을 이동한다.

```
#include <stdio.h>

void func(void) {
    int val = 0;
    /* ... */
    ++val;
    size_t align = _Alignof(val);
    printf("%z, %d\n", align, val);
    /* ... */
}
```

위험 평가

부수 효과가 발생할 수 있는 표현식이 피연산자를 평가하지 않는 연산자에게 제공된 다면 결과는 예상한 것과 크게 다를 수 있다. 이 결과의 사용 여부에 따라 프로그램은 의도하지 않은 동작을 유발한다.

규칙	심각도	위험 발생 가능성	개선 비용	우선순위	레벨
EXP44–C	낮음	낮음	낮음	P3	L3

■ EXP45-C. 선택문에서 할당을 하지 마라

표 3-5의 나열된 연산자들은 가장 바깥쪽 표현식에 할당 연산자를 사용하지 마라. 그렇게 하는 것은 프로그램 에러를 발생하고 예상하지 못한 동작을 유발한다.

표 3-5 할당 연산자를 피해야 하는 문맥

연산자	문맥
if	제어 표현식
while	제어 표현식
do ... while	제어 표현식
for	두 번째 피연산자
?:	첫 번째 피연산자
?:	두 번째, 세 번째 피연산자(문장에서 삼항 연산자가 사용된 경우)
&&	양쪽 피연산자
||	양쪽 피연산자
'	두 번째 피연산자(문장에서 콤마 연산자가 사용된 경우)

부적절한 코드 예제

다음의 부적절한 코드 예제에서는 if 문에서 할당 표현식이 가장 바깥쪽의 표현식이다.

```
if (a = b) {
   /* ... */
}
```

위의 코드는 b를 a에 할당하고 0과 비교한 값을 테스트하지만 프로그래머가 빈번히 하는 실수는 비교 연산자의 같다는 부등호 ==를 대신해서 할당 연산자인 =를 사용하는 것이다. 결과적으로 많은 컴파일러는 이 조건에 경고 메시지를 발생시키고 이 코딩 에러는 'MSC00-C. 컴파일 시 높은 경고 메시지 옵션을 줘라'를 충실히 준수해서 해결할 수 있다.

해결 방법(할당을 의도하지 않은 경우)

b를 a로 할당하려는 의도가 없을 경우 이 조건 블록은 a와 b가 같을 때 실행된다.

```
if (a == b) {
    /* ... */
}
```

해결 방법(할당을 의도한 경우)

할당이 필요할 때 이 해결 방법은 내부 표현식 안에 할당을 하고 외부 표현식에 같지 않다는 부등호를 사용한다.

```
if ((a = b) != 0) {
    /* ... */
}
```

프로그래머의 의도에 따라 다르겠지만 위의 코드는 할당과 조건을 함께 사용했기 때문에 그리 적합한 방법이라고 할 수 없다. 하지만 프로그래머가 할당을 위한 의도로 정확히 작성됐다.

부적절한 코드 예제

다음의 부적절한 코드 예제에서 표현식 x = y는 while 문의 제어 표현식으로 사용된다.

```
do { /* ... */ } while (foo(), x = y);
```

for 문을 사용해서 동일한 결과를 얻을 수 있다. 루프loop에서 반복을 위한 표현식을 평가하려고 만들어진 구문이며 단지 테스트 수행 전에 제어 표현식이 평가된다.

```
for (; x; foo(), x = y) { /* ... */ }
```

해결 방법(할당을 의도하지 않은 경우)

y를 x로 할당하려는 의도가 없을 경우 조건 블록은 단지 x가 y와 같을 때 수행되며 이 해결 방법은 다음의 코드와 같다.

```
do { /* ... */ } while (foo(), x == y);
```

해결 방법(할당을 의도한 경우)

할당이 필요한 경우 이 해결 방법이 사용될 수 있다.

```
do { /* ... */ } while (foo(), (x = y) != 0);
```

부적절한 코드 예제

다음의 부적절한 코드 예제에서 표현식 p=q는 while 문의 제어 표현식으로 사용된다.

```
do { /* ... */ } while (x = y, p = q);
```

해결 방법

이 해결 방법에서 표현식 x = y는 while 문의 제어 표현식으로 사용되지 않는다.

```
do { /* ... */ } while (x = y, p == q);
```

예외

EXP45-EX1: 할당은 그 결과 자체가 피연산자로 비교 표현식이나 관계 표현식에 사용될 수 있다. 이 해결 방법은 x = y 표현식 자체가 비교 연산의 피연산자다.

```
if ((x = y) != 0) { /* ... */ }
```

EXP45-EX2: 할당은 표현식이 하나의 단항식primary expression을 구성할 때 사용될 수 있다. 다음의 코드는 x = y 표현식이 하나의 단항식이기 때문에 적합하다.

```
if ((x = y)) { /* ... */ }
```

다음의 제어 표현식은 부적절하다. &&는 비교나 관계 연산자가 아니며 전체 표현식이 단항식이 아니다.

```
if ((v = w) && flag) { /* ... */ }
```

w를 v에 할당하려는 의도가 없을 경우 다음의 제어 표현식은 v가 w와 같을 때 조건 블록을 수행하는 데 사용된다.

```
if ((v == w) && flag) { /* ... */ };
```

w를 v에 할당하려는 의도가 있을 때 다음의 제어 표현식이 사용된다.

```
if (((v = w) != 0) && flag) { /* ... */ };
```

EXP45-EX3: 할당은 함수 인자나 배열 인덱스로 사용할 수 있다. 이 해결 방법에서 x = y는 함수의 인자로 사용된다.

```
if (foo(x = y)) { /* ... */ }
```

위험 평가

누락으로 인한 오류는 의도하지 않은 프로그램 흐름을 유발한다.

규칙	심각도	위험 발생 가능성	개선 비용	우선순위	레벨
EXP45-C	낮음	높음	보통	P6	L2

관련된 가이드라인

ISO/IEC TR 24772:2013	Likely Incorrect Expression [KOA]
ISO/IEC TS 17961:2013	No assignments in conditional expression [boolasgn]
MITRE CWE	CWE-480, Use of Incorrect Operator

참고 문헌

[Hatton 1995]	Section 2.7.2, "Errors of Omission and Addition"

4 | 장

정수

4장 목차

위험 평가

규칙	심각도	위험 발생 가능성	개선 비용	우선순위	레벨
INT30-C	높음	높음	높음	P9	L2
INT31-C	높음	보통	높음	P6	L2
INT32-C	높음	높음	높음	P9	L2
INT33-C	낮음	높음	보통	P6	L2
INT34-C	낮음	낮음	보통	P2	L3

규칙	심각도	위험 발생 가능성	개선 비용	우선순위	레벨
INT35–C	낮음	낮음	보통	P2	L3
INT36–C	낮음	보통	높음	P2	L3

■ INT30-C. unsigned 정수 연산이 래핑되지 않도록 주의하라

다음은 C Standard, 6.2.5, 9절 [ISO/IEC 9899:2011]의 내용이다.

> unsigned 피연산자와 관련된 연산은 결코 오버플로가 발생하지 않는다. 왜냐하면 unsigned 정수 타입으로 표현될 수 없는 결과는, 결과 타입으로 표현될 수 있는 더 큰 숫자를 모듈로(modulo) 연산으로 줄인 unsigned 정수 타입의 결과로 표현되기 때문이다.

이 동작은 일반적으로 **unsigned 정수 래핑**integer wrapping이라고 불린다. unsigned 정수 연산은 만약 결괏값이 정수의 표현 범위 내에서 나타낼 수 없다면 래핑될 수 있다. 표 4-1은 어떤 연산자가 결과를 래핑하는지 보여 준다.

이번 절에서는 unsigned 정수 래핑이 발생하기 쉬운 연산을 살펴볼 것이다. int 보다 정밀도가 작은 정수 타입을 연산할 때 정수 확장integer promotion이 적용된다. 일반적인 산술 변환arithmetic conversion은 산술 연산이 수행되기 전에 피연산자를 동일한 타입으로 (암시적) 변환을 적용할 수 있다. 프로그래머는 안전한 산술 연산이 수행되기 전에 정수 변환 규칙을 이해해야 한다('INT02-C. 정수 변환 규칙을 이해하라' 참조).

특히 다음의 방식으로 정숫값을 사용한다면 래핑을 절대 허용해서는 안 된다.

- 포인터 연산의 정수 피연산자(배열의 인덱스를 포함)
- 가변 배열의 선언에 대한 할당 표현식
- 각 괄호 [] 앞의 포스트픽스 계산식 또는 배열 객체의 첨자 지정을 위한 각 괄호 [] 안의 표현식
- size_t 또는 rsize_t 타입의 함수 인자(예를 들면 메모리 할당 함수에 대한 인자)
- 보안 중심 코드security-critical code

표준 C는 일반 정수 타입과 동일한 표현으로 읽기-수정-쓰기 연산이 가능한 아토믹 정수[atomic integer] 타입을 정의한다. 결과적으로 아토믹 unsigned 정수의 래핑은 일반 unsigned 정수의 래핑과 함께 동일하게 검사하거나 금지해야 한다.

표 4-1 래핑을 유발할 수 있는 연산자

연산자	랩(wrap)	연산자	랩(wrap)	연산자	랩(wrap)	연산자	랩(wrap)
+	있음	-=	있음	<<	있음	<	없음
-	있음	*=	있음	>>	없음	>	없음
*	있음	/=	없음	&	없음	>=	없음
/	없음	%=	없음	|	없음	<=	없음
%	없음	<<=	있음	^	없음	==	없음
++	있음	>>=	없음	~	없음	!=	없음
--	있음	&=	없음	!	없음	&&	없음
=	없음	|=	없음	un +	없음	||	없음
+=	있음	^=	없음	un -	있음	?:	없음

덧셈

덧셈은 산술 타입인 2개의 피연산자나 객체 타입을 참조하는 포인터와 정수 타입 사이에 있다. 이 규칙은 단지 산술 타입인 2개의 피연산자 사이에 적용한다('ARR37-C. 배열이 아닌 객체에 대한 포인터에 정수를 더하거나 빼지 마라'와 'ARR30-C. 경계를 초과한 포인터나 배열 첨자를 만들거나 사용하지 마라' 참조).

증가한다는 것은 1을 더하는 것과 같다.

부적절한 코드 예제

다음의 부적절한 코드 예제는 unsigned 피연산자 ui_a와 ui_b의 덧셈 과정에서 unsigned 정수 래핑의 결과를 유발한다. 이 동작이 예상하지 못한 것이라면 결괏값은 다음의 연산을 위해 부족한 메모리 할당을 하며 취약성을 악용하는 원인을 제공할 수 있다.

```
void func(unsigned int ui_a, unsigned int ui_b) {
    unsigned int usum = ui_a + ui_b;
    /* ... */
}
```

해결 방법(사전 조건 테스트)

이 해결 방법은 unsigned 래핑의 가능성이 없도록 피연산자의 사전 조건 테스트를
수행한다.

```
#include <limits.h>

void func(unsigned int ui_a, unsigned int ui_b) {
    unsigned int usum;
    if (UINT_MAX - ui_a < ui_b) {
        /* 에러 처리 */
     } else {
        usum = ui_a + ui_b;
    }
    /* ... */
}
```

해결 방법(사후 조건 테스트)

이 해결 방법은 unsigned 덧셈 연산인 usum이 첫 번째 피연산자보다 작지 않다는 결
과를 보장하도록 사후 조건 테스트를 수행한다.

```
void func(unsigned int ui_a, unsigned int ui_b) {
    unsigned int usum = ui_a + ui_b;
    if (usum < ui_a) {
        /* 에러 처리 */
    }
    /* ... */
}
```

뺄셈

뺄셈은 산술 타입인 2개의 피연산자나 호환되는 두 객체 타입의 포인터, 객체 타입을 참조하는 포인터와 정수 타입 사이에 존재한다. 이 규칙은 단지 산술 타입인 2개의 피연산자 사이 뺄셈에 적용한다('ARR36-C. 같은 배열을 참조하지 않으면 2개의 포인터를 빼거나 비교하지 마라'와 'ARR37-C. 배열이 아닌 객체에 대한 포인터에 정수를 더하거나 빼지 마라', 'ARR30-C. 경계를 초과한 포인터나 배열 첨자를 만들거나 사용하지 마라' 참조).

감소한다는 것은 1을 빼 주는 것과 같다.

부적절한 코드 예제

다음의 부적절한 코드 예제는 unsigned 피연산자 ui_a와 ui_b의 뺄셈 과정에서 unsigned 정수 래핑이 발생할 수 있다. 이 동작이 예상하지 않는 것이라면 악용 가능한 취약성으로 발전할 수 있다.

```
void func(unsigned int ui_a, unsigned int ui_b) {
    unsigned int udiff = ui_a - ui_b;
    /* ... */
}
```


해결 방법(사전 조건 테스트)

이 해결 방법은 unsigned 래핑의 발생 가능성이 없도록 뺄셈 연산의 unsigned 피연산자에 대한 사전 조건 테스트를 수행한다.

```
void func(unsigned int ui_a, unsigned int ui_b) {
    unsigned int udiff;
    if (ui_a < ui_b){
        /* 에러 처리 */
    } else {
      udiff = ui_a - ui_b;
    }
    /* ... */
}
```

해결 방법(사후 조건 테스트)

이 해결 방법은 unsigned 뺄셈 연산인 udiff가 피감수(빼지는 수)보다 크지 않다는 결과를 보장하도록 사후 조건 테스트를 수행한다.

```
void func(unsigned int ui_a, unsigned int ui_b) {
    unsigned int udiff = ui_a - ui_b;
    if (udiff > ui_a) {
      /* 에러 처리 */
    }
    /* ... */
}
```

곱셈

곱셈은 산술 타입인 2개의 피연산 사이에 존재한다.

부적절한 코드 예제

Mozilla Foundation Security Advisory 2007-01에서 설명한 내용은 다음과 같다. Mozilla SVG^{Scalable Vector Graphics} 뷰어의 힙 버퍼 오버플로 취약성은 signed int 값인 pen->num_vertices와 size_t 값인 sizeof(cairo_pen_vertex_t)의 곱셈 과정 동안 unsigned 정수 래핑의 결과로 발생한다[VU#551436]. 곱셈 연산 전에 signed int 피연산자는 size_t로 변환되고 2개의 unsigned size_t 정수 사이에서 곱셈이 이뤄진다 ('INT02-C. 정수 변환 규칙을 이해하라' 참조).

```
pen->num_vertices = _cairo_pen_vertices_needed(
  gstate->tolerance, radius, &gstate->ctm
);
pen->vertices = malloc(
  pen->num_vertices * sizeof(cairo_pen_vertex_t)
);
```

unsigned 정수 래핑은 불충분한 크기의 메모리 할당을 초래할 수 있다.

해결 방법

이 해결 방법은 unsigned 정수 래핑이 발생하지 않도록 곱셈의 피연산자를 테스트한다.

```
pen->num_vertices = _cairo_pen_vertices_needed(
    gstate->tolerance, radius, &gstate->ctm
);

if (pen->num_vertices > SIZE_MAX / sizeof(cairo_pen_vertex_t)) {
    /* 에러 처리 */
}
pen->vertices = malloc(
    pen->num_vertices * sizeof(cairo_pen_vertex_t)
);
```

예외

INT30-EX1: 프로그램의 적절한 수행을 위해 필요한 경우 unsigned 정수는 모듈로 modulo 동작(래핑)을 할 수 있다. 변수 선언은 모듈로 동작에 대한 정확한 주석을 표기하고 선언된 변수의 정수 연산에도 모듈로 동작에 대해 명확하게 주석을 표기한다.

INT30-EX2: 컴파일 시 랩어라운드 wraparound 가 발생하지 않는 것을 확인할 수 있고 생략 여부를 체크할 수 있다. 다음의 unsigned 정수의 연산에 대한 **검증** validation 을 요구하지 않는다.

- 컴파일 시 2개의 상수 constant 연산

- 변수와 0의 연산(나눗셈이나 0에 의한 나머지는 제외)

- 타입의 최댓값에서 변수의 뺄셈, 예를 들면 unsigned int 는 UNIT_MAX 로부터 안전하게 뺄셈을 수행

- 변수를 1로 곱하는 곱셈 연산

- 나눗셈 또는 나머지(제수가 0이 아닐 경우) 연산

- 타입 정밀도보다 크지 않은 숫자를 이용해 타입의 최댓값까지 오른쪽 시프트를 수행할 경우 예를 들면 0<= x < 32를 만족하면 UINT_MAX >> x 는 항상 유효하다(unsigned int 의 정밀도는 32비트로 가정).

INT30–EX3: 왼쪽 시프트 연산자는 정수 타입인 2개의 피연산자를 갖는다. unsigned 왼쪽 시프트 <<는 모듈로 동작(래핑)을 할 수 있다. 이 동작은 프로그래머가 정의한 동작이며 보편적으로 사용할 수 있다. 왼쪽 시프트 연산의 예로 'INT34-C. 음수나 피연산자의 비트보다 더 많은 비트를 시프트하지 마라'를 참조하라.

위험 평가

정수 래핑은 버퍼 오버플로와 침입자에 의한 임의의 코드 수행을 유발할 수 있다.

규칙	심각도	위험 발생 가능성	개선 비용	우선순위	레벨
INT30–C	높음	높음	높음	P9	L2

관련 취약성

CVE-2009-1385는 이 규칙을 위반한다. 값은 버퍼 length에서 검사되지 않은 뺄셈을 수행하고 많은 데이터의 바이트를 또 다른 버퍼로 덧셈 연산을 수행한다[xorl 2009]. 이것은 버퍼 오버플로의 원인이 되고 침입자가 임의의 코드를 수행하도록 한다.

라팔 보이추크^{Rafal Wojtczuk}[Wojtczuk 2008]는 리눅스 커널^{Linux kernel} vmsplice은 버퍼 오버플로(unsigned 정수 래핑의 원인으로)로 인해 악용될 수 있는 취약성을 언급했다.

관련된 가이드라인

ISO/IEC TR 24772:2013	Arithmetic Wrap–around Error [FIF]
MITRE CWE	CWE–190, Integer Overflow or Wraparound

참고 문헌

[Dowd 2006]	Chapter 6, "C Language Issues" ("Arithmetic Boundary Conditions," pp. 211–223)
[ISO/IEC 9899:2011]	6.2.5, "Types"
[Seacord 2013b]	Chapter 5, "Integer Security"

[Viega 2005]	Section 5.2.7, "Integer Overflow"
[VU#551436]	
[Warren 2002]	Chapter 2, "Basics"
[Wojtczuk 2008]	
[xorl 2009]	"CVE-2009-1385: Linux Kernel E1000 Integer Underflow"

■ INT31-C. 정수 변환으로 데이터가 손실되거나 잘못 처리되지 않도록 주의하라

암시적, 명시적 정수 변환(캐스트)이 데이터를 손실하거나 잘못된 처리 결과가 발생하지 않도록 주의해야 한다. 이는 특히 신뢰할 수 없는 소스로부터 발생한 정숫값에서 발생하며 다음의 경우에 주의한다.

- 포인터 연산의 정수 피연산자(배열 인덱스 포함)
- 가변 배열의 선언에 대한 할당 표현식
- 각 괄호 [] 앞의 포스트픽스 계산식 또는 배열 객체의 첨자 지정을 위한 각 괄호 [] 안의 표현식
- size_t나 rsize_t의 함수 인자(예를 들면 메모리 할당 함수의 인자)

모든 데이터 값에 대해 안전을 보장할 수 있는 정수 타입의 변환은 동일한 부호를 지닌 더 큰 타입으로 변환하는 것이다. 다음은 C Standard, 6.3.1.3 [ISO/IEC 9899:2001]의 내용이다.

정수 타입의 값이 _Bool 외에 다른 정수 타입으로 변환될 때 값이 새로운 타입으로 표현될 수 있다면 그 값은 변경되지 않는다.

만약 새로운 타입이 unsigned이면 새로운 타입이 범위 안에 들어올 때까지 새로운 타입에서 표현될 수 있는 최댓값보다 더 큰 값을 더하거나 빼서 변환한다.

그렇지 않고 새로운 타입이 singed이면 값은 타입의 범위 안에서 표현될 수 없다. 즉 결과는 구현 방법(컴파일)에 따라 정의되거나 또는 구현 방법에서 정의된 시그널이 발생한다.

일반적으로 정수를 더 작은 타입으로 변환할 경우 상위high-order 비트는 잘려 나가는 결과를 유발한다.

부적절한 코드 예제(unsigned에서 signed로)

데이터 손실(잘림)과 부호 손실(부호 에러)을 포함하는 타입 범위 에러는 unsigned 정수 타입의 값을 signed 정수 타입의 값으로 변환할 때 발생할 수 있다. 다음의 부적절한 코드 예제는 대부분의 컴파일 단계에서 잘림truncation 에러를 유발한다.

```
#include <limits.h>

void func(void) {
    unsigned long int u_a = ULONG_MAX;
    signed char sc;
    sc = (signed char)u_a; /* Cast eliminates warning */
    /* ... */
}
```

해결 방법(unsigned에서 signed로 변환)

unsigned 타입에서 signed 타입으로 변환할 때 범위를 검증하라. 이 해결 방법은 unsigned long int 타입의 값을 signed char 타입의 값으로 변환할 때 사용할 수 있다.

```
#include <limits.h>

void func(void) {
    unsigned long int u_a = ULONG_MAX;
    signed char sc;
    if (u_a <= SCHAR_MAX) {
      sc = (signed char)u_a; /* Cast eliminates warning */
    } else {
      /* 에러 처리 */
    }
}
```

부적절한 코드 예제(signed에서 unsigned로 변환)

데이터 손실(잘림)과 부호 손실(부호 에러)를 포함하는 타입 범위 에러는 signed 타입의 값을 unsigned 타입의 값으로 변환할 때 발생할 수 있다. 다음의 부적절한 코드 예제는 부호 손실의 결과를 유발한다.

```c
#include <limits.h>

void func(void) {
    signed int si = INT_MIN;
    /* 캐스트는 경고를 제거 */
    unsigned int ui = (unsigned int)si;
    /* ... */
}
```

해결 방법(signed에서 unsigned로)

signed 타입에서 unsigned 타입으로 변환할 때 범위를 검증하라. 이 해결 방법은 signed int 타입의 값을 unsigned int 타입의 값으로 변환하는 데 사용할 수 있다.

```c
#include <limits.h>

void func(void) {
    signed int si = INT_MIN;
    unsigned int ui;
    if (si < 0) {
      /* 에러 처리 */
    } else {
      ui = (unsigned int)si; /* 캐스트는 경고를 제거 */
    }
    /* ... */
}
```

C Standard, 6.2.5, 9절 [ISO/IEC 9899:2011]은 이 해결 방법이 규칙을 준수하는 실행을 위한 정보를 제공한다.

> signed 정수 타입의 음수가 아닌 값(양수)의 범위는 unsigned 정수 타입의 하위 범위이고 각 타입에서 같은 값의 표현은 동일하다.

부적절한 코드 예제(signed, 정밀도 손실)

데이터의 손실(잘림)은 singed 정수 타입의 값이 정밀도precision가 낮은 signed 타입의 값으로 변환될 때 발생할 수 있다. 다음의 부적절한 코드 예제는 대부분의 컴파일에서 잘림truncation 에러를 유발한다.

```
#include <limits.h>

void func(void) {
    signed long int s_a = LONG_MAX;
    signed char sc = (signed char)s_a;  /* 캐스트는 경고를 제거 */
    /* ... */
}
```

해결 방법(signed, 정밀도 손실)

signed 타입에서 정밀도가 낮은 signed 타입으로 변환할 때 범위를 검증하라. 이 해결 방법은 signed long int 타입의 값을 signed char 타입의 값으로 변환한다.

```
#include <limits.h>

void func(void) {
    signed long int s_a = LONG_MAX;
    signed char sc;
    if ((s_a < SCHAR_MIN) || (s_a > SCHAR_MAX)) {
      /* Handle error */
    } else {
      sc = (signed char)s_a; /* 경고를 제거하려고 캐스트 사용 */
    }
    /* ... */
}
```

signed 정수 타입의 값을 낮은 정밀도의 signed 정수 타입으로 변환하는 것은 상한선과 하한선 모두를 검사하도록 요구한다.

부적절한 코드 예제(unsigned, 정밀도 손실)

데이터의 손실(잘림)은 unsinged 정수 타입의 값이 정밀도precision가 낮은 unsigned 타입의 정숫값으로 변환될 때 발생할 수 있다. 다음의 부적절한 코드 예제는 대부분의 컴파일 수행 시에 잘림truncation 에러를 유발한다.

```
#include <limits.h>

void func(void) {
    unsigned long int u_a = ULONG_MAX;
    unsigned char uc = (unsigned char)u_a; /* 캐스트는 경고를 제거 */
    /* ... */
}
```

해결 방법(Unsigned, 정밀도 손실)

unsigned 정수 타입에서 정밀도가 낮은 unsigned 정수 타입으로 변환할 때 범위를 검증하라. 이 해결 방법은 unsigned long int 타입의 값을 unsigned char 타입의 값으로 변환한다.

```
#include <limits.h>

void func(void) {
    unsigned long int u_a = ULONG_MAX;
    unsigned char uc;
    if (u_a > UCHAR_MAX) {
      /* 에러 처리 */
    } else {
      uc = (unsigned char)u_a; /* Cast eliminates warning */
    }
    /* ... */
}
```

높은 정밀도를 갖고 있는 unsigned 타입에서 낮은 정밀도를 가진 unsigned 타입으로 변환하는 것은 단지 상한선만 검사하도록 요구한다.

부적절한 코드 예제(반환값 time_t)

time() 함수는 캘린더 표에 존재하지 않을 경우에 (time_t)(-1) 값을 반환한다. 표준 C는 time_t 타입이 시간을 표현하는 실수 타입^{real type}을 갖도록 요구한다(정수와 부동소수점을 총괄해 실수 타입이라고 부른다). time_t가 singed int보다 낮은 정밀도를 갖고 있는 unsigned 정수 타입으로 수행된다면 time() 함수의 결괏값은 정수 리터럴 -1과 결코 동일한 값이 되지 않는다.

```
#include <time.h>

void func(void) {
    time_t now = time(NULL);
    if (now != -1) {
        /* 계속된 처리*/
    }
}
```

해결 방법(반환값, time_t)

비교가 적절히 수행되도록 보장하고자 time() 함수의 반환값은 -1이 아닌 time_t 타입을 캐스트해서 비교해야 한다.

```
#include <time.h>

void func(void) {
    time_t now = time(NULL);
    if (now != (time_t)-1) {
        /* 계속된 처리 */
    }
}
```

이 해결 방법은 'INT18-C. 정수 표현식으로 비교하거나 할당할 때 더 큰 사이즈로 평가하라'의 규칙을 준수한다.

예외

INT31-EX1: 표준 C는 표준 정수 타입의 최소 범위를 정의한다. 예를 들면 unsigned short int 타입의 객체에 대한 최소 범위는 0부터 65,535이고 반면에 int의 최소 범위는 -32,767에서 +32,767이다. 결과적으로 int로 unsigned short int가 표현 가능한 모든 값을 표현할 수 없다. 하지만 32비트 x86 아키텍처에서 실제 정수 범위는 -2,147,483,648에서 +2,147,483,647이며 int로 unsigned short int의 모든 값이 표현 가능하다는 의미다. 결과적으로 32비트 x86의 시스템에서 이 변환에 대한 테스트를 제공할 필요는 없다. 사용하는 타입의 정밀도를 모른다면 변환에 대한 가정을 만들 수 없다. 만약 이런 테스트가 제공되지 않는다면 결과 코드는 이런 가정이 틀린 곳에 안전하게 이식할 수 없기 때문에 정밀도를 고려하는 가정을 정확하게 문서화해야 한다. 이런 가정을 문서화하기 위한 가장 좋은 방법은 정적 어설션을 사용하는 것이다('DCL03-C. 상수 수식의 값을 테스트할 때 정적 어설션을 사용하라' 참조).

INT31-EX2: SCHAR_MIN과 UCHAR_MAX 사이의 값을 가진 정수 타입으로부터 문자 타입(허용 가능한 값의 범위 안에서)으로 변환하는 것은 정수가 아닌 문자로 표현된다.

　unsigned 문자 타입의 변환은 모듈러^{modular} 동작을 지원하는 C에 의해 정확하게 정의된다. 문자값은 부호의 손실이나 음수의 변환에 의해 잘못 해석되지는 않는다. 예를 들면 유로 기호 €는 비트 0x80에 의해 표현될 수 있고 타입의 부호에 따라 128 또는 -127의 숫자 값을 갖는다.

　signed 문자 타입의 변환은 더 많은 문제가 있다. C Standard, 6.3.1.3, 3절의 변환에 관한 내용이다.

> 새로운 타입이 signed이고 새로운 타입 내에서 값이 표현될 수 없는 경우 결과는 컴파일에서 구현 방식에 따라 정의(implementation-defined)되거나 또는 구현 방식에 의해 정의된 시그널(implementation-defined signal)을 발생한다.

다음은 더 나아가 6.2.6.2, 2절 정수 변경에 대한 내용이다.

부호 비트가 있는 정수라면 값은 다음의 형태로 수정될 수 있다.

- 부호 비트를 반전(negate)해 양수/음수를 표현(부호 절댓값 방식)
- 부호 비트는 −(2M) 값을 갖는다(2의 보수 방식)
- 부호 비트는 −(2M − 1) 값을 갖는다(1의 보수 방식)

이런 적용은 구현 방식에 따라 정의(implementation-defined)되는 것이며 부호 비트가 1이고 나머지 모든 비트가 0이거나 부호 비트와 모든 비트가 1(감기수의 보수 – diminished radix complement in radix 2)인 값으로, 잘못된 표현(trap representation)이 발생될 수 있거나 시스템 구현 방식에 따라 정상적인 값으로 처리될 수 있다.[1]

결과적으로 표준은 이 코드에 대한 잘못된 수행을 허용한다.

```
int i = 128; /* 바이너리로 1000 0000  */
assert (SCHAR_MAX == 127);
signed char c = i; /* 잘못된 표현 */
```

하지만 이 코드가 잘못된 표현이나 예상하지 못한 값을 발생하는 경우는 드물다. The New C Standard: An Economic and Cultural Commentary by Derek Jones [Jones 2008]에 따르면 다음과 같다.

과거에 잘못된 표현(trap representation)을 갖고 구현된 코드가 존재한다고 생각하지만 프로그래머는 그런 프로세서를 설명하는 문서의 위치를 알 수 없다.

위험 평가

정수 잘림 에러는 버퍼 오버플로와 침입자에 의한 임의 코드를 실행하는 결과를 유발할 수 있다.

규칙	심각도	위험 발생 가능성	개선 비용	우선순위	레벨
INT31-C	높음	보통	높음	P6	L2

---

1   2의 보수는 '기수 2에 대한 기수 보수'를 의미하며, 1의 보수는 '기수 2에 대한 감기수의 보수'를 의미한다.

관련 취약성

CVE-2009-1376은 이 규칙을 위반해서 발생할 수 있다. 버전 2.5.5의 Pidgin에서 size_t 오프셋은 64비트 unsigned 정수로 설정되고 32비트 unsigned 정수로 size_t 가 수행되는 플랫폼에서 잘림 현상[xorl 2009]이 발생한다. 공격자는 이 값을 선택해서 임의 코드를 실행할 수 있고 버퍼 오버플로의 원인이 된다.

관련된 가이드라인

ISO/IEC TR 24772:2013	Numeric Conversion Errors [FLC]
MISRA C:2012	Rule 10.1 (required) Rule 10.3 (required) Rule 10.4 (required) Rule 10.6 (required) Rule 10.7 (required)
MITRE CWE	CWE−192, Integer Coercion Error CWE−197, Numeric Truncation Error CWE−681, Incorrect Conversion between Numeric Types

참고 문헌

[Dowd 2006]	Chapter 6, "C Language Issues" ("Type Conversions," pp. 223–270)
[ISO/IEC 9899:2011]	6.3.1.3, "Signed and Unsigned Integers"
[Jones 2008]	
[Seacord 2013b]	Chapter 5, "Integer Security"
[Viega 2005]	Section 5.2.9, "Truncation Error" Section 5.2.10, "Sign Extension Error" Section 5.2.11, "Signed to Unsigned Conversion Error" Section 5.2.12, "Unsigned to Signed Conversion Error"
[Warren 2002]	Chapter 2, "Basics"
[xorl 2009]	"CVE-2009−1376: Pidgin MSN SLP Integer Truncation"

■ INT32-C. signed 정수의 연산이 오버플로되지 않도록 보장하라

signed 정수의 오버플로는 정의되지 않은 동작 36이다(부록 B 참조). 결과적으로 구현 단계에서 signed 정수 오버플로를 어떻게 다룰지에 대한 다양한 접근이 가능하다 ('MSC15-C. 정의되지 않은 동작에 의존하지 마라' 참조). 예를 들면 모듈로^{modulo}를 signed 정수 타입으로 정의하는 구현은 정수 오버플로를 감지할 필요 없다. 구현은 signed 산술 오버플로를 감지하거나 단순하게 오버플로가 발생하지 않는다고 가정하고 오브 젝트 코드를 생성한다. 동일한 구현에서 문맥에 따라 다른 동작을 수행하기 위한 코드를 발생시키는 것도 가능하다. 예를 들어 구현에서 로컬 스코프 안에 반복문을 제 어하는 signed 정수인 지역 변수가 오버플로 될 수 없도록 하고, 이것에 기초해서 동 일한 구현의 유사한 구문에서 사용될 전역 변수가 래핑되도록 하는 효율적인 코드가 발생할 수 있다.

이런 이유에서 signed 정수의 연산은 오버플로를 발생하지 않도록 보장하는 것이 중요하다. 특히 **오염된 소스**^{tainted source}나 다음의 경우에 signed 정숫값에 대한 연산이 중요하다.

- 포인터 연산의 정수 피연산자(배열 인덱스 포함)
- 가변 배열의 선언에 대한 할당 표현식
- 각 괄호 [] 앞의 포스트픽스 계산식 또는 배열 객체의 첨자 지정을 위한 각 괄 호 [] 안의 표현식
- size_t나 rsize_t의 함수 인자(예를 들면 메모리 할당 함수의 인자)

정수 연산은 만약 결괏값이 정수의 표현식에 의해 표현될 수 없다면 오버플로가 발 생한다. 표 4-2는 어떤 연산자가 오버플로를 유발하는지 보여 준다.

이번 절에서는 정수 오버플로가 발생하기 쉬운 연산을 살펴볼 것이다. int보다 정 밀도가 낮은 정수 타입으로 연산할 때 정수 확장^{integer promotion}이 적용된다. 일반적인 산술 변환^{arithmetic conversion}은 산술 연산이 수행되기 전에 피연산자를 동일한 타입으로 (암시적) 변환을 적용할 수 있다. 프로그래머는 보안 산술 연산이 수행되기 전에 정수 변환 규칙을 이해해야 한다('INT02-C. 정수 변환 규칙을 이해하라' 참조).

표 4-2 오버플로를 유발할 수 있는 연산자

연산자	랩(wrap)	연산자	랩(wrap)	연산자	랩(wrap)	연산자	랩(wrap)
+	있음	-=	있음	<<	있음	<	없음
-	있음	*=	있음	>>	없음	>	없음
*	있음	/=	있음	&	없음	>=	없음
/	있음	%=	있음	|	없음	<=	없음
%	있음	<<=	있음	^	없음	==	없음
++	있음	>>=	없음	~	없음	!=	없음
--	있음	&=	없음	!	없음	&&	없음
=	없음	|=	없음	un +	없음	||	없음
+=	있음	^=	없음	un -	있음	?:	없음

표준 C는 오버플로에서 랩어라운드^{wraparound}와 함께 2의 보수를 사용하기 위한 아토믹 signed 정수 타입에 대한 `atomic_fetch_add()`와 같은 함수의 동작을 정의하고 정의되지 않은 결과는 발생하지 않는다. 하지만 모든 결과가 정의돼 있어도 이 결과는 예상하지 못한 동작을 유발하고 unsigned 정수 래핑과 유사한 위험을 동반할 수 있다('INT30-C. unsigned 정수 연산이 래핑되지 않도록 주의하라' 참조). 결과적으로 아토믹 정수$^{atomic\ integer}$ 타입의 signed 정수 오버플로를 금지 또는 감지해야 한다.

덧셈

덧셈은 산술 타입인 2개의 피연산자나 객체 타입을 참조하는 포인터와 정수 타입 사이에 존재한다. 이 규칙은 단지 산술 타입인 2개의 피연산자 사이에 적용한다('ARR37-C. 배열이 아닌 객체에 대한 포인터에 정수를 더하거나 빼지 마라'와 'ARR30-C. 경계를 초과한 포인터나 배열 첨자를 만들거나 사용하지 마라' 참조).

증가한다는 것은 1을 더하는 것과 같다.

부적절한 코드 예제

다음의 부적절한 코드 예제는 signed 피연산자 si_a와 si_b의 덧셈 과정에서 signed 정수에 대한 오버플로 결과를 유발한다.

```
void func(signed int si_a, signed int si_b) {
    signed int sum = si_a + si_b;
    /* ... */
}
```

해결 방법

이 해결 방법은 표현식에 상관없이 오버플로가 발생하지 않는다.

```
#include <limits.h>

void f(signed int si_a, signed int si_b) {
    signed int sum;
    if (((si_b > 0) && (si_a > (INT_MAX - si_b))) ||
        ((si_b < 0) && (si_a < (INT_MIN - si_b)))) {
        /* 에러 처리 */
    } else {
        sum = si_a + si_b;
    }
    /* ... */
}
```

뺄셈

뺄셈은 산술 타입인 2개의 피연산자나 호환되는 두 객체 타입의 포인터, 객체 타입을 참조하는 포인터와 정수 타입 사이에 존재한다. 이 규칙은 단지 산술 타입인 2개의 피연산자 사이에 뺄셈을 적용한다('ARR36-C. 같은 배열을 참조하지 않으면 2개의 포인터를 빼거나 비교하지 마라'와 'ARR37-C. 배열이 아닌 객체에 대한 포인터에 정수를 더하거나 빼지 마라', 'ARR30-C. 경계를 초과한 포인터나 배열 첨자를 만들거나 사용하지 마라' 참조).

감소한다는 것은 1을 빼주는 것과 같다.

부적절한 코드 예제

다음의 부적절한 코드 예제는 signed 피연산자 si_a와 si_b의 뺄셈 과정에서 signed 정수의 오버플로 결과를 유발한다.

```
void func(signed int si_a, signed int si_b) {
    signed int diff = si_a - si_b;
    /* ... */
}
```

해결 방법

이 해결 방법은 표현식에 상관없이 오버플로의 가능성이 없다는 것을 보장하려고 뺄셈의 피연산자 테스트를 수행한다.

```
#include <limits.h>

void func(signed int si_a, signed int si_b) {
    signed int diff;
    if ((si_b > 0 && si_a < INT_MIN + si_b) ||
        (si_b < 0 && si_a > INT_MAX + si_b)) {
      /* 에러 처리 */
    } else {
      diff = si_a - si_b;
    }
    /* ... */
}
```

곱셈

곱셈은 산술 타입인 2개의 피연산자 사이에 존재한다.

부적절한 코드 예제

다음의 부적절한 코드 예제는 signed 피연산자 si_a와 si_b의 곱셈 과정에서 signed 정수의 오버플로 결과를 유발한다.

```
void func(signed int si_a, signed int si_b) {
   signed int result = si_a * si_b;
   /* ... */
}
```

해결 방법

2개의 피연산자 곱셈은 두 피연산자의 정밀도보다 큰, 2배의 비트를 사용해서 표현한다. 이 해결 방법은 int의 정밀도보다 적어도 2배 이상 큰 long long의 타입으로 정의해서 signed 오버플로를 제거한다.

```
#include <stddef.h>
#include <assert.h>
#include <limits.h>
#include <inttypes.h>

extern size_t popcount(uintmax_t);
#define PRECISION(umax_value) popcount(umax_value)

void func(signed int si_a, signed int si_b) {
   signed int result;
   signed long long tmp;
   assert(PRECISION(ULLONG_MAX) >= 2 * PRECISION(UINT_MAX));
   tmp = (signed long long)si_a * (signed long long)si_b;
   /*
    * 만약 곱셈이 32비트 정수로 표현될 수 없다면,
    * 에러 상태로 처리.
    */
   if ((tmp > INT_MAX) || (tmp < INT_MIN)) {
     /* 에러 처리 */
   } else {
     result = (int)tmp;
   }
   /* ... */
}
```

long long이 int 정밀도의 2배보다 작다면 어설션은 실패한다. PRECISION() 매크로와 popcount() 함수는 정수 타입에 상관없이 정확한 정밀도를 제공한다('INT35-C. 정확한 정수 정밀도를 사용하라' 참조).

해결 방법

호환성을 가진 이 해결 방법은 int보다 2배 이상의 정밀도를 갖는 정수 타입이 아닌 경우를 포함해 여러 형태의 구현에 사용할 수 있다.

```
#include <limits.h>

void func(signed int si_a, signed int si_b) {
    signed int result;
    if (si_a > 0) {          /* si_a 는 양수*/
      if (si_b > 0) {         /* si_a와 si_b는 양수 */
        if (si_a > (INT_MAX / si_b)) {
          /* 에러 처리 */
        }
      } else { /* si_a는 양수, si_b는 양수 아님 */
        if (si_b < (INT_MIN / si_a)) {
            /* 에러 처리 */
        }
      } /* si_는 양수, si_b는 양수 아님 */
} else {       /* si_a는 양수 아님 */
   if (si_b > 0) {  /* si_a는 양수 아님, si_b는 양수 */
     if (si_a < (INT_MIN / si_b)) {
       /* 에러 처리 */
     }
   } else {        /* si_a와 si_b는 양수 아님 */
     if ( (si_a != 0) && (si_b < (INT_MAX / si_a))) {
       /* 에러 처리 */
     }
   } /* si_a와 si_b가 양수 아님 if 종료 */
 } /* si_a가 양수 아님 if 종료 */

 result = si_a * si_b;
}
```

나눗셈

나눗셈은 산술 타입의 2개의 피연산자 사이에 존재한다. 피제수(나뉨수)가 signed 정수 타입의 최솟값(음수)이고 제수(나눗수)가 −1과 같을 때 2의 보수인 signed 정수는 오버플로가 발생할 수 있다. 나눗셈 연산은 0으로 나누는 에러가 발생하기 쉽다 ('INT33-C. 나눗셈이나 나머지 연산에서 0으로 나누는 에러가 발생하지 않게 하라' 참조).

부적절한 코드 예제

다음의 부적절한 코드 예제는 'INT33-C. 나눗셈이나 나머지 연산에서 0으로 나누는 에러가 발생하지 않게 하라'는 규칙을 준수하며 0으로 나누는 에러를 방지한다. 하지만 2의 보수에서 signed 정수 오버플로를 막지 못했다.

```
void func(signed long s_a, signed long s_b) {
   signed long result;
   if (s_b == 0) {
      /* 에러 처리 */
   } else {
      result = s_a / s_b;
   }
   /* ... */
}
```

해결 방법

이 해결 방법은 0으로 나누는 에러나 signed 오버플로의 가능성을 제거한다.

```
#include <limits.h>

void func(signed long s_a, signed long s_b) {
   signed long result;
   if ((s_b == 0) || ((s_a == LONG_MIN) && (s_b == -1))) {
      /* 에러 처리 */
   } else {
      result = s_a / s_b;
   }
   /* ... */
}
```

나머지

나머지 연산은 정수 타입의 2개의 피연산자가 나뉘었을 때 발생하는 나머지를 제공하는 것이다. 많은 플랫폼에서 동일한 방식으로 나머지와 나눗셈을 하기 때문에 나머지 연산은 오버플로와 0으로 나누는 에러가 발생하기 쉽다('INT33-C. 나눗셈이나 나머지 연산에서 0으로 나누는 에러가 발생하지 않게 하라' 참조).

부적절한 코드 예제

많은 하드웨어 아키텍처는 나눗셈 연산의 부분으로 나머지 연산을 수행하며 오버플로가 발생할 수 있다. 피제수(나뉨수)가 signed 정수 타입의 최솟값(음수)이고 제수(나눗수)가 -1과 같을 때 나머지 연산은 오버플로가 발생할 수 있다. 이런 나머지 연산은 수학적으로 0이지만 에러가 발생한다. 다음의 부적절한 코드 예제 'INT33-C. 나눗셈이나 나머지 연산에서 0으로 나누는 에러가 발생하지 않게 하라'는 규칙을 준수하며 0으로 나누는 에러를 방지한다. 하지만 정수 오버플로를 막지 못한다.

```c
void func(signed long s_a, signed long s_b) {
  signed long result;
  if (s_b == 0) {
    /* 에러 처리 */
  } else {
    result = s_a % s_b;
  }
  /* ... */
}
```

해결 방법

이 해결 방법은 오버플로의 가능성이 없도록 나머지 피연산자에 테스트를 수행한다.

```c
#include <limits.h>

void func(signed long s_a, signed long s_b) {
    signed long result;
    if ((s_b == 0 ) || ((s_a == LONG_MIN) & & (s_b == -1))) {
    /* 에러 처리 */
    } else {
```

```
      result = s_a % s_b;
  }

  /* ... */
}
```

왼쪽 시프트 연산자

왼쪽 시프트 연산자는 2개의 정수 피연산자를 갖는다. E1 << E2는 E1이 왼쪽으로 E2의
비트만큼 이동하고 이동 후에 비어 있는 비트는 0으로 채워진다.

다음은 C Standard, 6.5.7, 4절 [ISO/IEC 9899:2011]의 내용이다.

E1이 signed 타입이고 음수가 아니라면 결과 타입은 $E1 \times 2^{E2}$로 표현되고 그것은 결괏값이 된
다. 그렇지 않으면 동작은 정의되지 않는다.

음수의 비트를 시프트하려는 경우나 피연산자에서 존재하는 비트보다 많이 시프
트할 경우에 로직 에러를 유발한다. 이 사항은 'INT34-C. 음수나 피연산자의 비트보
다 더 많은 비트를 시프트하지 마라'에서 언급하고 있다.

부적절한 코드 예제

다음의 부적절한 코드 예제는 시프트되는 숫자가 음수가 아니고 시프트되는 비트의
개수가 유효하다는 것을 검증한 후 왼쪽 시프트를 수행한다. PRECISION() 매크로와
popcount() 함수는 정수 타입에 대한 정확한 정밀도를 제공한다('INT35-C. 정확한 정수
정밀도를 사용하라' 참조). 하지만 이 코드는 오버플로 체크가 없기 때문에 예상할 수 없
는 값이 발생될 수 있다.

```
#include <limits.h>
#include <stddef.h>
#include <inttypes.h>

extern size_t popcount(uintmax_t);
#define PRECISION(umax_value) popcount(umax_value)

void func(signed long si_a, signed long si_b) {
```

```
        signed long result;
        if ((si_a < 0) || (si_b < 0) ||
            (si_b >= PRECISION(ULONG_MAX))) {
          /* 에러 처리 */
        } else {
          result = si_a << si_b;
        }
        /* ... */
}
```

해결 방법

이 해결 방법은 왼쪽 시프트 연산으로부터 발생하는 오버플로의 가능성을 제거한다.

```
#include <limits.h>
#include <stddef.h>
#include <inttypes.h>

extern size_t popcount(uintmax_t);
#define PRECISION(umax_value) popcount(umax_value)

void func(signed long si_a, signed long si_b) {
    signed long result;
    if ((si_a < 0) || (si_b < 0) ||
        (si_b >= PRECISION(ULONG_MAX)) ||
        (si_a > (LONG_MAX >> si_b))) {
      /* 에러 처리 */
    } else {
      result = si_a << si_b;
    }
    /* ... */
}
```

단항 부정

단항 부정 연산자는 산술 타입의 1개의 피연산자를 갖는다. 피연산자가 signed 정수 타입의 최솟값(음수)과 같을 때 2의 보수로 단항 부정 연산 과정에서 오버플로가 발생할 수 있다.

부적절한 코드 예제

다음의 부적절한 코드 예제는 signed 피연산자 s_a의 단항 부정 연산에서 signed 정수 오버플로를 유발할 수 있다.

```
void func(signed long s_a) {
    signed long result = -s_a;
    /* ... */
}
```

해결 방법

이 해결 방법은 signed 오버플로의 가능성이 없다는 것을 보장하려고 부정negation 연산을 수행한다.

```
#include <limits.h>

void func(signed long s_a) {
    signed long result;
    if (s_a == LONG_MIN) {
        /* 에러 처리 */
    } else {
        result = -s_a;
    }
    /* ... */
}
```

위험 평가

정수 오버플로는 버퍼 오버플로를 발생하고 침입자에 의한 임의 코드를 실행하는 결과를 유발할 수 있다.

규칙	심각도	위험 발생 가능성	개선 비용	우선순위	레벨
INT32-C	높음	높음	높음	P9	L2

관련된 가이드라인

ISO/IEC TR 24772:2013	Arithmetic Wrap—around Error [FIF]
ISO/IEC TS 17961:2013	Overflowing signed integers [intoflow]
MITRE CWE	CWE—129, Improper Validation of Array Index CWE—190, Integer Overflow or Wraparound

참고 문헌

[Dowd 2006]	Chapter 6, "C Language Issues" ("Arithmetic Boundary Conditions," pp. 211—223)
[ISO/IEC 9899:2011]	6.5.5, "Multiplicative Operators"
[Seacord 2013b]	Chapter 5, "Integer Security"
[Viega 2005]	Section 5.2.7, "Integer Overflow"
[Warren 2002]	Chapter 2, "Basics"

■ INT33-C. 나눗셈이나 나머지 연산에서 0으로 나누는 에러가 발생하지 않게 하라

/나 % 연산자의 두 번째 피연산자 값이 0이면 나눗셈과 나머지 연산은 정의되지 않은 동작을 유발한다('부록 B 정의되지 않은 동작' 참조). 나눗셈과 나머지 연산이 0으로 나누는 에러를 발생시키지 마라.

나눗셈

/ 연산자의 결과는 첫 번째 피연산자를 두 번째 피연산자로 나눈 몫이다. 나눗셈 연산은 0으로 나눈 에러가 발생하기 쉽다. 피제수(나뉨수)가 signed 정수 타입의 최솟값(음수)이고 제수(나눗수)가 -1인 경우 2의 보수인 signed 정수는 오버플로가 발생할 수 있다('INT33-C. 나눗셈이나 나머지 연산에서 0으로 나누는 에러가 발생하지 않게 하라' 참조).

부적절한 코드 예제

다음의 부적절한 코드 예제는 'INT32-C. signed 정수의 연산이 오버플로되지 않도록 보장하라'는 규칙을 준수하며 signed 정수의 오버플로를 방지한다. 하지만 signed 피연산자 s_a와 s_b가 나눗셈 연산을 하는 동안 0으로 나누는 에러를 발생한다.

```
#include <limits.h>

void func(signed long s_a, signed long s_b) {
    signed long result;
    if ((s_a == LONG_MIN) && (s_b == -1)) {
      /* 에러 처리 */
    } else {
      result = s_a / s_b;
    }
    /* ... */
}
```

해결 방법

이 해결 방법은 0으로 나누는 에러나 signed 오버플로의 가능성이 없도록 나눗셈 연산에 테스트를 수행한다.

```
#include <limits.h>

void func(signed long s_a, signed long s_b) {
    signed long result;
    if ((s_b == 0) || ((s_a == LONG_MIN) && (s_b == -1))) {
        /* 에러 처리 */
      } else {
        result = s_a / s_b;
    }
    /* ... */
}
```

나머지

나머지 연산은 정수 타입의 2개의 연산자가 나뉘었을 때 나머지를 제공하는 것이다.

부적절한 코드 예제

다음의 부적절한 코드 예제는 'INT32-C. signed 정수의 연산이 오버플로되지 않도록 보장하라'는 규칙을 준수하며 signed 정수 오버플로를 예방한다. 하지만 signed 피연산자 s_a와 s_b가 나머지 연산을 하는 동안 0으로 나누는 에러를 발생한다.

```
#include <limits.h>

void func(signed long s_a, signed long s_b) {
    signed long result;
    if ((s_a == LONG_MIN) && (s_b == -1)) {
      /* 에러 처리 */
    } else {
      result = s_a % s_b;
    }
    /* ... */
}
```

해결 방법

이 해결 방법은 0으로 나누는 에러나 오버플로 에러의 가능성이 없도록 나머지 연산에 테스트를 수행한다.

```
#include <limits.h>

void func(signed long s_a, signed long s_b) {
    signed long result;
    if ((s_b == 0 ) || ((s_a == LONG_MIN) & & (s_b == -1))) {
      /* 에러 처리 */
    } else {
      result = s_a % s_b;
    }
    /* ... */
}
```

위험 평가

0으로 나누는 에러는 비정상적인 프로그램 종료와 서비스 거부의 결과를 초래할 수 있다.

규칙	심각도	위험 발생 가능성	개선 비용	우선순위	레벨
INT33-C	낮음	높음	보통	P6	L2

관련된 가이드라인

ISO/IEC TS 17961:2013	Integer division errors [diverr]
MITRE CWE	CWE-369, Divide By Zero

참고 문헌

[Seacord 2013b]	Chapter 5, "Integer Security"
[Warren 2002]	Chapter 2, "Basics"

■ INT34-C. 음수나 피연산자의 비트보다 더 많은 비트를 시프트하지 마라

비트 시프트는 shift-expression << additive-expression의 형태인 왼쪽 시프트 연산과 shift-expression >> additive-expression의 오른쪽 시프트 연산을 포함한다. 표준 정수 확장은 정수 타입인 피연산자에서 첫 번째로 수행된다. 결과 타입은 확장된 왼쪽 피연산자의 타입이다. 오른쪽 피연산자의 값이 음수거나 확장된 왼쪽 피연산자의 값과 같거나 큰 경우라면 동작은 정의되지 않는다('부록 B 정의되지 않은 동작 51' 참조).

확장된 왼쪽 피연산자의 정밀도(존재하는 비트)보다 크거나 같을 경우 또는 음수 비트의 표현식을 시프트하지 마라. 정수 타입의 정밀도는 표현되는 값이 사용하는 비트이며 부호와 패딩 비트는 제외한다. unsigned 정수 타입의 길이와 정밀도는 동일하며 반면에 signed 정수 타입의 길이는 정밀도보다 하나 더 크다. 이 규칙은 피연산자의 정밀도와 같거나 큰 비트를 시프트하려는 시도가 로직 에러를 유발하기 때문에 타입의 정밀도를 사용한다. 로직 에러는 단순히 표현 결함이 있는 오버플로와는 다르다. 일반적으로 시프트는 unsigned 피연산자에서 수행돼야 한다('INT13-C. 비트 연산자는 unsigned 피연산자에만 사용하라' 참조).

부적절한 코드 예제(왼쪽 시프트, unsigned 타입)

E1 << E2의 결과는 E1이 왼쪽으로 E2의 비트만큼 이동하는 것이며 이동 후 비어 있는 비트는 0으로 채워진다. 그림 4-1은 왼쪽 시프트 연산을 보여 준다.

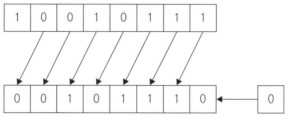

그림 4-1 왼쪽 시프트 연산

표준 C에 따라 E1이 unsigned 타입이면 결괏값은 $E1 * 2^{E2}$이며 결과 타입은 표현 가능한 최댓값보다 1 만큼 더 큰 수이고 모듈로^{modulo} 연산으로 줄어든 결괏값은 표현 가능하다.

다음의 부적절한 코드 예제는 오른쪽 피연산자가 확장된 왼쪽 피연산자의 정밀도보다 작다는 것을 보장하지 않는다.

```
void func(unsigned int ui_a, unsigned int ui_b) {
    unsigned int uresult = ui_a << ui_b;
    /* ... */
}
```

해결 방법(왼쪽 시프트, unsigned 타입)

이 해결 방법은 왼쪽 피연산자의 정밀도보다 크거나 같은 시프트의 가능성을 제거한다.

```
#include <limits.h>
#include <stddef.h>
#include <inttypes.h>
```

```
extern size_t popcount(uintmax_t);
#define PRECISION(x) popcount(x)

void func(unsigned int ui_a, unsigned int ui_b) {
    unsigned int uresult = 0;
    if (ui_b >= PRECISION(UINT_MAX)) {
      /* 에러 처리 */
    } else {
      uresult = ui_a << ui_b;
    }

    /* ... */
}
```

PRECISION() 매크로와 popcount() 함수는 정수 타입에 대한 정확한 정밀도를 제공한다('INT35-C. 정확한 정수 정밀도를 사용하라' 참조).

unsigned 정수 타입의 왼쪽 시프트 결과로 인한 모듈로^{modulo} 동작은 예외 INT30-EX3와 'INT30-C. unsigned(부호 없는) 정수 연산이 래핑되지 않도록 주의하라'에 의해 허용된다.

부적절한 코드 예제(왼쪽 시프트, signed 타입)

E1 << E2의 결과는 E1이 왼쪽으로 E2의 비트만큼 이동하는 것이며 이동 후 비어 있는 비트는 0으로 채워진다. E1이 signed 타입이며 음수가 아닌 값이고 결과 타입이 E1 * 2^{E2}로 표현 가능하면 그 값은 결괏값이 되며 그렇지 않으면 동작은 정의되지 않는다.

다음의 부적절한 코드 예제는 왼쪽과 오른쪽 피연산자가 음수가 아닌 값을 갖고 오른쪽 연산자는 확장된 왼쪽 연산자의 정밀도보다 작다는 것을 보장할 수 없다. 이 예제는 'INT32-C. signed 정수의 연산이 오버플로되지 않도록 보장하라'는 규칙을 준수하며 signed 정수의 오버플로를 체크한다.

```
#include <limits.h>
#include <stddef.h>
#include <inttypes.h>

void func(signed long si_a, signed long si_b) {
```

```
    signed long result;
    if (si_a > (LONG_MAX >> si_b)) {
      /* 에러 처리 */
    } else {
      result = si_a << si_b;
    }
    /* ... */
}
```

시프트 연산자와 다른 비트 연산자는 'INT13-C. 비트 연산자는 unsigned 피연산자에만 사용하라'에 부합되도록 단지 unsigned 정수 피연산자의 연산에만 사용해야한다.

해결 방법(왼쪽 시프트, signed 타입)

오버플로 체크에 추가해서 이 해결 방법은 왼쪽과 오른쪽 피연산자는 음수가 아니며오른쪽 피연산자는 확장된 왼쪽 연산자의 정밀도보다 작다는 것을 보장한다.

```
#include <limits.h>
#include <stddef.h>
#include <inttypes.h>

extern size_t popcount(uintmax_t);
#define PRECISION(x) popcount(x)

void func(signed long si_a, signed long si_b) {
    signed long result;
    if ((si_a < 0) || (si_b < 0) ||
        (si_b >= PRECISION(ULONG_MAX)) ||
        (si_a > (LONG_MAX >> si_b))) {
      /* 에러 처리 */
    } else {
      result = si_a << si_b;
    }
    /* ... */
}
```

부적절한 코드 예제(오른쪽 시프트)

E1 >> E2의 결과는 E1이 오른쪽으로 E2의 비트만큼 이동하는 것이다. E1이 unsigned 타입이거나 또는 signed 타입이고 음수가 아닌 값이라면 결괏값은 E1 / 2^{E2}의 나눈 몫의 정수 부분이다. E1이 signed 타입이고 음수이면 결괏값은 컴파일에 따라 정의되고 그림 4-2에서처럼 산술signed 시프트거나 그림 4-3처럼 논리unsigned 시프트 중 하나가 될 수 있다.

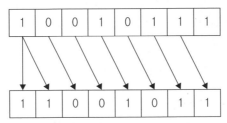

그림 4-2 산술(signed) 시프트

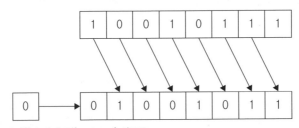

그림 4-3 논리(unsigned) 시프트

다음의 부적절한 코드 예제는 오른쪽 피연산자가 확장된 왼쪽 피연산자의 정밀도보다 크거나 같은지를 테스트하지 않고, 정의되지 않은 동작을 허용한다.

```
void func(unsigned int ui_a, unsigned int ui_b) {
    unsigned int uresult = ui_a >> ui_b;
    /* ... */
}
```

signed 연산자가 사용될 때 오른쪽 시프트가 산술signed 시프트인지 또는 논리 unsigned 시프트인지에 대한 단순한 가정을 하는 것은 취약성의 결과를 유발할 수 있다 ('INT13-C. 비트 연산자는 unsigned 피연산자에만 사용하라' 참조).

해결 방법(오른쪽 시프트)

이 해결 방법은 왼쪽 연산자의 정밀도보다 크거나 같은 비트의 시프트 가능성을 제거한다.

```c
#include <limits.h>
#include <stddef.h>
#include <inttypes.h>

extern size_t popcount(uintmax_t);
#define PRECISION(x) popcount(x)

void func(unsigned int ui_a, unsigned int ui_b) {
    unsigned int uresult = 0;
    if (ui_b >= PRECISION(UINT_MAX)) {
      /* 에러 처리 */
    } else {
      uresult = ui_a >> ui_b;
    }
    /* ... */
}
```

위험 평가

C 언어에서 확장된 왼쪽 연산자보다 크거나 같은 비트를 시프트하거나 음수의 비트를 시프트하는 것은 정의되지 않은 동작을 유발하지만 프로세서는 타입의 범위에서 모듈로 연산으로 시프트의 범위를 줄이기 때문에 시프트 에러로 인한 위험도는 높지 않다.

규칙	심각도	위험 발생 가능성	개선 비용	우선순위	레벨
INT34-C	낮음	낮음	보통	P2	L3

관련된 가이드라인

ISO/IEC TR 24772:2013	Arithmetic Wrap-around Error [FIF]

참고 문헌

[C99 Rationale 2003]	6.5.7, "Bitwise Shift Operators"
[Dowd 2006]	Chapter 6, "C Language Issues"
[Seacord 2013b]	Chapter 5, "Integer Security"
[Viega 2005]	Section 5.2.7, "Integer Overflow"

■ INT35-C. 정확한 정수 정밀도를 사용하라

C에서 정수 타입은 크기^{size}와 정밀도^{precision}를 갖는다. 크기는 객체에서 사용하는 바이트의 개수이며 sizeof 연산자를 사용해서 객체나 타입에서 크기를 평가할 수 있다. 정수 타입의 정밀도는 값을 표현하려고 사용하는 비트의 개수이며 부호나 패딩 비트를 제외한다.

패딩 비트는 정수의 크기에 영향을 주지만 정밀도와는 상관이 없다. 결과적으로 정수의 크기로부터 정수 타입의 정밀도를 간접적으로 예측하는 것은 값을 너무 크게 산정해 범위에 대한 부정확한 가정을 초래할 수 있다. 프로그래머는 코드에 정확한 정수 정밀도를 사용해야 하며, 특히 패딩 비트의 사용이나 호환성을 엄격히 따라야 하는 아키텍처에서 정수 타입의 정밀도 계산을 위해 sizeof 연산자를 사용하지 않아야 한다.

부적절한 코드 예제(왼쪽 시프트, signed 타입)

다음의 부적절한 코드 예제로 2에 대해 함수 인자만큼의 제곱을 수행하는 함수를 보여 준다. 정의되지 않은 동작을 피하고자 'INT34-C. 음수나 피연산자의 비트보다 더 많은 비트를 시프트하지 마라'의 규칙을 준수하며 함수의 인자가 unsigned int 타입의 값을 저장하려고 사용된 비트의 수보다 작도록 한다.

```
#include <limits.h>

unsigned int pow2(unsigned int exp) {
    if (exp >= sizeof(unsigned int) * CHAR_BIT) {
```

```
    /* 에러 처리 */
  }
  return 1 << exp;
}
```

하지만 위의 코드에서 unsigned int가 1개 이상의 패딩 비트를 갖고 있는 플랫폼에서 실행된다면 exp가 너무 큰 값을 갖는다. 예를 들면 64비트에서 unsigned int를 저장하는 플랫폼은 값을 표현하고자 단지 48비트를 사용하지만 56의 유효하지 않은 값으로 왼쪽 시프트를 수행할 수 있다.

해결 방법

이 해결 방법은 unsigned 정수에 대한 비트의 개수를 계산하는 popcount() 함수를 사용하며 아래 코드는 signed나 unsigned 정수 타입의 정밀도를 계산할 수 있다.

```
#include <stddef.h>
#include <stdint.h>

/* 비트의 개수를 반환 */
size_t popcount(uintmax_t num) {
    size_t precision = 0;
    while (num != 0) {
        if (num % 2 == 1) {
          precision++;
        }
        num >>= 1;
    }
    return precision;
}
#define PRECISION(umax_value) popcount(umax_value)
```

구현은 특정 타입의 정밀도가 있는 정수 상수 표현식을 반환하는 타입 제네릭^{type-generic} 매크로를 갖고 있는 PRECISION() 매크로에 의해 대체될 수 있다. 이 반환값은 정적 어설션과 같은 정수 상수 표현식이 사용될 수 있다('DCL03-C. 상수 수식의 값을 테스트할 때 정적 어설션을 사용하라' 참조). 예를 들면 다음의 타입 제네릭 매크로는 32비트 x86 아키텍처를 대상으로한 구현에서 사용될 수 있다.

```
#define PRECISION(value) _Generic(value, \
    unsigned char : 8, \
    unsigned short: 16, \
    unsigned int : 32, \
    unsigned long : 32, \
    unsigned long long : 64, \
    signed char : 7, \
    signed short : 15, \
    signed int : 31, \
    signed long : 31, \
    signed long long : 63)
```

pow2() 함수의 개정된 버전은 unsigned 타입의 정밀도를 결정하고자 PRECISION() 매크로를 사용한다.

```
#include <stddef.h>
#include <stdint.h>
#include <limits.h>

extern size_t popcount(uintmax_t);
#define PRECISION(umax_value) popcount(umax_value)

unsigned int pow2(unsigned int exp) {
    if (exp >= PRECISION(UINT_MAX)) {
      /* 에러 처리 */
    }
    return 1 << exp;
}
```

위험 평가

정수 정밀도에 대한 잘못된 크기는 비트 시프트와 같은 연산에서 부정확한 정밀도 인수가 사용될 수 있고 결과는 정의되지 않은 동작을 유발한다.

규칙	심각도	위험 발생 가능성	개선 비용	우선순위	레벨
INT35-C	낮음	낮음	보통	P2	L3

참고 문헌

[C99 Rationale 2003]	6.5.7, "Bitwise Shift Operators"
[Dowd 2006]	Chapter 6, "C Language Issues"

■ INT36-C. 포인터를 정수로 또는 정수를 포인터로 변환할 때 주의하라

프로그래머는 C프로그램에서 정수와 포인터를 서로 교환하며 사용하지만 포인터-정수와 정수-포인터 변환은 구현 방법에 따라 정의implementation-defined되는 동작이다.

정수와 포인터 사이에 있는 변환은 구현 방법에 따라 예상하지 못한 결과를 유발할수 있다. 다음은 C Statdard, 6.3.2.3 [ISO/IEC 9899:2011]의 내용이다.

> 정수는 포인터 타입으로 변환 가능하다. 이전에 지정된 것을 제외하고 결과는 구현 시에 정의되고 정확하게 정렬이 되지 않을 수 있으며 참조되는 타입의 개체(entity)를 포인트하지 않을수 있고 잘못된 표현으로 변환될 수 있다.
>
> 포인터 타입은 정수 타입으로 변환될 수 있다. 이전에 지정된 것을 제외하고 결과는 구현시에 정의된다. 결과가 정수 타입으로 표현할 수 없다면 동작은 정의되지 않는다. 결괏값이정수 타입의 범위에 존재해야 할 필요는 없다.

결과 포인터가 부적절하게 정렬되고 참조된 타입의 개체를 가리키지 않거나 또는잘못된 표현을 갖는다면 정수 타입을 포인터 타입으로 변환하지 마라.

결과가 정수 타입에서 표현될 수 없다면 포인터 타입을 정수 타입으로 변환하지 마라('부록 B, 정의되지 않은 동작 24' 참조).

포인터와 정수 사이의 매핑은 실행 환경에서 주소 구조addressing structure가 반드시 일치해야 하며, 예를 들면 세그먼트 메모리 모델segemented memory model을 사용하는 아키텍처에서 문제가 발생할 수 있다.

부적절한 코드 예제

구현 시에 포인터는 64비트이고 unsigned 정수는 32비트로 포인터의 크기는 정수의 크기보다 크다. 다음의 코드 예제는 64비트 ptr 변환의 결과가 32비트 정수 타입 내에서 표현될 수 없기 때문에 부적절하다.

```
void f(void) {
    char *ptr;
    /* ... */
    unsigned int number = (unsigned int)ptr;
    /* ... */
}
```

해결 방법

void의 **유효한 포인터**^{valid pointer}는 intptr_t나 uintptr_t로 변환될 수 있고 값의 변화 없이 다시 원래의 상태로 변환된다(INT36-EX2 참조). 표준 C에서 void 포인터로 변환되거나 또는 void 포인터가 다른 객체 타입으로 변환되고 다시 변환 전의 상태로 복귀하며 결과는 원래의 포인터와 동일하도록 보장한다. 결과적으로 char* 포인터를 uintptr_t로 직접 변환하는 것은 uintptr_t 타입을 지원하는 구현에서 허용된다.

```
#include <stdint.h>

void f(void) {
    char *ptr;
    /* ... */
    uintptr_t number = (uintptr_t)ptr;
    /* ... */
}
```

부적절한 코드 예제

다음의 부적절한 코드 예제에서 ptr 포인터는 정숫값으로 변환된다. 숫자의 상위 9비트는 플래그 값을 저장하는 데 사용되고 결과는 포인터로 다시 변환된다. 이 예제는 포인터가 64비트이고 unsigned 정수가 32비트로 부적절한 구현이다. 64비트인 ptr의 변환 결과가 32비트 정수 타입으로 표현될 수 없기 때문이다.

```
void func(unsigned int flag) {
    char *ptr;
    /* ... */
    unsigned int number = (unsigned int)ptr;
    number = (number & 0x7fffff) | (flag << 23);
    ptr = (char *)number;
}
```

유사한 구조로 이맥스Emacs의 초기 버전은 8MB보다 큰 파일의 편집 기능을 제한했다.

해결 방법

이 해결 방법은 포인터와 플래그 값의 저장 공간을 제공하기 위한 struct를 사용하는 것이다. 프로그램이 다른 문자 크기를 갖고 32비트보다 크거나 작은 경우도 호환성이 있으며 포인터가 정수 타입으로 표현될 수 없을 때도 동작한다.

```
struct ptrflag {
    char *pointer;
    unsigned int flag : 9;
} ptrflag;

void func(unsigned int flag) {
    char *ptr;
    /* ... */
    ptrflag.pointer = ptr;
    ptrflag.flag = flag;
}
```

부적절한 코드 예제

리터럴 정수를 포인터로 변환해야 하는 시스템은 특정 위치에 메모리 접근이 필요하다. 다음의 부적절한 코드 예제로 포인터는 정수 상수로 설정되고, 의도한 결괏값을 얻는지 알 수 없다.

```
unsigned int *g(void) {
    unsigned int *ptr = 0xdeadbeef;
```

```
    /* ... */
    return ptr;
}
```

이 할당의 결과는 구현 방식에 의해 정의되고 정확하게 정렬되지 않을 수 있고 참조된 타입의 객체를 정확하게 가리키지 않으며 잘못된 표현을 할 수 있다.

해결 방법

명시적 캐스트를 추가해서 컴파일러가 정숫값을 유효한 포인터로 변환하는 데 도움을 준다. 보편적인 기술은 정수를 intptr_t나 uintptr_t 타입의 volatile 객체로 할당하는 것이며 정수는 포인터로 할당된다.

```
unsigned int *g(void) {
    volatile uintptr_t iptr = 0xdeadbeef;
    unsigned int *ptr = (unsigned int *)iptr;
    /* ... */
    return ptr;
}
```

예외

INT36-EX1: 널 포인터는 정수로 변환될 수 있으며 0의 값을 갖는다. 마찬가지로 정숫값 0은 포인터로 변환될 수 있으며 그것은 널 포인터로 된다.

INT36-EX2: void의 유효한 포인터는 intptr_t나 uintptr_t 그 이외에 다른 타입으로 변환될 수 있고 값의 변화 없이 다시 원래의 상태로 변환될 수 있다. 호환성이 제한되기 때문에 intptr_t나 uintptr_t를 대신하는 다른 타입의 사용은 권고되지 않는다.

```
#include <assert.h>
#include <stdint.h>

void h(void) {
   intptr_t i = (intptr_t)(void *)&i;
   uintptr_t j = (uintptr_t)(void *)&j;
```

```
    void *ip = (void *)i;
    void *jp = (void *)j;

    assert(ip == &i);
    assert(jp == &j);
}
```

위험 평가

포인터를 정수, 정수를 포인터로 변환하는 것은 코드의 이식성이 떨어지며 잘못된 포인터가 유효하지 않은 메모리에 할당될 수 있다.

규칙	심각도	위험 발생 가능성	개선 비용	우선순위	레벨
INT36-C	낮음	보통	높음	P2	L3

관련된 가이드라인

ISO/IEC TR 24772:2013	Pointer Casting and Pointer Type Changes [HFC]
ISO/IEC TS 17961:2013	Converting a pointer to integer or integer to pointer [intptrconv]
MITRE CWE	CWE-466, Return of Pointer Value Outside of Expected Range CWE-587, Assignment of a Fixed Address to a Pointer

참고 문헌

[ISO/IEC 9899:2011]	6.3.2.3, "Pointers"

5 장

부동소수점

5장 목차

위험 평가

규칙	심각도	위험 발생 가능성	개선 비용	우선순위	레벨
FLP30-C	낮음	보통	낮음	P6	L2
FLP32-C	보통	보통	보통	P8	L2
FLP34-C	낮음	낮음	낮음	P3	L3
FLP36-C	낮음	낮음	보통	P2	L3

■ FLP30-C. 부동소수점 변수를 반복문의 카운터로 사용하지 마라

부동소수점 숫자가 실수를 나타내기 때문에 단순한 분수를 정확하게 표현할 수 있다고 가정하는 잘못된 판단을 한다. 부동소수점 숫자는 정수와 같이 표현의 한계가 있고 이진 부동소수점 숫자는 십진수의 작은 숫자를 표현할 수 있지만 모든 십진수를 정확하게 표현할 수 없다.

그뿐 아니라 부동소수점 숫자는 큰 값을 표현할 수 있기 때문에 십진수의 모든 값을 표현할 수 있다고 가정하는 실수를 범한다. 더 큰 동적 영역을 갖고자 부동소수점 숫자는 고정된 수의 정밀도 비트(가수 – significand라고 부른다)와 지수로 구성되며 표현할 수 있는 유효 숫자의 개수는 제한된다.

구현에 따라 정밀도의 한계가 다르고 코드의 호환성을 유지하고자 부동소수점 변수를 반복문의 카운터로 사용해선 안 된다.

부적절한 코드 예제

다음의 부적절한 코드 예제에서 부동소수점 변수가 반복문의 카운터로 사용됐다. 십진수 0.1은 이진법에서 반복되는 분수이고 이진 부동소수점 수로 정확하게 표현할 수 없다. 구현 방법에 따라 반복문은 9회나 10회 반복된다.

```
void func(void) {
    for (float x = 0.1f; x <= 1.0f; x += 0.1f) {
        /* 루프는 9회나 10회 반복 */
    }
}
```

예를 들면 GCC나 마이크로소프트 비주얼 스튜디오 2013에서 컴파일되고 x86 프로세스에서 실행되면 루프는 9회만 평가된다.

해결 방법

이 해결 방법에서 반복문 카운터는 부동소수점으로부터 계산된 정수다.

```
#include <stddef.h>
```

```
void func(void) {
    for (size_t count = 1; count <= 10; ++count) {
        float x = count / 10.0f;
        /* 루프는 정확히 10회 반복 */
    }
}
```

부적절한 코드 예제

다음의 부적절한 예제로 반복문의 부동소수점 카운터는 주어진 정밀도에서 너무 작은 값을 증가시켜서 값이 거의 변하지 않는다.

```
void func(void) {
    for (float x = 100000001.0f; x <= 100000010.0f; x += 1.0f) {
        /* 루프는 종료하지 않는다 */
    }
}
```

많은 시스템에서 이 코드는 무한 루프(반복)를 초래한다.

해결 방법

이 해결 방법에서 반복문 카운터는 부동소수점 값에서 계산된 정수다. 변수 x는 부적절한 코드 예제처럼 각각의 반복문 수행 시에 동일한 값을 유지하면서 증가한다.

```
void func(void) {
    float x = 100000001.0f;
    for (size_t count = 1; count <= 10; ++count, x += 1.0f) {
        /* 루프는 정확하게 10회 반복 */
    }
}
```

위험 평가

부동소수점을 반복문의 카운터와 같은 변수로 사용하는 것은 예상할 수 없는 동작을 유발한다.

규칙	심각도	위험 발생 가능성	개선 비용	우선순위	레벨
FLP30-C	낮음	보통	낮음	P6	L2

관련된 가이드라인

ISO/IEC TR 24772:2013	Floating-Point Arithmetic [PLF]
MISRA C:2012	Directive 1.1 (required)
	Rule 14.1 (required)

참고 문헌

[Lockheed Martin 2005]	AV Rule 197

■ FLP32-C. 수학 함수에서 도메인 에러나 영역 에러를 찾고 예방하라

C Standard, 7.12.1 [ISO/IEC 9899:2011] 2절, `<math.h>`의 `math` 함수와 관련된 세 종류의 에러를 정의한다.

도메인 에러는 입력 변수가 수학 함수에서 정의한 도메인을 벗어나 외부에 있을 때 발생한다.

다음은 3절의 내용이다.

폴(pole) 에러(특이점 또는 무한 에러)는 수학 함수가 무한 결과를 갖게 될 때 발생한다.

다음은 4절의 내용이다.

범위 에러는 함수의 수학적 결과가 극도로 커서 특정한 타입의 객체로 표현할 수 없을 때 발생한다.

도메인 에러의 예는 `sqrt(-1.0)`처럼 실제 산술식에서 의미가 없는 음수의 제곱근을 계산하는 경우다. 대조적으로 10의 100만제곱인 `pow(10.,1e6)`은 `double` 타입의 범위 한계로 구현 단계에서 부동소수점으로 표현될 수 없으며 결과적으로 범위 에러가 발

220

생한다. 두 경우 모두 함수는 결괏값을 반환하지만 계산된 결과는 부정확하다. 폴 에러의 예는 무한 음수를 발생하는 log(0.0)이다.

프로그래머는 수학 함수 호출 전에 신중하게 경계를 체크하고 경계를 위반했다면 다른 대체 동작을 취해서 도메인과 폴 에러를 예방할 수 있다.

범위 에러는 부동소수점과 적용되는 함수가 서로 의존적이기 때문에 일반적인 방식으로 예방할 수 없다. 범위 에러에 대한 예방을 위해 프로그래머는 에러를 감지할 수 있도록 하며 만약 범위 에러가 발생한다면 적절한 대체 동작을 통해 해결해야 한다.

표 5-1의 리스트는 표준 수학 함수의 double 형태이며 적절한 입력 도메인을 보장하고 그들이 범위 안에 있는지 또는 폴 에러가 있는지를 표준 C에 의해 보여 준다. 표의 함수는 float와 long double의 형태가 존재하지만 표의 간결성을 위해 생략했다. 함수가 그것이 정의된 특정 도메인을 벗어나면 프로그래머는 반드시 입력값을 체크해야 한다. 프로그래머는 영역 에러 또한 어디서 발생하는지 체크해야 한다. 표 5-1에 리스트되지 않은 fabs()와 같은 표준 수학 함수는 도메인의 제한이 없으며 영역 에러나 폴 에러를 유발하지 않는다.

표 5-1 표준 수학 함수

함수	도메인	범위	폴
acos(x)	-1 <= x && x <= 1	없음	없음
asin(x)	-1 <= x && x <= 1	있음	없음
atan(x)	없음	있음	없음
atan2(y, x)	x != 0 && y != 0	없음	없음
acosh(x)	x >= 1	있음	없음
asin(x)	없음	있음	없음
atanh(x)	-1 < x && x < 1	있음	있음
cosh(x), sinh(x)	없음	있음	없음
exp(x), exp2(x), expm1(x)	없음	있음	없음
ldexp(x, exp)	없음	있음	없음
log(x), log10(x), log2(x)	x >= 0	없음	있음

함수	도메인	범위	폴
log1p(x)	x > -1	없음	있음
ilogb(x)	x != 0 && !isinf(x) && !isnan(x)	있음	없음
logb(x)	x != 0	있음	있음
scalbn(x, n), scalbln(x, n)	없음	있음	없음
hypot(x, y)	없음	있음	없음
pow(x,y)	x > 0 || (x == 0 && y > 0) || (x < 0 && y is an integer)	있음	있음
sqrt(x)	x >= 0	없음	없음
erf(x)	없음	있음	없음
erfc(x)	없음	있음	없음
lgamma(x), tgamma(x)	x != 0 && ! (x < 0 && x is an integer)	있음	있음
lrint(x), lround(x)	없음	있음	없음
fmod(x, y), remainder(x, y), remquo(x, y, quo)	y != 0	있음	없음
nextafter(x, y), nexttoward(x, y)	없음	있음	없음
fdim(x,y)	없음	있음	없음
fma(x,y,z)	없음	있음	없음

도메인과 폴 체크

도메인과 폴 에러를 처리할 수 있는 가장 신뢰할 수 있는 방법은 다음의 예제처럼 사전에 인자를 체크해서 예방하는 것이다.

```
double safe_sqrt(double x) {
    if (x < 0) {
      fprintf(stderr, "sqrt requires a nonnegative argument");
      return 0;
    }
    return sqrt (x);
}
```

범위 체크

프로그래머는 일반적으로 범위 에러를 예방할 수 없고 가장 신뢰할 수 있는 방법은 에러가 발생할 때 그것들을 감지해서 처리하는 것이다.

수학 함수에서 에러 조건을 정확하게 처리하는 것은 상당한 시간이 필요하다. C Standard, 7.12.1, 5절 [ISO/IEC 9899:2011], 부동소수점 오버플로에 대해 다음의 동작을 정의한다.

상당히 큰 수의 수학적 계산 결과가 유한하지만 너무 커서 특정한 타입의 객체가 라운드오프 (roundoff) 에러 없이 표현될 수 없다면 부동소수 결괏값은 오버플로가 발생한다. 만약 부동소수 결괏값이 오버플로가 발생하고 기본 반올림이 적용되면 반환값의 동일한 타입과 반환값의 동일한 부호로 HUGE_VAL이나 HUGE_VALF, HUGE_VALL 매크로로의 값을 반환한다. 만약 정수 표현식 math_errhandling & MATH_ERRNO는 0이 아니라면 정수 표현식 errno는 ERANGE 값을 갖고, 만약 정수 표현식 math_errhandling & MATH_ERREXCEPT가 0이 아니라면 '오버플로' 부동소수점 예외가 발생한다.

다음에 언급된 여러 이유로 HUGE_VAL이나 0과 반환값을 비교해 에러를 체크하는 것은 선호하지 않는다.

- 일반적으로 유효한 데이터 값을 갖는다.
- 이러한 테스트를 수행하는 것은 각 수학 함수에서 반환되는 다양한 에러에 대한 상세한 지식이 요구된다.
- HUGE_VAL과 0에서 여러 결괏값이 가능하며 프로그래머는 각각의 가능한 경우를 알아야만 한다.
- 다양한 라이브러리 버전은 각각의 다양한 에러 반환 방식을 갖는다.

구현 방식에 따라 errno를 설정하지 않을 수 있기 때문에 errno를 사용해서 수학적 에러를 체크하는 것은 신뢰할 수 없다. 실제 함수에서 프로그래머는 math_errhandling & MATH_ERRNO가 0이 아닌지를 체크해서 시스템에서 errno를 설정했는지 판단할 수 있다. 복소수 함수에 대해 C Standard, 7.3.2, 1절은 '구현 시 errno를 설정할 수 있지만 요구 사항은 아니다'라고 간단히 언급하고 있다[ISO/IEC 9899:2011].

시스템 V 인터페이스 정의서, 3판(System V Interface Definition, Third Edition), (SVID3)[UNIX 1992]은 수학 라이브러리의 에러 처리를 해결하기 위한 많은 기능을 제공한다. 프로그래머는 matherr()이라는 함수를 정의하고 수학 함수에서 에러가 발생할 때를 인지할 수 있다. 이 함수는 진단 내용을 출력할 수 있고 실행을 종료하거나 원하는 반환값을 지정할 수 있다. matherr() 함수는 C나 포식스에 아직 적용되지 않았으며 일반적인 호환성을 갖고 있지 않다.

다음의 에러 처리 템플릿은 math_errhandling 매크로가 정의되고 사용돼야 하는 것을 지시하며 부동소수점 에러에 대한 표준 C 함수를 사용하고 그렇지 않은 경우 errno를 체크한다.

```
#include <math.h>
#include <fenv.h>
#include <errno.h>

/* ... */
/* 수학 함수 호출 및 에러 체크를 위해 사용 */
{
  #pragma STDC FENV_ACCESS ON

  if (math_errhandling & MATH_ERREXCEPT) {
    feclearexcept(FE_ALL_EXCEPT);
  }
  errno = 0;

  /* 수학 함수 호출 */

  if ((math_errhandling & MATH_ERRNO) & & errno != 0) {
    /* 범위 에러 처리*/
  } else if ((math_errhandling & MATH_ERREXCEPT) & &
             fetestexcept(FE_INVALID | FE_DIVBYZERO |
                         FE_OVERFLOW | FE_UNDERFLOW) != 0) {
    /* 범위 에러 처리 */
  }
}
```

부동소수점 에러를 감지하는 좀 더 상세한 정보는 'FLP03-C. 부동소수점 에러를 발견하고 처리하라'를 참조하라.

비정상 값

비정상 값은 정밀도 비트에서 사용하지 않는 0이 아닌 숫자다[IEEE 754 2008]. 0 주위의 값으로 가장 작은 수다. 하지만 asinh(), asinh(), atan(), atanh(), erf() 함수는 비정상 값을 전달할 때 범위 에러를 발생한다. 비정상 값을 평가할 때 이 함수는 부정확한 비정상의 값을 생산하며 언더플로 에러^{underflow error}를 초래한다. C Standard 7.12.1, 6절 [ISO/IEC 9899:2011]은 부동소수점 언더플로에 대한 다음의 동작을 정의한다.

> 수학적 계산 결과가 너무 작아서 특정한 타입의 객체가 라운드오프 에러 없이 표현될 수 없다면 부동소수 결괏값은 언더플로가 발생한다. 만약 결괏값이 언더플로가 발생한다면 함수는 특정 타입의 가장 작은 일반 양수보다 크지 않은 값을 반환한다. 만약 정수 표현식 math_errhandling & MATH_ERRNO는 0이 아니라면 errno는 ERANGE 값을 갖도록 정의되며 만약 정수 표현식 math_errhandling & MATH_ERREXCEPT가 0이 아니라면 '언더플로' 부동소수점 예외가 발생되도록 정의된다.

부동소수점 연산을 지원하지만 비정상 값을 지원하지 않는 IBM S/360 hex 부동소수점이나 비정상 값을 그냥 무시하는(또는 비정상 값을 0으로 플러싱) IEEE-754 같은 구현 방식은 다음의 인수와 함께 호출할 때 범위 에러를 반환한다.

- fmod((min+subnorm), min)

- remainder((min+subnorm), min)

- remquo((min+subnorm), min, quo)

min은 부동소수점 타입에 대응하는 최솟값이고 subnorm은 비정상 값이다.

Annex F와 비정상 결괏값이 지원된다면 정확한 값이 반환되고 범위 에러는 발생할 수 없다. C Standard, F.10.7.1 [ISO/IEC 9899:2011]은 fmod(), remainder(), remquo() 함수에 대해 다음과 같이 명시한다.

> 비정상 결괏값이 지원될 때 정확한 값이 반환되고 현재 반올림 모드에 독립적이다.

Annex F, F.10.7.2, 2절, F.10.7.3, 2절은 언제 비정상 결과가 지원되는지 명시하고 있다.

부적절한 코드 예제(sqrt())

다음의 부적절한 코드 예제는 x의 제곱근을 계산한다.

```
#include <math.h>

void func(double x) {
    double result;
    result = sqrt(x);
}
```

하지만 이 코드는 x가 음수이면 도메인 에러를 발생한다.

해결 방법(sqrt())

이 함수는 도메인 에러를 갖지만 범위 에러가 없기 때문에 도메인 에러를 예방하려고 경계 체크^{bounds checking}가 수행될 수 있다.

```
#include <math.h>

void func(double x) {
    double result;

    if (isless(x, 0.0)) {
        /* 도메인 에러 처리 */
    }

    result = sqrt(x);
}
```

부적절한 코드 예제(sinh(), Range Errors)

다음의 부적절한 코드 예제는 x의 쌍곡선 사인^{hyperbolic sine}을 계산한다.

```
#include <math.h>

void func(double x) {
    double result;
    result = sinh(x);
}
```

이 코드는 x가 매우 큰 수일 때 범위 에러를 발생한다.

해결 방법(sinh(), 범위 에러)

이 함수는 도메인 에러가 없지만 범위 에러가 발생한다. 프로그래머는 범위 에러를
감지하고 적합하게 처리해야 한다.

```
#include <math.h>
#include <fenv.h>
#include <errno.h>

void func(double x) {
    double result;
    {
        #pragma STDC FENV_ACCESS ON
        if (math_errhandling & MATH_ERREXCEPT) {
          feclearexcept(FE_ALL_EXCEPT);
        }
        errno = 0;

        result = sinh(x);

        if ((math_errhandling & MATH_ERRNO) & & errno != 0) {
          /* 범위 에러 처리 */
        } else if ((math_errhandling & MATH_ERREXCEPT) & &
                    fetestexcept(FE_INVALID | FE_DIVBYZERO |
                              FE_OVERFLOW | FE_UNDERFLOW) != 0) {
          /* 범위 에러 처리 */
        }
    }

    /* 결과를 사용... */
}
```

부적절한 코드 예제(pow())

다음의 부적절한 코드는 x의 y제곱을 계산한다.

```
#include <math.h>

void func(double x, double y) {
   double result;
   result = pow(x, y);
}
```

X가 음수이고 y가 정숫값이 아니면, 또는 x가 0이고 y가 0이면 위의 코드는 도메인 에러를 유발한다. 도메인 또는 폴pole 에러는 x가 0이고 y가 음수이면 발생할 수 있고 범위 에러는 결괏값이 double로 표현될 수 없으면 발생할 수 있다.

해결 방법(pow())

pow() 함수는 도메인 에러와 범위 에러를 유발할 수 있기 때문에 프로그래머는 적합한 도메인 안에 x와 y가 있는지 먼저 체크를 해야 하고 폴 에러가 발생되지 않도록 하며 범위 에러를 감지하고 적합하게 처리한다.

```
#include <math.h>
#include <fenv.h>
#include <errno.h>

void func(double x, double y) {
   double result;

   if (((x == 0.0f) & & islessequal(y, 0.0)) || isless(x, 0.0)) {
      /* 도메인 또는 폴 에러 처리 */
   }

   {
     #pragma STDC FENV_ACCESS ON
     if (math_errhandling & MATH_ERREXCEPT) {
       feclearexcept(FE_ALL_EXCEPT);
     }
     errno = 0;
```

```
        result = pow(x, y);

        if ((math_errhandling & MATH_ERRNO) & & errno != 0) {
          /* 범위 에러 처리 */
        } else if ((math_errhandling & MATH_ERREXCEPT) & &
                      fetestexcept(FE_INVALID | FE_DIVBYZERO |
                                     FE_OVERFLOW | FE_UNDERFLOW) != 0) {
          /* 범위 에러 처리 */
      }
    }

    /* 결과 사용... */
}
```

부적절한 코드 예제(asin(), Subnormal Number)

다음의 부적절한 코드 예제는 x의 역사인inverse sine 값을 계산한다.

```
#include <math.h>

void func(float x) {
    float result = asin(x);
    /* ... */
}
```

해결 방법(asin(), Subnormal Number)

이 함수는 도메인 에러가 없지만 범위 에러가 발생한다. 프로그래머는 범위 에러를 감지하고 적합하게 처리해야 한다.

```
#include <math.h>
#include <fenv.h>
#include <errno.h>

void func(float x) {
    float result;

    {
        #pragma STDC FENV_ACCESS ON
```

```
    if (math_errhandling & MATH_ERREXCEPT) {
      feclearexcept(FE_ALL_EXCEPT);
    }
    errno = 0;

    result = asin(x);

    if ((math_errhandling & MATH_ERRNO) & & errno != 0) {
      /* 범위 에러 처리 */
    } else if ((math_errhandling & MATH_ERREXCEPT) & &
                  fetestexcept(FE_INVALID | FE_DIVBYZERO |
                              FE_OVERFLOW | FE_UNDERFLOW) != 0) {
      /* 범위 에러 처리 */
    }
  }

  /* 결과를 사용... */
}
```

위험 평가

수학 함수에서 도메인과 범위 에러를 감지하거나 예방하지 않으면 기대하지 않은 결과를 유발한다.

규칙	심각도	위험 발생 가능성	개선 비용	우선순위	레벨
FLP32-C	보통	보통	보통	P8	L2

관련된 가이드라인

MITRE CWE	CWE-682, Incorrect Calculation

참고 문헌

[IEEE 754 2008]	
[ISO/IEC 9899:2011]	7.3.2, "Conventions" 7.12.1, "Treatment of Error Conditions" F.10.7, "Remainder Functions"

[Plum 1985]	Rule 2–2
[Plum 1989]	Topic 2.10, "conv—Conversions and Overflow"
[UNIX 1992]	System V Interface Definition, Second Edition (SVID3)

■ FLP34-C. 부동소수점 변환이 새로운 타입의 범위 안에 들어가는지 확인하라

부동소수점 값이 더 작은 범위의 부동소수점 값으로 변환되거나 또는 정수 타입이 부동소수점 타입으로 변환되는 경우 변환될 값은 대상 타입으로 표현 가능해야 한다.

다음은 C Standard, 6.3.1.4, 1절 [ISO/IEC 9899:2011]의 내용이다.

실수 부동소수 타입인 유한한 값이 _Bool 외에 다른 정수 타입으로 변환될 때 분수 부분은 버려진다(예: 값은 0으로 잘림). 정수 부분의 값이 정수 타입으로 표현될 수 없다면 동작은 정의되지 않는다.

다음은 2절의 내용이다.

정수 타입이 실수 부동소수 타입으로 변환될 때 변환되는 값은 정확하게 새로운 타입으로 표현할 수 있다면 그 값은 변경되지 않는다. 변환된 값이 표현할 수 있는 범위에 있지만 정확하게 표현할 수 없다면 그 결과는 표현할 수 있는 값의 가장 가까운 곳의 큰 값이나 작은 값으로 변환되며 구현 방법의 정의에 따라 선택된다. 변환된 값이 표현할 수 있는 범위 밖의 값이라면 동작은 정의되지 않는다.

다음은 6.3.1.5, 1절의 내용이다.

부동소수점 타입의 값이 실수 부동소수 타입으로 변환될 때 만약 변환된 값이 정확하게 새로운 타입으로 표현할 수 있다면 그 결괏값은 변하지 않는다. 변환된 값이 표현될 수 있는 값의 범위에 있지만 정확하게 표현할 수 없다면 결괏값은 표현할 수 있는 값의 가장 가까운 곳의 큰 값이나 작은 값으로 변환되며 구현 방법의 정의에 따라 선택된다. 변환된 값이 표현할 수 있는 범위 밖의 값이라면 동작은 정의되지 않는다.

부록 B, 정의되지 않은 동작 17과 18을 참조하라.

이 규칙은 IEEE 754처럼 모든 값이 표현 가능한 부호화된 무한값을 지원하는 구현에서 부동소수점 타입이 하위 버전으로 변환demotion되는 것은 적용되지 않는다.

부적절한 코드 예제(float to int)

다음의 부적절한 코드 예제는 만약 f_a의 정수 부분이 정수로서 표현될 수 없다면 정의되지 않은 동작을 유발한다.

```
void func(float f_a) {
    int i_a;

    /* 만약 f_a의 정수 부분이 INT_MAX보다 같거나 큰 경우 정의되지 않음 */
    i_a = f_a;
}
```

해결 방법(float to int)

이 해결 방법은 float 타입의 범위가 int보다 크도록 보장해야 하며 대부분의 구현 방식은 float가 크도록 보장한다.

```
#include <limits.h>
#include <float.h>
#include <assert.h>

void func(float f_a) {
    int i_a;

    static_assert(
      (double)INT_MAX < (double)FLT_MAX),
      "not all int values can be represented as float"
    );
    i_a = f_a;
}
```

부적절한 코드 예제(축소 변환)

다음의 부적절한 코드 예제는 대상 타입의 범위 밖에서 값이 잘릴 수 있는 변환을 한다.

```
void func(double d_a, long double big_d) {
    double d_b = (float)big_d;
    float f_a = (float)d_a;
    float f_b = (float)big_d;
}
```

이 변환의 결과로 d_a는 float로 표현될 수 있는 범위 밖에 있고 big_d는 float나 double로 표현될 수 있는 값의 범위 밖에 있을 가능성이 있다. 이런 경우 Annex F, 'IEC 60559 Floating-Point Arithmetic'을 지원하지 않는 시스템에서 결과는 정의되지 않는다.

해결 방법(축소 변환)

이 해결 방법은 변환된 값이 새로운 타입으로 표현될 수 있는지 체크한다.

```
#include <float.h>

void func(double d_a, long double big_d) {
    double d_b;
    float f_a;
    float f_b;

    if (isgreater(d_a, FLT_MAX) || isless(d_a, -FLT_MAX)) {
        /* 에러 처리 */
    } else {
        f_a = (float)d_a;
    }
    if (isgreater(big_d, FLT_MAX) || isless(big_d, -FLT_MAX)) {
        /* 에러 처리 */
    } else {
        f_b = (float)big_d;
    }
    if (isgreater(big_d, DBL_MAX) || isless(big_d, -DBL_MAX)) {
        /* 에러 처리 */
    } else {
```

```
        d_b = (double)big_d;
    }
}
```

위험 평가

부동소수점이 더 작은 영역과 정밀도의 부동소수점, 정수 타입으로 변환되거나 또는
정수 타입이 부동소수점으로 변환되는 것은 대상^{destination} 타입에서 표현될 수 없는 값
을 갖고 Annex F를 지원하지 않는다면 정의되지 않은 동작을 유발한다.

규칙	심각도	위험 발생 가능성	개선 비용	우선순위	레벨
FLP34-C	낮음	낮음	낮음	P3	L3

관련된 가이드라인

ISO/IEC TR 24772:2013	Numeric Conversion Errors [FLC]
MITRE CWE	CWE-681, Incorrect Conversion between Numeric Types

참고 문헌

[IEEE 754 2008]	
[ISO/IEC 9899:2011]	6.3.1.4, "Real Floating and Integer" 6.3.1.5, "Real Floating Types"

■ FLP36-C. 정숫값을 부동소수점으로 변환할 때 정밀도를 보존하라

좁은 범위의 산술 타입은 숫자 값의 크기에 변화 없이 더 넓은 범위의 타입으로 캐
스트할 수 있다. 하지만 정수 타입은 정확한 값을 표현해야 하는 반면에 부동소수
점 타입은 제한된 정밀도를 갖고 있다. 다음은 C Standard, 6.3.1.4, 2절 [ISO/IEC
9899:2011]의 내용이다.

정수 타입의 값이 실수 부동소수 타입으로 변환될 때 변환된 값이 새로운 타입에서 정확하게 표현할 수 있다면 그 결괏값은 변하지 않는다. 변환된 값이 표현할 수 있는 값의 범위에 있지만 정확하게 표현할 수 없다면 결괏값은 표현될 수 있는 값의 가장 가까운 곳의 큰 값이나 작은 값으로 변환되며 구현 방법의 정의에 따라 선택된다. 변환된 값이 표현할 수 있는 값의 범위 외부에 있다면 동작은 정의되지 않는다. 암시적 변환의 결괏값은 새로운 타입에 요구되는 값보다 더 넓은 범위와 정밀도로 표현할 수 있다(6.3.1.8과 6.8.6.4를 참조).

충분한 정밀도 없이 정수 타입에서 부동소수 타입으로 변환하는 것은 정밀도를 손실할 수 있다. 정밀도 손실에도 불구하고 코드 실행 중에 발생하는 런타임 예외 처리 runtime exception가 발생하지 않는다.

부적절한 코드 예제

다음의 부적절한 코드 예제로 long int 타입의 값이 타입의 표현 가능성의 체크 없이 float 타입으로 변환한다.

```
#include <stdio.h>

int main(void) {
    long int big = 1234567890;
    float approx = big;
    printf("%d\n", (big - (long int)approx));
    return 0;
}
```

· 대부분의 부동소수점 시스템에서 1234567890이 float 타입으로 표현 가능한 가장 가까운 값은 1234567844이며 결과적으로 이 프로그램은 결괏값 -46을 출력한다.

해결 방법

이 해결 방법은 float를 double로 대체한다. 더 나아가 double 타입이 정밀도 손실 없이 long int를 표현할 수 있도록 어설션을 사용한다('INT35-C. 정확한 정수 정밀도를 사용하라'와 'MSC11-C. 어설션을 사용한 부적절한 진단 테스트' 참조).

```
#include <assert.h>
#include <stdio.h>
#include <float.h>
#include <limits.h>
#include <math.h>
#include <stdint.h>

extern size_t popcount(uintmax_t); /* See INT35-C */
#define PRECISION(umax_value) popcount(umax_value)

int main(void) {
    assert(PRECISION(LONG_MAX) <= DBL_MANT_DIG * log2(DBL_MANT_DIG));
    long int big = 1234567890;
    double approx = big;
    printf("%d\n", (big - (long int)approx));
    return 0;
}
```

　동일한 시스템에서 이 프로그램은 0을 출력하고 정숫값 1234567890은 변경 없이 double 타입으로 표현이 가능하다.

위험 평가

충분한 정밀도 없이 정수 타입에서 부동소수점 타입으로 변환하는 것은 정밀도를 손실할 수 있는 결과를 초래한다(최하위 비트를 손실).

규칙	심각도	위험 발생 가능성	개선 비용	우선순위	레벨
FLP36–C	낮음	낮음	보통	P2	L3

관련된 가이드라인

[ISO/IEC 9899:2011]	6.3.1.4, "Real Floating and Integer"

6장

배열

6장 목차

위험 평가

규칙	심각도	위험 발생 가능성	개선 비용	우선순위	레벨
ARR30-C	높음	높음	높음	P9	L2
ARR32-C	높음	보통	높음	P6	L2
ARR36-C	보통	보통	보통	P8	L2
ARR37-C	보통	보통	보통	P8	L2
ARR38-C	높음	높음	보통	P18	L1
ARR39-C	높음	보통	높음	P6	L2

■ ARR30-C. 경계를 초과한 포인터나 배열 첨자를 만들거나 사용하지 마라

C Standard는 **유효하지 않은 포인터**^{invalid pointer}의 연산 결과로 정의되지 않은 동작이 발생할 수 있는 다음의 경우에 주의한다.

- 배열 객체 포인터와 정수 타입 포인터의 덧셈과 뺄셈이 동일한 배열 객체를 가리키지 않는 결과를 생산하는 경우('부록 B, 정의되지 않은 동작 46' 참조)

- 배열 객체의 포인터와 정수 타입 포인터의 덧셈과 뺄셈이 배열 객체의 경계를 넘은 포인터를 가리키는 결과를 생산하고 평가돼야 하는 단항 연산자 *의 피연산자로 사용되는 경우('부록 B, 정의되지 않은 동작 47' 참조)

- 객체가 명확하게 주어진 배열 첨자로 접근이 된다 해도 배열 첨자가 배열의 경계 밖에 있는 경우, 예를 들면 int a[4][5]로 선언된 배열에 a[1][7]의 lvalue 표현식('부록 B, 정의되지 않은 동작 49' 참조)

- 참조된 객체가 배열에 대한 원소를 제공하지 않을 때 구조체의 유연한 배열 멤버 다음에 포인터를 생성하거나 접근하려는 시도를 하는 경우('부록 B, 정의되지 않은 동작 62' 참조)

부적절한 코드 예제(경계를 초과한 포인터)

다음의 부적절한 코드 예제에서 f() 함수는 정적으로 할당된 정수 table의 오프셋인 index를 사용하기 전에 그것의 검증을 시도한다. 하지만 함수는 index의 음수값에 대한 체크를 하지 않는다. index가 0보다 작을 때 함수의 반환 구문에 덧셈 연산은 정의되지 않은 동작 46을 유발한다. 시스템에 따라 덧셈 그 자체가 하드웨어의 오작동을 일으킬 수 있다. 덧셈 연산이 역참조될 때 하드웨어의 오작동을 유발할 수 있는 결과를 생산할 수도 있다. 구현 방식에 따라 table로부터 구별되는 객체를 가리키는 역참조 포인터를 생산할 수 있다. 객체 접근을 위해 이런 포인터를 사용하는 것은 정보의 노출을 초래하거나 또는 잘못된 객체가 수정되는 원인을 제공한다.

```
enum { TABLESIZE = 100 };

static int table[TABLESIZE];
```

```
int *f(int index) {
   if (index < TABLESIZE) {
       return table + index;
   }
   return NULL;
}
```

해결 방법

이 해결 방법은 포인터 연산에서 유효하지 않은 포인터가 발생할 수 있는 index의 값을 인지하고 이 값이 사용되는 것을 막을 수 있다.

```
enum { TABLESIZE = 100 };

static int table[TABLESIZE];

int *f(int index) {
   if (index >= 0 & & index < TABLESIZE) {
     return table + index;
   }
   return NULL;
}
```

해결 방법

간단하고 효율적인 방법은 index의 경계를 벗어난 양수의 값을 체크할 때 음수의 값에 대한 불필요한 검사를 피하려고 unsigned 타입을 사용하는 것이다.

```
#include <stddef.h>

enum { TABLESIZE = 100 };

static int table[TABLESIZE];

int *f(size_t index) {
   if (index < TABLESIZE) {
     return table + index;
   }
```

```
        return NULL;
}
```

부적절한 코드 예제(마지막 경계 포인터의 다음 포인터를 역참조)

다음의 부적절한 코드 예제는 W32.Blaster.Worm으로 인한 윈도우 분산 컴포넌트 객체 모형DCOM, Distributed Component Object Model의 원격 절차 호출RPC, Remote Procedure Call 인터페이스에 결함이 발생한 로직을 보여 준다. 에러는 GetMachineName() 함수의 while 반복문이 충분한 경계를 만들지 않아 발생한다. pwszTemp에 의해 포인트되는 문자 배열은 MAX_COMPUTERNAME_LENGTH_FQDN +1의 원소가 역슬래시 문자를 포함하지 않을 때 마지막 반복문은 마지막 포인터의 경계를 넘어서 역참조되고 악용될 수 있으며 정의되지 않은 동작 47을 유발한다. 이 경우 침입자는 실제 악용될 수 있는 실행 가능한 코드를 운영 중인 프로그램에 주입할 수 있다. 블래스터 웜Blaster worm으로 인한 경제적 손실이 5억 2,500만 달러라고 추정한다[Pethia 2003].

CWECommon Weakness Enumeration 데이터베이스에서 이런 프로그래밍 에러에 대한 논의가 있었고 CWE-119 'Improper Restriction of Operations within the Bounds of a Memory Buffer'와 CWE-121 'Stack-based Buffer Overflow'를 참조하라 [MITRE 2013].

```
error_status_t _RemoteActivation(
        /* ... */, WCHAR *pwszObjectName, ... ) {
    *phr = GetServerPath(
                pwszObjectName, &pwszObjectName);
    /* ... */
}


HRESULT GetServerPath(
    WCHAR *pwszPath, WCHAR **pwszServerPath ){
    WCHAR *pwszFinalPath = pwszPath;
    WCHAR wszMachineName[MAX_COMPUTERNAME_LENGTH_FQDN+1];
    hr = GetMachineName(pwszPath, wszMachineName);
    *pwszServerPath = pwszFinalPath;
}
```

```
HRESULT GetMachineName(
    WCHAR *pwszPath,
    WCHAR wszMachineName[MAX_COMPUTERNAME_LENGTH_FQDN+1])
{
    pwszServerName = wszMachineName;
    LPWSTR pwszTemp = pwszPath + 2;
    while (*pwszTemp != L'\\')
        *pwszServerName++ = *pwszTemp++;
    /* ... */
}
```

해결 방법

이 해결 방법은 GetMachineName() 함수 내에서 while 반복문의 경계를 주고 역슬래시 문자가 발견되거나 널 종료 문자(L'\0')가 발견되거나 또는 버퍼가 경계에 이를 때 반복문을 종료한다. 이 코드는 wszMachineName에서 역슬래시 문자가 발견되지 않아도 버퍼 오버플로를 유발하지 않는다.

```
HRESULT GetMachineName(
    wchar_t *pwszPath,
    wchar_t wszMachineName[MAX_COMPUTERNAME_LENGTH_FQDN+1])
{
    wchar_t *pwszServerName = wszMachineName;
    wchar_t *pwszTemp = pwszPath + 2;
    wchar_t *end_addr
        = pwszServerName + MAX_COMPUTERNAME_LENGTH_FQDN;
    while ( (*pwszTemp != L'\\')
        & & ((*pwszTemp != L'\0'))
        & & (pwszServerName < end_addr) )
    {
        *pwszServerName++ = *pwszTemp++;
    }

    /* ... */
}
```

이 해결 방법은 설명을 위한 목적이며 역슬래시가 발견된다는 것을 보장할 수 없기 때문에 이 해결 방법은 정확하지 않을 수도 있다.

부적절한 코드 예제(배열의 마지막 경계 다음의 인덱스를 사용)

마지막 포인터의 경계를 넘은 포인터를 역참조하는 에러와 유사하게 다음의 부적절한 코드 예제의 insert_in_table() 함수는 배열의 경계 다음의 요소에 값을 저장하기 위한 시도로 인덱스를 사용한다.

첫째, 함수는 버퍼 사이즈에 pos 인덱스를 부정확하게 검증한다. pos가 size와 처음 같아질 때 함수는 버퍼의 경계 다음의 메모리 위치에 value를 저장하려고 시도한다.

둘째, 인덱스가 size보다 클 때 함수는 버퍼 크기를 늘리기 전에 size를 수정한다. 만약 realloc() 호출이 버퍼 크기를 증가하는 데 실패하면 size의 값보다 크거나 같은 pos의 값을 가진 함수 호출은 버퍼의 경계 다음이나 경계를 넘은 메모리 위치에 value를 저장하려고 다시 시도할 것이다.

셋째, 함수는 'INT30-C. unsigned 정수 연산이 래핑되지 않도록 주의하라'를 위반하고 1이 pos에 더해질 때 혹은 size가 int의 크기로 곱해질 때 래핑을 유발할 수 있다.

CWE^{Common Weakness Enumeration} 데이터베이스에서 이런 프로그래밍 에러에 대한 논의가 있었고 CWE-122 'Heap-based Buffer Overflow'와 CWE-120 'Improper Validation of Array Index'를 참조하라[MITRE 2013].

```c
#include <stdlib.h>

static int *table = NULL;
static size_t size = 0;

int insert_in_table(size_t pos, int value) {
    if (size < pos) {
        int *tmp;
        size = pos + 1;
        tmp = (int *)realloc(table, sizeof(*table) * size);
        if (tmp == NULL) {
            return -1; /* Failure */
        }
        table = tmp;
    }

    table[pos] = value;
```

```
    return 0;
}
```

해결 방법

이 해결 방법은 <= 관계 연산자를 사용해서 pos 인덱스를 정확하게 검증하고, 곱셈 연산이 오버플로를 발행하지 않도록 보장하며, realloc() 호출이 성공했다는 검증을 할 때까지 size를 수정하지 않는다.

```
#include <stdint.h>
#include <stdlib.h>

static int *table = NULL;
static size_t size = 0;

int insert_in_table(size_t pos, int value) {
    if (size <= pos) {
        int *tmp;
        if ((pos + 1) > SIZE_MAX / sizeof(*table)) {
            return -1;
        }

        tmp = (int *)realloc(table, sizeof(*table) * (pos + 1));
        if (tmp == NULL) {
            return -1;
        }
        /* realloc() 호출이 성공한 후 size를 수정 */
        size = pos + 1;
        table = tmp;
    }

    table[pos] = value;
    return 0;
}
```

부적절한 코드 예제(경계를 벗어난 인덱스 접근)

다음의 부적절한 코드 예제는 행 우선 순서^{row-major order}로 7개 행과 5개의 열로 구성된 matrix를 선언한다. init_matrix 함수는 함수 인자 x에 의해 주어진 값을 초기화하고자 35개의 모든 원소를 반복한다. 하지만 C 언어는 다차원 배열이 행 우선 순서로 선언되기 때문에 함수가 열 우선 순서^{column-major-order}로 반복하고, 바깥쪽 반복문의 첫 번째 반복 수행 중에 j의 값이 COLS의 값에 도달할 때 함수는 matrix[0][5]에 접근하려고 시도한다. Matrix가 int[7][5]로 선언됐기 때문에 j의 첨자는 경계 밖에 있고 접근은 정의되지 않은 동작을 유발한다('부록 B, 정의되지 않은 동작 49' 참조).

```
#include <stddef.h>

#define COLS 5
#define ROWS 7
static int matrix[ROWS][COLS];

void init_matrix(int x) {
    for (size_t i = 0; i < COLS; i++) {
        for (size_t j = 0; j < ROWS; j++) {
            matrix[i][j] = x;
        }
    }
}
```

해결 방법

이 해결 방법은 C 언어에서 선언되는 다차원 객체의 행 우선 순서로 matrix 원소를 초기화해서 경계를 넘은 인덱스 사용을 피한다.

```
#include <stddef.h>

#define COLS 5
#define ROWS 7
static int matrix[ROWS][COLS];

void init_matrix(int x) {
    for (size_t i = 0; i < ROWS; i++) {
```

```
        for (size_t j = 0; j < COLS; j++) {
            matrix[i][j] = x;
        }
    }
}
```

부적절한 코드 예제(유연한 배열 멤버 다음의 포인터)

다음의 부적절한 코드 예제에서 find() 함수는 유연한 배열 멤버인 buf의 원소에 대해 두 번째 원소부터 시작하는 반복을 수행한다. 하지만 g() 함수는 원소의 어떤 저장 공간도 할당하지 않았기 때문에 find() 함수의 first++ 표현식은 더 이상 원소가 없는 buf의 경계 다음에 포인터를 생성하려고 시도한다. 이러한 시도는 정의되지 않은 동작을 유발한다('부록 B의 정의되지 않은 동작 62'를 참조하고, 더 많은 정보를 위해 'MSC21-C. 신뢰성 있는 루프 종료 조건을 사용하라'를 참조하라).

```
#include <stdlib.h>

struct S {
    size_t len;
    char buf[]; /* 유연한 배열 멤버*/
};

const char *find(const struct S *s, int c) {
    const char *first = s->buf;
    const char *last = s->buf + s->len;

    while (first++ != last) { /* 정의되지 않은 동작 */
        if (*first == (unsigned char)c) {
            return first;
        }
    }
    return NULL;
}

void g(void) {
    struct S *s = (struct S *)malloc(sizeof(struct S));
    if (s == NULL) {
```

```
        /* 에러 처리 */
    }
    s->len = 0;
    find(s, 'a');
}
```

해결 방법

이 해결 방법은 포인터의 현재 값 다음의 값이 존재하지 않는다면 포인터가 증가하지 않아야 한다.

```
#include <stdlib.h>

struct S {
  size_t len;
  char buf[]; /* 유연한 배열 멤버 */
};

const char *find(const struct S *s, int c) {
    const char *first = s->buf;
    const char *last = s->buf + s->len;

    while (first != last) { /* Avoid incrementing here */
        if (*++first == (unsigned char)c) {
            return first;
        }
    }
    return NULL;
}

void g(void) {
    struct S *s = (struct S *)malloc(sizeof(struct S));
    if (s == NULL) {
        /* 에러 처리 */
    }
    s->len = 0;
    find(s, 'a');
}
```

부적절한 코드 예제(널 포인터 연산)

다음의 부적절한 코드 예제는 2008년 처음으로 발생된 어도비 플래시 플레이어[Adobe Flash Player] 취약성 문제와 유사하다. 이 코드는 메모리 블록을 할당하고 데이터를 초기화한다. 데이터는 블록의 시작점에 포함되지 않고 초기화되지 않은 상태로 존재한다. 대신 블록 내부의 오프셋 바이트에 위치한다. 함수는 블록 안쪽에 데이터가 위치하도록 허용한다.

```c
#include <string.h>
#include <stdlib.h>

char *init_block(size_t block_size, size_t offset,
                 char *data, size_t data_size) {
    char *buffer = malloc(block_size);
    if (data_size > block_size ||
        block_size - data_size > offset) {
      /* 데이터가 버퍼 크기에 맞지 않음, 에러 처리 */
    }
    memcpy(buffer + offset, data, data_size);
    return buffer;
}
```

이 함수는 할당이 성공적인지 체크하는 데 실패하고 'ERR33-C. 표준 라이브러리 에러를 발견하고 처리하라'의 규칙을 위반한다. 만약 할당에 실패한다면 malloc()는 널^{null} 포인터를 반환한다. 널 포인터가 offset에 추가되고 memcpy()의 대상^{destination} 인수로서 전달된다. 널 포인터는 유효한 객체를 가리키지 않기 때문에 포인터 연산의 결과는 정의되지 않는다('부록 B, 정의되지 않은 동작 46' 참조).

인자를 함수로 전달할 수 있는 공격자는 임의 코드를 실행해서 악용할 수 있다. 이것은 block_size에 상당히 큰 값을 부여해 수행될 수 있으며, malloc()이 실행되지 못하며 널 포인터를 반환하는 원인을 제공한다. offset 인자는 memcpy() 함수 호출의 대상 주소로 제공될 수 있다. 공격자는 주소의 길이와 주소를 제공하기 위한 data와 data_size의 인자를 지정할 수 있고, 공격자는 offset에 의해 참조되는 메모리에 쓰기 동작을 수행하려 할 것이다. 공격자는 memcpy() 호출의 결과로 임의 메모리 주소에 덮어쓰는 동작을 수행할 수 있고 임의 코드가 실행될 수 있다.

해결 방법(널 포인터 연산)

이 해결 방법은 malloc() 호출이 성공하도록 보장한다.

```
#include <string.h>
#include <stdlib.h>

char *init_block(size_t block_size, size_t offset,
                 char *data, size_t data_size) {
    char *buffer = malloc(block_size);
    if (NULL == buffer) {
      /* 에러 처리 */
    }
    if (data_size > block_size || block_size - data_size > offset) {
      /*데이터가 버퍼 크기에 맞지 않음, 에러 처리 */
    }
    memcpy(buffer + offset, data, data_size);
    return buffer;
}
```

위험 평가

경계를 초과한 포인터나 배열의 첨자subscript에 쓰기를 하는 것은 버퍼 오버플로와 취약한 프로세스의 접근을 통한 임의 코드 실행을 허용한다. 경계를 초과한 포인터나 배열의 첨자를 읽는 것은 의도하지 않은 정보의 노출을 유발할 수 있다.

규칙	심각도	위험 발생 가능성	개선 비용	우선순위	레벨
ARR30-C	높음	높음	높음	P9	L2

관련 취약성

CVE-2008-1517은 이 규칙을 위반해서 발생된다. 맥Mac OS X 10.5.7 버전 전에 XNU 커널은 검증되지 않은 사용자 입력 인덱스의 배열에 접근했고, 공격자가 배열의 길이보다 큰 인덱스를 전달해서 임의 코드를 실행하도록 허용하고 외부 메모리에 접근하도록 했다[xrol 2009].

관련된 가이드라인

ISO/IEC TR 24772:2013	Arithmetic Wrap−around Error [FIF] Unchecked Array Indexing [XYZ]
ISO/IEC TS 17961:2013	Forming or using out−of−bounds pointers or array subscripts [invptr]
MITRE CWE	CWE−119, Improper Restriction of Operations within the Bounds of a Memory Buffer CWE−122, Heap−based Buffer Overflow CWE−129, Improper Validation of Array Index CWE−788, Access of Memory Location after End of Buffer

참고 문헌

[Finlay 2003]	
[Microsoft 2003]	
[Pethia 2003]	
[Seacord 2013b]	Chapter 1, "Running with Scissors"
[Viega 2005]	Section 5.2.13, "Unchecked Array Indexing"
[xorl 2009]	"CVE−2008−1517: Apple Mac OS X (XNU) Missing Array Index Validation"

■ ARR32-C. 가변 배열에서 크기를 나타내는 인자가 유효한 범위에 있음을 보장하라

언어의 특성에 따라 조건적으로 지원되는 가변 배열은 근본적으로 전통적인 C의 배열과 동일하지만 상수 정수 표현식이 아닌 크기로 정의되고 단지 블록 스코프에서 선언될 수 있으며 함수 프로토타입 스코프와 링크가 없다는 것이 다르다. 가변 배열은 다음과 같이 선언될 수 있다.

```
{ /* 블록 스코프 */
  char vla[size];
}
```

정수 표현식 size와 vla의 선언은 런타임 시에 평가된다. 만약 가변 길이 배열을 지원하는 size 인자가 정숫값이 아니라면 동작은 정의되지 않는다('부록 B, 정의되지 않은 동작' 참조). 만약 인자가 범위를 초과한다면 프로그램은 예상하지 못한 방식으로 동작할 수 있다. 공격자는 중요한 프로그램의 데이터를 덮어쓰려고 이 동작을 이용할 수 있다[Griffiths 2006]. 프로그래머는 특히 **신뢰할 수 없는 데이터**^{untrusted data}에서 기인하는 인자를 포함해서 가변 배열의 크기 인자를 유효한 범위 안에서 반드시 보장해야 한다.

가변 길이 배열은 C11에서 조건적으로 지원되는 특징이기 때문에 호환성 있는 코드에서 가변 배열의 사용은 _STDC_NO_VLA_ 매크로의 값을 테스트해서 보호해야 한다. 가변 길이 배열을 지원하지 않는 구현에서는 __STDC_NO_VLA__를 정수 상수 1로 설정한다.

부적절한 코드 예제

다음의 부적절한 코드 예제로 가변 배열에 크기 size가 선언된다. size는 size_t로 선언되고 'INT01-C. 객체의 크기를 나타내는 정숫값은 rsize_t나 size_t를 사용하라'를 준수한다.

```
#include <stddef.h>

void func(size_t size) {
    int vla[size];
    /* ... */
}
```

하지만 size의 값은 0이거나 경계를 초과한 값을 갖게 될 수 있고 잠재적으로 보안 취약성을 유발할 수 있다.

해결 방법

이 해결 방법은 vla를 할당하는 데 사용하는 size 인자가 유효한 범위(1부터 프로그래머가 지정한 최댓값 사이에)에 있도록 보장한다. 그렇지 않으면 동적 메모리 할당을 수행하는 알고리듬을 사용한다.

```c
#include <stdlib.h>

enum { MAX_ARRAY = 1024 };
extern void do_work(int *array, size_t size);

void func(size_t size) {
  if (0 < size & & size < MAX_ARRAY) {
    int vla[size];
    do_work(vla, size);
  } else {
    int *array = (int *)malloc(size * sizeof(int));
    if (array == NULL) {
      /* 에러 처리 */
    }
    do_work(array, size);
    free(array);
  }
}
```

위험 평가

가변 배열의 크기 지정이 적절하지 않으면 임의 코드가 실행되거나 스택 초과를 허용할 수 있다.

규칙	심각도	위험 발생 가능성	개선 비용	우선순위	레벨
ARR32-C	높음	보통	높음	P6	L2

관련된 가이드라인

ISO/IEC TR 24772:2013	Unchecked Array Indexing [XYZ]
ISO/IEC TS 17961:2013	Tainted, potentially mutilated, or out-of-domain integer values are used in a restricted sink [taintsink]

참고 문헌

[Griffiths 2006]	

■ ARR36-C. 같은 배열을 참조하지 않으면 2개의 포인터를 빼거나 비교하지 마라

2개의 포인터가 뺄셈 연산을 수행할 때 두 포인터는 동일한 배열 객체를 참조하거나 배열 객체의 마지막 원소의 다음을 가리키고 있어야 하며(C Standar, 6.5.6 [ISO/IEC 9899:2011]) 결과는 배열의 두 원소 간의 거리가 된다. 그렇지 않으면 연산은 정의되지 않은 행동을 유발한다('부록 B, 정의되지 않은 동작 48' 참조).

마찬가지로 관계 연산자 <, <=, >=, >을 사용해서 포인터를 비교하는 것은 포인터 간의 상대적 위치를 주는 것이다. 동일한 배열을 참조하지 않는 포인터에 뺄셈이나 비교 연산을 수행하는 것은 정의되지 않는 동작을 유발한다('부록 B, 정의되지 않은 동작 48과 53' 참조).

상등 연산자equality operator ==와 !=를 사용해 포인터를 비교하는 것은 포인터의 널 여부나 혹은 동일한 객체의 참조 여부, 배열 객체나 함수의 마지막 원소의 다음을 가리키고 있는지의 여부와 상관없이 올바르게 정의된 구문으로 간주한다.

부적절한 코드 예제

다음의 부적절한 코드 예제로 포인터 뺄셈은 nums 배열에 빈 원소가 몇 개 있는지를 확인하는 데 사용한다.

```
#include <stddef.h>

enum { SIZE = 32 };

void func(void) {
    int nums[SIZE];
    int end;
    int *next_num_ptr = nums;
    size_t free_elements;

    /* 배열을 채우고 next_num_ptr을 증가 */

    free_elements = &end - next_num_ptr;
}
```

이 프로그램은 nums 배열이 메모리의 end 변수에 인접한다는 부적절한 가정을 한다. 컴파일러는 두 변수 사이에 패딩 비트를 삽입하거나 또는 메모리에서 재배열을 수행한다.

해결 방법

이 해결 방법은 남아 있는 원소의 개수가 nums 배열의 다음 포인터 주소와 next_num_ptr과의 뺄셈에 의해 계산된다. 이 포인터는 역참조되지 않고 포인터 연산에 사용될 것이다.

```
#include <stddef.h>

enum { SIZE = 32 };

void func(void) {
    int nums[SIZE];
    int *next_num_ptr = nums;
    size_t free_elements;

    /*배열을 채우고 next_num_ptr을 증가 */

    free_elements = &(nums[SIZE]) - next_num_ptr;
}
```

예외

ARR36-EX1: 동일한 struct 객체에서 다른 멤버의 포인터를 비교하는 것은 허용된다. 구조체에서 나중에 선언된 구조체 멤버의 포인터는 먼저 선언된 멤버의 포인터보다 큰 것으로 비교한다.

위험 평가

규칙	심각도	위험 발생 가능성	개선 비용	우선순위	레벨
ARR36-C	보통	보통	보통	P8	L2

ISO/IEC TS 17961:2013	Subtracting or comparing two pointers that do not refer to the same array [ptrobj]
MITRE CWE	CWE-469, Use of Pointer Subtraction to Determine Size

참고 문헌

[Banahan 2003]	Section 5.3, "Pointers" Section 5.7, "Expressions Involving Pointers"
[ISO/IEC 9899:2011]	6.5.6, "Additive Operators"

■ ARR37-C. 배열이 아닌 객체에 대한 포인터에 정수를 더하거나 빼지 마라

포인터 산술 연산은 배열 객체의 원소를 참조하는 포인터에 한정해서 수행돼야 한다. C Standard, 6.5.6 [ISO/IEC 9899:2011]의 포인터 산술 연산에 대한 내용이다.

> 정수 타입을 가진 표현식이 포인터로 덧셈이나 뺄셈 연산을 수행하면 결괏값은 피연산자의 포인터 타입을 갖는다. 만약 포인터 피연산자가 배열 객체의 원소를 참조하고 배열이 충분히 크다면 결과는 원래 참조하는 원소로부터 오프셋을 참조하고 원래 배열의 원소와 반환된 결과 배열에 대한 원소의 위치 차이가 정수 표현식과 동일하다.

부적절한 코드 예제

다음의 부적절한 코드 예제는 포인터 산술 연산을 사용해서 구조체 멤버에 접근하려는 시도를 한다. 이 방식은 구조체 멤버가 서로 인접해 정렬돼 있다고 보장할 수 없기 때문에 위험하다.

```
struct numbers {
    short num_a, num_b, num_c;
};

int sum_numbers(const struct numbers *numb){
```

```
    int total = 0;
    const short *numb_ptr;

    for (numb_ptr = &numb->num_a;
         numb_ptr <= &numb->num_c;
         numb_ptr++) {
      total += *numb_ptr;
    }

    return total;
}

int main(void) {
    struct numbers my_numbers = { 1, 2, 3 };
    sum_numbers(&my_numbers);
    return 0;
}
```

해결 방법

각 구조체 멤버를 역참조할 수 있게 -> 연산자를 사용할 수 있다.

```
total = numb->num_a + numb->num_b + numb->num_c;
```

하지만 이 해결 방법은 프로그래머가 부적절한 코드에서 피하려 했던 부분을 작성 해야 하므로 (특히 더 많은 구조체 멤버가 있다면) 코드 작성이 어렵고 유지 보수 또한 쉽지 않다.

해결 방법

더 좋은 해결 방법은 구조체보다는 배열에 숫자를 저장하기 위한 배열 멤버를 포함하는 구조체를 정의하는 것이다.

```
#include <stddef.h>

struct numbers {
    short a[3];
```

```
};

int sum_numbers(const short *numb, size_t dim) {
   int total = 0;

   for (size_t i = 0; i < dim; ++i) {
      total += numb[i];
   }

   return total;
}

int main(void) {
   struct numbers my_numbers = { .a[0]= 1, .a[1]= 2, .a[2]= 3 };
   sum_numbers(
       my_numbers.a,
       sizeof(my_numbers.a)/sizeof(my_numbers.a[0])
   );
   return 0;
}
```

배열의 원소는 메모리에서 연속적으로 정렬되도록 보장하며 이 해결 방법은 호환성을 갖는다.

예외

ARR36-EX1: 메모리에서 배열이 아닌 객체는 하나의 원소를 가진 배열로 간주할 수 있다. 객체의 포인터에 하나를 더하는 것은 배열의 경계 다음에 하나의 포인터를 생성하고, 그 포인터에 하나를 빼는 것은 다시 원래의 포인터로 계산되는 것이다. 다음의 코드처럼 사용될 수 있다.

```
#include <stdlib.h>
#include <string.h>

struct s {
   char *c_str;
    /* 다른 멤버 */
```

```
};

struct s *create_s(const char *c_str) {
    struct s *ret;
    size_t len = strlen(c_str) + 1;

    ret = (struct s *)malloc(sizeof(struct s) + len);
    if (ret != NULL) {
      ret->c_str = (char *)(ret + 1);
      memcpy(ret + 1, c_str, len);
    }
    return ret;
}
```

이 문제에 더 안전한 해결 방법은 구조체에 패딩을 삽입해서 배열들이 적합하게 정렬되도록 보장하는 유연한 배열 멤버^{flexible array member}를 사용하는 것이다.

위험 평가

규칙	심각도	위험 발생 가능성	개선 비용	우선순위	레벨
ARR37-C	보통	보통	보통	P8	L2

관련된 가이드라인

MITRE CWE	CWE-469, Use of Pointer Subtraction to Determine Size

참고 문헌

[Banahan 2003]	Section 5.3, "Pointers" Section 5.7, "Expressions Involving Pointers"
[ISO/IEC 9899:2011]	6.5.6, "Additive Operators"

■ ARR38-C. 라이브러리 함수가 유효하지 않은 포인터를 만들지 않도록 보장하라

배열이나 객체를 변경하는 C 라이브러리 함수는 적어도 2개의 인자를 갖는다. 즉 2개의 인자는 배열이나 객체의 포인터와 원소의 수 또는 사용해야 하는 바이트를 가리키는 정수다. 그런 함수에 부적절한 인자를 제공하는 것은 함수가 참조하지 못하는 포인터나 객체의 경계를 넘는 포인터를 생성하는 것이며 결과적으로 정의되지 않는 동작을 유발한다.

C Standard [ISO/IEC 9899:2011]의 Annex J는 만약 '라이브러리 함수의 배열 변수로 전달되는 포인터가 객체의 접근이 유효한 모든 주소의 값을 갖고 있지 않다'면 정의되지 않은 동작을 유발한다고 언급하고 있다('부록 B, 정의되지 않은 동작 109' 참조).

```
int arr[5];
int *p = arr;

unsigned char *p2 = (unsigned char *)arr;
unsigned char *p3 = arr + 2;
void *p4 = arr;
```

위의 코드에서 p 포인터의 원소 개수는 sizeof(arr) / sizeof(arr[0])이며, 즉 5다. sizeof(int) == 4로 간주하는 구현에서 p2 포인터의 원소 개수는 sizeof(arr)로 계산되고 결과는 20이다. p3 포인터의 원소 개수는(sizeof(int) ==4로 간주되는 구현에서) p3이 arr 배열의 시작 다음에 2개의 원소를 참조하기 때문에 12다. p4의 원소 개수는 void * 가 아닌 unsigned char *로 간주하고 결과적으로 p2와 같다.

포인터 + 정수

표 6-1에 설명된 표준 라이브러리 함수는 포인터 인자와 크기 인자를 갖는다. 해당 포인터는 크기 인자에 의해 지시되는 원소 개수의 유효한 메모리 객체를 참조해야 한다.

함수 호출을 위해 포인터와 정수 크기의 인자를 갖고, 주어진 크기는 포인터의 원소 개수보다 크지 않아야 한다.

부적절한 코드 예제(원소 개수)

다음의 부적절한 코드 예제로 부정확한 원소 개수는 wmemcpy() 함수 호출에 사용된다. sizeof 연산자는 바이트 단위의 크기로 반환되지만 wmemcpy()는 wchar_t *에 기초한 원소 개수를 사용한다.

```
#include <string.h>
#include <wchar.h>

static const char str[] = "Hello world";
static const wchar_t w_str[] = L"Hello world";
void func(void) {
    char buffer[32];
    wchar_t w_buffer[32];
    memcpy(buffer, str, sizeof(str)); /* 적절한 사용 */
    wmemcpy(w_buffer, w_str, sizeof(w_str)); /* 부적절한 사용 */
}
```

표 6-1 포인터와 정수를 갖는 라이브러리 함수

fgets()	fgetws()	mbstowcs()[1]	wcstombs()[1]
mbrtoc16()[2]	mbrtoc32()[2]	mbsrtowcs()[1]	wcsrtombs()[1]
mbtowc()[2]	mbrtowc()[1]	mblen()	mbrlen()
memchr()	wmemchr()	memset()	wmemset()
strftime()	wcsftime()	strxfrm()[1]	wcsxfrm()[1]
strncat()[2]	wcsncat()[2]	snprintf()	vsnprintf()
swprintf()	vswprintf()	setvbuf()	tmpnam_s()
snprintf_s()	sprintf_s()	vsnprintf_s()	vsprintf_s()
gets_s()	getenv_s()	wctomb_s()	mbstowcs_s()[3]
wcstombs_s()[3]	memcpy_s()[3]	memmove_s()[3]	strncpy_s()[3]
strncat_s()[3]	strtok_s()[2]	strerror_s()	strnlen_s()
asctime_s()	ctime_s()	snwprintf_s()	swprintf_s()
vsnwprintf_s()	vswprintf_s()	wcsncpy_s()[3]	wmemcpy_s()[3]

wmemmove_s()[3]	wcsncat_s()[3]	wcstok_s()[2]	wcsnlen_s()
wcrtomb_s()	mbsrtowcs_s()[3]	wcsrtombs_s()[3]	memset_s()[4]

1. 2개의 포인터와 1개의 정수를 갖는다. 하지만 정수는 입력 버퍼가 아닌 출력 버퍼의 원소 개수를 지정한다.

2. 2개의 포인터와 1개의 정수를 갖는다. 하지만 정수는 출력 버퍼가 아닌 입력 버퍼의 원소 개수를 지정한다.

3. 2개의 포인터와 1개의 정수를 갖는다. 각 정수는 각 포인터의 원소에 대응한다.

4. 1개의 포인터와 2개의 크기와 관련된 정수(size-related integer)를 갖는다. 첫 번째 사이즈에 연관된 정수 변수는 버퍼에서 이용 가능한 바이트의 수를 지정하고, 두 번째 사이즈에 연관된 정수 변수는 버퍼 내에서 쓰기(write)위한 바이트 수를 지정한다.

해결 방법(원소 개수)

포인터 영역에서 동작하는 함수를 사용할 때 프로그래머는 함수에서 사용하는 원소의 개수에 대한 정수 크기를 항상 지정해야 한다. 예를 들면 memcpy()는 void *에서 나타내는 원소의 개수를 예상하지만 wmemcpy()는 wchar_t *에서 표현되는 원소의 개수를 예상한다. sizeof 연산자를 대신해서 문자열의 원소 개수를 반환하는 함수가 호출되며 복사 함수에서 반환하는 원소 개수와 동일하다. 이 해결 방법은 인자가 T 타입의 배열 A이며 sizeof(A) / sizeof(T)의 표현식이거나 또는 동일한 표현식으로 sizeof(A) / sizeof (*A)가 배열에서 원소의 개수를 계산하는 데 사용될 수 있다.

```
#include <string.h>
#include <wchar.h>

static const char str[] = "Hello world";
static const wchar_t w_str[] = L"Hello world";
void func(void) {
    char buffer[32];
    wchar_t w_buffer[32];
    memcpy(buffer, str, strlen(str) + 1);
    wmemcpy(w_buffer, w_str, wcslen(w_str) + 1);
}
```

부적절한 코드 예제 (포인터+ 정수)

다음의 부적절한 코드 예제는 memset()으로 전달될 때 이용 가능한 메모리의 바이트 수보다 더 큰 값을 n에 할당한다.

```
#include <stdlib.h>
#include <string.h>

void f1(size_t nchars) {
    char *p = (char *)malloc(nchars);
    /* ... */
    const size_t n = nchars + 1;
    /* ... */
    memset(p, 0, n);
}
```

해결 방법(포인터 + 정수)

이 해결 방법은 n의 값이 포인터 p에 의해 참조되는 동적 메모리의 바이트 수보다 크지 않도록 보장해야 한다.

```
#include <stdlib.h>
#include <string.h>

void f1(size_t nchars) {
    char *p = (char *)malloc(nchars);
    /* ... */
    const size_t n = nchars;
    /* ... */
    memset(p, 0, n);
}
```

부적절한 코드 예제(포인터 + 정수)

다음의 부적절한 코드 예제에서 배열 a의 원소 개수는 ARR_SIZE다. memset()은 바이트 개수를 반환하기 때문에 배열의 크기는 sizeof(long)을 대신한 sizeof(int)에 의해 부정확한 크기가 설정되며 sizeof(int) != sizeof(long)로 처리하는 시스템에서 유효하지 않은 포인터를 생성할 수 있다.

```
#include <string.h>

void f2(void) {
```

```
    const size_t ARR_SIZE = 4;
    long a[ARR_SIZE];
    const size_t n = sizeof(int) * ARR_SIZE;
    void *p = a;

    memset(p, 0, n);
}
```

해결 방법(포인터 + 정수)

이 해결 방법은 memset()에 의한 원소 개수는 범위에 대한 재정렬 없이 정확하게 계산한다.

```
#include <string.h>

void f2(void) {
    const size_t ARR_SIZE = 4;
    long a[ARR_SIZE];
    const size_t n = sizeof(a);
    void *p = a;

    memset(p, 0, n);
}
```

2개의 포인터 + 1개의 정수

표 6-2에서 설명된 표준 라이브러리 함수는 2개의 포인터 인자와 1개의 크기 인자를 갖는다. 해당 포인터들은 크기 인자에 의해 지시되는 원소 개수의 유효한 메모리 객체를 참조해야 한다.

함수 호출을 위해 2개의 포인터와 1개의 정수 크기를 갖고 주어진 크기 인자는 두 포인터의 원소 개수보다 크지 않아야 한다.

표 6-2 2개의 포인터와 1개의 정수가 필요한 라이브러리 함수

memcpy()	wmemcpy()	memmove()	wmemmove()
strncpy()	wcsncpy()	memcmp()	wmemcmp()

strncmp()	wcsncmp()	strcpy_s()	wcscpy_s()
strcat_s()	wcscat_s()		

부적절한 코드 예제(2개의 포인터 + 정수)

다음의 부적절한 코드 예제는 n의 값이 부정확하게 계산되기 때문에 p에 의해 참조되는 객체의 경계 다음에 쓰기가 가능하다.

```c
#include <string.h>

void f4(char p[], const char *q) {
    const size_t n = sizeof(p);
    memcpy(p, q, n);
}
```

이 예제는 또한 'ARR01-C. 배열의 크기를 얻을 때 포인터를 sizeof의 피연산자로 사용하지 마라'를 위반한다.

해결 방법(2개의 포인터 + 1개의 정수)

이 해결 방법은 n이 문자 배열의 크기와 동일하도록 보장한다.

```c
#include <string.h>

void f4(char p[], const char *q, size_t n) {
    memcpy(p, q, n);
}
```

1개의 포인터 + 2개의 정수

표 6-3에서 설명된 표준 라이브러리 함수는 1개의 포인터 인자와 2개의 크기 인자를 갖고 있다. 해당 포인터는 2개의 크기 인자의 곱셈에 의한 바이트를 포함하는 유효한 메모리 객체를 참조해야 한다.

함수 호출을 위해 1개의 포인터 인자와 2개의 정수 인자를 갖고, 첫 번째 정수는 객체에서 요구하는 바이트의 수를 나타내고 두 번째 정수는 배열의 원소 개수를 나타낸다. 2개의 정수 인자 간의 곱셈 결과는 unsigned char *로서 표현되는 포인터의 원소 개수보다 크지 않아야 한다.

표 6-3 2개의 포인터와 1개의 정수가 필요한 라이브러리 함수

bsearch()	bsearch_s()	qsort()	qsort_s()
fread()	fwrite()		

부적절한 코드 예제(1개의 포인터 + 2개의 정수)

다음의 부적절한 코드 예제는 struct obj 객체에 가변 수를 할당한다. 함수는 num_objs가 래핑을 예방하도록 충분히 작은 값을 갖고 있는지 체크하고 'INT30-C. unsigned(부호 없는) 정수 연산이 래핑되지 않도록 주의하라'를 준수한다. struct obj의 크기는 long long 타입의 정렬을 위해 패딩 부분을 고려한 16바이트를 가정한다. 하지만 패딩은 일반적으로 각각의 아키텍처에 의존적이며, 따라서 이 객체 크기는 부정확할 수 있으며 결과적으로 부정확한 원소 개수가 발생할 수 있다.

```
#include <stdint.h>
#include <stdio.h>

struct obj {
  char c;
  long long i;
};

void func(FILE *f, struct obj *objs, size_t num_objs) {
  const size_t obj_size = 16;
  if (num_objs > (SIZE_MAX / obj_size) ||
      num_objs != fwrite(objs, obj_size, num_objs, f)) {
    /* 에러 처리 */
  }
}
```

해결 방법(1개의 포인터 + 2개의 정수)

이 해결 방법은 객체의 크기를 정확하게 제공하려고 sizeof 연산자를 사용하며 원소 개수를 제공하기 위해 num_objs를 사용한다.

```c
#include <stdint.h>
#include <stdio.h>

struct obj {
  char c;
  long long i;
};

void func(FILE *f, struct obj *objs, size_t num_objs) {
  const size_t obj_size = sizeof *objs;
  if (num_objs > (SIZE_MAX / obj_size) ||
      num_objs != fwrite(objs, obj_size, num_objs, f)) {
    /* 에러 처리 */
  }
}
```

부적절한 코드 예제(1개의 포인터 + 2개의 정수)

다음의 부적절한 코드 예제에서 f() 함수는 wchart_t 타입의 nitems을 읽으려고 size 크기로 fread()를 호출하고 BUFFER_SIZE의 원소를 갖는 wbuf 배열로 저장한다. 하지만 nitems의 값을 계산하는 데 사용되는 표현식은 char의 크기와는 달리 wchar_t의 크기가 1이 더 크다는 것을 고려하지 않는다. 결과적으로 fread()는 wbuf의 경계 다음에 포인터를 생성하고 배열이 존재하지 않는 원소에 값을 할당한다. 이런 시도는 정의되지 않은 행동을 유발하고('부록 B, 정의되지 않은 동작 109' 참조) 결과적으로 버퍼 오버플로가 발생한다. CWE^Common Weakness Enumeration 데이터베이스에서 이런 프로그래밍 에러에 대한 논의가 있었고 'CWE-121 Stack-based Buffer Overflow'와 'CWE-805 Buffer Access with Incorrect Length Value'[MITRE 2013]를 참조하라.

```c
#include <stddef.h>
#include <stdio.h>
```

```
void f(FILE *file) {
    enum { BUFFER_SIZE = 1024 };
    wchar_t wbuf[BUFFER_SIZE];

    const size_t size = sizeof(*wbuf);
    const size_t nitems = sizeof(wbuf);

    size_t nread = fread(wbuf, size, nitems, file);
    /* ... */
}
```

해결 방법(1개의 포인터 + 2개의 정수)

이 해결 방법은 파일로부터 읽기 위한 fread()에 대한 아이템의 최대 수를 정확하게 계산한다.

```
#include <stddef.h>
#include <stdio.h>

void f(FILE *file) {
    enum { BUFFER_SIZE = 1024 };
    wchar_t wbuf[BUFFER_SIZE];

    const size_t size = sizeof(*wbuf);
    const size_t nitems = sizeof(wbuf) / size;

    size_t nread = fread(wbuf, size, nitems, file);
    /* ... */
}
```

위험 평가

라이브러리 함수 호출에 따라 공격자는 임의 코드를 실행하려고 힙^{heap}이나 스택의 오버플로 취약성을 사용할 수 있다.

규칙	심각도	위험 발생 가능성	개선 비용	우선순위	레벨
ARR38-C	높음	높음	보통	P18	L1

관련된 가이드라인

ISO/IEC TS 17961:2013	Forming invalid pointers by library functions [libptr]
ISO/IEC TR 24772:2013	Buffer Boundary Violation (Buffer Overflow) [HCB] Unchecked Array Copying [XYW]
MITRE CWE	CWE-119, Improper Restriction of Operations within the Bounds of a Memory Buffer CWE-121, Stack-based Buffer Overflow CWE-805, Buffer Access with Incorrect Length Value

참고 문헌

[ISO/IEC TS 17961:2013]	

■ ARR39-C. 포인터에 스케일링된 정수를 더하거나 빼지 마라

포인터 산술 연산은 배열의 바이트를 포함해서 포인터 인자가 배열을 참조할 때 적합하다('ARR37-C. 배열이 아닌 객체에 대한 포인터에 정수를 더하거나 빼지 마라' 참조). 포인터 연산을 실행할 때 포인터에 덧셈이나 뺄셈을 위한 값의 크기는 참조되는 배열의 타입 크기에 따라 자동으로 설정된다. 포인터에 덧셈이나 뺄셈을 수행하는 스케일링된 정수는 유효하지 않다. 왜냐하면 스케일링된 정수는 배열의 경계 다음의 원소를 참조하거나 배열 안의 원소를 참조하지 않을 수 있기 때문이다('ARR30-C. 경계를 초과한 포인터나 배열 첨자를 만들거나 사용하지 마라' 참조).

크기나 오프셋을 반환하는 sizeof 연산자나 offsetof 매크로의 결과에 대해 다른 타입의 배열로 포인터를 더하는 것은 이 규칙을 위반한다. 하지만 예를 들어 arr[sizeof(arr)/sizeof(arr[0]) 구문을 사용해서 배열 멤버의 수를 배열 포인터에 더하는 것은 arr이 포인터가 아닌 배열을 참조하도록 제공한다.

부적절한 코드 예제

다음의 부적절한 코드 예제에서 sizeof (buf)는 buf 배열에 더해진다. 이 예제는 sizeof (buf)가 int에 의해 스케일링되고, buf에 덧셈 연산을 할 때 다시 스케일링되기 때문에 부적절하다.

```
enum { INTBUFSIZE = 80 };

extern int getdata(void);
int buf[INTBUFSIZE];

void func(void) {
    int *buf_ptr = buf;

    while (buf_ptr < (buf + sizeof(buf))) {
        *buf_ptr++ = getdata();
    }
}
```

해결 방법

이 해결 방법은 배열의 경계 포인터를 얻고자 스케일링되지 않은 정수를 사용한다.

```
enum { INTBUFSIZE = 80 };

extern int getdata(void);
int buf[INTBUFSIZE];

void func(void) {
    int *buf_ptr = buf;

    while (buf_ptr < (buf + INTBUFSIZE)) {
        *buf_ptr++ = getdata();
    }
}
```

부적절한 코드 예제

다음의 부적절한 코드 예제에서 포인터 s는 skip을 더한다. 하지만 skip은 struct big 안에 ull_b의 오프셋 바이트를 나타낸다. s가 덧셈 연산을 할 때 skip은 struct big의 크기에 따라 스케일링된다.

```c
#include <string.h>
#include <stdlib.h>
#include <stddef.h>

struct big {
    unsigned long long ull_a;
    unsigned long long ull_b;
    unsigned long long ull_c;
    int si_e;
    int si_f;
};

void func(void) {
    size_t skip = offsetof(struct big, ull_b);
    struct big *s = (struct big *)malloc(sizeof(struct big));
    if (s == NULL) {
      /* malloc 에러 처리 */
    }

    memset(s + skip, 0, sizeof(struct big) - skip);
    /* ... */
    free(s);
    s = NULL;
}
```

해결 방법

이 해결 방법은 struct big *를 사용하지 않고 오프셋을 계산하고자 unsigned char * 를 사용한다. 스케일링된 산술 연산의 결과를 발생한다.

```c
#include <string.h>
#include <stdlib.h>
#include <stddef.h>
```

```
struct big {
    unsigned long long ull_a;
    unsigned long long ull_b;
    unsigned long long ull_c;
    int si_d;
    int si_e;
};

void func(void) {
    size_t skip = offsetof(struct big, ull_b);
    unsigned char *ptr = (unsigned char *)malloc(
        sizeof(struct big)
    );
    if (ptr == NULL) {
      /* malloc() 에러 처리 */
    }

    memset(ptr + skip, 0, sizeof(struct big) - skip);
    /* ... */
    free(ptr);
    ptr = NULL;
}
```

부적절한 코드 예제

다음의 부적절한 코드 예제에서 wcslen(error_msg) * sizeof(wchar_t) 바이트는 error_msg가 덧셈 연산이 될 때 wchar_t의 크기에 의해 스케일링된다.

```
#include <wchar.h>
#include <stdio.h>

enum { WCHAR_BUF = 128 };

void func(void) {
    wchar_t error_msg[WCHAR_BUF];

    wcscpy(error_msg, L"Error: ");
    fgetws(error_msg + wcslen(error_msg) * sizeof(wchar_t),
            WCHAR_BUF - 7, stdin);
```

```
    /* ... */
}
```

해결 방법

이 해결 방법은 문자열의 길이를 스케일링하지 않는다. wcslen()은 문자의 수를 반환하고 error_msg의 덧셈이 스케일링된다.

```
#include <wchar.h>
#include <stdio.h>

enum { WCHAR_BUF = 128 };
const wchar_t ERROR_PREFIX[7] = L"Error: ";

void func(void) {
    const size_t prefix_len = wcslen(ERROR_PREFIX);
    wchar_t error_msg[WCHAR_BUF];

    wcscpy(error_msg, ERROR_PREFIX);
    fgetws(error_msg + prefix_len,
            WCHAR_BUF - prefix_len, stdin);
    /* ... */
}
```

위험 평가

포인터 연산을 이해하지 못하고 적절히 사용하지 못하면 공격자가 임의 코드를 실행할 수 있다.

규칙	심각도	위험 발생 가능성	개선 비용	우선순위	레벨
ARR39–C	높음	보통	높음	P6	L2

관련된 가이드라인

ISO/IEC TR 24772:2013	Pointer Casting and Pointer Type Changes [HFC]
	Pointer Arithmetic [RVG]

MISRA C:2012	Rule 18.1 (required)
	Rule 18.2 (required)
	Rule 18.3 (required)
	Rule 18.4 (advisory)
MITRE CWE	CWE 468, Incorrect Pointer Scaling

참고 문헌

[Dowd 2006]	Chapter 6, "C Language Issues"
[Murenin 2007]	

7 장

문자와 문자열

7장 목차

위험 평가

규칙	심각도	위험 발생 가능성	개선 비용	우선순위	레벨
STR30–C	낮음	높음	낮음	P9	L2
STR31–C	높음	높음	보통	P18	L1
STR32–C	높음	보통	보통	P12	L1
STR34–C	보통	보통	보통	P8	L2
STR37–C	낮음	낮음	낮음	P3	L3
STR38–C	높음	낮음	낮음	P27	L1

■ STR30-C. 문자열 리터럴을 수정하려고 하지 마라

C Standard, 6.4.5, 3절 [ISO/IEC 9899:2011]에 따르면 다음과 같다.

> 문자열 리터럴(character string literal)은 따옴표로 묶인 0이나 "xyz"와 같이 여러 개의 문
> 자가 연속적으로 나열된 것이다. UTF-8 문자열 리터럴은 u8로 시작하는 것을 제외하면 동일
> 한 구성을 갖는다. 와이드 문자열 리터럴(wide string literal)은 문자 L과 u, 또는 U로 시작하
> 는 것을 제외하면 동일한 구성을 갖는다.

컴파일이 수행되는 경우 문자열 리터럴은 연속되는 문자열과 널 종료 문자를 포함
하고자 충분한 정적 저장 존속 기간^{static storage duration}을 가진 배열을 생성하는 데 사용
한다. 문자열 리터럴은 문자에 대한 포인터나 배열에 의해 참조된다. 이상적으로 문
자열 리터럴은 const char와 wchar_t 타입의 포인터나 배열로 할당해야 한다. 문자열
리터럴의 이런 배열이 서로 간에 유일하게 구별돼야 하는지는 지정되지 않았다. 만약
프로그램이 문자열 리터럴의 어느 한 부분을 수정한다면 동작은 정의되지 않는다. 문
자열 리터럴은 일반적으로 읽기 전용 메모리^{read-only memory}에 저장되기 때문에 그것을
수정하려는 것은 접근 위반을 유발한다('부록 B, 정의되지 않은 동작 33' 참조).

문자열 리터럴을 non-const의 포인터로 할당하거나 또는 non-const의 포인터로
타입 변경을 피하라. 이 규칙의 목적은 const 문자들의 포인터나 배열이 반드시 단일
의 문자열 리터럴로 취급해야 한다는 것이다. 이와 유사하게 인자가 문자열 리터럴이
면 아래 라이브러리 함수의 반환값은 단일의 문자열 리터럴로 취급돼야 한다.

- strpbrk(), strchr(), strrchr(), strstr()
- wcspbrk(), wcschr(), wcsrchr(), wcsstr()
- memchr(), wmemchr()

이 규칙은 'EXP40-C. 상수 객체를 수정하지 마라'의 구체적인 예다.

부적절한 코드 예제

다음의 부적절한 코드 예제로 char 포인터 p는 문자열 리터럴의 주소로 초기화된다. 문자열 리터럴을 수정하려는 시도는 정의되지 않은 동작을 유발한다.

```
char *p = "string literal";
p[0] = 'S';
```

해결 방법

배열의 초기화로, 문자열 리터럴은 배열 내에서 문자들의 초깃값과 배열의 크기를 지정한다('STR11-C. 문자열 리터럴로 초기화된 문자 배열의 경계를 지정하지 마라' 참조). 이 코드는 문자 배열 a의 할당된 공간에 문자열 리터럴을 복사한다. a에 저장된 문자열은 안전하게 수정할 수 있다.

```
char a[] = "string literal";
a[0] = 'S';
```

부적절한 코드 예제(POSIX)

다음의 부적절한 코드 예제에서 문자열 리터럴은 mkstemp() 함수(문자열 리터럴의 문자를 수정하는 POSIX의 함수)의 매개 변수(non-const 포인터)로 전달한다.

```
#include <stdlib.h>

void func(void) {
    mkstemp("/tmp/edXXXXXX");
}
```

mkstemp()의 동작은 'FIO21-C. 공유 디렉터리에 임시 파일을 생성하지 마라'에서 더 자세히 설명한다.

해결 방법(POSIX)

이 해결 방법은 문자열 리터럴을 전달하지 않고 정의된 배열을 사용하는 것이다.

```
#include <stdlib.h>

void func(void) {
    static char fname[] = "/tmp/edXXXXXX";
    mkstemp(fname);
}
```

부적절한 코드 예제(strrchr()의 결과)

다음의 부적절한 코드 예제에서 strrchr() 함수의 char * 결과는 pathname에 의해 참
조되는 객체를 수정하는 데 사용된다. strrchr()의 인자는 문자열 리터럴을 참조하기
때문에 결과는 정의되지 않는다.

```
#include <stdio.h>
#include <string.h>

const char *get_dirname(const char *pathname) {
    char *slash;
    slash = strrchr(pathname, '/');
    if (slash) {
      *slash = '\0'; /* 정의되지 않은 동작 */
    }
    return pathname;
}

int main(void) {
    puts(get_dirname(__FILE__));
    return 0;
}
```

해결 방법(strrchr()의 결과)

strrchr()처럼 표준 C 라이브러리 함수 호출로 객체의 non-const 포인터를 얻을 수
있지만, 이 해결 방법은 const 객체를 수정하지 않는다. get_dirname() 호출자의 위험
을 줄이고자 버퍼와 디렉터리 이름에 대한 길이가 함수로 전달된다. 컴파일러는 문자
열 리터럴을 char *를 수용하는 함수로 전달하는데, 반드시 진단을 요구하지 않기 때
문에 const char *를 대신해서 pathname을 char *로 변경하는 것은 충분하지 않다.

276

```
#include <stddef.h>
#include <stdio.h>
#include <string.h>

char *get_dirname(const char *pathname, char *dirname, size_t size) {
    const char *slash;
    slash = strrchr(pathname, '/');
    if (slash) {
      ptrdiff_t slash_idx = slash - pathname;
      if ((size_t)slash_idx < size) {
        memcpy(dirname, pathname, slash_idx);
        dirname[slash_idx] = '\0';
        return dirname;
      }
    }
    return 0;
}

int main(void) {
  char dirname[260];
  if (get_dirname(__FILE__, dirname, sizeof(dirname))) {
    puts(dirname);
  }
  return 0;
}
```

위험 평가

문자열 리터럴을 수정하는 것은 비정상적인 프로그램 종료와 **서비스 거부 공격**^{denial-of-service attack}을 당할 수 있다.

규칙	심각도	위험 발생 가능성	개선 비용	우선순위	레벨
STR30-C	낮음	높음	낮음	P9	L2

관련된 가이드라인

ISO/IEC TS 17961:2013	Modifying string literals [strmod]

참고 문헌

[ISO/IEC 9899:2011]	6.4.5, "String Literals"
[Plum 1991]	Topic 1.26, "Strings—String Literals"
[Summit 1995]	comp.lang.c FAQ List, Question 1.32

■ STR31-C. 문자열을 위한 공간이 문자 데이터와 널 종료 문자를 담기에 충분함을 보장하라

데이터를 충분하지 않은 버퍼로 복사하는 것은 버퍼 오버플로를 유발한다. 버퍼 오버플로는 문자열을 처리할 때 자주 발생된다[Seacord 2013b]. 이런 에러를 방지하고자 데이터 자르기를 통한 복사의 범위를 제한하거나 또는 복사가 될 문자와 널 종료 문자를 저장하려고 충분히 큰 공간을 보장하는 것이다('STR03-C. 문자열을 부적절하게 잘리지 않게 하라' 참조).

문자열이 힙에 존재할 때 이 규칙은 'MEM35-C. 객체에 충분한 메모리를 할당하라'의 구체적인 예다. 문자열은 문자의 배열로 표현되기 때문에 이 규칙은 'ARR30-C. 경계를 초과한 포인터나 배열 첨자를 만들거나 사용하지 마라'와 'ARR38-C. 라이브러리 함수가 유효하지 않은 포인터를 만들지 않도록 보장하라'의 두 규칙과 연관된다.

부적절한 코드 예제(off-by-one 에러)

다음의 부적절한 코드 예제는 오프바이원[off-by-one] 에러를 설명한다[Dowd 2006]. 반복문은 데이터를 src에서 dest로 복사한다. 하지만 반복문은 널 종료 문자를 고려하지 않았기 때문에 dest의 마지막 공간 다음에 1바이트를 초과해서 부정확하게 쓰인다.

```
#include <stddef.h>

enum { ARRAY_SIZE = 32 };

void func(void) {
    char dest[ARRAY_SIZE];
    char src[ARRAY_SIZE];
```

```
    size_t i;

    for (i = 0; src[i] && (i < sizeof(dest)); ++i) {
      dest[i] = src[i];
    }
    dest[i] = '\0';
}
```

해결 방법(off-by-one 에러)

이 해결 방법에서는 반복문의 종료 조건이 dest에 추가된 널 종료 문자를 고려하도록
수정한다.

```
#include <stddef.h>

enum { ARRAY_SIZE = 32 };

void func(void) {
   char dest[ARRAY_SIZE];
   char src[ARRAY_SIZE];
   size_t i;

  for (i = 0; src[i] && (i < sizeof(dest) - 1); ++i) {
     dest[i] = src[i];
  }
  dest[i] = '\0';
}
```

부적절한 코드 예제(gets())

gets() 함수(C99 기술 오류 정정서 3에서 사용을 금지하기로 하고 C11에서 삭제됐다)는 본질
적으로 불안정하고 stdin에서 버퍼로 읽어야 하는 데이터의 양을 통제할 수 있는 방
법이 없기 때문에 사용하지 않도록 한다. 다음의 부적절한 코드 예제에서 gets() 함수
는 stdin으로부터 BUFFER_SIZE - 1보다 더 많은 문자를 읽지 않는다는 부적절한 가정
을 하며 실행 결과는 버퍼 오버플로를 유발한다.

gets() 함수는 파일의 끝에 도달하거나 새로운 개행 문자를 읽을 때까지 stdin에서 대상 배열로 문자들을 읽어 들인다. 아래 코드에서 개행 문자가 버려지고, 마지막 문자가 배열로 읽힌 다음 널 문자가 쓰인다.

```c
#include <stdio.h>

#define BUFFER_SIZE 1024

void func(void) {
   char buf[BUFFER_SIZE];
   if (gets(buf) == NULL) {
     /* 에러 처리 */
   }
}
```

'MSC24-C. 폐기된 예전 함수를 사용하지 마라'를 참조하라.

해결 방법(fgets())

fgets() 함수는 지정된 개수보다 1만큼 작은 개수의 문자를 스트림으로부터 배열로 읽어 들인다. 이 방법은 stdin에서 buf로 복사되는 문자의 개수가 할당된 메모리를 초과할 수 없기 때문에 적합하다.

```c
#include <stdio.h>
#include <string.h>

enum { BUFFERSIZE = 32 };

void func(void) {
   char buf[BUFFERSIZE];
   int ch;

   if (fgets(buf, sizeof(buf), stdin)) {
      /* fgets() 함수를 실행하고 개행 문자를 찾는다 */
      char *p = strchr(buf, '\n');
      if (p) {
        *p = '\0';
      } else {
```

```
            /* 개행 문자가 없다면 stdin에서 라인의 EOF까지 루프 수행 */
            while ((ch = getchar()) != '\n' && ch != EOF)
                ;
            if (ch == EOF && !feof(stdin) && !ferror(stdin)) {
                /* 읽어 들인 문자와 stdin의 EOF 검사, 에러 처리 */
            }
        }
    } else {
        /* fgets() 실패, 에러 처리 */
    }
}
```

fget() 함수는 개행 문자를 유지하고 부분적인 라인을 반환하기 때문에 gets 함수을 정확하게 대체할 수는 없다. fgets()은 대상 배열에 저장하기 어려운 긴 입력 라인을 안전하게 처리할 수 있다. 하지만 성능 문제로 추천되는 방법은 아니다. gets() 함수를 대체하려면 다음의 해결 방법 중 하나를 사용할 수 있다.

해결 방법(gets_s())

gets_s() 함수는 많아 봐야 지정된 개수보다 1만큼 작은 개수의 문자를 stdin에 의해 참조되는 스트림으로부터 배열로 읽어 들인다.

다음은 C Standard, Annex K [ISO/IEC 9899:2011]의 내용이다.

> 개행 문자(이 문자는 버려진다)나 EOF 이후에 추가적인 문자는 읽지 않는다. 버려진 개행 문
> 자는 읽을 수 있는 문자의 개수에 포함되지 않는다. 널 문자는 마지막 문자를 배열로 읽어 들
> 인 직후 쓰인다.

만약 문자열이 EOF를 만나고 대상 배열로 읽어 들일 문자가 없거나 또는 프로그램 수행 동안 읽기 에러가 발생한다면 대상 배열의 첫 번째 문자는 널 문자로 설정되고 배열의 다른 원소는 지정되지 않은 값을 갖는다.

```
#define __STDC_WANT_LIB_EXT1__ 1
#include <stdio.h>

enum { BUFFERSIZE = 32 };
```

```
void func(void) {
    char buf[BUFFERSIZE];

    if (gets_s(buf, sizeof(buf)) == NULL) {
      /* 에러 처리 */
    }
}
```

해결 방법(getline(), POSIX)

getline() 함수는 fget() 함수와 유사하다. 하지만 입력 버퍼에 대해 동적 메모리 할당을 할 수 있다. 만약 널 포인터가 전달된다면 getline() 함수는 입력 라인을 저장할 수 있는 충분한 버퍼 공간을 동적으로 할당한다. 동적으로 할당된 메모리에 전달된 포인터가 문자열의 내용을 저장하기에 너무 작다면 getline() 함수는 입력 라인을 임의로 자르지 않고 realloc()을 사용해서 버퍼의 크기를 재조정한다. 버퍼 크기의 재조정이 성공하면 getline() 함수는 읽어 들인 문자의 개수를 반환하고 새로운 라인 앞에 입력 값이 널 문자를 갖고 있는지 결정하는 데 사용될 수 있다. getline() 함수는 단지 동적 메모리 버퍼와 사용돼야 한다. 할당된 메모리는 메모리의 노출을 막고자 호출자에 의해 반드시 메모리 해제를 해야 한다('MEM31-C. 동적으로 할당된 메모리는 더 이상 필요 없을 때 해제하라' 참조).

```
#include <stdio.h>
#include <stdlib.h>
#include <string.h>

void func(void) {
    int ch;
    size_t buffer_size = 32;
    char *buffer = malloc(buffer_size);

    if (!buffer) {
        /* 에러 처리 */
        return;
    }

    if ((ssize_t size = getline(&buffer, &buffer_size, stdin))
```

```
        == -1) {
        /* 에러 처리 */
    } else {
      char *p = strchr(buffer, '\n');
      if (p) {
        *p = '\0';
      } else {
        /* 개행 문자가 없다면 stdin에서 라인의 EOF까지 루프 수행*/
        while ((ch = getchar()) != '\n' && ch != EOF)
          ;
        if (ch == EOF && !feof(stdin) && !ferror(stdin)) {
          /* 읽어 들인 문자와 stdin의 EOF 검사, 에러 처리 */
        }
      }
    }
  }
  free (buffer);
}
```

getline() 함수는 in-band 에러 표시자가 사용되는 것을 인지해야 하며 'ERR02-C. in-band 에러 표시자를 피하라'의 규칙에 위반한다.

부적절한 코드 예제(getchar())

한 번에 한 개의 문자를 읽는 것은 비록 추가적인 성능의 부담이 있긴 하지만 제어 동작에서 많은 유동성을 제공한다. 다음의 부적절한 코드 예제는 전체 라인을 한 번에 읽지 않고 stdin에서 한 번에 한 개의 문자씩 읽도록 getchar() 함수를 사용한다. stdin 스트림은 EOF를 만나거나 개행 문자를 읽을 때까지 계속 읽힌다. 개행 문자는 버려지고 마지막 문자를 읽은 직후 널 문자가 배열로 쓰인다. gets() 함수를 사용하는 부적절한 코드 예제처럼 이 코드가 버퍼 오버플로의 결과를 유발하지 않는다고 보장할 수 없다.

```
#include <stdio.h>

enum { BUFFERSIZE = 32 };

void func(void) {
  char buf[BUFFERSIZE];
```

```
    char *p;
    int ch;
    p = buf;
    while ((ch = getchar()) != '\n' && ch != EOF) {
      *p++ = (char)ch;
    }
    *p++ = 0;
    if (ch == EOF) {
        /* EOF 또는 에러 처리*/
    }
}
```

반복문이 끝난 후 만약 ch == EOF이면 루프는 개행 문자를 만나지 않고 스트림
의 끝까지 읽히거나 또는 반복문이 개행 문자를 만나기 전에 읽기 에러가 발생한다.
'FIO34-C. 파일에서 읽어야 할 문자와 EOF 또는 WEOF를 구별하라'의 규칙을 준수하고
자 에러 처리 코드는 EOF 또는 feof()와 ferror()의 호출에 의해 발생되는 에러를 반
드시 검증해야 한다.

해결 방법(getchar())

이 해결 방법은 index == BUFFERSIZE -1일 때 널 종료 문자를 위한 공간을 남겨 두고
buf로 더 이상 복사하지 않는다. 반복문은 EOF나 에러를 만날 때까지 라인의 문자를
계속 읽게 된다. chars_read > index가 되면 입력 문자열은 잘린 것이다.

```
#include <stdio.h>

enum { BUFFERSIZE = 32 };
void func(void) {
    char buf[BUFFERSIZE];
    int ch;
    size_t index = 0;
    size_t chars_read = 0;

    while ((ch = getchar()) != '\n' && ch != EOF) {
        if (index < sizeof(buf) - 1) {
          buf[index++] = (char)ch;
        }
```

```
        chars_read++;
    }
    buf[index] = '\0'; /* 문자열 종료 */
    if (ch == EOF) {
      /* EOF 또는 에러 처리 */
    }
    if (chars_read > index) {
      /* 잘림 처리 */
    }
}
```

부적절한 코드 예제(fscanf())

다음의 부적절한 코드 예제에서 fscanf() 호출은 문자 배열 buf의 외부에 쓰이는 결과를 초래한다.

```
#include <stdio.h>

enum { BUF_LENGTH = 1024 };

void get_data(void) {
    char buf[BUF_LENGTH];
    if (1 != fscanf(stdin, "%s", buf)) {
      /* 에러 처리 */
    }

    /* 함수 초기화 */
}
```

해결 방법(fscanf())

이 해결 방법은 fscanf() 호출이 buf의 오버플로를 통제한다.

```
#include <stdio.h>

enum { BUF_LENGTH = 1024 };

void get_data(void) {
```

```
char buf[BUF_LENGTH];
if (1 != fscanf(stdin, "%1023s", buf)) {
  /* 에러 처리 */
}

/* 함수 초기화 */
}
```

부적절한 코드 예제(argv)

호스트 환경hosted environment에서는 명령행command line에서 읽은 인자가 처리 메모리에 저장된다. 프로그램의 시작점인 main() 함수는 프로그램이 명령행 인자를 받을 때 일반적으로 다음과 같이 선언된다.

int main(int argc, char *argv[]) { /* ... */ }

명령행 인자는 배열 멤버 argv[0]에서 argv[argc -1]까지 문자열 포인터로 main()으로 전달된다. 만약 argc의 값이 0보다 크다면 argv[0]에 의해 참조되는 문자열은 일반적으로 프로그램 이름이다. 만약 argc의 값이 1보다 크다면 argv[1]에서 argv[argc-1]까지 참조되는 문자열은 프로그램에서 사용되는 인자다.

명령행 인자를 복사하려고 부적절한 공간이 할당되거나 또는 다른 프로그램의 입력을 통해 프로그램의 취약성이 발생할 수 있다. 다음의 부적절한 코드 예제에서 공격자는 argv[0]의 내용을 조작해서 버퍼 오버플로를 유발할 수 있다.

```
#include <string.h>

int main(int argc, char *argv[]) {
    /* argv[0]가 널이 아님을 보장 */
    const char *const name = (argc && argv[0]) ? argv[0] : "";
    char prog_name[128];
    strcpy(prog_name, name);

    return 0;
}
```

해결 방법(argv)

strlen() 함수는 argv[0]부터 argv[argc - 1]까지 참조되는 문자열의 길이를 결정하는 데 사용할 수 있고 그 결과를 이용해 적합한 메모리를 동적으로 할당할 수 있다.

```c
#include <stdlib.h>
#include <string.h>

int main(int argc, char *argv[]) {
  /* argv[0]가 널이 아님을 보장 */
  const char *const name = (argc && argv[0]) ? argv[0] : "";
  char *prog_name = (char *)malloc(strlen(name) + 1);
  if (prog_name != NULL) {
    strcpy(prog_name, name);
  } else {
    /* 에러 처리 */
  }
  free(prog_name);
  return 0;
}
```

널 종료 문자를 수용하고자 대상 문자열 크기에 1바이트를 더 할당하는 것을 기억해야 한다.

해결 방법(argv)

strcpy_s() 함수는 대상 버퍼의 크기를 받을 수 있는 추가 인자를 포함해 전달하는 부가적인 보호 장치를 제공한다('STR07-C. 현존하는 문자열 처리 코드의 개선을 위해 경계 체크 인터페이스를 사용하라' 참조).

```c
#define __STDC_WANT_LIB_EXT1__ 1
#include <stdlib.h>
#include <string.h>

int main(int argc, char *argv[]) {
  /* argv[0] 널이 아님을 보장 */
  const char *const name = (argc && argv[0]) ? argv[0] : "";
  char *prog_name;
```

```
    size_t prog_size;

    prog_size = strlen(name) + 1;
    prog_name = (char *)malloc(prog_size);

    if (prog_name != NULL) {
      if (strcpy_s(prog_name, prog_size, name)) {
        /* 에러 처리 */
      }
    } else {
      /* 에러 처리 */
    }
    /* ... */
    free(prog_name);
    return 0;
}
```

strcpy_s() 함수는 동적 또는 정적으로 할당된 메모리에 데이터를 복사하려고 사용한다. 충분한 공간이 없다면 strcpy_s()는 에러를 반환한다.

해결 방법(argv)

인자가 수정이나 병합되지 않는다면 문자열의 복사를 만들 필요가 없다. 문자열의 복사를 하지 않는 것이 버퍼 오버플로를 예방하는 가장 좋은 방법이며 가장 효율적인 해결 방법이기도 하다. argv[0]이 널이 아니라는 가정에 대한 주의가 필요하다.

```
int main(int argc, char *argv[]) {
    /* argv[0]가 널인 경우를 대비 */
    const char * const prog_name = (argc && argv[0]) ? argv[0] : "";
    /* ... */
    return 0;
}
```

부적절한 코드 예제(getenv())

C Standard, 7.22.4.6, 2절 [ISO/IEC 9899:2011]에 따르면 다음과 같다.

getenv 함수는 호스트 환경에서, 제공되는 이름에 의해 참조되는 문자열과 일치하는 환경 변수 리스트를 검색한다. 환경 변수의 이름 설정과 환경 변수 리스트의 변경 방법은 구현 방법에 따라 다르게 정의된다.

환경 변수는 임의로 커질 수 있으며 크기를 결정하지 않고 고정된 길이의 배열에 복사하고 부적당한 공간을 할당하는 것은 버퍼 오버플로를 유발할 수 있다.

```c
#include <stdlib.h>
#include <string.h>

void func(void) {
    char buff[256];
    char *editor = getenv("EDITOR");
    if (editor == NULL) {
        /* EDITOR 환경 변수가 설정되지 않음 */
    } else {
        strcpy(buff, editor);
    }
}
```

해결 방법(getenv())

환경 변수는 프로그램이 로딩될 때 프로세스 메모리로 올려진다. 결과적으로 문자열의 길이는 strlen() 함수를 호출해서 결정될 수 있고 길이의 결과는 적절한 동적 메모리 할당을 위해 사용된다.

```c
#include <stdlib.h>
#include <string.h>

void func(void) {
    char *buff;
    char *editor = getenv("EDITOR");
    if (editor == NULL) {
        /* EDITOR 환경 변수가 설정되지 않음 */
    } else {
        size_t len = strlen(editor) + 1;
        buff = (char *)malloc(len);
```

```
        if (buff == NULL) {
          /* 에러 처리 */
        }
        memcpy(buff, editor, len);
        free(buff);
    }
}
```

부적절한 코드 예제(sprintf())

다음의 부적절한 코드 예제로 name은 외부 문자열을 참조하며 사용자 입력이나 파일 시스템, 네트워크로부터 전달될 수 있다. 프로그램은 파일을 열기 위한 준비로 문자열 로부터 파일 이름을 생성한다.

```
#include <stdio.h>

void func(const char *name) {
    char filename[128];
    sprintf(filename, "%s.txt", name);
}
```

sprint() 함수는 생성된 문자열의 길이를 보장할 수 없기 때문에 너무 긴 name의 문 자열은 버퍼 오버플로가 발생할 수 있다.

해결 방법(sprintf())

앞에서 언급한 부적절한 코드의 버퍼 오버플로는 %s인 출력 변환 명세에 정밀도를 추 가해서 예방할 수 있다. 만약 정밀도가 지정되면 정밀도에 의해 지정된 바이트만 쓰 인다. 이 해결 방법에서 123은 filename이 name의 첫 번째 123 문자와 .txt 확장자, 널 종료 문자를 포함하도록 보장한다.

```
#include <stdio.h>

void func(const char *name) {
    char filename[128];
    sprintf(filename, "%.123s.txt", name);
}
```

해결 방법(sprintf())

더 일반적인 해결 방법은 snprintf() 함수를 사용하는 것이다.

```
#include <stdio.h>

void func(const char *name) {
    char filename[128];
    snprintf(filename, sizeof(filename), "%s.txt", name);
}
```

위험 평가

문자열 데이터를 너무 작은 버퍼로 복사하는 것은 버퍼 오버플로를 유발한다. 공격자는 취약한 프로세스의 권한으로 임의 코드를 실행하려고 이 조건을 악용할 수 있다.

규칙	심각도	위험 발생 가능성	개선 비용	우선순위	레벨
STR31-C	높음	높음	보통	P18	L1

관련 취약성

CVE-2009-1252는 이 규칙의 위반으로 유발한다. NTPd[Network Time Protocol daemon]는 공격자가 문자 배열 오버플로에 의한 임의 코드 실행을 허용하는 sprintf 호출을 포함한다[xorl 2009].

CVE-2009-0587은 이 규칙의 위반으로 발생한다. 2.24.5 이전 버전인 Evolution Data Server는 사용자 입력 문자열의 길이와 새로운 버퍼의 크기를 할당하는 데 사용한 값이 검증되지 않은 산술 연산을 수행했다. 그로 인해 공격자는 긴 문자열을 입력하고 부정확한 메모리 할당과 버퍼 오버플로에 의한 임의 코드를 수행할 수 있다.

관련된 가이드라인

ISO/IEC TR 24772:2013	String Termination [CJM]
	Buffer Boundary Violation (Buffer Overflow) [HCB]
	Unchecked Array Copying [XYW]

ISO/IEC TS 17961:2013	Using a tainted value to write to an object using a formatted input or output function [taintformatio] Tainted strings are passed to a string copying function [taintstrcpy]
MITRE CWE	CWE-119, Improper Restriction of Operations within the Bounds of a Memory Buffer CWE-120, Buffer Copy without Checking Size of Input ("Classic Buffer Overflow") CWE-193, Off-by-one Error

참고 문헌

[Dowd 2006]	Chapter 7, "Program Building Blocks" ("Loop Constructs," pp. 327?336)
[Drepper 2006]	Section 2.1.1, "Respecting Memory Bounds"
[ISO/IEC 9899:2011]	K.3.5.4.1, "The gets_s Function"
[Lai 2006]	
[NIST 2006]	SAMATE Reference Dataset Test Case ID 000-000-088
[Seacord 2013b]	Chapter 2, "Strings"
[xorl 2009]	FreeBSD-SA-09:11: NTPd Remote Stack Based Buffer Overflows

■ STR32-C. 문자열을 처리하는 라이브러리 함수에 널 종료 문자가 없는 문자열을 전달하지 마라

많은 라이브러리 함수는 널 종료 문자를 제약 조건으로 갖는 문자열이나 또는 와이드^{wide} 문자열을 인자로 받는다. 널로 종료되지 않는 연속되는 문자열이나 와이드 문자열을 전달하는 것은 객체의 경계 밖에 있는 메모리에 접근하는 것이다. 문자열이나 와이드 문자열 인자를 사용하는 라이브러리 함수에 널로 종료하지 않는 문자열이나 와이드 문자열을 전달하지 마라.

부적절한 코드 예제

다음의 예제는 c_str 문자열이 printf()로 인자로 전달될 때 널로 종료되지 않기 때문에 부적절하다(문자열 배열을 어떻게 초기화해야 하는지 'STR11-C. 문자열 리터럴로 초기화된 문자 배열의 경계를 지정하지 마라' 참조).

```
#include <stdio.h>

void func(void) {
    char c_str[3] = "abc";
    printf("%s\n", c_str);
}
```

해결 방법

이 해결 방법은 배열 선언에서 문자 배열의 경계를 지정하지 않는다. 만약 배열의 경계가 없다면 컴파일러는 널 종료 문자를 포함해서 전체 문자열 리터럴을 저장하기 위한 충분한 공간을 할당한다.

```
#include <stdio.h>

void func(void) {
    char c_str[] = "abc";
    printf("%s\n", c_str);
}
```

부적절한 코드 예제

다음의 부적절한 코드 예제에서 와이드 문자열 cur_msg는 wcslen()으로 전달될 때 널 문자로 종료하지 않는다. cur_msg_size가 여전히 1024의 초깃값을 갖고 있는 동안 lessen_memory_usage()가 호출되면 이 문제가 발생한다.

```
#include <stdlib.h>
#include <wchar.h>

wchar_t *cur_msg = NULL;
size_t cur_msg_size = 1024;
```

```
size_t cur_msg_len = 0;

void lessen_memory_usage(void) {
    wchar_t *temp;
    size_t temp_size;

    /* ... */

    if (cur_msg != NULL) {
      temp_size = cur_msg_size / 2 + 1;
      temp = realloc(cur_msg, temp_size * sizeof(wchar_t));
      /* temp와 cur_msg는 더 이상 널로 종료하지 않는다 */
      if (temp == NULL) {
         /* 에러 처리 */
      }

      cur_msg = temp;
      cur_msg_size = temp_size;
      cur_msg_len = wcslen(cur_msg);
    }
}
```

해결 방법

이 해결 방법에서는 cur_msg가 wcslen()으로 전달될 때 항상 널로 종료될 것이다.

```
#include <stdlib.h>
#include <wchar.h>

wchar_t *cur_msg = NULL;
size_t cur_msg_size = 1024;
size_t cur_msg_len = 0;

void lessen_memory_usage(void) {
    wchar_t *temp;
    size_t temp_size;

    /* ... */

    if (cur_msg != NULL) {
```

```
        temp_size = cur_msg_size / 2 + 1;
        temp = realloc(cur_msg, temp_size * sizeof(wchar_t));
        /* temp와 cur_msg는 더 이상 널로 종료하지 않는다 */
        if (temp == NULL) {
          /* 에러 처리 */
        }

        cur_msg = temp;
        /* cur_msg는 널로 정확히 종료한다 */
        cur_msg[temp_size - 1] = L'\0';
        cur_msg_size = temp_size;
        cur_msg_len = wcslen(cur_msg);
    }
}
```

부적절한 코드 예제(strncpy())

strncpy() 함수는 입력값으로 문자열을 갖지만 결괏값이 항상 널로 종료됨을 보장하지 않는다. 다음의 부적절한 코드 예제로 만약 source 배열의 처음 n개의 문자에 널 문자가 포함되지 않는다면 결괏값은 널로 종료되지 않는다. 널로 종료하지 않는 문자열을 strlen() 함수로 전달하는 것은 정의되지 않은 동작을 유발한다.

```
#include <string.h>

enum { STR_SIZE = 32 };

size_t func(const char *source) {
  char c_str[STR_SIZE];

  c_str[sizeof(c_str) - 1] = '\0';
  strncpy(c_str, source, sizeof(c_str));
  return strlen(c_str);
}
```

해결 방법(잘림)

이 해결 방법은 만약 프로그래머의 의도가 문자열을 자르는 것이라면 옳은 방법이다.

```
#include <string.h>

enum { STR_SIZE = 32 };

size_t func(const char *source) {
  char c_str[STR_SIZE];

  strncpy(c_str, source, sizeof(c_str) - 1);
  str[sizeof(c_str) - 1] = '\0';
  return strlen(c_str);
}
```

해결 방법(잘림, strncpy_s())

C Standard, Annex K의 strncpy_s() 함수는 잘림 기능과 함께 문자열을 복사하는 데 사용될 수 있다. strncpy_s() 함수는 n개의 문자까지만(최대 n까지) 소스 배열에서 대상 배열로 복사한다. 만약 소스 배열로부터 널 문자가 복사되지 않았다면 대상 배열의 n번째는 널 문자로 설정되고 결과 문자열이 널로 종료됨을 보장한다.

```
#define __STDC_WANT_LIB_EXT1__ 1
#include <string.h>

enum { STR_SIZE = 32 };

size_t func(const char *source) {
   char a[STR_SIZE];

   if (source) {
     errno_t err = strncpy_s(
       a, sizeof(a), source, strlen(source)
     );
     if (err != 0) {
        /* 에러 처리 */
     }
   } else {
     /* 널 포인터를 처리 */
   }
   return strlen_s(s, sizeof(a));
}
```

해결 방법(잘림 없는 복사)

프로그래머의 의도가 데이터를 잘림 없이 복사하려는 것이라면 이 해결 방법은 데이터를 복사하고 결과 배열이 널 문자로 종료되도록 보장한다. 문자열이 복사될 수 없다면 에러 조건으로 처리된다.

```c
#include <string.h>

enum { STR_SIZE = 32 };

size_t func(const char *source) {
  char c_str[STR_SIZE];

  if (source) {
    if (strlen(source) < sizeof(c_str)) {
      strcpy(c_str, source);
    } else {
      /* 문자열이 너무 큰 경우 처리 */
    }
  } else {
    /* 널 포인터 처리*/
  }
  return strlen(c_str);
}
```

위험 평가

문자열을 처리하는 라이브러리 함수에 널 종료 문자가 전달되지 않으면 버퍼 오버플로가 발생하고 취약한 프로세스의 권한으로 임의 코드가 실행될 수 있다. 널 문자 종료 에러는 의도하지 않은 정보 노출의 결과를 초래한다.

규칙	심각도	위험 발생 가능성	개선 비용	우선순위	레벨
STR32-C	높음	보통	보통	P12	L1

ISO/IEC TR 24772:2013	String Termination [CMJ]
ISO/IEC TS 17961:2013	Passing a non-null-terminated character sequence to a library function that expects a string [strmod]
MITRE CWE	CWE-119, Improper Restriction of Operations within the Bounds of a Memory Buffer CWE-170, Improper Null Termination

참고 문헌

[Seacord 2013b]	Chapter 2, "Strings"
[Viega 2005]	Section 5.2.14, "Miscalculated NULL Termination"

■ STR34-C. 문자열을 더 큰 타입인 정수로 변환하기 전에 unsigned char 타입으로 캐스팅하라

signed 문자 데이터는 더 큰 signed 타입으로 할당되거나 변환되기 전에 반드시 unsigned char로 변환돼야 한다. 이 규칙은 char가 signed char와 동일한 범위, 표현, 동작을 갖도록 정의되는 구현에서 signed char와 일반 char인 두 타입 모두에 적용될 수 있다. 하지만 이 규칙은 문자가 음수로 해석될 수 있는 값을 포함하는 경우에도 적용될 수 있다. 예를 들어 char 타입이 8비트 값의 2의 보수로 표현한다면 +127보다 큰 문자값은 음수의 값으로 해석된다.

이 규칙은 'STR37-C. 문자열을 처리하는 함수로 전달되는 인자는 반드시 unsigned char로 표현 가능해야 한다'의 일반화라고 할 수 있다.

부적절한 코드 예제

다음의 부적절한 코드 예제는 1.14.6 Bash 버전과 CERT Advisory CA-1996-22에 배포됐던 취약점이다. 이 취약점은 bash 소스 코드의 parse.y 모듈에 있는 yy_string_get() 함수의 c_str 포인터에 의해 참조되는 문자 데이터의 부호 확장을 초래하는 것이다.

```
static int yy_string_get(void) {
  register char *c_str;
  register int c;

  c_str = bash_input.location.string;
  c = EOF;

  /* 만약 문자열이 존재하지 않거나 비어 있다면 문자열은 EOF에 도달 */
  if (c_str && *c_str) {
    c = *c_str++;
    bash_input.location.string = c_str;
  }
  return (c);
}
```

c_str 변수는 파싱해야 할 명령행^{command line} 문자열을 순회하는 데 사용한다. 포인터로부터 가져온 문자들은 int 타입의 변수에 저장된다. 구현 단계에서 char 타입이 signed char와 동일한 범위, 표현, 동작을 갖도록 정의되면 위와 같은 문자열 변수를 int 타입의 변수에 할당할 때 이 값은 부호 확장^{sign-extended}이 된다. 십진수의 문자 코드 값 255(2의 보수로는 -1)는 부호 확장으로 정수인 -1의 값을 갖고 EOF와 구별되지 않는다.

부적절한 코드 예제

위의 문제는 c_str 변수를 명시적으로 unsigned char로 선언해서 해결할 수 있다.

```
static int yy_string_get(void) {
  register unsigned char *c_str;
  register int c;

  c_str = bash_input.location.string;
  c = EOF;

  /*만약 문자열이 존재하지 않거나 비어 있다면 문자열은 EOF에 도달 */
  if (c_str && *c_str) {
    c = *c_str++;
    bash_input.location.string = c_str;
```

```
    }
    return (c);
}
```

하지만 이 예제는 'STR04-C. 기본 문자 집합에서 문자들을 위해 char를 사용하라'
의 규칙을 위반한다.

해결 방법

이 해결 방법은 변수 c에 int 값을 할당하기 전에 *c_str++ 표현식의 결과는 unsigned
char로 타입 변경(캐스팅)을 한다.

```
static int yy_string_get(void) {
    register char *c_str;
    register int c;

    c_str = bash_input.location.string;
    c = EOF;

    /*만약 문자열이 존재하지 않거나 비어 있다면 문자열은 EOF에 도달*/
    if (c_str && *c_str) {
        /* unsigned type으로 타입 변경 */
        c = (unsigned char)*c_str++;

        bash_input.location.string = c_str;
    }
    return (c);
}
```

부적절한 코드 예제

다음의 부적절한 코드 예제에서 *s를 unsigned int로 타입 변환은 정수 확장으로
UCHAR_MAX를 초과한 값을 갖는다. 'ARR30-C. 경계를 초과한 포인터나 배열 첨자를 만
들거나 사용하지 마라'의 규칙을 위반한다.

```
#include <limits.h>
#include <stddef.h>
```

```
static const char table[UCHAR_MAX] = { 'a' /* ... */ };

ptrdiff_t first_not_in_table(const char *c_str) {
   for (const char *s = c_str; *s; ++s) {
      if (table[(unsigned int)*s] != *s) {
        return s - c_str;
      }
   }
   return -1;
}
```

해결 방법

이 해결 방법은 더 큰 타입으로 암시적 확장을 하기 전에 char 타입을 unsigned char 타입으로 변환(캐스팅)한다.

```
#include <limits.h>
#include <stddef.h>

static const char table[UCHAR_MAX] = { 'a' /* ... */ };

ptrdiff_t first_not_in_table(const char *c_str) {
   for (const char *s = c_str; *s; ++s) {
      if (table[(unsigned char)*s] != *s) {
        return s - c_str;
      }
   }
   return -1;
}
```

위험 평가

UCHAR_MAX를 초과하는 문자 데이터의 변환은 쉽게 놓칠 수 있는 에러로, 잠재적으로 심각한 취약성으로 시스템을 광범위하게 교란할 수 있다.

규칙	심각도	위험 발생 가능성	개선 비용	우선순위	레벨
STR34-C	보통	보통	보통	P8	L2

관련 취약성

CVE-2009-0887은 이 규칙을 위반한다. Linux PAM(1.0.3 버전까지)에서 strtok() 의 libpam 구현은 배열의 인덱스를 사용을 위해 문자를 정수로 캐스팅한다. 공격자는 ASCII 문자가 아닌 문자열을 입력하고 음수가 발생할 수 있는 변환과 배열의 외부에 서 메모리를 접속하는 취약성을 악용할 수 있다.

관련된 가이드라인

ISO/IEC TS 17961:2013	Conversion of signed characters to wider integer types before a check for EOF [signconv]
MISRA-C	Rule 10.1 through Rule 10.4 (required)
MITRE CWE	CWE-704, Incorrect Type Conversion or Cast

참고 문헌

[xorl 2009]	CVE-2009-0887: Linux-PAM Signedness Issue

■ STR37-C. 문자를 처리하는 함수로 전달되는 인자는 반드시 unsigned char 로 표현 가능해야 한다

C Standard, 7.4 [ISO/IEC 9899:2011]에 따르면 다음과 같다.

> <ctype.h> 헤더는 문자를 분류하고 매핑(mapping)하고자 여러 유용한 함수를 선언한다. 모든 경우에 대해 인자는 int이고 표현되는 값은 unsigned char이거나 EOF 매크로의 값과 동일하다. 인자가 그 밖에 다른 값을 갖는다면 동작은 정의되지 않는다.

'부록 B, 정의되지 않은 동작 113'을 참조하라.

이 규칙은 단지 char 데이터 타입이 signed char와 동일한 범위, 표현, 동작을 정의하는 플랫폼에서 적용할 수 있다. 표 7-1은 이 규칙이 언급하는 문자 분류 함수를 보여 준다.

이 규칙은 'STR34-C. 문자들을 더 큰 타입인 정수로 변환하기 전에 unsigned 타입으로 캐스팅하라'의 구체적인 예다.

표 7-1 문자 분류 함수

isalnum()	isalpha()	isascii()[XSI]	isblank()
iscntrl()	isdigit()	isgraph()	islower()
isprint()	ispunct()	isspace()	isupper()
isxdigit()	toascii()[XSI]	toupper()	tolower()

XSI는 X/Open System Interfaces Extension을 의미하며 이 함수는 C Standard에 의해 정의되지 않는다.

부적절한 코드 예제

char가 signed로 간주되는 구현에서, isspace() 함수에 매개 변수 *t는 const char *로 정의되고 이 값은 unsigned char로 나타낼 수 없기 때문에 다음의 코드는 부적절하다.

```
#include <ctype.h>
#include <string.h>

size_t count_preceding_whitespace(const char *s) {
    const char *t = s;
    size_t length = strlen(s) + 1;
    while (isspace(*t) && (t - s < length)) {
        ++t;
    }
    return t - s;
}
```

isspace() 함수의 인자는 반드시 EOF 또는 unsigned char로 표현 가능해야 하며 그렇지 않으면 결과는 정의되지 않는다.

해결 방법

이 해결 방법은 isspace() 함수에 인자로 전달하기 전에 문자를 unsigned char로 캐스팅한다.

```
#include <ctype.h>
#include <string.h>

size_t count_preceding_whitespace(const char *s) {
    const char *t = s;
    size_t length = strlen(s) + 1;
    while (isspace((unsigned char)*t) && (t - s < length)) {
        ++t;
    }
    return t - s;
}
```

위험 평가

unsigned char로 표현할 수 없는 값을 문자를 처리하는 함수로 전달하는 것은 정의되지 않은 동작을 유발한다.

규칙	심각도	위험 발생 가능성	개선 비용	우선순위	레벨
STR37-C	낮음	낮음	낮음	P3	L3

관련된 가이드라인

ISO/IEC TS 17961:2013	Passing arguments to character-handling functions that are not representable as unsigned char [chrsgnext]
MITRE CWE	CWE-704, Incorrect Type Conversion or Cast CWE-686, Function Call with Incorrect Argument Type

참고 문헌

[ISO/IEC 9899:2011]	7.4, "Character Handling <ctype.h>"
[Kettlewell 2002]	Section 1.1, "<ctype.h> and Characters Types"

■ STR38-C. 와이드와 내로 타입의 문자열과 함수를 혼동하지 마라

내로^{narrow} 문자열 인자를 와이드^{wide} 문자열 함수로 전달하거나 또는 와이드 문자열 인자를 내로 문자열 함수로 전달하는 것은 예상하지 못한 정의되지 않은 동작을 유발한다. 스케일링 문제^{scaling problem}는 와이드와 내로 문자 사이의 크기의 차이로 발생한다('ARR39-C. 포인터에 스케일링된 정수를 더하거나 빼지 마라' 참조). 와이드 문자열은 널 와이드 문자에 의해 종료되고 널 바이트를 포함하기 때문에 길이를 결정하는 것 또한 문제가 있다.

wchar_t와 char는 서로 다른 타입이기 때문에 만약 부적절한 함수가 사용되면 컴파일러는 에러가 발생한다('MSC00-C. 컴파일 시 높은 경고 메시지 옵션을 줘라' 참조).

부적절한 코드 예제(내로 문자열 함수를 가진 와이드 문자열)

다음의 부적절한 코드 예제에서 10개의 문자까지 복사를 하는 strncpy() 함수를 부적절하게 사용한다. 와이드 문자열은 널 바이트를 포함하기 때문에 복사를 위한 동작은 예상보다 먼저 종료할 수 있으며 와이드 문자열이 잘리는 결과를 초래한다.

```c
#include <stddef.h>
#include <string.h>

void func(void) {
  wchar_t wide_str1[] = L"0123456789";
  wchar_t wide_str2[] = L"0000000000";

  strncpy(wide_str2, wide_str1, 10);
}
```

부적절한 코드 예제(내로 문자열, 와이드 문자열 함수)

다음의 부적절한 코드 예제로 10개의 와이드 문자를 narrow_str1에서 narrow_str2로 복사하고자 wcsncpy() 함수를 부정확하게 호출한다. narrow_str2는 내로 문자열이기 때문에 복사 결과를 저장하기 위한 불충분한 메모리를 갖고 버퍼 오버플로를 발생한다.

```
#include <wchar.h>

void func(void) {
    char narrow_str1[] = "01234567890123456789";
    char narrow_str2[] = "0000000000";

    wcsncpy(narrow_str2, narrow_str1, 10);
}
```

해결 방법

이 해결 방법은 proper-width 함수를 사용한다. 와이드 문자열을 위한 wcsncpy() 함수
의 사용과 내로 문자열을 위한 strncpy() 함수를 사용하는 것은 데이터가 잘리지 않고
버퍼 오버플로가 발생되지 않도록 보장한다.

```
#include <string.h>
#include <wchar.h>

void func(void) {
    wchar_t wide_str1[] = L"0123456789";
    wchar_t wide_str2[] = L"0000000000";
    wcsncpy(wide_str2, wide_str1, 10);

    char narrow_str1[] = "0123456789";
    char narrow_str2[] = "0000000000";
    strncpy(narrow_str2, narrow_str1, 10);
}
```

부적절한 코드 예제(strlen())

다음의 부적절한 코드 예제로 strlen() 함수는 와이드 문자열의 크기를 결정하는 데
사용한다.

```
#include <stdlib.h>
#include <string.h>

void func(void) {
    wchar_t wide_str1[] = L"0123456789";
```

```
    wchar_t *wide_str2 = (wchar_t*)malloc(strlen(wide_str1) + 1);
    if (wide_str2 == NULL) {
      /* 에러 처리 */
    }
    /* ... */
    free(wide_str2);
    wide_str2 = NULL;
}
```

strlen() 함수는 널 종료 문자 앞에 선행하는 문자의 개수를 결정한다. 하지만 이 예제처럼 ASCII 문자 집합에서 문자를 표현할 때 와이드 문자는 널 바이트를 포함할 수 있다. 결과적으로 strlen() 함수는 와이드 문자열의 널 바이트에 선행하는 문자열 바이트의 수를 반환한다.

해결 방법

이 해결 방법은 널 종료 문자를 포함해 복사된 와이드 문자에 요구되는 바이트를 정확히 계산한다.

```
#include <stdlib.h>
#include <wchar.h>

void func(void) {
    wchar_t wide_str1[] = L"0123456789";
    wchar_t *wide_str2 = (wchar_t *)malloc(
        (wcslen(wide_str1) + 1) * sizeof(wchar_t));
    if (wide_str2 == NULL) {
        /* 에러 처리 */
    }
    /* ... */

    free(wide_str2);
    wide_str2 = NULL;
}
```

위험 평가

내로와 와이드 문자열을 혼동하는 것은 버퍼 오버플로와 데이터 잘림, 다른 여러 결함을 유발할 수 있다.

규칙	심각도	위험 발생 가능성	개선 비용	우선순위	레벨
STR38-C	높음	높음	낮음	P27	L1

참고 문헌

[ISO/IEC 9899:2011]	7.24.2.4, "The strncpy Function"
	7.29.4.2.2, "The wcsncpy Function"

8장

장

메모리 관리

8장 목차

위험 평가

규칙	심각도	위험 발생 가능성	개선 비용	우선순위	레벨
MEM30-C	높음	높음	보통	P18	L1
MEM31-C	높음	보통	보통	P12	L1
MEM32-C	낮음	낮음	낮음	P3	L3
MEM34-C	높음	높음	보통	P18	L1
MEM35-C	높음	보통	높음	P6	L2
MEM36-C	낮음	보통	높음	P2	L3

■ MEM30-C. 해제된 메모리에 접근하지 마라

메모리 관리자 함수에 의해 해제된 메모리에서 포인터를 평가하거나 역참조, 산술 연산의 피연산자로 동작, 타입 캐스팅, 할당의 오른쪽 부분 포인터로 사용하는 것은 정의되지 않은 동작을 유발한다. 해제된 메모리를 참조하는 포인터를 **댕글링 포인터**[dangling pointer]라고 하며 이런 댕글링 포인터에 접속하는 것은 취약성에 노출할 수 있는 결과를 초래한다.

표준 C에 따르면 free()나 realloc()의 호출에 의해 해제된 공간을 참조하는 포인터를 사용하는 것은 정의되지 않은 동작을 유발한다('부록 B, 정의되지 않은 동작 177' 참조).

포인터 값이 결정되지 않고 잘못된 표현[trap representation]을 할 수 있기 때문에 해제된 메모리를 참조하는 포인터를 읽는 것은 정의되지 않은 동작이다. 잘못된 표현을 패칭하는 것은 하드웨어의 이상 상태[hardware trap]가 발생할 수 있다.

메모리 관리자의 권한으로 해제된 메모리를 재할당하거나 재사용할 수 있다. 메모리가 해제되면 그것을 참조하는 모든 포인터는 유효하지 않으며 그것이 운영체제로 반환돼 해제된 공간에 접속할 수 없거나 또는 전혀 손상되지 않은 채로 접근이 가능할 수 있다. 따라서 해제된 위치의 데이터가 유효하게 보일 수 있지만 예상하지 못한 변화가 생길 수 있다. 결론적으로 메모리가 한 번 해제된 뒤에는 읽기나 쓰기 동작이 발생하지 않도록 해야 한다.

부적절한 코드 예제

브라이언 커니핸[Brian Kernighan]과 데니스 리치[Dennis Ritchie][Kernighan 1988]로부터 참조한 이 예제는 링크 리스트와 연관된 메모리 해제의 부정확한 방법과 정확한 방법을 모두 보여 준다. 부정확한 예제로 p->next가 수행되기 전에 해제된 p가 실행되고 p->next는 이미 해제된 메모리에 읽기 동작을 한다.

```
#include <stdlib.h>

struct node {
    int value;
    struct node *next;
```

```
};

void free_list(struct node *head) {
    for (struct node *p = head; p != NULL; p = p->next) {
        free(p);
    }
}
```

해결 방법

커니핸[Kernighan]과 리치[Ritchie]는 p가 해제되기 전에 q에 p->next의 참조되는 값을 저장해서 위의 에러를 해결하도록 한다.

```
#include <stdlib.h>

struct node {
    int value;
    struct node *next;
};

void free_list(struct node *head) {
    struct node *q;
    for (struct node *p = head; p != NULL; p = q) {
        q = p->next;
        free(p);
    }
}
```

부적절한 코드 예제

다음의 부적절한 코드 예제로 buf는 해제된 뒤에 쓰기 동작이 일어난다. 메모리 해제 후 쓰기 동작의 취약성[write-after-free vulnerability]은 취약한 프로세스의 접근 권한을 이용해 임의 코드를 실행하는 데 노출될 수 있으며, 이 문제는 명확하게 드러나지 않는다. 일반적으로 할당과 해제는 서로 상당한 거리를 두고 수행되며 이러한 문제를 인지하고 진단하는 것은 상당히 어렵다.

```
#include <stdlib.h>
#include <string.h>

int main(int argc, char *argv[]) {
  char *return_val = 0;
  const size_t bufsize = strlen(argv[0]) + 1;
  char *buf = (char *)malloc(bufsize);
  if (!buf) {
    return EXIT_FAILURE;
  }
  /* ... */
  free(buf);
  /* ... */
  strcpy(buf, argv[0]);
  /* ... */
  return EXIT_SUCCESS;
}
```

해결 방법

이 해결 방법은 메모리가 마지막으로 사용될 때까지 해제되지 않는다.

```
#include <stdlib.h>
#include <string.h>

int main(int argc, char *argv[]) {
    char *return_val = 0;
    const size_t bufsize = strlen(argv[0]) + 1;
    char *buf = (char *)malloc(bufsize);
    if (!buf) {
      return EXIT_FAILURE;
    }
    /* ... */
    strcpy(buf, argv[0]);
    /* ... */
    free(buf);
    return EXIT_SUCCESS;
}
```

부적절한 코드 예제

다음의 부적절한 코드 예제에서 realloc()은 c_str1이 널 포인터를 반환할 때 해제하고 c_str1이 두 번 해제될 수 있다. 결함 보고서^{defect report} #400 (http://www.open-std. org/jtcl/sc22/wg14/www/docs/summary.htm)에 대해 C 표준위원회의 제안은 기존 객체는 size가 0일 때 할당을 해제하고 새로운 객체의 메모리가 할당되지 않도록 하는 것은 구현 방법에 따라 정의되는 동작이다. GNU C 라이브러리와 마이크로소프트 비주얼 스튜디오의 C 런타임 라이브러리에서 realloc()의 구현은 c_str1을 해제하고 0 바이트 할당에 대한 널 포인터를 반환한다. 포인터를 두 번 해제하는 것은 일반적으로 **중복 해제 취약성**^{double-free vulnerability}[Seacord 2013b]으로 악용 가능한 취약성을 노출할 수 있는 결과를 초래한다.

```
#include <stdlib.h>

void f(char *c_str1, size_t size) {
   char *c_str2 = (char *)realloc(c_str1, size);
   if (c_str2 == NULL) {
     free(c_str1);
   }
}
```

해결 방법

이 해결 방법은 0인 크기 인자를 realloc() 함수로 전달하지 않고 c_str1이 두 번 해제될 수 있는 가능성을 제거한다.

```
#include <stdlib.h>

void f(char *c_str1, size_t size) {
   if (size != 0) {
     char *c_str2 = (char *)realloc(c_str1, size);
     if (c_str2 == NULL) {
       free(c_str1);
     }
   }
   else {
```

```
        free(c_str1);
    }
}
```

만약 f() 함수를 호출하려는 의도가 객체의 크기를 줄이려는 것이라면 크기가 0일
때 어떤 동작도 하지 않으며 대신에 객체를 해제한다.

부적절한 코드 예제

다음의 부적절한 코드 예제에서 버전 0.2.8.4의 libwmf에 대해 CVE-2009-1364에
서 기술한 것으로, gdRealloc(im->clip->list에 의해 참조되는 공간을 재할당하는 래핑된
realloc() 함수)의 반환값은 more로 설정된다. 하지만 im->clip->list의 값은 직접적으
로 나중에 사용되며 표준 C는 만약 realloc()이 참조하는 지역으로 이동한다면 원래
의 블록은 해제된다고 지정한다. 공격자는 재할당(충분한 im->clip->count를 갖고)을 강
제해서 임의 코드를 실행할 수 있으며 해제된 메모리에 접근한다[xorl2009].

```
void gdClipSetAdd(gdImagePtr im, gdClipRectanglePtr rect) {
    gdClipRectanglePtr more;
    if (im->clip == 0) {
    /* ... */
    }
    if (im->clip->count == im->clip->max) {
      more = gdRealloc (im->clip->list,(im->clip->max + 8) *
                          sizeof (gdClipRectangle));
      /*
       * If the realloc fails, then we have not lost the
       * im->clip->list value.
       */
      if (more == 0) return;
      im->clip->max += 8;
    }
    im->clip->list[im->clip->count] = *rect;
    im->clip->count++;
```

해결 방법

이 해결 방법은 realloc() 함수가 호출된 뒤에 im->clip->list를 more의 값으로 단순히 재할당한다.

```
void gdClipSetAdd(gdImagePtr im,gdClipRectanglePtr rect) {
    gdClipRectanglePtr more;
    if (im->clip == 0) {
      /* ... */
    }
    if (im->clip->count == im->clip->max) {
      more = gdRealloc (im->clip->list,(im->clip->max + 8) *
                          sizeof (gdClipRectangle));
      if (more == 0) return;
      im->clip->max += 8;
      im->clip->list = more;
    }
    im->clip->list[im->clip->count] = *rect;
    im->clip->count++;
```

위험 평가

이미 해제된 메모리에 읽기 동작은 비정상적인 프로그램 종료와 서비스 거부 공격denial-of-service attack을 유발할 수 있다. 이미 해제된 메모리에 쓰기 동작은 취약한 프로세스의 접근으로 임의 코드를 실행할 수 있는 결과를 초래할 수 있다.

여러 번 메모리를 해제하는 것은 그것이 해제된 후 메모리에 접근하는 것과 유사한 결과를 가져온다. 해제된 메모리의 포인터에 대한 읽기 동작은 포인터 값이 결정되지 않은 채로 잘못된 표현을 할 수 있기 때문에 정의되지 않은 동작을 유발한다. 해제된 메모리로부터 읽기 동작이나 쓰기 동작을 하는 것이 문제의 원인이 아니며 임의 코드를 수행하는 노출된 환경에서 힙을 관리하는 데이터 구조를 근본적으로 변질시킬 수 있다. 그렇지 않으면 해제된 후 메모리에 쓰기 동작은 재할당된 메모리를 수정할 수 있다.

프로그래머는 반복문 또는 조건문에서 메모리가 해제되는 시점을 주의해서 사용해야 하며 코드가 부적절하게 사용되면 중복 해제 취약성double-free vulnerability이 발생할 수 있다. realloc() 함수의 잘못된 사용 에러로 인해 중복 해제 취약성의 문제가 발생한다('MEM04-C. 크기가 0인 할당을 수행하지 마라' 참조).

규칙	심각도	위험 발생 가능성	개선 비용	우선순위	레벨
MEM30–C	높음	높음	보통	P18	L1

관련 취약성

VU#623332는 MIT Kerberos 5 함수 krb5_recvauth()에서 중복 해제 취약성을 설명한다.

관련된 가이드라인

ISO/IEC TR 24772:2013	Dangling References to Stack Frames [DCM] Dangling Reference to Heap [XYK]
ISO/IEC TS 17961:2013	Accessing freed memory [accfree] Freeing memory multiple times [dblfree]
MISRA C:2012	Rule 18.6 (required)
MITRE CWE	CWE–415, Double Free CWE–416, Use After Free

참고 문헌

[ISO/IEC 9899:2011]	7.22.3, "Memory Management Functions"
[Kernighan 1988]	Section 7.8.5, "Storage Management"
[MIT 2005]	
[OWASP Freed Memory]	
[Seacord 2013b]	Chapter 4, "Dynamic Memory Management"
[Viega 2005]	Section 5.2.19, "Using Freed Memory"
[VU#623332]	
[xorl 2009]	CVE–2009–1364: LibWMF Pointer Use after free()

■ MEM31-C. 동적으로 할당된 메모리는 더 이상 필요 없을 때 해제하라

표준 메모리 할당 함수의 반환값을 저장하는 포인터의 존속 기간이 끝나기 전 그 값을 갖고 있는 포인터는 free() 호출과 함께 해제돼야 한다.

부적절한 코드 예제

다음의 부적절한 코드 예제로 malloc() 호출에 의해 할당된 객체가 그 객체를 참조하는 text_buffer 포인터의 존속 기간이 끝나기 전에 해제되지 않는다.

```
#include <stdlib.h>

enum { BUFFER_SIZE = 32 };

int f(void) {
   char *text_buffer = (char *)malloc(BUFFER_SIZE);
   if (text_buffer == NULL) {
     return -1;
   }
   return 0;
}
```

해결 방법

이 해결 방법에서는 포인터가 free() 호출과 함께 할당을 해제한다.

```
#include <stdlib.h>

enum { BUFFER_SIZE = 32 };

int f(void) {
   char *text_buffer = (char *)malloc(BUFFER_SIZE);
   if (text_buffer == NULL) {
     return -1;
   }

   free(text_buffer);
   return 0;
}
```

예외

MEM31-EX1: 만약 포인터의 수명이 프로그램의 전체 실행 기간 동안 유지되는 정적 저장 존속 기간^{static storage duration}을 가진 포인터라면 할당된 메모리는 해제될 필요 없다. 다음의 코드 예제는 static 변수의 malloc() 함수로부터 반환되는 값을 저장하는 포인터를 설명한다.

```c
#include <stdlib.h>

enum { BUFFER_SIZE = 32 };

int f(void) {
   static char *text_buffer = NULL;
   if (text_buffer == NULL) {
     text_buffer = (char *)malloc(BUFFER_SIZE);
     if (text_buffer == NULL) {
       return -1;
     }
   }
   return 0;
}
```

위험 평가

잘못된 메모리 해제는 시스템 메모리 자원의 고갈을 초래할 수 있으며 서비스 거부 공격을 유발할 수 있다.

규칙	심각도	위험 발생 가능성	개선 비용	우선순위	레벨
MEM31-C	높음	보통	보통	P12	L2

관련된 가이드라인

ISO/IEC TR 24772:2013	Memory Leak [XYL]
ISO/IEC TS 17961:2013	Failing to close files or free dynamic memory when they are no longer needed [fileclose]

MITRE CWE	CWE-401, Improper Release of Memory Before Removing Last Reference ("Memory Leak")

참고 문헌

[ISO/IEC 9899:2011]	7.22.3, "Memory Management Functions"

■ MEM33-C. 유연한 배열 멤버를 포함하는 구조체를 동적으로 할당하고 복사하라

다음은 C Standard, 6.7.2.1, 18절 [ISO/IEC 9899:2011]의 내용이다.

> 1개 이상의 이름이 있는 멤버를 가진 구조체의 마지막 원소가 불완전한 배열 타입을 갖는 경우로서 이것을 유연한 배열 멤버(flexible array member)라고 한다. 대부분의 경우 유연한 배열 멤버의 크기는 무시되며, 특히 구조체의 크기는 더 많은 트레일링 패딩이 존재하며 유연한 배열 멤버의 크기가 생략된 것으로 간주한다.

다음은 유연한 배열 멤버를 포함하는 구조체의 예다.

```
struct flex_array_struct {
    int num;
    int data[];
};
```

위의 정의는 유연한 배열 멤버를 가진 구조체의 크기를 계산할 때 단지 첫 번째 멤버인 num만 고려한다. 저장 공간을 할당할 때 유연한 배열 멤버의 적합한 크기가 struct 객체에 명시적으로 더해지지 않는다면 포인터 타입이 아닌 struct flex_array_struct의 멤버인 data에 대한 접근 결과는 정의되지 않는다. 'DCL38-C. 유연한 배열 멤버를 선언할 때 정확한 문법을 사용하라'의 규칙은 유연한 배열 멤버를 가진 struct를 선언하기 위한 정확한 방법을 설명한다.

정의되지 않은 동작을 피하려고 유연한 배열 멤버를 포함하는 구조체는 항상 동적으로 할당돼야 한다. 유연한 배열 멤버를 가진 구조체는 반드시 다음과 같아야 한다.

- 동적 저장 존속 기간dynamic storage duration을 가져야 한다(malloc() 함수에 의해 할당되거나 또는 다른 동적 할당 함수에 의해 할당).
- memcpy()를 사용해 동적으로 복사되거나 또는 할당이 아닌 유사한 함수에 의해 동적으로 복사돼야 한다.
- 함수에 인자로서 사용될 때 포인터에 의해 전달되고 값에 의해 복사되지 않아야 한다.

부적절한 코드 예제(저장 존속 기간)

다음의 부적절한 코드 예제는 유연한 배열 멤버를 포함하는 구조체에 자동 저장 존속 기간을 사용한다.

```c
#include <stddef.h>

struct flex_array_struct {
    size_t num;
    int data[];
};

void func(void) {
    struct flex_array_struct flex_struct;
    size_t array_size = 4;

    /* 구조체 초기화 */
    flex_struct.num = array_size;

    for (size_t i = 0; i < array_size; ++i) {
        flex_struct.data[i] = 0;
    }
}
```

flex_struct의 메모리는 스택에 저장되기 때문에 data 멤버에 대해 저장 공간이 예약되지 않는다. data 멤버에 접근하는 것은 정의되지 않은 동작을 유발한다.

해결 방법(storage duration)

이 해결 방법은 flex_array_struct의 저장 공간을 동적으로 할당한다.

```c
#include <stdlib.h>

struct flex_array_struct {
    size_t num;
    int data[];
};

void func(void) {
    struct flex_array_struct *flex_struct;
    size_t array_size = 4;

    /* 구조체에 대한 동적 메모리 할당 */
    flex_struct = (struct flex_array_struct *)malloc(
      sizeof(struct flex_array_struct)
      + sizeof(int) * array_size);
    if (flex_struct == NULL) {
        /* 에러 처리 */
    }

    /* 구조체 초기화 */
    flex_struct->num = array_size;

    for (size_t i = 0; i < array_size; ++i) {
      flex_struct->data[i] = 0;
    }
}
```

부적절한 코드 예제(복사)

다음의 부적절한 코드 예제는 할당에 의해 유연한 배열 멤버(struct flex_array_struct)를 포함하는 구조체의 인스턴스를 복사하려고 한다.

```c
#include <stddef.h>

struct flex_array_struct {
    size_t num;
```

```
    int data[];
};

void func(struct flex_array_struct *struct_a,
          struct flex_array_struct *struct_b) {
    *struct_b = *struct_a;
}
```

구조체가 복사될 때 유연한 배열 멤버의 크기는 고려되지 않고 구조체의 첫 번째 멤버인 num이 복사되고 배열의 내용에는 아무런 변화 없이 그대로 유지된다.

해결 방법(복사)

이 해결 방법은 struct_a의 내용을 struct_b로 복사하려고 memcpy()를 사용한다.

```
#include <string.h>

struct flex_array_struct {
    size_t num;
    int data[];
};

void func(struct flex_array_struct *struct_a,
          struct flex_array_struct *struct_b) {
    if (struct_a->num > struct_b->num) {
      /* 불충분한 공간; 에러 처리 */
      return;
    }
    memcpy(struct_b, struct_a,
           sizeof(struct flex_array_struct) + (sizeof(int)
             * struct_a->num));
}
```

부적절한 코드 예제(함수 인자)

다음의 부적절한 코드 예제에서 유연한 배열 멤버는 배열 멤버를 출력하는 함수의 값에 의해 전달된다.

322

```
#include <stdio.h>
#include <stdlib.h>

struct flex_array_struct {
    size_t num;
    int data[];
};

void print_array(struct flex_array_struct struct_p) {
    puts("Array is: ");
    for (size_t i = 0; i < struct_p.num; ++i) {
        printf("%d ", struct_p.data[i]);
    }
    putchar('\n');
}

void func(void) {
    struct flex_array_struct *struct_p;
    size_t array_size = 4;

    /* 구조체에 대한 공간이 할당되고 초기화  */
    struct_p = (struct flex_array_struct *)malloc(
        sizeof(struct flex_array_struct)
        + sizeof(int) * array_size);
    if (struct_p == NULL) {
        /* 에러 처리 */
    }
    struct_p->num = array_size;

    for (size_t i = 0; i < array_size; ++i) {
        struct_p->data[i] = i;
    }
    print_array(*struct_p);
}
```

인자가 값에 의해 전달되기 때문에 유연한 배열 멤버의 크기는 구조체가 복사될 때 고려되지 않고 구조체의 첫 번째 멤버 num이 복사된다.

해결 방법(함수 인자)

이 해결 방법에서는 구조체가 값이 아닌 참조[reference]에 의해 전달된다.

```c
#include <stdio.h>
#include <stdlib.h>

struct flex_array_struct {
    size_t num;
    int data[];
};

void print_array(struct flex_array_struct *struct_p) {
    puts("Array is: ");
    for (size_t i = 0; i < struct_p->num; ++i) {
        printf("%d ", struct_p->data[i]);
    }
    putchar('\n');
}

void func(void) {
    struct flex_array_struct *struct_p;
    size_t array_size = 4;

    /* 구조체에 대한 공간이 할당되고 초기화... */

    print_array(struct_p);
}
```

위험 평가

유연한 배열 멤버를 가진 구조체를 잘못 사용하는 것은 정의되지 않은 동작을 유발할 수 있다.

규칙	심각도	위험 발생 가능성	개선 비용	우선순위	레벨
MEM33-C	낮음	낮음	낮음	P3	L3

참고 문헌

[ISO/IEC 9899:2011]	6.7.2.1, "Structure and Union Specifiers"
[ISO/IEC JTC1/SC22/WG14 N791]	Solving the Struct Hack Problem

■ MEM34-C. 동적으로 할당된 메모리만 해제하라

C Standard, Annex J [ISO/IEC 9899:2011]에서 프로그램의 동작은 다음과 같을 때 정의되지 않는다.

> free나 realloc 함수의 포인터 인자가 메모리 관리 함수에 의해 반환된 포인터와 동일하지 않을 때 또는 저장 공간이 free나 realloc 함수의 호출에 의해 할당이 해제될 때.

'부록 B, 정의되지 않은 동작 179'를 참조하라.

동적으로 할당되지 않은 메모리 해제는 힙을 손상하고 다른 심각한 에러를 유발한다. malloc(), realloc(), aligned_alloc()과 같은 표준 메모리 할당 함수에 의해 반환되는 값 외에는 free() 호출을 하지 마라.

유사한 상황이 realloc() 함수가 동적으로 할당되지 않은 메모리를 인자로 전달할 때 발생한다. realloc() 함수는 동적 메모리의 블록 사이즈를 재조정하는 데 사용한다. 만약 realloc()이 표준 메모리 할당 함수에 의해 할당되지 않은 메모리로 포인터를 전달한다면 동작은 정의되지 않고 프로그램은 비정상적으로 종료한다.

이 규칙은 널 포인터에 적용하지 않는다. 표준 C에서 만약 free() 함수에 널 포인터를 전달한다면 아무런 동작이 일어나지 않는다.

부적절한 코드 예제

다음의 부적절한 코드 예제는 argc의 값에 따라 동적으로 할당된 메모리나 정적으로 할당된 문자열 리터럴을 참조하려고 c_str을 설정한다. 두 경우 모두 c_str은 free()에 인자로서 전달된다. 동적으로 할당된 메모리 외에 다른 것이 c_str에 의해 참조된다면 free(c_str) 호출은 에러를 발생한다.

```
#include <stdlib.h>
#include <string.h>
#include <stdio.h>

enum { MAX_ALLOCATION = 1000 };

int main(int argc, const char *argv[]) {
    char *c_str = NULL;
    size_t len;

    if (argc == 2) {
        len = strlen(argv[1]) + 1;
        if (len > MAX_ALLOCATION) {
            /* 에러 처리 */
        }
        c_str = (char *)malloc(len);
        if (c_str == NULL) {
            /* 에러 처리 */
        }
        strcpy(c_str, argv[1]);
    } else {
        c_str = "usage: $>a.exe [string]";
        printf("%s\n", c_str);
    }

    free(c_str);
    return 0;
}
```

해결 방법

이 해결 방법은 c_str이 free()로 전달될 때 c_str이 동적으로 할당되지 않은 메모리를 참조할 수 있는 가능성을 제거한다.

```
#include <stdlib.h>
#include <string.h>
#include <stdio.h>

enum { MAX_ALLOCATION = 1000 };
```

```
int main(int argc, const char *argv[]) {
    char *c_str = NULL;
    size_t len;

    if (argc == 2) {
      len = strlen(argv[1]) + 1;
      if (len > MAX_ALLOCATION) {
        /* 에러 처리 */
      }
      c_str = (char *)malloc(len);
      if (c_str == NULL) {
        /* 에러 처리 */
      }
      strcpy(c_str, argv[1]);
    } else {
      printf("%s\n", "usage: $>a.exe [string]");
      return EXIT_FAILURE;
    }
    free(c_str);
    return 0;
}
```

부적절한 코드 예제(realloc())

다음의 부적절한 코드 예제에서 realloc()의 포인터 매개 변수인 buf는 동적으로 할
당된 메모리를 참조하지 않는다.

```
#include <stdlib.h>

enum { BUFSIZE = 256 };

void f(void) {
    char buf[BUFSIZE];
    char *p = (char *)realloc(buf, 2 * BUFSIZE);
    if (p == NULL) {
      /* 에러 처리 */
    }
}
```

해결 방법(realloc())

이 해결 방법은 buf가 동적으로 할당된 메모리를 참조한다.

```c
#include <stdlib.h>

enum { BUFSIZE = 256 };

void f(void) {
    char *buf = (char *)malloc(BUFSIZE * sizeof(char));
    char *p = (char *)realloc(buf, 2 * BUFSIZE);
    if (p == NULL) {
      /* 에러 처리 */
    }
}
```

널 포인터가 주어질 때 realloc()은 malloc()과 유사하게 동작하기 때문에 malloc()이 실패하더라도 realloc()은 적합하게 동작한다.

위험 평가

이 에러의 결과는 구현 방식에 따라 다르지만 메모리가 malloc()에 의해 재사용된다면 아무런 동작을 일으키지 않을 수도 있고 경우에 따라서는 임의 코드 실행으로 확장될 수 있다.

규칙	심각도	위험 발생 가능성	개선 비용	우선순위	레벨
MEM34-C	높음	높음	보통	P18	L1

관련된 가이드라인

ISO/IEC TS 17961:2013	Reallocating or freeing memory that was not dynamically allocated [xfree]
MITRE CWE	CWE-590, Free of Memory Not on the Heap

참고 문헌

| [ISO/IEC 9899:2011] | J.2, "Undefined Behavior" |
| [Seacord 2013b] | Chapter 4, "Dynamic Memory Management" |

■ MEM35-C. 객체에 충분한 메모리를 할당하라

malloc(), calloc(), realloc(), aligned_alloc()의 크기 인자로 사용되는 정수 표현식의 타입은 표현되는 객체를 저장하고자 충분한 범위를 갖고 있어야 한다. 만약 크기 인자가 부정확하거나 또는 공격자에 의해 조작될 수 있다면 버퍼 오버플로가 발생할 수 있다. 부정확한 크기 인자, 부적절한 범위 체크, 정수 오버플로, 잘림은 부적합한 버퍼 크기의 할당을 초래할 수 있다.

일반적으로 할당해야 할 메모리의 양은 할당해야 할 객체 타입의 크기가 될 것이다. 배열에 공간을 할당할 때 객체의 크기는 배열의 경계에 의해 곱해지는 값이다. 유연한 배열 멤버flexible array member를 가진 구조체에 공간을 할당할 때 배열 멤버의 크기는 구조체의 크기에 더해진다('MEM33-C. 유연한 배열 멤버를 가진 동적인 구조체를 할당하고 복사하라' 참조). 할당된 메모리의 크기를 계산할 때 객체에 대한 정확한 타입을 사용한다.

'STR31-C. 문자열을 위한 공간이 문자 데이터와 널 종료 문자를 담기에 충분함을 보장하라'는 이 규칙의 구체적인 예다.

부적절한 코드 예제(정수)

다음의 부적절한 코드 예제로 long 타입의 배열이 p에 할당된다. unsigned integer의 코드는 'INT32-C. signed(부호 있는) 정수의 연산이 오버플로되지 않도록 보장하라'의 규칙에 따라 오버플로가 발생하고 len이 0과 같지 않다('MEM04-C. 크기가 0인 할당을 수행하지 마라' 참조). 하지만 sizeof(long)이 아닌 sizeof(int)가 크기를 계산하려고 사용되기 때문에 sizeof(long)이 sizeof(int)보다 크게 처리하는 구현에서는 불충분한 메모리 공간이 할당된다.

```
#include <stdint.h>
#include <stdlib.h>

void function(size_t len) {
    long *p;
    if (len == 0 || len > SIZE_MAX / sizeof(long)) {
      /* 오버플로 처리 */
    }
    p = (long *)malloc(len * sizeof(int));
    if (p == NULL) {
      /* 에러 처리 */
    }
    free(p);
}
```

해결 방법(정수)

이 해결 방법은 메모리 할당에 정확한 크기를 위해 sizeof(long)을 사용한다.

```
#include <stdint.h>
#include <stdlib.h>

void function(size_t len) {
    long *p;
    if (len == 0 || len > SIZE_MAX / sizeof(long)) {
      /* 오버플로 처리 */
    }
    p = (long *)malloc(len * sizeof(long));
    if (p == NULL) {
      /* 에러 처리 */
    }
    free(p);
}
```

해결 방법(정수)

다른 방법으로는 sizeof(*p)가 할당을 위한 적합한 크기를 산정하는 데 사용된다.

```
#include <stdint.h>
#include <stdlib.h>

void function(size_t len) {
    long *p;
    if (len == 0 || len > SIZE_MAX / sizeof(*p)) {
      /* 오버플로 처리 */
    }
    p = (long *)malloc(len * sizeof(*p));
    if (p == NULL) {
      /* 에러 처리 */
    }
    free(p);
}
```

부적절한 코드 예제(포인터)

다음의 부적절한 코드 예제에서 포인터가 객체를 참조하는 포인터의 크기를 결정하는 데 사용했기 때문에 struct tm 객체에 부적절한 공간이 할당된다.

```
#include <stdlib.h>
#include <time.h>

struct tm *make_tm(int year, int mon, int day, int hour,
                   int min, int sec) {
  struct tm *tmb;
  tmb = (struct tm *)malloc(sizeof(tmb));
  if (tmb == NULL) {
    return NULL;
  }
  *tmb = (struct tm) {
     .tm_sec = sec, .tm_min = min, .tm_hour = hour,
     .tm_mday = day, .tm_mon = mon, .tm_year = year
  };
  return tmb;
}
```

해결 방법(포인터)

이 해결 방법에서는 메모리의 정확한 크기가 struct tm 객체에 할당된다. 단일 객체에 대한 공간을 할당할 때 역참조되는 포인터를 sizeof 연산자로 전달하는 것은 충분한 공간 할당을 위한 간단한 방법이다. sizeof 연산자는 피연산자를 평가할 수 없기 때문에 이 코드에서 초기화되지 않은 포인터나 널 포인터를 역참조하는 것은 정확하게 정의된 동작^{well-defined behavior}이다.

```
#include <stdlib.h>
#include <time.h>

struct tm *make_tm(int year, int mon, int day, int hour,
                   int min, int sec) {
  struct tm *tmb;
  tmb = (struct tm *)malloc(sizeof(*tmb));
  if (tmb == NULL) {
    return NULL;
  }
  *tmb = (struct tm) {
      .tm_sec = sec, .tm_min = min, .tm_hour = hour,
      .tm_mday = day, .tm_mon = mon, .tm_year = year
  };
  return tmb;
}
```

위험 평가

유효하지 않은 크기 인자를 메모리 할당 함수로 제공하는 것은 버퍼 오버플로를 유발하고 취약한 프로세스의 접근으로 임의 코드를 실행할 수 있다.

규칙	심각도	위험 발생 가능성	개선 비용	우선순위	레벨
MEM35-C	높음	보통	높음	P6	L2

관련된 가이드라인

ISO/IEC TR 24772:2013	Buffer Boundary Violation (Buffer Overflow) [HCB]
ISO/IEC TS 17961:2013	Taking the size of a pointer to determine the size of the pointed-to type [sizeofptr]
MITRE CWE	CWE-131, Incorrect Calculation of Buffer Size CWE-190, Integer Overflow or Wraparound CWE-467, Use of sizeof() on a Pointer Type

참고 문헌

[Coverity 2007]	
[Drepper 2006]	Section 2.1.1, "Respecting Memory Bounds"
[Seacord 2013b]	Chapter 4, "Dynamic Memory Management" Chapter 5, "Integer Security"
[Viega 2005]	Section 5.6.8, "Use of sizeof() on a Pointer Type"
[xorl 2009]	CVE-2009-0587: Evolution Data Server Base64 Integer Overflows

■ MEM36-C. realloc() 호출로 객체의 정렬을 수정하지 마라

malloc()에 의해 보장되는 정렬보다 더 엄격한 정렬을 요구하는 객체의 크기를 수정하려고 realloc()을 사용하지 마라. 예를 들면 aligned_alloc() 함수의 호출에 의해 할당된 저장 공간은 일반 정렬의 기준보다 훨씬 엄격하다. 표준 C에 따라 realloc()에 의해 반환되는 포인터는 이미 적합하게 정렬돼 있고 정렬된 포인터는 기본적인 정렬 요구 사항을 갖고 있는 객체에 할당된다.

부적절한 코드 예제

다음의 부적절한 코드 예제는 4096바이트로 정렬되고 할당된 메모리의 포인터를 반환한다. 만약 realloc() 함수의 resize인자가 ptr에 의해 참조되는 객체보다 크다면 realloc()은 정렬에 적합한 새로운 메모리를 할당하고 기본적인 정렬 요구 사항을 가진 객체에 포인터를 할당한다. 하지만 원래 객체의 엄격한 정렬을 보존하지 못한다.

```
#include <stdlib.h>

void func(void) {
    size_t resize = 1024;
    size_t alignment = 1 << 12;
    int *ptr;
    int *ptr1;

    if (NULL == (ptr = (int *)aligned_alloc(alignment, sizeof(int)))) {
      /* 에러 처리 */
    }

    if (NULL == (ptr1 = (int *)realloc(ptr, resize))) {
      /* 에러 처리 */
    }
}
```

해결 방법

이 해결 방법은 원래 메모리와 동일한 정렬을 갖는 새로운 메모리의 resize 바이트를 할당하고 원래 메모리 내용을 복사한 후 원래 메모리를 해제한다. _Alignof (max_align_t)의 확장된 정렬이 지원되는지 여부에 의존하기 때문에 이 해결 방법은 **구현 방식에 따라 정의된 동작**implementation-defined behavior이다. 만약 구현 방식에서 지원되지 않는다면 이 해결 방법의 동작은 정의되지 않는다.

```
#include <stdlib.h>
#include <string.h>

void func(void) {
    size_t resize = 1024;
    size_t alignment = 1 << 12;
    int *ptr;
    int *ptr1;

    if (NULL == (ptr = (int *)aligned_alloc(alignment, sizeof(int)))) {
        /* 에러 처리 */
    }
```

```
    if (NULL == (ptr1 = (int *)aligned_alloc(alignment, resize))) {
      /* 에러 처리 */
    }

    if (NULL == (memcpy(ptr1, ptr, sizeof(int)))) {
      /* 에러 처리 */
    }

    free(ptr);
}
```

해결 방법(윈도우)

윈도우 시스템은 지정된 정렬 경계에서 메모리 할당을 위해 _aligned_malloc() 함수를 사용한다. _aligned_realloc() 함수[MSDN]는 메모리의 크기를 변경하는 데 사용할 수 있으며 이 방법의 예제로서 해결 방법을 설명한다.

```
#include <malloc.h>

void func(void) {
    size_t alignment = 1 << 12;
    int *ptr;
    int *ptr1;

    /* 원시 할당 */
    if (NULL == (ptr = (int *)_aligned_malloc(sizeof(int), alignment))) {
      /* 에러 처리 */
    }

    /* 재할당 */
    if (NULL == (ptr1 = (int *)_aligned_realloc(ptr, 1024, alignment))) {
      _aligned_free(ptr);
      /* 에러 처리 */
    }

    _aligned_free(ptr1);
}
```

_aligned_malloc()의 size와 alignment 인자는 표준 C aligned_alloc() 함수의 역순으로 제공돼야 한다.

위험 평가

부적절한 정렬은 임의 메모리 위치로 접근 가능하며 쓰기 동작이 발생할 수 있다.

규칙	심각도	위험 발생 가능성	개선 비용	우선순위	레벨
MEM36-C	낮음	보통	높음	P2	L3

참고 문헌

[ISO/IEC 9899:2011]	7.22.3.1, "The aligned_alloc Function"
[MSDN]	_aligned_malloc()

9 장

입력과 출력

9장 목차

위험 평가

규칙	심각도	위험 발생 가능성	개선 비용	우선순위	레벨
FIO30-C	높음	높음	보통	P18	L1
FIO31-C	보통	보통	높음	P4	L3
FIO32-C	보통	낮음	보통	P4	L3
FIO34-C	높음	보통	보통	P12	L1
FIO37-C	높음	보통	보통	P12	L1
FIO38-C	낮음	보통	보통	P4	L3
FIO39-C	낮음	높음	보통	P6	L2
FIO40-C	낮음	보통	보통	P4	L3
FIO41-C	낮음	낮음	보통	P2	L3
FIO42-C	보통	낮음	보통	P4	L3
FIO44-C	보통	낮음	보통	P4	L3
FIO45-C	높음	보통	높음	P6	L2
FIO46-C	보통	낮음	보통	P4	L3
FIO47-C	높음	낮음	보통	P6	L2

■ FIO30-C. 포맷 문자열에서 사용자 입력을 배제하라

오염된 값을 포함하는 포맷 문자열을 가진 포맷 지정 입/출력I/O, In/Out 함수를 절대로 호출하지 마라. 포맷 문자열의 내용을 부분적 혹은 전체적으로 제어할 수 있는 공격자는 취약한 프로세스에 난입해서 스택과 메모리의 내용을 볼 수 있거나 임의 메모리에 쓰기 동작을 할 수 있다. 결과적으로 공격자는 취약한 프로세스의 권한을 이용해서 임의 코드를 실행할 수 있다[Seacord 2013b]. 포맷 지정 출력 함수는 많은 프로그래머가 함수의 가능한 출력을 정확히 인지할 수 없기 때문에 더 위험하다. 예를 들면 포맷 지정 출력 함수는 %n 변환 지정자를 사용해서 지정된 주소에 정숫값을 쓰려고 사용할 수 있다.

부적절한 코드 예제

다음의 부적절한 코드 예제에서는 incorrect_password() 함수에서 만약 지정된 사용자가 아니고 비밀번호가 틀린 경우에 대해 에러 메시지를 표시하고자 인증 과정에서 호출된다. 함수는 user에 의해 참조되는 문자열로 사용자의 이름을 받는다. 이 예제는 인증되지 않은 사용자로부터 발생한 신뢰할 수 없는 데이터의 예를 보여 준다. 이 함수는 fprintf() 함수를 사용해서 stderr이 에러 메시지를 출력한다.

```
#include <stdio.h>
#include <stdlib.h>
#include <string.h>

void incorrect_password(const char *user) {
    int ret;
    /* 사용자 이름은 256자 이하로 제한 */
    static const char msg_format[] = "%s cannot be authenticated.\n";
    size_t len = strlen(user) + sizeof(msg_format);
    char *msg = (char *)malloc(len);
    if (msg == NULL) {
      /* 에러 처리 */
    }
    ret = snprintf(msg, len, msg_format, user);
    if (ret < 0) {
      /* 에러 처리*/
    } else if (ret >= len) {
      /* 출력이 잘리는 경우를 처리 */
    }
    fprintf(stderr, msg);
    free(msg);
}
```

incorrect_password() 함수는 메시지의 크기를 계산하고 동적인 공간을 할당하며, snprintf()를 사용해서 할당된 메모리에 메시지를 출력한다. user에 의해 참조되는 문자열이 256보다 작기 때문에 정수 오버플로에 대한 체크는 하지 않는다. %s 문자는 snprintf()를 호출하는 user에 의해 참조되는 문자열로 교체되기 때문에 결과 문자열은 할당된 바이트보다 1바이트 작은 공간이 필요하다. snprintf()는 다양한 위치에서 보이는 메시지나 메시지 생성이 어려운 곳에서 사용된다. 하지만 msg가 신뢰할 수 없는 사용자 입력을 포함하고 fprintf() 호출에 의한 포맷 문자열로 전달되기 때문에 결과 코드는 포맷 문자열 취약성을 포함한다.

해결 방법(fputs())

이 해결 방법은 fprintf() 호출을 fputs()의 호출로 대체한다. fputs()은 내용을 평가하지 않고 stderr이 msg을 직접 출력한다

```c
#include <stdio.h>
#include <stdlib.h>
#include <string.h>

void incorrect_password(const char *user) {
    int ret;
    /* 사용자 이름은 256자 이하로 제한 */
    static const char msg_format[] = "%s cannot be authenticated.\n";
    size_t len = strlen(user) + sizeof(msg_format);
    char *msg = (char *)malloc(len);
    if (msg == NULL) {
      /* 에러 처리 */
    }
    ret = snprintf(msg, len, msg_format, user);
    if (ret < 0) {
      /* 에러 처리 */
    } else if (ret >= len) {
      /* 출력이 잘리는 경우를 처리 */
    }
    fputs(msg, stderr);
    free(msg);
}
```

해결 방법(fprintf())

이 해결 방법은 신뢰할 수 없는 사용자 입력 데이터를 포맷 문자열이 아닌 fprintf()의 가변 인자로 전달해서 포맷 문자열의 취약성을 제거한다.

```c
#include <stdio.h>
```

```
void incorrect_password(const char *user) {
    static const char msg_format[] = "%s cannot be authenticated.\n";
    fprintf(stderr, msg_format, user);
}
```

부적절한 코드 예제(POSIX)

다음의 부적절한 코드 예제는 첫 번째 부적절한 코드 예제와 유사하지만 fprintf() 함수가 아닌 POSIX의 syslog()[IEEE Std 1003.1-2013] 함수를 사용한다. syslog() 함수는 포맷 문자열의 취약성에 노출돼 있다.

```
#include <stdio.h>
#include <stdlib.h>
#include <string.h>
#include <syslog.h>

void incorrect_password(const char *user) {
    int ret;
    /* 사용자 이름은 256자 이하로 제한 */
    static const char msg_format[] = "%s cannot be authenticated.\n";
    size_t len = strlen(user) + sizeof(msg_format);
    char *msg = (char *)malloc(len);
    if (msg != NULL) {
        /* 에러 처리 */
    }
    ret = snprintf(msg, len, msg_format, user);
    if (ret < 0) {
        /* 에러 처리 */
    } else if (ret >= len) {
        /* 출력이 잘리는 경우를 처리 */
    }
    syslog(LOG_INFO, msg);
    free(msg);
}
```

syslog() 함수는 BSD 4.2에서 처음 소개됐으며 리눅스^Linux와 여러 유닉스^UNIX 시스템에서 지원하며 윈도우 시스템에서는 지원하지 않는다.

해결 방법(POSIX)

이 해결 방법은 신뢰할 수 없는 사용자 입력 데이터를 포맷 문자열이 아닌 syslog()에 가변 인자로 전달한다.

```
#include <syslog.h>

void incorrect_password(const char *user) {
    static const char msg_format[] = "%s cannot be authenticated.\n";
    syslog(LOG_INFO, msg_format, user);
}
```

위험 평가

포맷 지정자로부터 사용자 입력을 배제시키지 못하는 경우 공격자가 취약한 프로세스에 난입하는 것을 허용하고 스택과 메모리의 내용을 볼 수 있거나 또는 임의 위치에서 쓰기 동작을 수행할 수 있다. 결과적으로 취약한 프로세스의 접근으로 임의 코드를 수행한다

규칙	심각도	위험 발생 가능성	개선 비용	우선순위	레벨
FIO30-C	높음	높음	보통	P18	L1

이 규칙의 위반으로 발생할 수 있는 포맷 문자열 취약성의 두 가지 예로 Ettercap 과 Samba이 있다.

Ettercap v.NG-0.7.2에서 ncurses 사용자 인터페이스는 포맷 문자열의 결함을 갖는다. ec_curses.c에서 curses_msg() 함수는 포맷 문자열을 받아 매개 변수로 vw_printw()에 전달하는 wdg_scroll_print()를 호출한다. curses_msg() 함수는 매개 변수의 하나로 포맷 문자열을 사용한다. 이 입력은 포맷 문자열의 취약성을 허용하는 사용자 데이터를 포함할 수 있다.

VFS 플러그인과 매핑되는 Samba AFS ACL은 snprintf()에 지원되는 포맷 지정자로 사용되는 사용자 정의 파일 이름에 적합한 오염^{sanitize} 제거를 하지 못한다. 보안 결함은 윈도우 NT 설정에서 AFS 파일 시스템에 있는 Samba의 afsacl.so 라이브러리를 사용하는 공유 파일에 사용자가 쓰기 동작을 할 때 악용될 수 있다.

관련된 가이드라인

ISO/IEC TR 24772:2013	Injection [RST]
ISO/IEC TS 17961:2013	Including tainted or out-of-domain input in a format string [usrfmt]
MITRE CWE	CWE-134, Uncontrolled Format String

참고 문헌

[IEEE Std 1003.1-2013]	XSH, System Interfaces, syslog
[Seacord 2013b]	Chapter 6, "Formatted Output"
[Viega 2005]	Section 5.2.23, "Format String Problem"

■ FIO31-C. 이미 열려 있는 파일을 다시 열지 마라

이미 열려 있는 파일을 다시 여는 것은 구현 방식에 따라 정의되는 동작이다. 다음은 C Standard, 7.21.3, 8절 [ISO/IEC 9899:2011]의 내용이다.

> 보조 파일(임시 파일이 아닌)을 열어야 하는 함수는 문자열 파일 이름이 필요하다. 유효한 파일 이름을 구성하는 규칙은 구현 방식에 따라 정의된다. 동일한 파일이 동시에 여러 번 열릴 때의 동작 또한 구현 방식에 따라서 정의되는 동작이다.

구현에 따라서 동일한 파일을 동시에 여러 번 복사하는 것을 허용하지 않는다. 결과적으로 호환성 있는 코드가 이 규칙을 위반할 경우 발생할 수 있는 결과를 예상할 수 없다. 구현 시에 이미 열려 있는 파일을 여는 데 실패하지 않는다 해도 파일이 열린 후에 이동되거나 삭제로 인해 파일이 동작할 수 있는 TOCTOU[Time-Of-Check, Time-Of-Use] 경쟁 상태가 발생할 수 있다('FIO45-C. 파일에 접근하는 동안 TOCTOU 경쟁 상태를 피하라' 참조).

부적절한 코드 예제

다음의 부적절한 코드 예제는 런타임 시에 프로그램의 상태를 로그에 기록한다.

```
#include <stdio.h>

void do_stuff(void) {
    FILE *logfile = fopen("log", "a");
    if (logfile == NULL) {
        /* 에러 처리 */
    }

    /* do_stuff()에 연관된 로그를 기록 */
    fprintf(logfile, "do_stuff\n");
}

int main(void) {
    FILE *logfile = fopen("log", "a");
    if (logfile == NULL) {
        /* 에러 처리 */
    }

    /* main()에 연관된 로그를 기록 */
    fprintf(logfile, "main\n");
    do_stuff();

    if (fclose(logfile) == EOF) {
        /* 에러 처리 */
    }
    return 0;
}
```

log 파일은 두 번 열렸기 때문에(main()이 한 번, do_stuff()가 다시 열기 동작 수행) 이 프로그램은 구현 방식에 따른 다른 정의된 동작을 갖는다.

해결 방법

이 해결 방법에서는 파일 포인터에 대한 참조가 파일의 동작에 필요한 함수의 인자로 전달된다. 이 참조는 동일한 파일이 여러 번 열려야 하는 필요성을 제거한다.

```
#include <stdio.h>

void do_stuff(FILE *logfile) {
```

```
    /* do_stuff()에 연관된 로그를 기록 */
    fprintf(logfile, "do_stuff\n");
}

int main(void) {
  FILE *logfile = fopen("log", "a");
  if (logfile == NULL) {
    /* 에러 처리 */
  }

  /* main()에 연관된 로그를 기록 */
  fprintf(logfile, "main\n");

  do_stuff(logfile);
  if (fclose(logfile) == EOF) {
   /* 에러 처리 */
  }
  return 0;
}
```

위험 평가

동시에 동일한 파일을 여러 번 여는 것은 예상치 못한 에러와 호환성이 없는 동작을 유발한다.

규칙	심각도	위험 발생 가능성	개선 비용	우선순위	레벨
FIO31-C	보통	보통	높음	P4	L3

관련된 가이드라인

MITRE CWE	CWE-362, Concurrent Execution using Shared Resource with Improper Synchronization ("Race Condition")
	CWE-675, Duplicate Operations on Resource

참고 문헌

[ISO/IEC 9899:2011]	Subclause 7.21.3, "Files"

■ FIO32-C. 파일에만 적용 가능한 연산을 장치에 대해 수행하지 마라

윈도우나 유닉스를 포함한 많은 운영체제에서 파일 이름은 디바이스에 해당하는 특수한 파일special file에 접근하는 데 사용된다. 윈도우 운영체제에서 이미 예약된 디바이스 이름은 AUX, CON, PRN, COM1, LPT1 또는 \\.\로 디바이스 네임스페이스를 사용하는 경로를 포함한다. 유닉스의 디바이스 파일은 접근 권한을 적용하며 적합한 디바이스 드라이버에서 파일을 직접 동작하는 데 사용한다.

일반 문자나 바이너리 파일에 사용되는 동작을 디바이스 파일에 적용하면 충돌 현상과 서비스 거부 공격이 발생할 수 있다. 예를 들면 윈도우가 파일 자원으로 디바이스 이름을 사용할 때 충돌과 에러를 발생하며 유효하지 않은 자원에 접근을 수행할 수 있다[Howard 2002].

유닉스의 디바이스 파일은 공격자가 허가되지 않은 방법으로 접근한다면 보안의 위험에 노출될 수 있다. 예를 들면 만약 공격자가 /dev/kmem 장치에 읽기나 쓰기 동작을 한다면 우선순위나 UID, 프로세스의 여러 속성을 변경 또는 시스템의 단순한 충돌 에러를 유발할 수 있다. 유사한 현상으로 다른 프로세스가 디스크 장치나 테이프 장치, 네트워크 장치, 터미널 장치에 접근하는 것은 여러 문제를 야기할 수 있다[Garfinkel 1996].

리눅스에서는 파일이 아닌 디바이스를 열려는 시도에 의해 특정 프로그램이 잠길 수 있다. 다음의 예제를 살펴보도록 하라.

```
/dev/mouse
/dev/console
/dev/tty0
/dev/zero
```

이 장치들을 체크하지 못하는 웹 브라우저는 공격자가 사용자의 마우스에 잠금 동작을 할 수 있는 <IMG src="file:///dev/mouse">과 같은 이미지 태그를 가진 웹 페이지를 생성할 수 있다.

부적절한 코드 예제

다음의 부적절한 코드 예제에서 사용자는 잠겨 있는 디바이스나 FIFO^{First-In, First-Out} 파일의 이름을 지정할 수 있고 프로그램이 fopen()의 호출을 멈추게 할 수 있는 원인을 제공할 수 있다.

```
#include <stdio.h>

void func(const char *file_name) {
    FILE *file;
    if ((file = fopen(file_name, "wb")) == NULL) {
      /* 에러 처리 */
    }

    /* 파일 작업 */

    if (fclose(file) == EOF) {
      /* 에러 처리 */
    }
}
```

해결 방법(POSIX)

POSIX는 프로그램의 파일 작업이 지연돼도 프로그램을 중단하지 않도록 하는 open() 함수의 0_NONBLOCK 플래그를 정의한다[IEEE Std 1003.1-2013].

FIFO가 0_RDONLY 또는 0_WRONLY의 설정에 따라 열리는 경우는 다음과 같다.

- 만약 0_NONBLOCK이 설정되면 읽기 모드의 open()은 지연 없이 반환된다. 만약 현재 읽기 모드로 열려 있는 파일이 없다면 쓰기 모드의 open()은 에러를 반환한다.

- 만약 0_NONBLOCK이 해제되면 읽기 모드의 open()은 스레드^{thread}가 쓰기 동작을 위해 파일을 열 때까지는 스레드의 호출을 차단한다. 쓰기 모드의 open()은 스레드가 읽기 모드로 파일을 열 때까지 스레드를 차단한다.

특정 차단 없이 파일을 열 수 있도록 지원하는 블록 파일 또는 문자 파일을 여는 경우는 다음과 같다.

- 만약 O_NONBLOCK이 설정되면 open() 함수는 디바이스가 준비돼 있거나 사용이 가능한지에 대한 차단 없이 반환하고 디바이스에서 정의된 동작이 순차적으로 발생한다.

- 만약 O_NONBLOCK이 해제되면 open() 함수는 반환 전에 디바이스가 준비돼 있거나 사용이 가능할 때까지는 스레드의 호출을 차단한다.

그렇지 않으면 O_NONBLOCK의 동작은 지정되지 않는다.

파일이 열려 있을 때 프로그래머는 파일의 정보를 얻고자 POSIX의 lstat()와 fstat() 함수를 사용하고 파일이 일반 파일인지를 결정하려고 S_ISREG() 매크로를 사용한다.

read()나 write()의 호출 이후에 O_NONBLOCK의 동작을 지정하지 않았기 때문에 파일이 특정 장치인지를 판단한 후에 플래그를 끄도록 하는 것이 바람직하다.

사용이 가능한 경우라면(Linux 2.1.126+, FreeBSD, Sloaris 10, POSIX.1-2008), O_NOFOLLOW 플래그도 사용돼야 한다('POS01-C. 링크 유무를 확인하라' 참조). O_NOFOLLOW를 사용할 수 없을 경우라면 'POS35-C. 심벌릭 링크symbolic link를 체크할 때 교착 상태를 피하라'의 심벌릭 링크 체크 메서드를 사용해야 한다.

```
#include <sys/types.h>
#include <sys/stat.h>
#include <fcntl.h>
#include <unistd.h>

#ifdef O_NOFOLLOW
  #define OPEN_FLAGS O_NOFOLLOW | O_NONBLOCK
#else
  #define OPEN_FLAGS O_NONBLOCK
#endif

void func(const char *file_name) {
    struct stat orig_st;
    struct stat open_st;
    int fd;
    int flags;
```

```
  if ((lstat(file_name, &orig_st) != 0) ||
      (!S_ISREG(orig_st.st_mode))) {
    /* 에러 처리 */
  }
  /* TOCTOU 경쟁 상태 */

  fd = open(file_name, OPEN_FLAGS | O_WRONLY);
  if (fd == -1) {
    /* 에러 처리 */
  }

  if (fstat(fd, &open_st) != 0) {
    /* 에러 처리 */
  }

  if ((orig_st.st_mode != open_st.st_mode) ||
      (orig_st.st_ino != open_st.st_ino) ||
      (orig_st.st_dev != open_st.st_dev)) {
    /* 파일이 변경됨 */
  }
  /*
   * 옵션: 안전한 파일인지 확신할 수 있기 때문에
   * O_NONBLOCK을 설정 해제
   */

  if ((flags = fcntl(fd, F_GETFL)) == -1) {
    /* 에러 처리 */
  }
  if (fcntl(fd, F_SETFL, flags & ~O_NONBLOCK) == -1) {
    /* 에러 처리 */
  }

  /* Operate on the file */
  if (close(fd) == -1) {
    /* 에러 처리 */
  }
}
```

이 코드는 다루기 힘든 TOCTOU 경쟁 상태를 갖고 있으며 공격자가 open()을 호출하기 전에 lstat()에서 file_name에 의해 참조되는 파일 이름을 변경할 수 있

다. 파일이 변경된 것은 파일이 열린 후에나 발견될 수 있으며 파일에 열기 동작을
수행하는 동안 정의되지 않은 동작의 원인이 될 수 있는 여러 원인을 막을 수 없다
('FIO45-C. 파일에 접근하는 동안 TOCTOU 경쟁 상태를 피하라' 참조).

근본적으로 공격자는 표 9-1에 정의된 파일 타입과 효과에서 정의된 하나의 형태
로 바꿀 수 있다.

표 9-1 파일 타입과 효과

타입	효과
다른 일반 타입	fstat() 검증 실패한다.
FIFO	open()은 -1을 반환하고 errno가 ENXIO를 설정하거나 또는 open()이 진행되고 fstat()는 검증에 실패한다.
심벌릭 링크	만약 O_NOFOLLOW가 사용 가능하면 open()은 -1을 반환하고 그렇지 않으면 fstat()는 검증에 실패한다.
특수 디바이스	일반적으로 st_mode에서 fstat()는 검증에 실패한다. 만약 디바이스가 열기(또는 닫기) 동작만으로 특정 동작이 발생하면 여전히 문제가 발생할 수 있으며 부수 효과의 원인이 된다. 만약 st_mode가 동일하게 비교된다면 열기 동작을 수행한 후 디바이스는 일반적인 파일로 인식된다. st_dev와 st_ino(솔라리스의 dev/fd/*에서처럼 동일한 파일에서 발생하지 않는 한 – 이 경우는 문제가 안 됨)에서 fstate() 검증에 실패한다.

이 규칙을 준수하고 TOCTOU 경쟁 상태를 피하고자 file_name은 보안 디렉터리
내에 존재하는 파일만 참조해야 한다('FIO15-C. 파일 연산이 안전한 디렉터리에서 수행되
고 있음을 보장하라' 참조).

부적절한 코드 예제(윈도우)

다음의 부적절한 코드 예제는 특정 파일이 열리는 것을 예방하려고 GetFileType() 함
수를 사용한다.

```
#include <Windows.h>

void func(const TCHAR *file_name) {
    HANDLE hFile = CreateFile(
        file_name,
        GENERIC_READ | GENERIC_WRITE, 0,
```

```
        NULL, OPEN_EXISTING,
        FILE_ATTRIBUTE_NORMAL, NULL
    );
    if (hFile == INVALID_HANDLE_VALUE) {
      /* 에러 처리 */
    } else if (GetFileType(hFile) != FILE_TYPE_DISK) {
      /* 에러 처리 */
      CloseHandle(hFile);
    } else {
      /* 파일 작업 */
      CloseHandle(hFile);
    }
}
```

이런 시도에도 Win32 `GetFileType()` 함수는 위험하다. 만약 주어진 파일 이름이 읽기 요청에 대한 차단을 수행하는 파이프와 동일한 이름으로 식별된다면 `GetFileType()`의 호출은 읽기 요청을 완료할 때까지 차단된다. 이것은 프로그램에서 서비스 거부 공격을 위한 공격 벡터를 제공하는 기회를 줄 수 있다. 더욱이 직렬 디바이스가 열릴 때 각 라인의 상태가 기본 전압으로 설정되는 경우처럼 파일 처리를 위한 열기 동작은 부수 효과를 일으킬 수 있다.

해결 방법(윈도우)

마이크로소프트의 예약된 식별자 리스트는 디바이스를 표현하며 디바이스에 의해 사용되는 디바이스 네임스페이스를 갖고 있다[MSDN]. 이 해결 방법으로 `isReservedName()` 함수는 지정된 경로로 디바이스를 참조하는지 판단하는 데 사용한다. `isReservedName()` 함수를 사용해서 파일 경로에 대한 테스트 수행과 그 후 해당 경로에 대한 동작을 수행할 때 TOCTOU 경쟁 상태를 피하도록 주의해야 한다.

```
#include <ctype.h>
#include <stdbool.h>
#include <stdlib.h>
#include <string.h>
#include <stdio.h>

static bool isReservedName(const char *path) {
```

```c
    /* MSDN의 예약어 */
    static const char *reserved[] = {
      "nul", "con", "prn", "aux", "com1", "com2", "com3",
      "com4", "com5", "com6", "com7", "com8", "com9",
      "lpt1", "lpt2", "lpt3", "lpt4", "lpt5", "lpt6",
      "lpt7", "lpt8", "lpt9"
    };
    bool ret = false;

  /*
   * 디바이스 네임스페이스는 유효한 파일 경로가 아니기 때문에 먼저 \\.\로 시작하는
   * 디바이스 네임스페이스가 아닌지를 검사
   */
  if (!path || 0 == strncmp(path, "\\\\.\\", 4)) {
    return true;
  }

    /* 고유의 예약어들인지를 비교 */
    for (size_t i = 0; !ret &&
          i < sizeof(reserved) / sizeof(*reserved); ++i) {
      /*
       * 윈도우는 대소문자를 구별하는 파일 시스템을 사용하기 때문에 해당 파일의 소문자 버전으로 동작한다.
       * 노트: 이것은 전역적인 문제를 무시하고 ASCII 문자로 가정한다.
       */
      if (0 == _stricmp(path, reserved[i])) {
        ret = true;
      }
    }
    return ret;
}
```

위험 평가

일반적인 파일에만 적용할 수 있는 연산을 디바이스에 적용하는 것은 서비스 거부 공격 또는 플랫폼에 따라서 심각하게 악용되는 원인을 제공할 수 있다.

규칙	심각도	위험 발생 가능성	개선 비용	우선순위	레벨
FIO32-C	보통	낮음	보통	P4	L3

관련된 가이드라인

MITRE CWE	CWE-67, Improper Handling of Windows Device Names

참고 문헌

[Garfinkel 1996]	Section 5.6, "Device Files"
[Howard 2002]	Chapter 11, "Canonical Representation Issues"
[IEEE Std 1003.1-2013]	XSH, System Interfaces, open
[MSDN]	

■ FIO34-C. 파일에서 읽어야 할 문자와 EOF 또는 WEOF를 구별하라

EOF 매크로는 파일로부터 데이터를 읽고 난 후에 데이터가 남아 있지 않은 경우를 음수 값으로 표현한다. EOF는 in-band 에러 표시자의 예가 된다. in-band 에러 표시자는 함께 사용하면 문제가 발생할 수 있으며 'ERR02-C. in-band 에러 표시자를 피하라'의 규칙에 따라 새로운 in-band 에러 표시자 생성을 권장하지 않는다.

fgetc()와 getc(), getchar()의 입/출력 함수는 스트림으로부터 문자열을 읽고 int로 변환된 것을 unsigned char 타입으로 반환한다(문자 타입에 대한 자세한 내용은 'STR00-C. 적절한 타입으로 문자를 표현하라' 참조). 만약 스트림이 파일의 끝이라면 스트림의 파일 끝 표시자가 설정되고 함수는 EOF를 반환한다. 읽기 에러가 발생한다면 스트림에 대한 에러 지시자가 설정되고 함수는 EOF를 반환한다. 이 함수가 성공적으로 수행된다면 unsigned char로 반환되는 결괏값은 문자로 변환된다. EOF가 음수이기 때문에 그것은 unsigned로 된 문자 타입과 동일하게 비교해서는 안 된다. 하지만 이 규칙은 int 타입이 char 타입보다 더 넓은 범위를 사용하는 구현에서는 정확하게 적용된다. int와 char가 동일한 범위를 갖는 구현에서 문자를 읽는 함수가 읽기 동작을 하고 EOF와 동일한 비트 표현으로 유효한 문자를 반환할 수 있다. 예를 들면 공격자가 EOF와 유사한 값을 파일이나 또는 프로그램의 동작을 변경할 수 있는 데이터의 스트림에 삽입할 수 있다면 EOF의 여부를 적절히 비교할 수 없는 경우가 발생할 수 있다.

표준 C는 int 타입이 최대 +32767의 값을 표현하고 char 타입은 int보다 짧다. 일반적이지는 않지만 정수 표현식에서 EOF가 유효한 문자와 구분되지 않는 상황이 발생할 수 있다(즉 (int)(unsigned char)65535 == -1과 같은 경우). 결과적으로 파일의 끝을 인지하는 feof()와 ferror()의 사용에 실패하고 파일 에러는 sizeof(int) == sizeof(char)와 같은 일반적이지 않은 구현에서 EOF문자를 부정확하게 식별하는 문제가 발생할 수 있다.

이 문제는 와이드 문자wide character열을 읽을 때 보편적으로 발생할 수 있다. fgetwc(), getwc(), getwchar() 함수는 wint_t 타입의 값을 반환한다. 이 값은 다음의 와이드 문자열을 읽을 때 나타나거나 또는 와이드 문자열 스트림에 대한 파일의 끝을 가리키는 WEOF를 나타낼 수 있다. 대부분의 구현에서 wchar_t 타입은 win_t와 같은 동일한 범위를 갖고 있으며 이 함수는 WEOF와 구별되는 문자를 반환할 수 있다.

표준 C에서 feof()와 ferror() 함수는 문자와 정수의 크기에는 영향을 받지 않고 민감한 구현을 수행할 경우에 파일의 끝과 파일 에러를 검증하는 데 사용해야 한다 [Kettlewell 2002]. 반복문 수행 시에 각 반복 구문에 두 함수를 모두 호출하는 것은 로직에 상당한 부하를 준다. 따라서 효과적인 방법으로 반복문 내에 임시적으로 신뢰할 수 있는 EOF와 WEOF를 둬야 하며 반복문이 수행된 다음에 feof()와 ferror()를 이용해서 함께 검증해야 한다.

부적절한 코드 예제

다음의 부적절한 코드 예제는 문자 c가 EOF가 아니면 반복문을 계속 수행한다.

```c
#include <stdio.h>

void func(void) {
    int c;

    do {
        c = getchar();
    } while (c != EOF);
}
```

EOF가 음수임이 보장되고 다른 unsinged 문자의 값과도 구분되지만 int로 변환된 후에 값이 서로 구분되도록 보장하지 않는다. 결과적으로 int가 char와 동일한 범위를 가질 때 반복문은 더 일찍 종료할 수 있다.

해결 방법

이 해결 방법은 파일의 끝을 테스트하는 데 feof()를 사용하고, 에러를 테스트하는 데 ferror()를 사용한다.

```
#include <stdio.h>

void func(void) {
    int c;

    do {
        c = getchar();
    } while (c != EOF);
    if (feof(stdin)) {
        /* 파일의 끝을 처리 */
    } else if (ferror(stdin)) {
        /* 파일 에러 처리 */
    } else {
        /* EOF와 유사한 문자인 경우 에러 처리 */
    }
}
```

부적절한 코드 예제(비호환성)

다음의 부적절한 코드 예제는 int가 char보다 더 넓은 범위이고 EOF가 유효한 문자가 되지 않도록 보장하는 아키텍처에서만 실행되도록 어설션을 사용한다. 하지만 이 코드는 변수 c가 int가 아닌 문자로 선언했기 때문에 부적절하며 부호 확장으로 인한 char 타입이 signed로 될 때 유효한 문자값이 EOF 매크로의 값과 동일한 값을 가질 수 있다.

```
#include <assert.h>
#include <limits.h>
```

```
#include <stdio.h>

void func(void) {
    char c;
    static_assert(UCHAR_MAX < UINT_MAX, "FIO34-C violation");

    do {
        c = getchar();
    } while (c != EOF);
}
```

char가 8비트의 signed 타입이고 int는 32비트 타입이라고 가정하면 만약 getchar()가 문자값 '\xff'(십진수 255)를 반환하면 이 값이 부호 확장으로 0xFFFFFFFF (EOF 값)의 값을 갖기 때문에 비교 구문 수행 시에 EOF로 해석된다('STR34-C. 문자들을 더 큰 타입인 정수로 변환하기 전에 unsigned 타입으로 캐스팅하라' 참조).

해결 방법(비호환성)

이 해결 방법은 c를 int로 선언한다. 결과적으로 반복문은 파일이 끝날 때 종료된다.

```
#include <assert.h>
#include <stdio.h>
#include <limits.h>

void func(void) {
    int c;
    static_assert(UCHAR_MAX < UINT_MAX, "FIO34-C violation");

    do {
        c = getchar();
    } while (c != EOF);
}
```

부적절한 코드 예제(와이드 문자열)

다음의 부적절한 코드 예제로 getwc() 함수 호출의 결과로 wchar_t 타입의 변수를 저장하고, 계속해서 WEOF와 비교 구문을 수행한다.

```
#include <stddef.h>
#include <stdio.h>
#include <wchar.h>

enum { BUFFER_SIZE = 32 };

void g(void) {
    wchar_t buf[BUFFER_SIZE];
    wchar_t wc;
    size_t i = 0;

    while ((wc = getwc(stdin)) != L'\n' && wc != WEOF) {
        if (i < (BUFFER_SIZE - 1)) {
            buf[i++] = wc;
        }
    }

    buf[i] = L'\0';
}
```

이 코드는 두 가지 문제점을 갖고 있다. 첫째, getwc()에 의해 반환되는 값은 WEOF와 비교되기 전에 즉각적으로 wchar_t로 변환된다. 둘째, wint_t가 wchar_t보다 더 넓은 범위를 갖도록 보장하지 않는다. 두 가지 문제로 인해 공격자는 파일의 WEOF값과 와이드 문자값이 서로 동일하도록 설정해서 반복문을 더 빠르게 종료할 수 있다.

해결 방법

이 해결 방법은 c가 getwc()에 의해 반환되는 정수 타입과 동일한 wint_t가 되도록 선언한다. 더욱이 파일의 끝을 결정하는 데 WEOF에 의존하지 않는다.

```
#include <stddef.h>
#include <stdio.h>
#include <wchar.h>

enum { BUFFER_SIZE = 32 };

void g(void) {
    wchar_t buf[BUFFER_SIZE];
```

```
    wint_t wc;
    size_t i = 0;

    while ((wc = getwc(stdin)) != L'\n' && wc != WEOF) {
        if (i < BUFFER_SIZE - 1) {
            buf[i++] = wc;
        }
    }

    if (feof(stdin) || ferror(stdin)) {
        buf[i] = L'\0';
    } else {
        /* WEOF와 유사한 와이드 문자인 경우 에러 처리*/
    }
}
```

예외

FIO34-EX1: 많은 C 함수는 문자를 반환하지 않지만 상태 코드로 EOF를 반환할 수 있으며 fclose(), fflush(), fputs(), fscanf(), puts(), scanf(), sscanf(), vfscanf(), vscanf()와 같은 함수들이 그 예다. 이 함수들의 반환값은 결괏값을 검증하지 않고 EOF 와 비교할 수 있다.

위험 평가

파일로부터 읽은 문자가 EOF나 WEOF와 동일하지 않다는 잘못된 가정을 하는 것은 명령어를 삽입하는 공격과 더불어 심각한 취약성을 초래한다(*CA-1996-22 advisory 참조).

규칙	심각도	위험 발생 가능성	개선 비용	우선순위	레벨
FIO34-C	높음	보통	보통	P12	L1

관련된 가이드라인

ISO/IEC TS 17961:2013	Using character values that are indistinguishable from EOF [chreof]

참고 문헌

[Kettlewell 2002]	Section 1.2, "`<stdio.h>` and Character Types"
[NIST 2006]	SAMATE Reference Dataset Test Case ID 000-000-088
[Summit 2005]	Question 12.2

■ FIO37-C. fgets() 또는 fgetws()가 성공 시 비어 있지 않은 문자열을 반환한 다고 가정하지 마라

데이터 타입을 읽을 때 부정확한 가정이 만들어지면 에러가 발생한다. 이런 가정은 규칙에 대한 위반이다. 예를 들어 사용자의 터미널로부터 바이너리 데이터가 문자가 아닌 파일로부터 읽혀질 때 또는 프로세스의 출력이 stdin으로 파이프를 이용하는 경우다('FIO14-C. 파일 스트림에서 텍스트 모드와 바이너리 모드의 차이를 이해하라' 참조). 시스템에 따라 키보드로부터 널null 바이트(또는 다른 바이너리 코드)를 입력하는 것이 가능하다.

C Standard, 7.21.7.2, [ISO/IEC 9899:2011] 하위절의 내용이다.

만약 fgets 함수가 성공한다면 s를 반환한다. 만약 파일의 끝을 만나고 배열 안으로 어떤 문자도 읽어 들이지 않는다면 배열의 내용은 변하지 않고 널 포인터가 반환된다.

와이드 문자 함수 fgetws()는 동일한 동작을 한다. 만약 fgets()나 fgetws() 함수가 널이 아닌 포인터를 반환하면 배열이 데이터를 포함한다고 가정해도 안전하다. 하지만 데이터가 널 문자를 포함할 수 있기 때문에 배열이 유효한 문자만을 포함한다는 가정을 하면 에러가 발생할 수 있다.

부적절한 코드 예제

다음의 부적절한 코드 예제는 입력 라인으로부터 줄바꿈 문자(\n)를 제거하려고 한다. fgets() 함수는 일반적으로 스트림으로부터 입력된 개행 문자를 읽는 데 사용된다. 복사될 대상 버퍼의 크기 변수를 전달받고 최대 size-1의 문자를 스트림으로부터 문자 배열로 복사한다.

```c
#include <stdio.h>
#include <string.h>

enum { BUFFER_SIZE = 1024 };

void func(void) {
    char buf[BUFFER_SIZE];

    if (fgets(buf, sizeof(buf), stdin) == NULL) {
      /* 에러 처리 */
    }
    buf[strlen(buf) - 1] = '\0';
}
```

strlen() 함수는 널 종료 문자가 나오기 전까지 문자의 개수를 결정하고자 문자열의 길이를 계산한다. 만약 fgets() 함수에 의해 입력되고 읽어 들인 첫 번째 문자가 널이라면 문제가 발생한다. 예를 들면 fgets() 호출이 바이너리 데이터 파일을 읽으면 이 문제가 발생할 수 있다[Lai 2006]. 만약 buf에서 첫 번째 문자가 널 문자이면 strlen(buf)는 0을 반환하고 strlen(buf)-1 표현식은 양수로 랩어라운드되며 배열의 경계 밖에서 쓰기 에러write-outside-array-bound가 발생한다.

해결 방법

이 해결 방법은 만약 문자열 안에 개행 문자가 존재한다면 그것을 교체하고자 strchr()를 사용한다.

```c
#include <stdio.h>
#include <string.h>

enum { BUFFER_SIZE = 1024 };

void func(void) {
    char buf[BUFFER_SIZE];
    char *p;

    if (fgets(buf, sizeof(buf), stdin)) {
      p = strchr(buf, '\n');
```

```
    if (p) {
      *p = '\0';
    }
  } else {
    /* 에러 처리 */
  }
}
```

위험 평가

문자 데이터를 읽었다는 잘못된 가정으로 인해 경계 밖의 메모리 쓰기 에러나 또는 결함이 있는 로직을 발생할 수 있다.

규칙	심각도	위험 발생 가능성	개선 비용	우선순위	레벨
FIO37-C	높음	보통	보통	P12	L1

관련된 가이드라인

MITRE CWE	CWE-119, Improper Restriction of Operations within the Bounds of a Memory Buffer
	CWE-241, Improper Handling of Unexpected Data Type

참고 문헌

[ISO/IEC 9899:2011]	7.21.7.2, "The fgets Function"
	7.29.3.2, "The fgetws Function"
[Lai 2006]	
[Seacord 2013b]	Chapter 2, "Strings"

■ FIO38-C. 입출력 FILE 객체를 복사하지 마라

C Standard 7.21.3, 6절 [ISO/IEC 9899:2011]에 따르면 다음과 같다.

> 스트림을 제어하는 데 사용하는 FILE 객체의 주소는 상당히 중요하며 복사된 FILE 객체는 원
> 래 위치를 제공하지 않는다.

> 결과적으로 FILE 객체를 복사하지 마라.

부적절한 코드 예제

다음의 부적절한 코드 예제는 stdout에서 값에 대한 복사로 fputs()을 호출해서 사용
하기 때문에 실패할 수 있다.

```
#include <stdio.h>

int main(void) {
  FILE my_stdout = *stdout;
  if (fputs("Hello, World!\n", &my_stdout) == EOF) {
    /* 에러 처리 */
  }
  return 0;
}
```

이 부적절한 코드 예제는 윈도우에서 실행되는 비주얼 스튜디오 2013에서 컴파일
할 경우 런타임 예외로 '액세스 위반'이라는 에러가 발생한다.

해결 방법

이 해결 방법은 FILE 객체에 대한 포인터 stdout의 복사가 fputs()을 호출하는 데 사용
된다.

```
#include <stdio.h>

int main(void) {
  FILE *my_stdout = stdout;
  if (fputs("Hello, World!\n", my_stdout) == EOF) {
```

```
        /* 에러 처리 */
    }
    return 0;
}
```

위험 평가

원래 위치가 아닌 FILE 객체의 복사본을 사용하는 것은 충돌을 유발할 수 있으며 서비스 거부 공격으로 이어질 수 있다.

규칙	심각도	위험 발생 가능성	개선 비용	우선순위	레벨
FIO38-C	낮음	보통	보통	P4	L3

관련된 가이드라인

ISO/IEC TS 17961:2013	Copying a FILE object [filecpy]

참고 문헌

[ISO/IEC 9899:2011]	7.21.3, "Files"

■ FIO39-C. 플러시나 위치 조정 함수 호출 없이 스트림으로부터 입출력을 교대로 수행하지 마라

C Standard, 7.21.5.3, 7절 [ISO/IEC 9899:2011], 업데이트 스트림에 대한 제한 사항을 다음과 같이 언급하고 있다.

> 파일이 업데이트 모드에서 열릴 때… 스트림에 연관된 입력과 출력이 수행될 수 있다. 하지만 출력은 fflush 함수의 호출이나 파일 위치 조정 함수(fseek, fsetpos, rewind)의 호출 없이 입력 다음에 바로 수행될 수 없고 입력은 파일 위치 조정 함수의 호출 없이(입력 수행이 파일의 끝에 도달하지 않는다면) 출력 바로 다음에 수행될 수 없다. 업데이트 모드로 텍스트 파일을

여는 것은(또는 파일 생성), 구현 방식에 따라 바이너리 스트림을 대신 열거나 또는 생성할 수 있다.

다음의 경우는 정의되지 않은 동작을 유발할 수 있다('부록 B, 정의되지 않은 동작 151' 참조)

- 파일이 파일의 끝에 있지 않다면 fflush()나 fseek(), fsetpos(), rewind()의 호출 없이 스트림의 출력 다음에 바로 입력을 받는 경우
- 파일이 파일의 끝에 있지 않다면 fseek()나 fsetpos(), rewind()의 호출 없이 스트림으로 입력을 받은 후에 바로 출력을 하는 경우

결과적으로 fseek()나 fflush(), fsetpos()의 호출은 동일한 스트림의 입출력 사이에서 필요하다. rewind()보다 fseek()를 사용해야 하는 이유는 'ERR07-C. 에러를 체크할 수 있는 함수를 사용하라'를 참조하라.

부적절한 코드 예제

다음의 부적절한 코드 예제는 데이터를 파일에 붙여 쓰고 동일한 파일로부터 읽기 동작을 수행한다.

```c
#include <stdio.h>

enum { BUFFERSIZE = 32 };

extern void initialize_data(char *data, size_t size);

void func(const char *file_name) {
  char data[BUFFERSIZE];
  char append_data[BUFFERSIZE];
  FILE *file;

  file = fopen(file_name, "a+");
  if (file == NULL) {
    /* 에러 처리 */
  }
```

```
    initialize_data(append_data, BUFFERSIZE);

    if (fwrite(append_data, 1, BUFFERSIZE, file) != BUFFERSIZE) {
      /* 에러 처리 */
    }
    if (fread(data, 1, BUFFERSIZE, file) < BUFFERSIZE) {
      /* 데이터가 아니었던 것을 처리 */
    }
    if (fclose(file) == EOF) {
      /* 에러 처리 */
    }
}
```

fread()와 fwrite()의 호출 사이에 플러시나 파일 위치 조정에 대한 호출이 없기 때문에 동작은 정의되지 않는다.

해결 방법

이 해결 방법은 fseek()이 입력과 출력 사이에서 호출되며 정의되지 않은 동작을 제거한다.

```
#include <stdio.h>

enum { BUFFERSIZE = 32 };

extern void initialize_data(char *data, size_t size);

void func(const char *file_name) {
   char data[BUFFERSIZE];
   char append_data[BUFFERSIZE];
   FILE *file;

   file = fopen(file_name, "a+");
   if (file == NULL) {
     /* 에러 처리 */
   }

   initialize_data(append_data, BUFFERSIZE);
   if (fwrite(append_data, BUFFERSIZE, 1, file) != BUFFERSIZE) {
```

```
    /* 에러 처리 */
  }

  if (fseek(file, 0L, SEEK_SET) != 0) {
    /* 에러 처리 */
  }

  if (fread(data, BUFFERSIZE, 1, file) != 0) {
    /* 데이터가 아니었던 것을 처리 */
  }

  if (fclose(file) == EOF) {
    /* 에러 처리 */
  }
}
```

위험 평가

플러시나 파일 위치 조정 없이 동일한 스트림으로부터 입출력 작업을 수행하는 것은 정의되지 않은 동작을 유발한다.

규칙	심각도	위험 발생 가능성	개선 비용	우선순위	레벨
FIO39-C	낮음	높음	보통	P6	L2

관련된 가이드라인

ISO/IEC TS 17961:2013	Interleaving stream inputs and outputs without a flush or positioning call [ioileave]

참고 문헌

[ISO/IEC 9899:2011]	7.21.5.3, "The fopen Function"

■ FIO40-C. fgets() 또는 fgetws() 실패 시 문자열을 리셋하라

fgets(), fgetws() 함수가 실패하면 배열에 쓰인 내용은 정의되지 않은 상태가 된다 ('부록 B, 정의되지 않은 동작 170' 참조). 연속되는 문자열 조작 함수의 에러를 피하고자 초기화 값으로 문자열을 리셋해야 한다.

부적절한 코드 예제

다음의 부적절한 코드 예제에서 fgets()이 실패하면 에러 플래그가 설정된다. 하지만 buf는 리셋되지 않고 결정되지 않은 값을 갖는다.

```c
#include <stdio.h>

enum { BUFFER_SIZE = 1024 };

void func(FILE *file) {
   char buf[BUFFER_SIZE];

   if (fgets(buf, sizeof(buf), file) == NULL) {
     /* 에러 플래그를 설정하고 계속 진행 */
   }
}
```

해결 방법

이 해결 방법은 fgets() 함수가 실패하면 buf가 빈 문자열로 설정된다. fgetws()의 동일한 해결 방법으로 buf를 빈 와이드 문자열로 설정한다.

```c
#include <stdio.h>

enum { BUFFER_SIZE = 1024 };

void func(FILE *file) {
   char buf[BUFFER_SIZE];

   if (fgets(buf, sizeof(buf), file) == NULL) {
     /* 에러 플래그를 설정하고 계속 진행 */
```

```
        *buf = '\0';
    }
}
```

예외

FIO40-EX1: 만약 fgets(), fgetws() 호출 시에 즉각적으로 문자열의 범위 밖으로 벗어나거나 또는 실패할 경우에 문자열이 참조되지 않는다면 리셋 동작은 필요하지 않다.

위험 평가

fgets(), fgetws()에 의해 수정된 배열의 내용에 잘못된 가정을 하는 것은 정의되지 않은 동작을 유발하고 비정상적인 프로그램 종료를 초래한다.

규칙	심각도	위험 발생 가능성	개선 비용	우선순위	레벨
FIO40-C	낮음	보통	보통	P4	L3

■ FIO41-C. 부수 효과가 있는 스트림 인자로 getc()나 putc(), getws(), putwc()를 호출하지 마라

부수 효과를 가진 스트림 인자로 getc()나 putc(), 와이드 문자열을 위한 getwc()와 putwc를 호출하지 마라. 이런 매크로를 통해 전달되는 스트림 인자는 만약 이 함수가 불안전한 매크로에서 수행된다면 한 번 이상 평가될 수 있다(자세한 내용은 'PRE31-C. 불안전한 매크로에 매개 변수로 인한 부수 효과를 피하라' 참조).

이 규칙은 정확히 한 번만 평가되도록 보장하는 putc()의 문자 인자나 putwc()의 와이드 문자 인자에는 적용되지 않는다.

부적절한 코드 예제(getc())

다음의 부적절한 코드 예제는 스트림 인자로 표현식을 가진 getc() 함수를 호출한다. 만약 getc()가 매크로로 수행되면 파일은 여러 번 열릴 수 있다('FIO31-C. 이미 열려 있는 파일을 다시 열지 마라' 참조).

```
#include <stdio.h>

void func(const char *file_name) {
    FILE *fptr;

    int c = getc(fptr = fopen(file_name, "r"));
    if (c == EOF) {
      /* 에러 처리 */
    }

    if (fclose(fptr) == EOF) {
      /* 에러 처리 */
    }
}
```

이 부적절한 코드 예제는 fopen()이 에러를 체크하지 않기 때문에 'ERR33-C. 표준
라이브러리 에러를 발견하고 처리하라'의 규칙을 위반한다.

해결 방법(getc())

이 해결 방법에서는 fopen()이 getc() 함수의 앞에서 호출되고 반환하는 값에 대한 에
러 체크를 수행한다.

```
#include <stdio.h>

void func(const char *file_name) {
    int c;
    FILE *fptr;

    fptr = fopen(file_name, "r");
    if (fptr == NULL) {
      /* 에러 처리 */
    }
    c = getc(fptr);
    if (c == EOF) {
      /* 에러 처리 */
    }

    if (fclose(fptr) == EOF) {
```

```
        /* 에러 처리 */
    }
}
```

부적절한 코드 예제(putc())

다음의 부적절한 코드 예제에서 putc()는 스트림 인자로 표현식과 함께 호출된다. 만약 putc()가 매크로로 구현되면 이 표현식이 여러 번 평가될 수 있다.

```
#include <stdio.h>

void func(const char *file_name) {
    FILE *fptr = NULL;
    int c = 'a';

    while (c <= 'z') {
        if (putc(c++, fptr ? fptr :
                (fptr = fopen(file_name, "w")) == EOF) {
            /* 에러 처리 */
        }
    }

    if (fclose(fptr) == EOF) {
      /* 에러 처리 */
    }
}
```

putc() 매크로가 스트림 인자를 여러 번 평가하더라도 fopen()이 여러 번 호출되는 것을 방지하기 때문에 이 부적절한 코드 예제는 안전하게 보일 수 있다. 하지만 조건식의 제어 표현식으로 fptr 할당과 fptr의 평가가 동일한 시퀀스 포인트 사이에서 일어날 수 있고 정의되지 않은 동작이 발생할 수 있다('EXP30-C. 부수 효과로 인한 평가 순서에 의존하지 마라'의 규칙을 위반). 이 코드는 fopen()으로부터 반환되는 값을 체크하는데 실패했기 때문에 'ERR33-C. 표준 라이브러리 에러를 발견하고 처리하라'의 규칙 또한 위반한다.

해결 방법(putc())

이 해결 방법은 putc()에 더 이상의 부수 효과가 없는 스트림 인자를 사용한다.

```c
#include <stdio.h>

void func(const char *file_name) {
    int c = 'a';
    FILE *fptr = fopen(file_name, "w");

    if (fptr == NULL) {
      /* 에러 처리 */
    }

    while (c <= 'z') {
        if (putc(c++, fptr) == EOF) {
          /* 에러 처리 */
        }
    }

    if (fclose(fptr) == EOF) {
      /* 에러 처리 */
    }
}
```

putc()는 문자 인자를 정확하게 한 번만 평가하기 때문에 c++ 표현식은 안전하다.

노트 이 해결 방법의 출력은 문자 집합에 따라 다르게 나타난다. 예를 들면 ISO-8859나 유니코드(Unicode) 같은 ASCII 코드에서 파생된 코드를 사용해서 작동할 때 이 해결 방법은 영문 알파벳의 26개 소문자를 출력한다. 하지만 만약 코드 페이지 037이나 또는 코드 페이지 285와 같은 EBCDIC에 기초한 코드 집합과 실행되면 구두점(punctuation mark)이나 다른 심벌이 문자 사이에 출력될 수 있다.

위험 평가

getc(), putc(), getwc(), putwc()의 스트림 인자로 부수 효과가 있는 표현식을 사용하는 것은 예상치 못한 동작을 유발하고 비정상적인 프로그램 종료를 초래한다.

규칙	심각도	위험 발생 가능성	개선 비용	우선순위	레벨
FIO41-C	낮음	낮음	보통	P2	L3

■ FIO42-C. 더 이상 필요 없어진 파일이 적절히 닫혔는지 확인하라

fopen(), freopen() 함수의 호출은 **정상적인 프로그램 종료**^{normal program termination} 전이나 또는 호출에 대한 반환값을 저장하는 마지막 포인터의 존속 기간이 끝나기 전에 fclose()를 호출하는 것과 짝을 이뤄야 한다.

일반적으로 이 규칙은 POSIX의 open()과 close() 함수와 같이 자원을 열고 닫는 함수나 또는 마이크로소프트 윈도우의 CreateFile()과 CloseHandle() 함수에 적용될 수 있다.

부적절한 코드 예제

fopen()의 호출에 의해 열린 파일이 func() 함수의 반환 전에 닫히지 않기 때문에 이 코드는 부적절하다.

```c
#include <stdio.h>

int func(const char *filename) {
  FILE *f = fopen(filename, "r");
  if (NULL == f) {
    return -1;
  }
  /* ... */
  return 0;
}
```

해결 방법

이 해결 방법은 f에 의해 참조되는 파일이 호출자에게 반환되기 전에 닫힌다.

```c
#include <stdio.h>

int func(const char *filename) {
  FILE *f = fopen(filename, "r");
  if (NULL == f) {
    return -1;
  }
```

```
  /* ... */
  if (fclose(f) == EOF) {
    return -1;
  }
  return 0;
}
```

부적절한 코드 예제(exit())

fopen()의 호출에 의해 할당된 자원이 프로그램이 종료되기 전에 닫히지 않기 때문에
이 코드는 부적절하다. exit()이 파일을 닫을 수 있지만 프로그램이 플러싱이나 파일
을 닫는 동안 에러가 발생되는 것을 판단할 수 있는 방법이 없다.

```
#include <stdio.h>
#include <stdlib.h>

int main(void) {
  FILE *f = fopen(filename, "w");
  if (NULL == f) {
    exit(EXIT_FAILURE);
  }
  /* ... */
  exit(EXIT_SUCCESS);
}
```

해결 방법(exit())

이 해결 방법은 프로그램이 exit()을 호출하기 전에 명시적으로 f를 닫고 플러싱이나
파일을 닫는 동안 발생하는 에러에 대해 적합한 처리를 한다.

```
#include <stdio.h>
#include <stdlib.h>

int main(void) {
  FILE *f = fopen(filename, "w");
  if (NULL == f) {
    /* 에러 처리 */
  }
```

```
  /* ... */
  if (fclose(f) == EOF) {
    /* 에러 처리 */
  }

  exit(EXIT_SUCCESS);
}
```

부적절한 코드 예제(POSIX)

open() 호출에 의해 할당된 자원이 func() 함수의 반환 전에 닫히지 않기 때문에 이 코드는 부적절하다.

```
#include <stdio.h>
#include <fcntl.h>

int func(const char *filename) {
    int fd = open(filename, O_RDONLY, S_IRUSR);
    if (-1 == fd) {
      return -1;
    }
    /* ... */
    return 0;
}
```

해결 방법(POSIX)

이 해결 방법은 fd가 호출자에게 반환되기 전에 닫힌다.

```
#include <stdio.h>
#include <fcntl.h>
#include <unistd.h>

int func(const char *filename) {
    int fd = open(filename, O_RDONLY, S_IRUSR);
    if (-1 == fd) {
      return -1;
    }
    /* ... */
```

```
  if (-1 == close(fd)) {
    return -1;
  }
  return 0;
}
```

부적절한 코드 예제(윈도우)

다음의 부적절한 코드 예제에서 마이크로소프트 윈도우의 CreateFile() 함수에 의해
열린 파일이 func() 함수의 반환 전에 닫히지 않는다.

```
#include <Windows.h>

int func(LPCTSTR filename) {
    HANDLE hFile = CreateFile(filename, GENERIC_READ, 0, NULL,
                              OPEN_EXISTING,
                              FILE_ATTRIBUTE_NORMAL, NULL);
    if (INVALID_HANDLE_VALUE == hFile) {
      return -1;
    }
    /* ... */
    return 0;
}
```

해결 방법(윈도우)

이 해결 방법은 hFile이 호출자에게 반환되기 전에 CloseHandle() 함수의 호출에 의해
닫힌다.

```
#include <Windows.h>
int func(LPCTSTR filename) {
    HANDLE hFile = CreateFile(filename, GENERIC_READ, 0, NULL,
                              OPEN_EXISTING,
                              FILE_ATTRIBUTE_NORMAL, NULL);
    if (INVALID_HANDLE_VALUE == hFile) {
      return -1;
    }
    /* ... */
    if (!CloseHandle(hFile)) {
```

```
        return -1;
    }

    return 0;
}
```

위험 평가

파일을 적합하게 닫지 않으면 공격자가 시스템 자원을 고갈시키며 프로그램의 비정
상적인 종료로 메모리의 파일 버퍼에 쓰인 데이터가 플러시되지 않는 위험이 발생할
수 있다.

규칙	심각도	위험 발생 가능성	개선 비용	우선순위	레벨
FIO42-C	보통	낮음	보통	P4	L3

관련된 가이드라인

ISO/IEC TS 17961:2013	Failing to close files or free dynamic memory when they are no longer needed [fileclose]
MITRE CWE	CWE-404, Improper Resource Shutdown or Releasestring [usrfmt]

참고 문헌

[IEEE Std 1003.1-2013]	XSH, System Interfaces, open

■ FIO44-C. fsetpos()에는 fgetpos()에서 반환된 값만 사용하라

C Standard, 7.21.9.3 [ISO/IEC 9899:2011]은 fsetpos()에 대해 다음의 동작을 정의
한다.

> fsetpos 함수는 pos에 의해 참조되는 객체의 값에 따라 stream에 의해 참조되는 스트림의 파
> 일 위치 표시자와 mbstate_t를 설정하며, pos는 동일한 파일 스트림에서 fgetpos 함수의 호출
> 에 따라 성공적으로 반환된 값을 갖고 있어야 한다.

pos에 대해 성공적으로 반환된 값이 아닌 다른 값으로 fsetpos() 함수를 호출하는 것은 정의되지 않은 동작을 유발한다.

부적절한 코드 예제

다음의 부적절한 코드 예제는 파일에서 3개의 값을 읽으려고 시도하며 파일의 위치 포인터를 파일이 시작하는 위치로 되돌리려 하고 있다.

```c
#include <stdio.h>
#include <string.h>

int opener(FILE *file) {
  int rc;
  fpos_t offset;

  memset(&offset, 0, sizeof(offset));

  if (file == NULL) {
    return -1;
  }

  /* 파일에서 데이터를 읽음 */

  rc = fsetpos(file, &offset);
  if (rc != 0 ) {
    return rc;
  }

  return 0;
}
```

fgetpos() 호출의 반환값은 단지 fsetpos()의 인자에 대해 유효하며 다른 방식으로 생성된 fpos_t의 값을 전달하는 것은 정의되지 않은 동작을 유발한다.

해결 방법

이 해결 방법은 초기 파일 위치 식별자가 fgetpos()를 처음 호출해서 저장되며 이 값은 fsetpos() 함수를 나중에 호출할 때 파일의 시작 위치로 다시 설정되도록 한다.

```
#include <stdio.h>
#include <string.h>

int opener(FILE *file) {
  int rc;
  fpos_t offset;

  if (file == NULL) {
    return -1;
  }

  rc = fgetpos(file, &offset);
  if (rc != 0 ) {
    return rc;
  }

  /* 파일에서 데이터를 읽음 */

  rc = fsetpos(file, &offset);
  if (rc != 0 ) {
    return rc;
  }

  return 0;
}
```

위험 평가

fsetpos() 함수를 잘못 사용하면 파일 내에서 파일 위치 식별자가 의도하지 않은 곳에 위치할 수 있다.

규칙	심각도	위험 발생 가능성	개선 비용	우선순위	레벨
FIO44-C	보통	낮음	보통	P4	L3

관련된 가이드라인

ISO/IEC TS 17961:2013	Using a value for **fsetpos** other than a value returned from **fgetpos** [xfilepos]

| [ISO/IEC 9899:2011] | 7.21.9.3, "The `fsetpos` Function" |

■ FIO45-C. 파일에 접근하는 동안 TOCTOU 경쟁 상태를 피하라

TOCTOU 경쟁 상태는 공유된 파일 시스템에서 2개 이상의 프로세스가 동시에 수행될 경우 발생할 수 있다[Seacord 2013b]. 일반적으로 첫 번째 접근은 파일의 속성을 검증하기 위한 수행을 하고 그다음으로 파일을 사용하기 위한 호출이 발생한다. 공격자는 2개의 접근 사이에서 파일을 변경하거나 또는 파일 교체 및 다른 파일과의 링크를 시도할 수 있다. 이런 TOCTOU 상태는 동일한 파일 이름이나 동일한 파일 경로에서 2개 이상의 파일이 수행될 때 악용될 수 있다.

프로그램에서 하나의 파일 이름에 대해 2개 이상의 파일 연산이 수행되거나 또는 동일한 경로에서 2개의 파일 연산이 경쟁 윈도우$^{race\ window}$를 생성한다. 이 경쟁 윈도우는 파일 이름이나 경로가 동일한 자원을 동일한 시간에 참조하고 있다는 것을 가정한다. 만약 공격자가 파일을 수정이나 삭제, 또는 다른 파일로 교체할 수 있다면 이 가정은 유지될 수 없다.

부적절한 코드 예제

만약 파일이 w 모드 인자와 함께 쓰기 동작을 위해 열렸다면 파일의 이전 내용은 없어진다. 이 부적절한 코드 예제는 쓰기 동작을 위해 파일을 열기 전에 읽기 동작을 위한 파일 열기에 의해 겹쳐 쓰이는 것을 예방하려 한다. 공격자는 파일을 겹쳐 쓰려고 fopen()을 두 번 호출할 수 있다.

```c
#include <stdio.h>

void open_some_file(const char *file) {
    FILE *f = fopen(file, "r");
    if (NULL != f) {
        /* 파일 존재, 에러 처리 */
    } else {
```

```
    if (fclose(f) == EOF) {
      /* 에러 처리 */
    }
    f = fopen(file, "w");
    if (NULL == f) {
      /* 에러 처리 */
    }

    /* 파일 쓰기 */
    if (fclose(f) == EOF) {
      /* 에러 처리 */
    }
  }
}
```

해결 방법

이 해결 방법은 지정된 한 곳에서 fopen()을 호출하며 fopen()의 x 모드를 사용한다 (C11에서 추가됨). 이 모드는 파일이 존재할 경우 fopen()이 실행되지 않도록 하며 다음 으로 이어지는 열기 동작은 경쟁 윈도우를 생성하지 않고 수행된다.

```
#include <stdio.h>

void open_some_file(const char *file) {
    FILE *f = fopen(file, "wx")
    if (NULL == f) {
      /* 에러 처리 */
    }
    /* Write to file */
    if (fclose(f) == EOF) {
      /* 에러 처리  */
    }
}
```

해결 방법(POSIX)

이 해결 방법은 POSIX의 open() 함수에 대한 O_CREAT와 O_EXCL 플래그를 사용한다. 파 일이 존재하면 이 플래그는 open()을 수행하지 않는다.

```
#include <stdio.h>
#include <unistd.h>
#include <fcntl.h>

void open_some_file(const char *file) {
    int fd = open(file, O_CREAT | O_EXCL | O_WRONLY);
    if (-1 != fd) {
      FILE *f = fdopen(fd, "w");
      if (NULL != f) {
        /* 파일에 쓰기 */

        if (fclose(f) == EOF) {
        /* 에러 처리 */
      }
    }
  }
  else {
    if (close(fd) == -1) {
      /* 에러 처리 */
    }
  }
 }
}
```

예외

FIO45-EX1: TOCTOU 경쟁 상태는 취약한 프로세스가 공격자보다 더 높은 권한을 갖도록 요구한다. 그렇지 않으면 공격으로 해당 목적을 쉽게 달성할 수 있다. 권한이 없는 프로세스는 이 규칙의 대상이 아니다.

FIO45-EX2: 동일한 파일과 경로에 여러 번 접근하는 것은 만약 파일이 보안 디렉터리에 있다면 문제가 되지 않는다(자세한 내용은 'FIO-15C. 파일 연산이 안전한 디렉터리에서 수행되고 있음을 보장하라' 참조).

FIO45-EX3: 동일한 파일과 경로에 여러 번 접근하는 것은 만약 프로그램이 동일한 파일에서 수행되는 모든 동작을 검증할 수 있다면 실행 가능하다.

이 POSIX 코드 예제는 동일한 파일에서 연속되는 각각의 파일 접근에 대한 검증을 보여 준다. POSIX에서 모든 파일은 디바이스와 i-node 속성을 사용해 서로 다르게 식별된다. 이 코드 예제는 lstat()를 호출해서 일반적인 파일(디렉터리나 심벌릭 링크, 다른 특수 파일은 제외)을 참조하는 이름을 체크하며 또한 디바이스와 i-node의 값을 가져온다. 파일은 연속적으로 열리고 프로그램은 최종적으로 동일한 파일(디바이스와 i-node를 체크)이 열렸는지를 검증한다.

```c
#include <sys/stat.h>
#include <fcntl.h>

int open_regular_file(char *filename, int flags) {
    struct stat lstat_info;
    struct stat fstat_info;
    int f;

    if (lstat(filename, &lstat_info) == -1) {
        /* 파일이 존재하지 않음, 에러 처리 */
    }

    if (!S_ISREG(lstat_info.st_mode)) {
        /* 일반 파일이 아님, 에러 처리 */
    }

    if ((f = open(filename, flags)) == -1) {
        /* 파일이 사라짐, 에러 처리 */
    }

    if (fstat(f, &fstat_info) == -1) {
        /* 에러 처리 */
    }

    if (lstat_info.st_ino != fstat_info.st_ino ||
        lstat_info.st_dev != fstat_info.st_dev) {
        /* 특수한 파일을 여는 경우 에러 처리  */
    }

    /* f는 일반적인 파일을 여는 경우로 예상 */
    return f;
}
```

위험 평가

TOCTOU 경쟁 상태는 권한 상승에 따른 예상하지 못한 동작을 유발할 수 있다.

규칙	심각도	위험 발생 가능성	개선 비용	우선순위	레벨
FIO45-C	높음	보통	높음	P6	L2

참고 문헌

[Seacord 2013b]	Chapter 7, "Files"

■ FIO46-C. 닫혀 있는 파일에 접근하지 마라

관련된 파일이 닫힌 후에 FILE 객체의 포인터 값을 사용하는 것은 정의되지 않은 동작을 유발한다('부록 B, 정의되지 않은 동작 148' 참조). 표준 스트림(stdout, stderr, stdin)을 닫아야 하는 프로그램은 연속적으로 이어지는 함수 호출을 사용하지 않도록 주의해야 한다. 특히 암시적으로 함수(printf(), perror(), getc() 등)를 사용하지 않아야 한다.

이 규칙은 다른 파일 표현식에 의해 발생될 수 있다.

부적절한 코드 예제

다음의 부적절한 코드 예제에서 stdout 스트림은 닫힌 후에 사용된다.

```c
#include <stdio.h>

int close_stdout(void) {
    if (fclose(stdout) == EOF) {
        return -1;
    }

    puts("stdout successfully closed.");
    return 0;
}
```

해결 방법

이 해결 방법은 stdout이 닫힌 후에는 다시 사용되지 않는다. 프로그램의 나머지 동작에 대해 유효하게 남아 있거나 또는 stdout은 열려 있는 파일 객체의 주소에 할당돼있다.

```
#include <stdio.h>

int close_stdout(void) {
  if (fclose(stdout) == EOF) {
    return -1;
  }

  fputs("stdout successfully closed.", stderr);
  return 0;
}
```

위험 평가

관련된 파일이 닫힌 후에 FILE 객체의 포인터 값을 사용하는 것은 정의되지 않은 동작을 유발한다.

규칙	심각도	위험 발생 가능성	개선 비용	우선순위	레벨
FIO46-C	보통	낮음	보통	P4	L3

참고 문헌

[IEEE Std 1003.1-2013]	XSH, System Interfaces, open
[ISO/IEC 9899:2011]	7.21.3, "Files" 7.21.5.1, "The fclose Function"

■ FIO47-C. 유효한 포맷 문자열을 사용하라

포맷 출력 함수는 포맷 문자열을 제어해서 그들의 인자를 변환하고 포맷, 출력하며, C Standard, 7.21.6.1, 3절 [ISO/IEC 9899:2011]은 다음과 같이 지정한다.

포맷은 여러 개의 문자가 연속적으로 이어진 바이트의 집합이며 그것의 초기 시프트 상태에 시작과 끝이 존재한다. 포맷은 0이나 일반 문자(%는 아님)들이며 출력 스트림으로부터 변경되지 않고 복사되며 만약 지정자 적용이 가능하다면 변환 지정자는 그것들을 변환할 때 0이나 다른 인자를 패칭하고 출력 스트림에 결과에 대한 쓰기 작업을 수행한다.

변환 명세conversion specification는 다음의 순서에 따라 % 문자에 의해 지정된다.

- 변환 명세의 의미를 수정하는 0이나 다른 플래그
- 최소한optional의 필드폭width
- 수소점 표현을 위한 최소한의 자리를 나타내는 정밀도precision
- 인자의 크기를 지정하는 길이 변경자length modifier
- 적용될 수 있는 변환 타입을 가리키는 변환 지정 문자conversion specifier character

포맷 문자열을 생성하는 데 보편적으로 하는 실수는 다음과 같다.

- 포맷 문자열에 대한 부정확한 인자의 개수를 제공
- 유효하지 않은 변환 지정자를 사용
- 변환 지정자와 호환되지 않는 플래그 문자를 사용
- 변환 지정자와 호환되지 않는 길이 변환자를 사용
- 인자 타입과 변환 지정자의 타입 불일치
- 필드 폭width과 정밀도precision를 위해 int가 아닌 다른 타입의 인자를 사용

표 9-2는 다양한 변환 명세의 준수 사항을 설명한다. 첫 번째 열은 하나 이상의 변환 지정자를 포함한다. 다음 4개의 칼럼은 다양한 플래그와 함께 지정 문자의 조합을 보여 준다(아포스트로피 ['], -, +, 공백 문자, #, 0). 다음의 8개의 칼럼은 다양한 길이 변환

자(h, hh, 1, 11, j, z, t, L)와 함께 지정 문자의 조합을 보여 준다. 유효한 조합은 타입 이름과 함께 표시되며 변환 지정자와 일치하는 인자는 해당 타입으로 구현된다. 예를 들면 지정자 %hd와 일치하는 인자는 short로 구현되고, d와 h가 교차하는 셀에서는 short으로 나타난다. 마지막 칼럼은 원래 지정자 문자와 일치하는 예상되는 인자 타입을 나타낸다. 유효하고 의미 있는 조합은 ✓ 기호로 표시된다(이전에 설명한 것처럼 길이 변경자 칼럼에 대한 저장). 유효하지만 아무런 효과가 없는 조합은 N/E로 표시된다. X 기호로 표시된 조합을 사용, 표에 표시되지 않는 지정자를 사용, 또는 예상하지 않은 타입을 인자로 사용하는 것은 정의되지 않은 동작을 유발한다('부록 B, 정의되지 않은 동작 153, 155, 157, 158, 161, 162' 참조).

포맷 입력 함수는 포맷 문자열과 유사하게 지정되고 포맷 문자열과 인자에 유사한 제한 사항을 부과한다.

알려지지 않거나 유효하지 않은 변환 명세나 플래그 문자, 정밀도, 길이 변환자, 입/출력 함수의 변환 지정자를 사용하지 마라. 마찬가지로 포맷 문자열에서 사용되는 변환 지정자의 타입과 일치하지 않는 인자의 타입이나 개수를 제공하지 마라.

포맷 문자열은 일반적으로 호출되는 곳에서 문자열 리터럴로 지정되지만 꼭 그럴 필요는 없다. 하지만 반드시 오염된 값을 포함하지 않아야 한다('FIO30-C. 포맷 문자열에서 사용자 입력을 배제하라' 참조).

부적절한 코드 예제

인자와 변환 지정자가 동일하지 않으면 정의되지 않은 동작을 유발한다. 컴파일러는 포맷된 출력 함수의 사용에 대한 타입이 서로 다르기 때문에 에러를 진단한다. 다음의 부적절한 코드 예제에서 printf()의 error_type 인자는 d 지정자가 아닌 s 지정자로 일치하지 않는다. 마찬가지로 error_msg 인자는 s 지정자가 아닌 d 지정자로 일치하지 않는다. 이런 사용으로 정의되지 않은 동작을 유발한다. 호출로 가능한 결과는 printf()가 error_type을 포인터 인자로 해석하고 error_type이 포함하는 주소로부터 문자열을 읽어 들이며 접근 위반을 유발한다.

```
#include <stdio.h>

void func(void) {
    const char *error_msg = "Resource not available to user.";
    int error_type = 3;
    /* ... */
    printf("Error (type %s): %d\n", error_type, error_msg);
    /* ... */
}
```

해결 방법

이 해결 방법은 printf 함수의 인자가 의도한 변환 명세와 동일하도록 보장한다.

```
#include <stdio.h>

void func(void) {
    const char *error_msg = "Resource not available to user.";
    int error_type = 3;
    /* ... */
    printf("Error (type %d): %s\n", error_type, error_msg);

    /* ... */
}
```

표 9-2 변환 명세(conversion specification) 규칙

서식 문자	XSI	-, +, SPACE	#	0	h	hh	l	ll	j	z	t	L	인자/인수 타입
d,i	✓	✓	X	✓	short	singed char	long	long long	intmax_t	size_t	ptrdiff_t	X	부호 있는 정수
o	X	✓	✓	✓	unsigned short	unsigned char	unsigned long	unsigned long long	uintmax_t	size_t	ptrdiff_t	X	부호 없는 정수
u	✓	✓	X	✓	unsigned short	unsigned char	unsigned long	unsigned long long	uintmax_t	size_t	ptrdiff_t	X	부호 없는 정수
x, X	X	✓	✓	✓	unsigned short	unsigned char	unsigned long	unsigned long long	uintmax_t	size_t	ptrdiff_t	X	부호 없는 정수
f, F	✓	✓	✓	✓	X	X	N/E	N/E	X	X	X	long double	double or long double
e, E	X	✓	✓	✓	X	X	N/E	N/E	X	X	X	long double	double or long double
g, G	✓	✓	✓	✓	X	X	N/E	N/E	X	X	X	long double	double or long double

서식 문자	XSI	-, +, SPACE	#	0	h	hh	l	ll	j	z	t	L	인자/인수 타입
a, A	✓	✓	✓	✓	×	×	N/E	N/E	×	×	×	long double	double or long double
c	×	✓	×	×	×	×	wint_t	×	×	×	×	×	int or wint_t
s	×	✓	×	×	×	×	NTWS	×	×	×	×	×	NTCS or NTWS
p	×	✓	×	×	×	×	×	×	×	×	×	×	void*
n	×	✓	×	×	short*	char*	long*	long long*	intmat_t*	size_t*	ptrdiff_t*	×	포인터와 정수
c^{XSI}	×	✓	×	×	×	×	×	×	×	×	×	×	wint_t
s^{XSI}	×	✓	×	×	×	×	×	×	×	×	×	×	NTWS
%	×	✓	×	×	×	×	×	×	×	×	×	×	없음

SPACE: 공백 문자(" ")

N/E: 효과 없음

NTCS: char* 인자는 널로 종료하는 문자열을 가리킴

NTWS: wchar_t* 인자는 널로 종료하는 와이드 문자열을 가리킴

XSI: ISO/IEC 9945-2003 XSI 확장

위험 평가

부정확하게 지정된 포맷 문자열은 메모리를 변질시키고 비정상적으로 프로그램이 종료된다.

규칙	심각도	위험 발생 가능성	개선 비용	우선순위	레벨
FIO47-C	높음	낮음	보통	P6	L2

관련된 가이드라인

ISO/IEC TS 17961:2013	Using invalid format strings [invfmtstr]
MITRE CWE	CWE-686, Function Call with Incorrect Argument Type

참고 문헌

[ISO/IEC 9899:2011]	7.21.6.1, "The `fprintf` Function"

10_장

환경

10장 목차

위험 평가

규칙	심각도	위험 발생 가능성	개선 비용	우선순위	레벨
ENV30–C	낮음	보통	보통	P4	L3
ENV31–C	낮음	보통	보통	P4	L3
ENV32–C	보통	높음	보통	P12	L1
ENV33–C	높음	보통	보통	P12	L1
ENV34–C	낮음	보통	보통	P4	L3

■ ENV30-C. 함수에서 반환하는 값을 참조하는 객체를 수정하지 마라

어떤 함수는 정의되지 않은 동작 없이는 수정될 수 없는 객체에 대한 포인터를 반환하며 getenv(), setlocale(), localeconv(), asctime(), strerror()가 이런 함수에 속한다. 이런 경우에 함수 호출 결과는 const 한정자를 가진 것으로 취급해야 한다.

C Standard, 7.22.4.6, 4절 [ISO/IEC 9899:2011], getenv()를 다음과 같이 정의한다.

> getenv 함수는 환경 변수 리스트 멤버의 값을 가진 문자열의 포인터를 반환한다. 문자열 포인터는 프로그램에 의해 수정되지 않아야 하지만 getenv 함수의 계속되는 호출에 의해 덮어쓰일 수 있다. 만약 지정된 이름을 찾을 수 없다면 널 포인터가 반환된다.

만약 getenv()에 의해 반환되는 문자열이 변경된다면 로컬 복사가 생성돼야만 한다. getenv()에 의해 반환되는 문자열을 변경하는 것은 정의되지 않은 동작을 유발한다('부록 B, 정의되지 않은 동작 184' 참조).

마찬가지로 7.11.1.1, 8절 [ISO/IEC 9899:2011]에서는 다음과 같이 setlocale()를 정의한다.

> setlocale에 의해 반환되는 문자열 포인터는 문자열 값으로 연속적으로 호출되고 그것과 관련된 카테고리는 프로그램의 로컬 부분에 다시 저장된다. 참조되는 문자열은 프로그램에 의해 수정되지 않지만 setlocal 함수의 연속되는 호출에 의해 덮어쓰인다.

그리고 7.11.2.1, 8절 [ISO/IEC 9899:2011]]에서는 다음과 같이 localeconv()를 정의한다.

> localeconv 함수는 사용된 객체의 포인터를 반환한다. 반환값에 의해 참조되는 구조체는 프로그램에 의해 수정되지 않지만 localconv 함수의 연속되는 호출에 의해 덮어쓰인다. 추가적으로 LC_ALL, LC_MONETARY, LC_NUMERIC의 카테고리를 가진 setlocal 함수를 호출하는 것은 구조체의 내용을 덮어쓰게 된다.

setlocale()에 의해 반환되는 문자열이나 또는 localeconv()에 의해 반환되는 구조체는 정의되지 않은 동작을 유발한다('부록 B, 정의되지 않은 동작 120과 121' 참조). 더욱이 표준 C는 setlocale()에 의한 문자열의 내용에 어떠한 요구 사항도 강요하지 않는다. 결과적으로 문자열의 내부 내용이나 구조에 어떠한 가정도 없다.

마지막으로 7.24.6.2, 4절 [ISO/IEC 9899:2011]의 내용이다.

strerror 함수는 문자열을 포인터로 반환하고, 내용은 로컬에 한정적으로 적용된다. 참조되는 배열은 프로그램에 의해 수정되지 않지만 strerror 함수의 연속되는 호출에 의해 덮어쓰일 수 있다.

strerror()에 의해 반환되는 문자열의 변경은 정의되지 않은 동작을 유발한다('부록 B, 정의되지 않은 동작 184' 참조).

부적절한 코드 예제(getenv())

다음의 부적절한 코드 예제는 따옴표(")를 밑줄 표시 기호(_)로 교체하고자 getenv()에서 반환되는 문자열을 수정한다.

```
#include <stdlib.h>

void trstr(char *c_str, char orig, char rep) {
    while (*c_str != '\0') {
        if (*c_str == orig) {
            *c_str = rep;
        }
        ++c_str;
    }
}

void func(void) {
    char *env = getenv("TEST_ENV");
    if (env == NULL) {
      /* 에러 처리 */
    }
    trstr(env,'"', '_');
}
```

해결 방법(getenv())(환경 변수를 변경하지 않음)

만약 프로그래머가 환경 변수를 변경하려는 의도가 없다면 이 해결 방법은 반환되는 값의 복사본을 수정한다.

```c
#include <stdlib.h>
#include <string.h>

void trstr(char *c_str, char orig, char rep) {
    while (*c_str != '\0') {
        if (*c_str == orig) {
          *c_str = rep;
        }
        ++c_str;
    }
}

void func(void) {
    const char *env;
    char *copy_of_env;

    env = getenv("TEST_ENV");
    if (env == NULL) {
      /* 에러 처리 */
    }

    copy_of_env = (char *)malloc(strlen(env) + 1);
    if (copy_of_env == NULL) {
      /* 에러 처리 */
    }

    strcpy(copy_of_env, env);
    trstr(copy_of_env,'"', '_');
    /* ... */
    free(copy_of_env);
}
```

해결 방법(getenv())(POSIX에서 환경 변수를 변경하기)

만약 프로그래머가 환경 변수를 변경하려는 의도가 있다면 POSIX의 setenv()와 strdup() 함수를 사용해서 변경된 문자열을 다시 환경 변수로 저장하는 방법을 사용할 수 있다.

```c
#include <stdlib.h>
#include <string.h>

void trstr(char *c_str, char orig, char rep) {
    while (*c_str != '\0') {
        if (*c_str == orig) {
          *c_str = rep;
        }
        ++c_str;
    }
}

void func(void) {
    const char *env;
    char *copy_of_env;
    env = getenv("TEST_ENV");
    if (env == NULL) {
      /* 에러 처리 */
    }
    copy_of_env = strdup(env);
    if (copy_of_env == NULL) {
      /* 에러 처리 */
    }

    trstr(copy_of_env,'"', '_');

    if (setenv("TEST_ENV", copy_of_env, 1) != 0) {
      /* 에러 처리 */
    }
    /* ... */
    free(copy_of_env);
}
```

부적절한 코드 예제(localeconv())

다음의 부적절한 코드 예제에서 localeconv()에 의해 반환되는 객체가 직접적으로 수정된다.

```
#include <locale.h>

void f2(void) {
    struct lconv *conv = localeconv();

    if ('\0' == conv->decimal_point[0]) {
      conv->decimal_point = ".";
    }
}
```

해결 방법(localeconv())(복사)

이 해결 방법은 localeconv()에 의해 반환되는 객체의 복사본을 수정한다.

```
#include <locale.h>
#include <stdlib.h>
#include <string.h>

void f2(void) {
    const struct lconv *conv = localeconv();
    if (conv == NULL) {
      /* 에러 처리 */
    }
    struct lconv *copy_of_conv = (struct lconv *)malloc(
      sizeof(struct lconv));
    if (copy_of_conv == NULL) {
      /* 에러 처리 */
    }
    memcpy(copy_of_conv, conv, sizeof(struct lconv));

    if ('\0' == copy_of_conv->decimal_point[0]) {
      copy_of_conv->decimal_point = ".";
    }
    /* ... */
```

```
    free(copy_of_conv);
}
```

위험 평가

getenv()나 setlocale(), localeconv(), asctime(), strerror()의 반환값에 의해 참조되는 객체를 수정하는 것은 정의되지 않은 동작을 유발한다. 비록 변경이 성공적으로 수행되더라도 변경된 객체는 동일한 함수에 대한 연속되는 호출로 인해 덮어쓰일 수 있다.

규칙	심각도	위험 발생 가능성	개선 비용	우선순위	레벨
ENV30-C	낮음	보통	보통	P4	L3

관련된 가이드라인

ISO/IEC TS 17961:2013	Modifying the string returned by getenv, localeconv, setlocale, and strerror [libmod]

참고 문헌

[IEEE Std 1003.1–2013]	XSH, System Interfaces, setenv XSH, System Interfaces, strdup
[ISO/IEC 9899:2011]	7.11.1.1, "The setlocale Function" 7.11.2.1, "The localeconv Function" 7.22.4.6, "The getenv Function" 7.24.6.2, "The strerror Function"

■ ENV31-C. 환경 변수의 값을 무효화할 수 있는 연산을 수행했다면 더 이상 그 값에 의존하지 마라

어떤 구현에서는 main()이 호출될 때 비호환성을 갖는 유효한 환경 포인터를 제공하지만 환경 변수를 변경하는 연산에 의해 무효화될 수 있다.

다음은 C Standard, J.5.1 [ISO/IEC 9899:2011]의 내용이다.

호스트 환경에서 main 함수는 세 번째 인자 char *envp[]를 받고 char 포인터의 널로 종료하는 배열을 참조한다. 각각의 값은 프로그램 실행을 위한 환경 변수의 정보를 제공하는 문자열을 가리킨다.

결과적으로 호스트 환경에서 위와 같은 확장을 지원하고 main()의 변형된 형태를 통해서 환경 변수에 접근할 수 있다.

```
int main(int argc, char *argv[], char *envp[]){ /* ... */ }
```

하지만 환경 변수를 수정하는 것은 환경 변수의 메모리를 재할당한다는 의미이기 때문에 결과적으로 envp는 부정확한 위치를 참조하게 된다. 예를 들면 32비트 인텔 GNU/Linux 환경에서 GCC 4.8.1 버전의 컴파일러가 코드를 수행한다면 다음과 같다.

```
#include <stdio.h>
#include <stdlib.h>

extern char **environ;

int main(int argc, const char *argv[], const char *envp[]) {
    printf("environ: %p\n", environ);
    printf("envp: %p\n", envp);
    setenv("MY_NEW_VAR", "new_value", 1);
    puts("--Added MY_NEW_VAR--");
    printf("environ: %p\n", environ);
    printf("envp: %p\n", envp);
    return 0;
}
```

출력:

```
% ./envp-environ
environ: 0xbf8656ec
envp: 0xbf8656ec
--Added MY_NEW_VAR--
environ: 0x804a008
envp: 0xbf8656ec
```

setenv() 호출의 결과로서 환경 변수가 재배치된 결과를 확인할 수 있다. 외부 변수 environ는 현재 환경 변수를 참조해 값이 변경되고, envp 매개 변수는 변경되지 않는다.

환경 변수 포인터는 getenv() 함수의 호출에 의해 유효하지 않은 값을 갖게 된다('ENV34-C. 함수에서 반환하는 포인터를 저장하지 마라' 참조).

부적절한 코드 예제(POSIX)

POSIX에 setenv() 함수를 호출한 후 또는 환경 변수를 변경하는 다른 함수를 호출한 후에 envp 포인터는 현재 환경 변수를 더 이상 참조하지 않는다. 다음은 Portable Operating System Interface (POSIX®), Base Specifications, Issue 7 [IEEE Std 1003.1-2013]의 내용이다.

> setenv()가 외부 변수 environ을 변경하면 예상하지 못한 결과가 발생한다. 특히 main()에 envp 인자가 있는 경우 envp 값이 변경되지는 않지만 이미 쓸모 없어진 이전의 환경 변수 복사본을 참조할 수 있다(environ의 다른 복사본으로서).

다음의 부적절한 코드 예제는 setenv()를 호출한 후에 envp 포인터에 접근한다.

```
#include <stdio.h>
#include <stdlib.h>

int main(int argc, const char *argv[], const char *envp[]) {
  if (setenv("MY_NEW_VAR", "new_value", 1) != 0) {
    /* 에러 처리 */
  }
  if (envp != NULL) {
    for (size_t i = 0; envp[i] != NULL; ++i) {
      puts(envp[i]);
    }
  }
  return 0;
}
```

envp는 더 이상 현재 환경 변수를 참조하지 않기 때문에 이 프로그램은 정의되지 않은 동작을 유발한다.

해결 방법(POSIX)

POSIX 환경에서 외부 변수 environ는 envp를 대신해서 사용될 수 있다. 이 해결 방법은 다음과 같다.

```c
#include <stdio.h>
#include <stdlib.h>

extern char **environ;

int main(void) {
    if (setenv("MY_NEW_VAR", "new_value", 1) != 0) {
        /* 에러 처리 */
    }
    if (environ != NULL) {
        for (size_t i = 0; environ[i] != NULL; ++i) {
            puts(environ[i]);
        }
    }
    return 0;
}
```

부적절한 코드 예제(윈도우)

윈도우 시스템의 _putenv_s() 함수나 또는 환경 변수를 변경하는 다른 함수를 호출한 후에 envp 포인터는 더 이상 환경 변수를 참조하지 않는다.

다음은 비주얼 C++ 레퍼런스에서 언급된 내용이다[MSDN].

main과 wmain으로 전달되는 환경 변수 블록은 현재 환경 변수의 'frozen' 복사본이다. 만약 _putenv나 _wputenv의 호출로 환경 변수를 계속 변경한다면 현재 환경 변수는 변경되지만 envp에 의해 참조되는 블록은 변경되지 않는다.

다음의 부적절한 코드 예제는 _putenv_s()를 호출한 후에 envp 포인터에 접근한다.

```
#include <stdio.h>
#include <stdlib.h>

int main(int argc, const char *argv[], const char *envp[]) {
  if (_putenv_s("MY_NEW_VAR", "new_value") != 0) {
    /* 에러 처리 */
  }
  if (envp != NULL) {
    for (size_t i = 0; envp[i] != NULL; ++i) {
      puts(envp[i]);
    }
  }
  return 0;
}
```

envp가 현재 환경 변수를 더 이상 참조하지 않기 때문에 이 프로그램은 정의되지 않은 동작을 유발한다.

해결 방법(윈도우)

이 해결 방법은 envp를 대신해서 _environ 변수를 사용한다.

```
#include <stdio.h>
#include <stdlib.h>

_CRTIMP extern char **_environ;

int main(int argc, const char *argv[]) {
  if (_putenv_s("MY_NEW_VAR", "new_value") != 0) {
    /* Handle error */
  }
  if (_environ != NULL) {
    for (size_t i = 0; _environ[i] != NULL; ++i) {
      puts(_environ[i]);
    }
  }
  return 0;
}
```

해결 방법

이 해결 방법은 불완전한 envp 코드를 다음과 같이 여러 번 수행해야 한다면,

```
int main(int argc, char *argv[], char *envp[]) {
  /* ... */
}
```

다음과 같이 수정해 개선 시간을 단축할 수 있다.

```
#if defined (_POSIX_) || defined (__USE_POSIX)
  extern char **environ;
  #define envp environ
#elif defined(_WIN32)
  _CRTIMP extern char **_environ;
  #define envp _environ
#endif

int main(int argc, char *argv[]) {
  /* ... */
}
```

이 해결 방법은 외부 변수 environ을 지원하는 데 구현 방식에 따른 확장이 필요하다.

위험 평가

환경 변수가 수정된 후에 envp 환경 변수 포인터를 사용하는 것은 정의되지 않은 동작을 유발한다.

규칙	심각도	위험 발생 가능성	개선 비용	우선순위	레벨
ENV31-C	낮음	보통	보통	P4	L3

참고 문헌

[IEEE Std 1003.1-2013]	XSH, System Interfaces, setenv
[ISO/IEC 9899:2011]	J.5.1, "Environment Arguments"
[MSDN]	_environ, _wenviron, getenv, _wgetenv, _putenv_s, _wputenv_s

■ ENV32-C. 모든 exit 핸들러는 반드시 반환에 의해 종료해야 한다

표준 C는 프로그램의 일반적인 종료를 위해 _Exit(), exit(), quick_exit()인 3개의 함수를 제공한다. 이런 함수들을 전체적으로 exit 함수exit function라고 부른다. exit() 함수가 호출될 때 또는 main() 함수 외부로 제어를 전달할 때 atexit()(a_quick_exit()가 아님)와 함께 등록된 함수가 호출된다. quick_exit() 함수가 호출될 때 at_quick_exit() (atexit())로 저장된 함수가 호출된다. 이런 함수를 exit 핸들러exit handler라고 부른다. _Exit() 함수가 호출될 때 exit 핸들러나 시그널 핸들러는 호출되지 않는다.

exit 핸들러는 반환에 의해 종료돼야 한다. 모든 exit 핸들러는 클린업cleanup 동작을 수행하도록 하는 것이 매우 중요하며 보안에서 상당히 중요한 부분이다. 애플리케이션 프로그래머는 라이브러리에 설치된 모든 핸들러를 알고 있지 않기 때문에 부정확한 동작을 유발할 수 있다. 특히 exit 함수의 중복된 호출과 longjmp() 호출에 의한 exit 핸들러에 대한 호출을 종료하는 문제가 있다.

exit 함수의 중복된 호출은 정의되지 않은 동작을 유발한다('부록 B, 정의되지 않은 동작 182' 참조). 이 동작은 exit 함수가 exit 핸들러로부터 호출될 때 또는 시그널 핸들러 내에서 호출될 때에 발생할 수 있다('SIG30-C. 시그널 핸들러에서는 비동기적으로 안전한 함수만 호출하라' 참조).

만약 longjump() 함수의 호출로 exit 핸들러의 호출이 종료되면 정의되지 않은 동작을 유발한다.

부적절한 코드 예제

다음의 부적절한 코드 예제에서 exit1()과 exit2() 함수는 프로그램 종료 시 요청되는 클린업을 수행하고자 atexit()에 의해 등록된다. 하지만 some_condition이 참이면 exit()는 두 번 호출되고 정의되지 않은 동작을 유발한다.

```
#include <stdlib.h>

void exit1(void) {
    /* ... 클린업 코드 ... */
    return;
}
```

```
void exit2(void) {
    extern int some_condition;
    if (some_condition) {
        /* ... 다른 클린업 코드 ... */
        exit(0);
    }
    return;
}

int main(void) {
    if (atexit(exit1) != 0) {
        /* 에러 처리 */
    }
    if (atexit(exit2) != 0) {
        /* 에러 처리 */
    }
    /* ... Program code ... */
    return 0;
}
```

atexit() 함수에 의해 등록된 함수는 그들이 등록된 반대 순서로 호출된다. 결과적으로 만약 exit2()를 반환하지 않고 종료되면 exit1()은 실행되지 않는다. 지원되는 라이브러리에 의해 설치된 atexit() 핸들러의 경우도 동일하다.

해결 방법

atexit()에 의해 exit 핸들러로서 등록된 함수는 반드시 반환에 의해 종료돼야 한다. 이 해결 방법은 다음과 같다.

```
#include <stdlib.h>
void exit1(void) {
    /* ... 클린업 코드 ... */
    return;
}

void exit2(void) {
    extern int some_condition;
    if (some_condition) {
```

```
      /* ... 다른 클린업 코드 ... */
    }
    return;
}

int main(void) {
   if (atexit(exit1) != 0) {
     /* 에러 처리 */
   }
   if (atexit(exit2) != 0) {
     /* 에러 처리 */
   }
   /* ... 프로그램 코드 ... */
   return 0;
}
```

부적절한 코드 예제

다음의 부적절한 코드 예제에서 exit1()이 atexit()에 의해 등록되고 프로그램 종료 시에 exit1()이 호출된다. exit1() 함수는 main() 함수로 다시 돌아오게 되고 정의되지 않은 결과를 유발한다.

```
#include <stdlib.h>
#include <setjmp.h>

jmp_buf env;
int val;
void exit1(void) {
    longjmp(env, 1);
}

int main(void) {
   if (atexit(exit1) != 0) {
     /* 에러 처리 */
   }
   if (setjmp(env) == 0) {
     exit(0);
   } else {
     return 0;
```

```
        }
}
```

해결 방법

이 해결 방법은 longjmp()를 호출하지 않는 대신에 exit 핸들러로부터 반환을 사용한다.

```
#include <stdlib.h>

void exit1(void) {
    return;
}

int main(void) {
    if (atexit(exit1) != 0) {
        /* 에러 처리 */
    }
    return 0;
}
```

위험 평가

exit 핸들러의 호출을 반환이 아닌 다른 방식으로 종료하는 것은 정의되지 않은 동작을 유발하고 비정상적인 프로그램 종료 또는 다른 예상할 수 없는 동작을 초래한다. 또한 호출돼야 하는 등록된 핸들러들의 동작을 방해할 수 있다.

규칙	심각도	위험 발생 가능성	개선 비용	우선순위	레벨
ENV32-C	보통	높음	보통	P12	L1

관련된 가이드라인

ISO/IEC TR 24772:2013	Structured Programming [EWD] Termination Strategy [REU]
MITRE CWE	CWE-705, Incorrect Control Flow Scoping

■ ENV33-C. system()을 호출하지 마라

표준 C에서 system() 함수는 UNIX 셸shell이나 윈도우 시스템의 CMD.EXE와 같은 구현에서 정의된 커맨드command 프로세서를 호출해서 지정된 명령을 수행한다. POSIX에서 popen() 함수는 커맨드 프로세서를 호출하지만 호출하는 프로그램과 실행되는 명령어 사이에 파이프를 만들고 파이프로부터 읽기나 쓰기 동작에 사용될 수 있는 스트림의 포인터를 반환한다[IEEE Std 1003.1-2013].

system() 함수를 사용하는 것은 시스템의 취약성으로 악용되는 결과를 초래할 수 있으며 최악의 경우에는 임의 시스템 커맨드가 실행될 수 있다. 다음의 경우에서 system()을 호출하는 것은 위험한 상태에 빠질 수 있다.

- 오염된 소스로부터 오염되거나 또는 적합하게 오염이 제거되지 않은 문자열이 전달될 때
- 경로 이름 없이 명령어가 지정되고 커맨드 프로세서 경로 이름에 공격자가 접근할 때
- 실행을 위해 관련된 경로가 지정되고 현재 작업 디렉터리에 대한 제어에 공격자가 접근할 때
- 실행 가능한 지정된 프로그램이 공격자에 의해 유사한 형태로 복제될 때

부적절한 코드 예제

다음의 부적절한 코드 예제로 호스트 환경에서 system() 함수는 any_cmd를 수행하는 데 사용한다. 커맨드 프로세서의 호출은 요구되지 않는다.

```c
#include <string.h>
#include <stdlib.h>

enum { BUFFERSIZE = 512 };

void func(const char *input) {
    char cmdbuf[BUFFERSIZE];
    int len_wanted = snprintf(cmdbuf, BUFFERSIZE,
                            "any_cmd '%s'", input);
```

```
    if (len_wanted >= BUFFERSIZE) {
      /* 에러 처리 */
    } else if (len_wanted < 0) {
      /* 에러 처리 */
    } else if (system(cmdbuf) == -1) {
      /* 에러 처리 */
    }
}
```

만약 리눅스 시스템에서 코드가 컴파일되고 높은 권한으로 실행되면 공격자는 다음의 문자열을 입력해서 계정을 생성할 수 있다.

```
happy'; useradd 'attacker
```

셸은 2개의 분리된 명령으로 이 문자열을 해석한다.

```
any_cmd 'happy';
useradd 'attacker'
```

그리고 공격자는 새로운 사용자 계정을 만들어 취약한 시스템에 접근하는 데 사용할 수 있다.

이 부적절한 코드 예제는 'STR02-C. 복잡한 하위 시스템으로 전달되는 데이터를 검열하라'를 위반한다.

해결 방법(POSIX)

이 해결 방법은 system()을 execve() 호출로 대체한다. exec 계열의 함수는 셸 인터프리터를 사용하지 않고 이 함수들은 부적절한 코드 예제에서처럼 명령어 주입 공격으로 취약성에 노출되지는 않는다.

execlp(), execvp(), execvP() 함수는 만약 지정된 파일 이름이 슬래시(/) 문자를 포함하지 않으면 실행 가능한 파일의 검색을 위해 셸과 같은 동작을 한다. 결과적으로 이 함수들은 'ENV03-C. 외부 프로그램을 호출할 때는 환경 변수를 정리하라'에서 설명된 것처럼 만약 PATH 환경 변수가 안전한 값으로 설정됐다면 슬래시(/) 없이 사용될 수 있다.

execl(), execle(), execv(), execve() 함수는 경로 이름에 치환을 수행하지 않는다.

추가적으로 외부 변수가 신뢰할 수 없는 사용자에 의해 변경되지 않도록 예방 조치를 해야 하며, 예를 들어 실행 가능한 파일에 사용자가 쓰기 동작을 할 수 없도록 보장해야 한다.

```c
#include <sys/types.h>
#include <sys/wait.h>
#include <unistd.h>

void func(char *input) {
    pid_t pid;
    int status;
    pid_t ret;
    char *const args[3] = {"any_exe", input, NULL};
    char **env;
    extern char **environ;

    /* ... 인자의 오염 여부 체크 ... */

    pid = fork();
    if (pid == -1) {
     /* 에러 처리 */
    } else if (pid != 0) {
      while ((ret = waitpid(pid, &status, 0)) == -1) {
          if (errno != EINTR) {
            /* 에러 처리 */
            break;
          }
      }
      if ((ret != -1) &&
        (!WIFEXITED(status) || !WEXITSTATUS(status)) ) {
          /* 예상치 못한 하부 로직의 상태를 체크 */
      }
    } else {
      /* ... 오염이 제거된 environ의 복사본으로 env를 초기화 ... */
      if (execve("/usr/bin/any_cmd", args, env) == -1) {
        /* Handle error */
        _Exit(127);
      }
```

```
        }
}
```

이 해결 방법은 앞에서 설명한 부적절한 코드 예제와는 차이점이 많다. 첫째, input이 args 배열에 포함되고 execve()의 인자로서 전달되며 커맨드 문자열을 만들 때 문자열 잘림이나 버퍼 오버플로에 대한 문제점을 제거한다. 둘째, 이 해결 방법은 하위 프로세스에서 "/usr/bin/any_cmd"를 실행하기 전에 새로운 프로세스를 선택해서 실행[fork]한다. 이 방식이 비록 system() 호출보다는 다소 복잡하지만 이런 노력으로 인해 보안성이 강화되며 적용할 만한 가치가 있는 작업이다.

종료[exit] 상태 코드 127은 커맨드를 찾을 수 없을 때 셸에 의해 설정되는 값이며 POSIX는 여러 애플리케이션에서 동일하게 동작한다고 한다. 다음은 POSIX standard의 XCU, 2,8,2[IEEE Std 1003.1-2013]의 내용이다.

만약 명령어를 찾지 못하면 종료 상태는 127을 나타낸다. 만약 명령어를 찾았지만 실행 가능한 유틸리티가 없다면 종료 상태는 126을 나타낸다. 셸을 사용하지 않고 유틸리티를 호출하는 애플리케이션은 유사한 에러를 보고하는 데 동일한 종료 상태 코드를 사용해야 한다.

해결 방법(윈도우)

이 해결 방법은 마이크로소프트 윈도우 시스템의 CreateProcess() API를 사용한다.

```
#include <Windows.h>

void func(TCHAR *input) {
    STARTUPINFO si = { 0 };
    PROCESS_INFORMATION pi;
    si.cb = sizeof(si);
    if (!CreateProcess(TEXT("any_cmd.exe"), input, NULL, NULL, FALSE,
                       0, 0, 0, &si, &pi)) {
        /* 에러 처리 */
    }
    CloseHandle(pi.hThread);
    CloseHandle(pi.hProcess);
}
```

이 해결 방법은 const 타입이 아닌 input 매개 변수에 의존한다. CreateProcess() 함수가 새롭게 만들어진 프로세스로 전달될 입력 인자를 수정할 수 있기 때문에 만약 const 타입이라면 이 방법은 매개 변수의 복사를 생성하는 게 필요하다.

이 해결 방법은 'WIN03-C. HANDLE 상속을 이해하라'의 규칙을 준수하며 하위child 프로세스가 상위parent 프로세스로부터 어떤 처리에 대한 상속도 받지 않는 프로세스를 생성한다.

부적절한 코드 예제(POSIX)

다음의 부적절한 코드 예제는 사용자 홈 디렉터리에서 .config 파일을 제거하려고 system()을 호출한다.

```
#include <stdlib.h>

void func(void) {
    system("rm ~/.config");
}
```

만약 취약한 프로그램에 높은 권한이 있는 경우 공격자가 HOME 환경 변수의 값을 조작해서 시스템의 어디에서나 .config 파일 이름을 지울 수 있다.

해결 방법(POSIX)

시스템에서 요구하는 연산에 대한 외부 프로그램을 수행하고자 system() 호출의 대안으로 존재하는 라이브러리 호출을 사용해서 프로그램 내에서 직접 구현할 수 있다. 이 해결 방법은 system() 함수의 호출 없이 파일을 제거하는 POSIX의 unlink() 함수를 호출한다[IEEE Std 1003.1-2013].

```
#include <pwd.h>
#include <unistd.h>
#include <string.h>

void func(void) {
    const char *file_format = "%s/.config";
    size_t len;
```

```
    char *file;
    struct passwd *pwd;

    /* 현재 사용자의 /etc/passwd 입력을 얻음 */
    pwd = getpwuid(getuid());
    if (pwd == NULL) {
        /* 에러 처리 */
    }

    /* pw 입력으로부터 home 디렉터리에 전체 경로를 만듦*/

    len = strlen(pwd->pw_dir) + strlen(file_format) + 1;
    file = (char *)malloc(len);
    if (NULL == file) {
        /* 에러 처리 */
    }
    int r = snprintf(file, len, file_format, pwd->pw_dir);
    if (r < 0 || r >= len) {
        /* 에러 처리 */
    }
    if (unlink(file) != 0) {
        /* 에러 처리 */
    }

    free(file);
}
```

만약 file이 심벌릭 link를 지명하고 unlink()는 file에 의해 명명된 심벌릭 링크를 제거하며 심벌릭 링크의 내용에 의한 명명된 파일이나 디렉터리에 영향을 주지 않기 때문에 unlink 함수는 file과 관련된 경쟁 상태에 쉽게 빠지지 않는다('FIO01-C. 파일 이름이나 식별자를 사용하는 함수를 쓸 때 주의하라' 참조).

해결 방법(윈도우)

이 해결 방법은 마이크로소프트 윈도우의 삭제된 파일 경로에 파일 이름을 생성하기 위한, 사용자의 내 문서 폴더My Documents folder를 얻기 위한 SHGetKnownFolderPath()의 API를 사용한다. 파일은 DeleteFile() API를 사용해서 삭제된다.

```
#include <Windows.h>
#include <ShlObj.h>
#include <Shlwapi.h>

#if defined(_MSC_VER)
   #pragma comment(lib, "Shlwapi")
#endif

void func(void) {
    HRESULT hr;
    LPWSTR path = 0;
    WCHAR full_path[MAX_PATH];

    hr = SHGetKnownFolderPath(&FOLDERID_Documents, 0, NULL, &path);
    if (FAILED(hr)) {
      /* 에러 처리 */
    }
    if (!PathCombineW(full_path, path, L".config")) {
      /* 에러 처리 */
    }
    CoTaskMemFree(path);
    if (!DeleteFileW(full_path)) {
      /* 에러 처리 */
    }
}
```

위험 평가

커맨드 문자열이 system(), popen() 또는 커맨드 프로세서를 호출하는 다른 함수에 대한 오염 여부의 검증 없이 전달되면 악용당할 위험이 매우 높다. 최악의 경우 공격자는 취약한 프로세스의 권한을 가진 장치에 임의 시스템 명령을 수행할 수 있다.

규칙	심각도	위험 발생 가능성	개선 비용	우선순위	레벨
ENV33–C	높음	보통	보통	P12	L1

관련된 가이드라인

ISO/IEC TR 24772:2013	Unquoted Search Path or Element [XZQ]
ISO/IEC TS 17961:2013	Calling system [syscall]
MITRE CWE	CWE-78, Improper Neutralization of Special Elements used in an OS Command ("OS Command Injection") CWE-88, Argument Injection or Modification

참고 문헌

[IEEE Std 1003.1-2013]	XSH, System Interfaces, **exec** XSH, System Interfaces, **popen** XSH, System Interfaces, **unlink**
[Wheeler 2004]	

■ ENV34-C. 함수에서 반환하는 포인터를 저장하지 마라

다음은 C Standard, 7.22.4.6, 4절 [ISO/IEC 9899:2011]의 내용이다.

getenv 함수는 일치하는 리스트 멤버와 관련된 문자열의 포인터를 반환한다. 참조되는 문자열이 프로그램에 의해 수정되지는 않지만 getenv 함수의 연속적인 호출로 덮어쓰일 수 있다.

이 문장은 할당된 버퍼를 포인터로 반환하는 구현에 기준을 제공한다. 결과적으로 말하면 이런 포인터를 저장하지 마라. 왜냐하면 getenv() 함수나 환경 변수의 수정에 의해 연속되는 호출에 의해 덮어쓰일 수 있기 때문이다. 이 문자열은 즉각적으로 참조되고 버려진다. 만약 뒤늦게 사용해야 한다면 문자열은 복사돼야 하며, 필요에 따라 그 복사본이 안전하게 참조돼야 한다.

getenv() 함수는 안전한 스레드가 아니다. 이 함수의 사용에 따른 발생할 수 있는 가능한 경쟁 조건을 정확하게 표시해야 한다.

asctime(), localconv(), setlocale(), strerror() 함수는 유사한 제한 사항을 갖고 있으며, 연속되는 함수 호출 후에 반환되는 객체에 접근하지 마라.

부적절한 코드 예제

다음의 부적절한 코드 예제는 TMP의 값과 TEMP 환경 변수의 값이 동일한지를 결정하고자 비교 연산을 수행한다.

```c
#include <stdlib.h>
#include <string.h>
#include <stdio.h>

void func(void) {
  char *tmpvar;
  char *tempvar;

  tmpvar = getenv("TMP");
  if (!tmpvar) {
    /* 에러 처리 */
  }
  tempvar = getenv("TEMP");
  if (!tempvar) {
    /* 에러 처리 */
  }
  if (strcmp(tmpvar, tempvar) == 0) {
    printf("TMP and TEMP are the same.\n");
  } else {
    printf("TMP and TEMP are NOT the same.\n");
  }
}
```

이 코드는 tmpvar에 의해 참조되는 문자열이 getenv() 함수의 두 번째 호출의 결과로 덮어쓰이기 때문에 부적절한 예제다. 결과적으로 tmpvar와 tempvar는 두 환경 변수가 다른 값을 갖는다고 해도 동일한 값으로 비교될 수 있다.

해결 방법

이 해결 방법은 getenv()에 의해 반환되는 문자열을 동적으로 할당된 버퍼로 복사하려고 malloc()과 strcpy() 함수를 사용한다.

```c
#include <stdlib.h>
#include <string.h>
#include <stdio.h>

void func(void) {
   char *tmpvar;
   char *tempvar;

   const char *temp = getenv("TMP");
   if (temp != NULL) {
      tmpvar = (char *)malloc(strlen(temp)+1);
      if (tmpvar != NULL) {
        strcpy(tmpvar, temp);
      } else {
        /* 에러 처리 */
      }
   } else {
     /* 에러 처리 */
   }

   temp = getenv("TEMP");
   if (temp != NULL) {
     tempvar = (char *)malloc(strlen(temp)+1);
     if (tempvar != NULL) {
        strcpy(tempvar, temp);
     } else {
        /* 에러 처리 */
     }
   } else {
     /* 에러 처리 */
   }

   if (strcmp(tmpvar, tempvar) == 0) {
     printf("TMP and TEMP are the same.\n");
   } else {
     printf("TMP and TEMP are NOT the same.\n");
   }
   free(tmpvar);
   free(tempvar);
}
```

해결 방법(Annex K)

C Standard, Annex K는 현재 환경 변수로부터 값을 얻으려고 getenv_s() 함수를 제공한다. 하지만 getenv_s()는 환경 변수 리스트를 수정하는 다른 스레드의 실행과 함께 여전히 **데이터 경쟁**data race이 발생할 수 있다.

```
#define __STDC_WANT_LIB_EXT1__ 1
#include <errno.h>
#include <stdlib.h>
#include <string.h>
#include <stdio.h>

void func(void) {
    char *tmpvar;
    char *tempvar;
    size_t requiredSize;
    errno_t err;
    err = getenv_s(&requiredSize, NULL, 0, "TMP");

    if (err) {
        /* 에러 처리 */
    }

    tmpvar = (char *)malloc(requiredSize);
    if (!tmpvar) {
        /* 에러 처리 */
    }
    err = getenv_s(&requiredSize, tmpvar, requiredSize, "TMP" );

    if (err) {
        /* 에러 처리 */
    }
    err = getenv_s(&requiredSize, NULL, 0, "TEMP");
    if (err) {
        /* 에러 처리 */
    }

    tempvar = (char *)malloc(requiredSize);
    if (!tempvar) {
        /* 에러 처리 */
```

```
  }
  err = getenv_s(&requiredSize, tempvar, requiredSize, "TEMP" );

  if (err) {
   /* 에러 처리 */
  }
  if (strcmp(tmpvar, tempvar) == 0) {
    printf("TMP and TEMP are the same.\n");
  } else {
    printf("TMP and TEMP are NOT the same.\n");
  }
  free(tmpvar);
  tmpvar = NULL;
  free(tempvar);
  tempvar = NULL;
}
```

해결 방법(윈도우)

마이크로소프트 윈도우는 현재 환경 변수로부터 값을 얻으려고 _dupenv_s()와 wdupenv_s() 함수를 제공한다[MSDN]. _dupenv_s() 함수는 지정된 이름에 대한 환경 변수 리스트를 검색한다. 만약 해당 이름을 찾으면 버퍼가 할당되고 변수의 값이 버퍼로 복사되며 버퍼가 할당된다. 변수의 값이 버퍼로 복사되고 버퍼의 주소와 원소의 개수가 반환된다. _dupenv_s()와 _wdupenv_s() 함수는 버퍼 할당을 직접 처리하기 때문에 getenv_s()와 _wgetenv_s() 함수를 더 효과적으로 대체할 수 있다.

호출자는 free()를 호출해 이 함수에 의해 반환되는 할당된 버퍼를 해제하도록 하는 책임이 있다.

```
#include <stdlib.h>
#include <errno.h>
#include <string.h>
#include <stdio.h>

void func(void) {
  char *tmpvar;
  char *tempvar;
  size_t len;
```

```
    errno_t err = _dupenv_s(&tmpvar, &len, "TMP");
    if (err) {
      /* 에러 처리 */
    }
    err = _dupenv_s(&tempvar, &len, "TEMP");
    if (err) {
      /* 에러 처리 */
    }

    if (strcmp(tmpvar, tempvar) == 0) {
      printf("TMP and TEMP are the same.\n");
    } else {
      printf("TMP and TEMP are NOT the same.\n");
    }
    free(tmpvar);
    tmpvar = NULL;
    free(tempvar);
    tempvar = NULL;
}
```

해결 방법(POSIX)

POSIX는 strdup() 함수를 제공하며 환경 변수 문자열의 복사를 만들 수 있다[IEEE Std 1003.1-2013]. strdup() 함수는 Extensions to the C Library—Part II에 포함돼 있다[ISO/IEC TR 24731-2:2010].

```
#include <stdlib.h>
#include <string.h>
#include <stdio.h>

void func(void) {
    char *tmpvar;
    char *tempvar;

    const char *temp = getenv("TMP");
    if (temp != NULL) {
      tmpvar = strdup(temp);
      if (tmpvar == NULL) {
        /* 에러 처리 */
```

```
  }
} else {
  /* 에러 처리 */
}

temp = getenv("TEMP");
if (temp != NULL) {
  tempvar = strdup(temp);
  if (tempvar == NULL) {
    /* 에러 처리 */
  }
} else {
  /* 에러 처리 */
}

if (strcmp(tmpvar, tempvar) == 0) {
  printf("TMP and TEMP are the same.\n");
} else {
  printf("TMP and TEMP are NOT the same.\n");
}
free(tmpvar);
tmpvar = NULL;
free(tempvar);
tempvar = NULL;
}
```

위험 평가

getenv(), localeconv(), setlocale(), strerror()에 의해 반환되는 문자열의 포인터를
저장하는 것은 데이터를 덮어쓰게 되는 결과를 초래할 수 있다.

규칙	심각도	위험 발생 가능성	개선 비용	우선순위	레벨
ENV34-C	낮음	보통	보통	P4	L3

관련된 가이드라인

ISO/IEC TR 24731-2	5.3.1.1, "The `strdup` Function"
ISO/IEC TS 17961:2013	Using an object overwritten by `getenv`, `localeconv`, `setlocale`, and `strerror` [libuse]

참고 문헌

[IEEE Std 1003.1-2013]	Chapter 8, "Environment Variables" XSH, System Interfaces, `strdup`
[ISO/IEC 9899:2011]	7.22.4, "Communication with the Environment" 7.22.4.6, "The `getenv` Function" K.3.6.2.1, "The `getenv_s` Function"
[MSDN]	`_dupenv_s()` and `_wdupenv_s()`
[Viega 2003]	Section 3.6, "Using Environment Variables Securely"

11장

시그널

위험 평가

규칙	심각도	위험 발생 가능성	개선 비용	우선순위	레벨
SIG30–C	높음	높음	보통	P18	L1
SIG31–C	높음	높음	높음	P9	L2
SIG34–C	낮음	낮음	낮음	P3	L3
SIG35–C	낮음	낮음	높음	P1	L3

■ SIG30-C. 시그널 핸들러에서는 비동기적으로 안전한 함수만 호출하라

시그널 핸들러에서는 비동기적으로 안전한 함수^{asynchronous-safe function}만 호출하라. 엄격하게 규칙을 따라야 하는 프로그램과 표준 C 라이브러리 함수 abort(), _Exit(), quick_exit(), signal()은 시그널 핸들러에서 안전하게 호출돼야 한다.

C Standard, 7.14.1.1, 5절 [ISO/IEC 9899:2011]에서 만약 시그널이 abort()나 raise() 함수 호출의 결과가 아닌 다음과 같은 상황에서 발생되는 경우 정의되지 않은 동작을 유발한다.

> 시그널 핸들러가 quick_exit 함수, _Exit 함수, abort 함수, 또는 signal 함수(핸들러를 호출하는 시그널에 대응하는 시그널 번호와 동일한 첫 번째 인자를 가진 함수)가 아닌 표준 라이브러리의 다른 함수를 호출하는 경우

구현 방식에 따라 비동기적으로 안전한 함수의 리스트를 정의한다. 이런 함수는 시그널 핸들러 안에서 호출될 수 있으며 이 제한은 애플리케이션에서 정의된 함수뿐만 아니라 라이브러리 함수에도 적용된다.

C Rationale, 7.14.1.1 [C99 Rationale 2003]에 따르면 다음과 같다.

> 시그널이 발생하면 프로그램 제어의 흐름에 인터럽트가 발생된다. 만약 시그널 핸들러에 의해 시그널이 발생하면 핸들러가 호출된다. 이 동작이 종료된 후 실행은 시그널이 발생됐던 시점으로 돌아가서 프로그램을 계속 진행한다. 이런 실행 순서로 인해 만약 시그널 핸들러가 시그널이 발생한 시점에서 동일한 라이브러리 함수를 다시 호출한다면 문제가 발생할 수 있다.

일반적으로 시그널 핸들러에서 입/출력 함수를 호출하는 것은 안전하지 않다. 프로그래머는 자신의 코드에서 비동기적으로 안전한 함수들을 시그널 핸들러 내부에서 사용하기 전에 점검해야 한다.

부적절한 코드 예제

다음의 부적절한 코드 예제에서 표준 C 라이브러리 함수 fprintf()와 free()가 log_message() 함수에 의해 시그널 핸들러로부터 호출된다. 두 함수는 비동기적으로 안전하지 않다.

```c
#include <signal.h>
#include <stdio.h>
#include <stdlib.h>

enum { MAXLINE = 1024 };
char *info = NULL;

void log_message(void) {
    fprintf(stderr, info);
}

void handler(int signum) {
    log_message();
    free(info);
    info = NULL;
}

int main(void) {
    if (signal(SIGINT, handler) == SIG_ERR) {
      /* 에러 처리 */
    }
    info = (char *)malloc(MAXLINE);
    if (info == NULL) {
      /* 에러 처리 */
    }

    while (1) {
      /* 메인 루프 코드 */

      log_message();

      /* 프로그램 코드 */
    }
    return 0;
}
```

해결 방법

시그널 핸들러는 가능한 한 간결해야 하며 가장 이상적인 것은 조건에 상관없이 플래그를 설정하고 반환하는 것이다. 이 해결 방법은 volatile sig_atomic_t를 설정하고 반환하며 log_message()와 free() 함수는 main()으로부터 직접 호출된다.

```c
#include <signal.h>
#include <stdio.h>
#include <stdlib.h>

enum { MAXLINE = 1024 };
volatile sig_atomic_t eflag = 0;
char *info = NULL;

void log_message(void) {
    fprintf(stderr, info);
}

void handler(int signum) {
    eflag = 1;
}

int main(void) {
    if (signal(SIGINT, handler) == SIG_ERR) {
      /* 에러 처리 */
    }
    info = (char *)malloc(MAXLINE);
    if (info == NULL) {
      /* 에러 처리 */
    }

    while (!eflag) {
      /* 메인 루프 코드 */

      log_message();

      /* 프로그램 코드 */
    }

    log_message();
```

426

```
    free(info);
    info = NULL;

    return 0;
}
```

부적절한 코드 예제(longjmp())

시그널 핸들러에서 lognjmp() 함수를 호출하는 것은 만약 비동기적으로 안전하지 않은 함수의 호출로 결과가 발생한다면 정의되지 않은 동작을 초래할 수 있다. 결과적으로 longjmp()나 POSIX의 siglongjmp() 함수는 시그널 핸들러 내부에서 호출되지 않아야 한다.

이 부적절한 코드 예제는 이전 버전의 Sendmail 취약성과 유사하다 [VU#834865]. main() 반복문에서 코드를 실행하고 데이터를 로그에 기록한다. SIGINT를 수신할 때 프로그램은 반복문 외부로 전달하며 에러를 기록하고 종료한다.

하지만 공격자는 log_message()의 두 번째 if 구문 앞에서 SIGINT를 발생해서 코드를 취약하게 할 수 있다. 결과는 longjmp()가 main()으로 다시 제어를 전송하고 log_message()는 다시 호출된다. 하지만 첫 번째 if 구문은 실행되지 않고(buf가 인터럽트의 결과로서 NULL을 설정하지 않기 때문에) 프로그램은 buf0에 의해 참조되는 유효하지 않은 메모리 위치에 쓰기 동작을 수행한다.

```c
#include <setjmp.h>
#include <signal.h>
#include <stdlib.h>

enum { MAXLINE = 1024 };
static jmp_buf env;

void handler(int signum) {
    longjmp(env, 1);
}

void log_message(char *info1, char *info2) {
    static char *buf = NULL;
    static size_t bufsize;
```

```
    char buf0[MAXLINE];

    if (buf == NULL) {
      buf = buf0;
      bufsize = sizeof(buf0);
    }

    /*
     * 메시지를 buf로 이동하고 만약 크기가 맞지 않으면
     * 힙에 재할당을 하고 메시지를 로그에 남긴다
     */

    /* 만약 SIGINT가 발생하면 프로그램은 취약 */

    if (buf == buf0) {
      buf = NULL;
    }
}

int main(void) {
    if (signal(SIGINT, handler) == SIG_ERR) {
      /* 에러 처리 */
    }
    char *info1;
    char *info2;

    /* info1과 info2은 사용자 입력에 의해 설정 */

    if (setjmp(env) == 0) {
      while (1) {
          /* 메인 루프 코드 */
          log_message(info1, info2);
          /* 프로그램 코드 */
      }
    } else {
      log_message(info1, info2);
    }

    return 0;
}
```

해결 방법

이 해결 방법에서는 longjmp() 호출이 제거되고 시그널 핸들러가 에러 플래그를 설정
한다.

```c
#include <signal.h>
#include <stdlib.h>

enum { MAXLINE = 1024 };
volatile sig_atomic_t eflag = 0;

void handler(int signum) {
    eflag = 1;
}

void log_message(char *info1, char *info2) {
    static char *buf = NULL;
    static size_t bufsize;
    char buf0[MAXLINE];

    if (buf == NULL) {
        buf = buf0;
        bufsize = sizeof(buf0);
    }

    /*
     * 메시지를 buf로 이동하고 만약 크기가 맞지 않으면
     * 힙에 재할당을 하고 메시지를 로그에 남긴다
     */
    if (buf == buf0) {
        buf = NULL;
    }
}

int main(void) {
    if (signal(SIGINT, handler) == SIG_ERR) {
        /* 에러 처리 */
    }
    char *info1;
    char *info2;
```

```
   /* info1과 info2는 사용자 입력에 의해 설정 */

   while (!eflag) {
     /* 메인 루프 코드 */
     log_message(info1, info2);
     /* 프로그램 코드 */
   }

   log_message(info1, info2);

   return 0;
}
```

부적절한 코드 예제(raise())

다음의 부적절한 코드 예제에서 int_handler() 함수는 SIGINT에 특정 임무를 수행하고 SIGTERM을 발생시킨다. 하지만 raise() 함수의 호출은 중복되고 정의되지 않은 동작을 유발한다.

```
#include <signal.h>
#include <stdlib.h>

void term_handler(int signum) {
   /* SIGTERM 핸들러 */
}

void int_handler(int signum) {
   /* SIGINT 핸들러 */
   if (raise(SIGTERM) != 0) {
     /* 에러 처리 */
   }
}

int main(void) {
   if (signal(SIGTERM, term_handler) == SIG_ERR) {
     /* 에러 처리 */
   }
   if (signal(SIGINT, int_handler) == SIG_ERR) {
     /* 에러 처리 */
```

```
  }

  /* 프로그램 코드 */
  if (raise(SIGINT) != 0) {
    /* 에러 처리 */
  }
  /* 다른 코드 */

  return EXIT_SUCCESS;
}
```

해결 방법

이 해결 방법에서는 int_handler()가 SIGTERM을 발생시키지 않고 term_handler()을 호출한다.

```
#include <signal.h>
#include <stdlib.h>

void term_handler(int signum) {
    /* SIGTERM 핸들러 */
}

void int_handler(int signum) {
    /* SIGINT 핸들러*/
    /* 제어를 SIGTERM 핸들러로 전달 */
    term_handler(SIGTERM);
}

int main(void) {
    if (signal(SIGTERM, term_handler) == SIG_ERR) {
      /* 에러 처리 */
    }
    if (signal(SIGINT, int_handler) == SIG_ERR) {
      /* 에러 처리 */
    }

    /* 프로그램 코드 */
    if (raise(SIGINT) != 0) {
```

```
  /* 에러 처리 */
  }
  /* 다른 코드 */

  return EXIT_SUCCESS;
}
```

위험 평가

시그널 핸들러 내부에서 비동기적으로 불안전한 함수를 호출하는 것은 정의되지 않은 동작을 유발한다.

규칙	심각도	위험 발생 가능성	개선 비용	우선순위	레벨
SIG30-C	높음	높음	보통	P18	L1

관련 취약성

부적절한 시그널 처리로 인해 발생하는 소프트웨어의 취약성 문제를 살펴보려면 미카엘 자류스키[Michal Zalewski]의 논문 'Delivering Signals for Fun and Profit'[Zalewski 2001]을 참조하라.

CERT 취약성 노트 VU#834865의 'Sendmail signal I/O race condition'은 이 규칙의 위반으로 발생하는 취약성을 설명하고 있다. 시그널 핸들러에서 longjmp() 함수의 사용으로 발생하는 심각한 취약성인 wu-ftpd 2.4에 주의해야 한다[Greenman 1997]. 하나의 시그널 핸들러에서 사용자 ID는 0으로 설정된다. 만약 두 번째 시그널이 첫 번째 시그널을 차단하면 longjmp()를 호출하며 사용자의 권한을 낮추지 않고 주요 스레드를 프로그램으로 반환한다. 이런 높아진 권한은 코드가 더 많은 취약성에 노출될 수 있다.

관련된 가이드라인

ISO/IEC TS 17961:2013	Calling functions in the C Standard Library other than abort, _Exit, and signal from within a signal handler [asyncsig]
MITRE CWE	CWE-479, Signal Handler Use of a Non-reentrant Function

참고 문헌

[C99 Rationale 2003]	5.2.3, "Signals and Interrupts" 7.14.1.1, "The signal Function"
[Dowd 2006]	Chapter 13, "Synchronization and State"
[Greenman 1997]	
[IEEE Std 1003.1–2013]	XSH, System Interfaces, longjmp XSH, System Interfaces, raise
[ISO/IEC 9899:2011]	7.14.1.1, "The signal Function"
[OpenBSD]	signal() Man Page
[VU#834365]	
[Zalewski 2001]	"Delivering Signals for Fun and Profit"

■ SIG31-C. 시그널 핸들러에서 공유 객체에 접근하거나 수정하지 마라

시그널 핸들러에서 공유된 객체에 접근하거나 수정하는 것은 일관되지 않은 상태로 데이터를 유지하는 경쟁 상태를 유발할 수 있다. 이 규칙에 대한 두 가지 예외(C Standard, 5.1.2.3, 5절)는 잠금 상태가 없는 아토믹atomic 객체에 대한 읽기와 쓰기 또는 volatile sig_atomic_t 타입의 변수에 읽기나 쓰기 동작이 있다. 시그널 핸들러로부터 다른 타입의 객체에 접근하는 것은 정의되지 않은 동작을 유발한다('부록 B, 정의되지 않은 동작 131' 참조).

volatile 키워드에 대한 필요성은 'DCL22-C. 캐시될 수 없는 데이터에는 volatile을 사용하라'에서 설명한다.

sig_atomic_t 타입은 비동기적인 인터럽트가 존재하는 곳에서 아토믹atomic 개체로서 접근될 수 있다. sig_atomic_t은 구현 방식에 따른 범위 내에서 제공하게 된다. SIG_ATOMIC_MIN에서 SIG_ATOMIC_MAX까지의 범위에서 정숫값의 변수는 안전하게 저장된다. 추가로 sig_atomic_t가 signed 정수 타입일 경우 SIG_ATOMIC_MIN은 -127을 넘지 않아야 하며 SIG_ATOMIC_MAX는 127보다 작지 않아야 한다. 그렇지 않으면 SIG_ATOMIC_MIN은 0이어야 하고 SIG_ATOMIC_MAX는 255보다 작지 않아야 한다. SIG_ATOMIC_MIN과 SIG_ATOMIC_MAX는 <stdint.h> 헤더에 정의된다.

C99 Rationale [C99 Rationale 2003]에 따라서 제한되고 이미 규정된 라이브러리 함수 외의 다른 호출은 다음과 같다.

C89 위원회는 엄격한 규칙을 요구하는 프로그램이 시그널 내부에서 실행되도록 하려면 인터럽트 발생 없이 쓰이고 즉각적으로 반환될 수 있는 volatile static 변수에 값을 할당해야 한다는 결론을 내렸다.

이 사안은 2008년 4월 ISO/IEC WG14에서 논의됐고 현재 사용되는 구현에서 volatile sig_atomic_t의 값에 대한 읽기 동작을 통해 발생하는 에러가 없다는 동의를 얻었고, 위원회의 근본적인 의도는 volatile sig_atomic_t의 변수에 대한 읽기와 쓰기 동작이 엄격하게 규칙을 준수하도록 하는 것이다.

시그널 핸들러는 abort()를 포함한 유용한 함수를 호출할 수 있다('SIG30-C. 시그널 핸들러에서는 비동기적으로 안전한 함수만 호출하라' 참조).

부적절한 코드 예제

다음의 부적절한 코드 예제에서는 SIGINT 시그널이 전달된 것을 알려 주고자 err_msg가 업데이트된다. err_msg 변수는 문자 포인터이고 volatile sig_atomic_t 타입의 변수가 아니다.

```
#include <signal.h>
#include <stdlib.h>
#include <string.h>

enum { MAX_MSG_SIZE = 24 };
char *err_msg;

void handler(int signum) {
    strcpy(err_msg, "SIGINT encountered.");
}

int main(void) {
    signal(SIGINT, handler);

    err_msg = (char *)malloc(MAX_MSG_SIZE);
```

```
  if (err_msg == NULL) {
    /* 에러 처리 */
  }
  strcpy(err_msg, "No errors yet.");
  /* 메인 코드 루프 */
  return 0;
}
```

해결 방법(volatile sig_atomic_t)

호환성을 높이고자 시그널 핸들러는 volatile sig_atomic_t의 변수를 조건 없이 설정하고 반환해야 한다. 이 해결 방법은 다음과 같다.

```
#include <signal.h>
#include <stdlib.h>
#include <string.h>

enum { MAX_MSG_SIZE = 24 };
volatile sig_atomic_t e_flag = 0;

void handler(int signum) {
    e_flag = 1;
}

int main(void) {
  char *err_msg = (char *)malloc(MAX_MSG_SIZE);
  if (err_msg == NULL) {
    /* 에러 처리  */
  }

  signal(SIGINT, handler);
  strcpy(err_msg, "No errors yet.");
  /* 메인 코드 루프 */
  if (e_flag) {
    strcpy(err_msg, "SIGINT received.");
  }
  return 0;
}
```

해결 방법(잠금이 없는 아토믹 객체의 접근)

다음의 해결 방법처럼 시그널 핸들러는 정적인 객체나 잠금이 없는 아토믹 객체인 스레드 저장 존속 기간을 가진 객체를 참조할 수 있다.

```c
#include <signal.h>
#include <stdlib.h>
#include <string.h>
#include <stdatomic.h>

#if __STDC_NO_ATOMICS__ == 1
#error "Atomics is not supported"
#elif ATOMIC_INT_LOCK_FREE == 0
#error "int is never lock-free"
#endif

atomic_int e_flag = ATOMIC_VAR_INIT(0);

void handler(int signum) {
    eflag = 1;
}

int main(void) {
    enum { MAX_MSG_SIZE = 24 };
    char err_msg[MAX_MSG_SIZE];
#if ATOMIC_INT_LOCK_FREE == 1
    if (!atomic_is_lock_free(&e_flag)) {
        return EXIT_FAILURE;
    }
#endif
    if (signal(SIGINT, handler) == SIG_ERR) {
        return EXIT_FAILURE;
    }
    strcpy(err_msg, "No errors yet.");
    /* 메인 코드 루프 */
    if (e_flag) {
        strcpy(err_msg, "SIGINT received.");
    }
    return EXIT_SUCCESS;
}
```

예외

SIG31-EX: C Standard, 7.14.1.1, 5절, signal() 함수의 호출이 SIG_ERR 반환을 할 때 errno에 대한 특정 예외를 만들고 errno가 독립적인 값을 갖도록 허용한다('ERR32-C. 애매한 errno 값에 의존하지 마라' 참조).

위험 평가

시그널 핸들러에서 공유 객체에 접근하거나 수정하는 것은 불안정한 상태로 데이터에 접근하는 결과를 초래한다. 'Delivering Signals for Fun and Profit'[Zalewski 2001]은 시그널 핸들링 규칙을 위반할 경우 발생할 수 있는 취약성의 여러 형태의 예를 제공한다.

규칙	심각도	위험 발생 가능성	개선 비용	우선순위	레벨
SIG31-C	높음	높음	높음	P9	L2

관련된 가이드라인

ISO/IEC TS 17961:2013	Accessing shared objects in signal handlers [accsig]
MITRE CWE	CWE-662, Improper Synchronization

참고 문헌

[C99 Rationale 2003]	5.2.3, "Signals and Interrupts"
[ISO/IEC 9899:2011]	7.14.1.1, "The signal Function"
[Zalewski 2001]	

■ SIG34-C. 인터럽트 가능한 시그널 핸들러 안에서 signal()을 호출하지 마라

시그널 핸들러는 자신의 시그널을 처리하려고 다시 효력을 발휘하도록 등록해서는 안 된다. 시그널을 받을 때마다 해당 시그널 핸들러를 바인딩하기 전에 시그널을 기본값으로 재 설정하는 플랫폼^{nonpersistent platforms}에서 종종 발생된다. 이런 조건에서 signal()을 호출하는 것은 경쟁 상태가 발생할 수 있다('SIG01-C. 구현마다 다른 시그널 핸들러의 지속성에 대한 세부 사항을 이해하라' 참조).

시그널 핸들러는 만약 비동기적으로 안전할 필요가 없는 경우에 한해서 signal()을 호출할 수 있다(즉 관련된 시그널이 마스크돼 핸들러가 인터럽트되지 않는다면).

부적절한 코드 예제(POSIX)

지속성이 없는 플랫폼에서, 다음의 부적절한 코드 예제는 경쟁 윈도우^{race window}를 갖는데 호스트 환경이 시그널을 리셋할 때 시작하고 핸들러가 signal()을 호출할 때 끝나게 된다. 그 기간에 프로그램으로 보내지는 두 번째 시그널은 기본 시그널의 동작을 연속적으로 수행하게 되며 결과적으로 다시 바인딩하기 위한 핸들러의 signal() 호출에 의해 지속적인 동작이 깨진다.

만약 환경이 지속적으로 유지된다면(즉 시그널을 수신할 때 핸들러가 리셋되지 않는 환경), handler() 함수로부터 signal() 호출은 불필요하게 된다.

```c
#include <signal.h>

void handler(int signum) {
    if (signal(signum, handler) == SIG_ERR) {
      /* 에러 처리 */
    }
    /* 시그널 처리 */
}

void func(void) {
    if (signal(SIGUSR1, handler) == SIG_ERR) {
      /* 에러 처리 */
    }
}
```

해결 방법(POSIX)

시그널 핸들러 안에서부터 바인딩을 다시 하려고 signal() 함수를 호출하는 것은 지속성이 있는 플랫폼에서는 불필요하다. 해결 방법은 다음과 같다.

```c
#include <signal.h>

void handler(int signum) {
    /* 시그널 처리 */
}

void func(void) {
    if (signal(SIGUSR1, handler) == SIG_ERR) {
        /* 에러 처리 */
    }
}
```

해결 방법(POSIX)

POSIX는 signal()과 유사한 방식으로 시그널에 대한 핸들러를 할당하는 sigaction() 함수를 정의하고, 호출자가 명시적으로 지속성을 설정하도록 허용한다. 결과적으로 sigaction() 함수는 지속성이 없는 플랫폼에서 윈도우 레이스를 제거하는 데 사용될 수 있다. 이 해결 방법은 다음과 같다.

```c
#include <signal.h>

void handler(int signum) {
    /* Handle signal */
}

void func(void) {
    struct sigaction act;
    act.sa_handler = handler;
    act.sa_flags = 0;
    if (sigemptyset(&act.sa_mask) != 0) {
        /* 에러 처리 */
    }
    if (sigaction(SIGUSR1, &act, NULL) != 0) {
```

```
        /* 에러 처리 */
    }
}
```

이 예제에서 핸들러는 signal()을 호출하지 않지만 시그널이 마스크되고 핸들러가 인터럽트되지 않기 때문에 안전하게 호출될 수 있다. 만약 동일한 핸들러가 한 번 이상 등록된다면 핸들러가 인터럽트될 수 없도록 act.sa_mask에서 시그널이 명시적으로 마스크된다(시스템은 단지 전달되는 시그널만 마스크하기 때문).

POSIX는 새로운 애플리케이션이 signal()보다 sigaction()을 사용하도록 권장한다. sigaction() 함수는 표준 C에 의해 정의되지 않으며 윈도우를 포함해 여러 플랫폼에서 지원되지 않는다.

해결 방법(윈도우)

비주얼 C++에서 시그널에 대한 2개의 클래스가 있다.

- SIGSEGV, SIGILL, SIGFPE는 스레드 단위의 핸들러이며 각 스레드는 시그널에 대해 자신의 핸들러를 등록한다.

- SIGABRT, SIGBREAK, SIGTERM, SIGINT는 전역 핸들러global handler이고 이 핸들러에 대한 접근은 전역 잠금global lock을 통해 동기화된다.

전역 핸들러를 가진 시그널에 대해 핸들러는 SIG_DFL을 리셋하고 핸들러는 잠금 상태로 호출되며, 따라서 만약 signal()이 핸들러를 다시 호출해도 경쟁 상태가 발생되지 않는다. 스레드 단위의 핸들러를 가진 시그널에 대해 로컬에서 스레드되고 결과적으로 경쟁 상태로 빠질 상황은 발생하지 않는다.

예외

SIG34-EX1: 지속적인 시그널 핸들러를 가진 구현에서 핸들러가 자신의 시그널 동작을 수정하는 것은 안전하다. 여기서 동작 변경이라는 것은 시그널을 무시하고 기본 동작을 다시 설정하며 다른 핸들러로부터 시그널이 처리되는 것을 포함한다. 핸들러가 자신의 바인딩을 통해 다시 등록하려는 동작은 안전하지만 불필요하다.

다음의 코드 예제는 시스템의 기본 동작으로 처리하려고 시그널 핸들러를 리셋하는 예제다.

```
#include <signal.h>

void handler(int signum) {
#if !defined(_WIN32)
  if (signal(signum, SIG_DFL) == SIG_ERR) {
    /* 에러 처리 */
  }
#endif
  /* 시그널 처리 */
}

void func(void) {
  if (signal(SIGUSR1, handler) == SIG_ERR) {
    /* 에러 처리 */
  }
}
```

위험 평가

지속적이지 않은 플랫폼에서 연속되는 2개의 시그널은 경쟁 상태를 초래하고 그것을 다시 설정하려는 핸들러의 시도에도 불구하고 시그널의 디폴트 동작^{default behavior}을 유발한다.

규칙	심각도	위험 발생 가능성	개선 비용	우선순위	레벨
SIG34-C	낮음	낮음	낮음	P3	L3

관련된 가이드라인

ISO/IEC TS 17961:2013	Calling signal from interruptible signal handlers [sigcall]
MITRE CWE	CWE-479, Signal Handler Use of a Non-reentrant Function

■ SIG35-C. 연산의 예외 시그널 핸들러에서 반환을 하지 마라

C Standard, 7.14.1.1 [ISO/IEC 9899:2011]에 따르면 만약 시그널 핸들러가 연산의 예외(즉 예외에 정의된 값이나 SIGFPE, SIGILL, SIGSEGV의 인자 값과 함께) 결과로 들어간 값이 반환된다면 동작은 정의되지 않는다('부록 B, 정의되지 않은 동작 130' 참조).

Portable Operating System Interface (POSIX®), Base Specifications, Issue 7 [IEEE Std 1003.1-2013]에서 SIGBUS는 연산의 예외 시그널 핸들러로 더해진다.

> kill(), sigqueue(), raise()에 의해 생성되지 않는 SIGBUS, SIGFPE, SIGILL, SIGSEGV 시그널을 위해 시그널 캐칭(signal-catching) 함수로부터 반환된 뒤에 프로세스의 동작은 정의되지 않는다.

어떤 시그널이 발생했는지는 관계없이 SIGFPE, SIGILL, SIGSEGV 또는 POSIX 시스템의 SIGBUS와 같이 연산의 예외 값에 대응하도록 구현에 따라 정의된 시그널 핸들러로부터 반환하지 마라.

부적절한 코드 예제

다음의 부적절한 코드 예제에서 denom이 0과 같다면 나눗셈 연산은 정의되지 않은 동작을 유발한다('INT33-C. 나눗셈이나 나머지 연산에서 0으로 나누는 에러가 발생하지 않게 하라' 참조). 그리고 프로그램에서 SIGFPE를 유발한다.

```
#include <signal.h>
#include <stdlib.h>

volatile sig_atomic_t denom;

void sighandle(int s) {
    /* Fix the offending volatile */
    if (denom == 0) {
      denom = 1;
    }
}

int main(int argc, char *argv[]) {
```

```
  int result;
  if (argc < 2) {
    return 0;
  }
  denom = (sig_atomic_t)strtol(argv[1], NULL, 10);
  signal(SIGFPE, sighandle);
  result = 100 / (int)denom;
  return 0;
}
```

컴파일이 수행될 때 위의 부적절한 코드는 만약 0이 입력된다면 무한 반복에 빠지게 된다. 시그널 핸들러에 대한 모든 규칙이 적용되고 SIGFPE 핸들러가 에러 상태를 수정하려고 하지만 프로그램은 여전히 예상하지 못한 동작을 수행한다.

해결 방법

SIGFPE, SIGILL, SIGSEGV 핸들러에서 빠져나가는 가장 안전한 방법은 abort(), quick_exit(), exit()를 호출하는 방법이다. SIGFPE의 경우 기본 동작은 예외적인 종료이며 사용자에 의해 정의되는 핸들러가 요구되지 않는다.

```
#include <signal.h>
#include <stdlib.h>

int main(int argc, char *argv[]) {
  int result;
  int denom;

  if (argc < 2) {
    return 0;
  }
  denom = strtol(argv[1], NULL, 10);
  result = 100 / denom;
  return 0;
}
```

strtol()의 결과를 denom으로 할당할 때 적합성의 체크 없이 수행하는 것은 'INT31-C. 정수 변환으로 데이터가 손실되거나 잘못 처리되지 않도록 주의하라'를 위반한다. 문자열 토큰을 정수로 변환하는 예제는 'INT06-C. 문자열 토큰을 정수로 변환할 때는 strtol()이나 관련 함수를 사용하라'의 규칙을 참조하라.

위험 평가

연산의 예외 시그널 핸들러의 반환은 정의되지 않은 동작이다.

규칙	심각도	위험 발생 가능성	개선 비용	우선순위	레벨
SIG35-C	낮음	낮음	높음	P1	L3

참고 문헌

[IEEE Std 1003.1-2013]	2.4.1 Signal Generation and Delivery
[ISO/IEC 9899:2011]	7.14.1.1, "The signal Function"

12장

에러 처리

12장 목차

위험 평가

규칙	심각도	위험 발생 가능성	개선 비용	우선순위	레벨
ERR30-C	보통	보통	보통	P8	L2
ERR32-C	낮음	낮음	낮음	P3	L3
ERR33-C	높음	높음	보통	P18	L1

■ ERR30-C. errno를 사용하는 라이브러리 함수를 호출하기 전에 errno 값을 0으로 설정하고, 함수가 에러를 의미하는 값을 반환했을 때는 errno 값을 체크하라

프로그램 시작 시에 errno의 값을 0으로 초기화하지만 표준 C 라이브러리 함수에 의해서 다시 0으로 설정되지 않는다. errno의 값은 에러의 존재 여부에 따라 호출되는 표준 C 라이브러리 함수에 의해 0이 아닌 값으로 설정될 수 있으며 errno 사용에 대한 설명이 문서화되지 않는다. 에러가 발생된 후에 프로그램에서 errno의 내용을 검사하는 것은 상당히 의미있는 일이다. 좀 더 정확히 말하자면 errno는 라이브러리 함수가 에러 발생 시 errno를 설정하고 에러 코드를 반환하는 경우에만 의미가 있다.

C-FAQ의 질의 20.4 [Summit]에 따르면 다음과 같다.

> 일반적으로 반환값을 검사해서 에러를 감지해야 하고 '파일 찾지 못함'이나 '권한 없음'과 같은 다양한 에러를 파악하는 데 errno를 사용해야 한다(일반적으로 여러 종류의 에러 메시지를 출력하려고 perror이나 strerror를 사용한다). 함수가 유일하고 모호하지 않으며 영역 밖의 에러를 반환하지 않는 경우에는 errno를 사용해 에러를 감지해야 한다(즉 atoi의 예처럼 반환 가능한 모든 값이 유효한 경우[sic]). 이런 경우(함수가 이를 허용하는지 확인하고자 문서를 검사해야 한다). errno를 0으로 설정하고 함수를 호출한 후에 errno를 테스트해서 에러를 감지할 수 있다(errno를 처음에 0으로 설정하는 것이 중요하며 어떤 라이브러리 함수도 초기화를 하지 않는다).

atoi()는 errno의 값에 대한 설정을 요구하지 않는다.

라이브러리 함수는 다음의 범주에 들어간다.

- errno를 설정하고 **경계 밖의 에러 식별자**out-of-band error indicator를 반환
- errno를 설정하고 경계 내부의 에러 식별자를 반환
- errno를 설정하지 않음
- 서로 상이한 표준화 문서를 갖고 있는 경우

라이브러리 함수가 errno를 설정하고 경계 밖의 에러 식별자를 반환하는 경우. 표준 C는 표 12-1에 errno를 설정하고 경계 밖의 식별자를 반환하는 함수 리스트를 보여 준다. 즉 에러에 대한 반환값은 성공적으로 호출된 반환값이 아니다.

표 12-1 errno를 설정하고 경계 밖의 식별자를 반환하는 함수

함수 이름	반환값	Errno 값
ftell()	-1L	양수값
fgetpos(), fsetpos()	0이 아닌 값	양수값
mbrtowc(), mbsrtowcs()	(size_t)(-1)	EILSEQ
signal()	SIG_ERR	양수값
wcrtomb(), wcsrtombs()	(size_t)(-1)	EILSEQ
mbrtoc16(), mbrtoc32()	(size_t)(-1)	EILSEQ
c16rtomb(), cr32rtomb()	(size_t)(-1)	EILSEQ

프로그램은 이 라이브러리 함수에 대해 errno를 설정하고 검사해야 하지만 반드시 요구되지 않는다. 프로그램은 함수가 에러 식별자 반환에 대한 검증을 먼저 하지 않고 errno의 값을 체크해선 안 된다. 예를 들면 signal()이 SIG_ERR반환을 보장하지 않고 signal()을 호출한 후에 errno가 체크되지 않도록 해야 한다.

라이브러리 함수가 errno를 설정하고 경계 내부의 에러 식별자를 반환하는 경우. 표준 C는 표 12-2에 경우에 따라 errno를 설정하고 경계 내부의 에러 식별자를 반환하는 함수 리스트를 보여 준다. 즉 에러 발생에 대한 반환값이 성공 시 반환값처럼 유효한 경우다. 예를 들면 strtoul() 함수는 ULONG_MAX를 반환하고 에러가 발생하면 errno는 ERANGE를 설정한다. ULONG_MAX는 유효한 반환값을 갖기 때문에 errno는 에러가 실제로 발생했는지 여부를 검사하는 데 반드시 사용돼야 한다. 에러 검사를 위해 errno를 사용하는 프로그램은 라이브러리 함수를 호출하기 전에 0으로 설정해야 하고 다음의 라이브러리 함수가 호출되기 전에 errno를 검사해야 한다.

fgetws(), fputwc() 함수는 경우에 따라 WEOF를 반환하고 errno를 설정한다. 문자열 변환 함수는 표현할 수 있는 최댓값과 최솟값으로 반환되며 만약 변환된 값이 데이터

타입으로 표현될 수 없다면 errno에 ERANGE 값이 설정된다. 하지만 만약 입력이 유효하지 않아서 변환될 수 없다면 함수는 0을 반환하고 출력 포인터 변수는 입력 포인터 변수의 값이 할당되며 제공되는 출력 변수는 널이 아니다.

표 12-2 errno를 설정하고 경계 내부의 에러 식별자를 반환하는 함수

함수 이름	반환값	Errno 값
fgetwc(), fputwc()	WEOF	EILSEQ
strtol(), wcstol()	LONG_MIN or LONG_MAX	ERANGE
strtoll(), wcstoll()	LLONG_MIN or LLONG_MAX	ERANGE
strtoul(), wcstoul()	ULONG_MAX	ERANGE
strtoull(), wcstoull()	ULLONG_MAX	ERANGE
strtoumax(), wcstoumax()	UINTMAX_MAX	ERANGE
strtod(), wcstod()	0 또는 ±HUGE_VAL	ERANGE
strtof(), wcstof()	0 또는 ±HUGE_VALF	ERANGE
strtold(), wcstold()	0 또는 ±HUGE_VALL	ERANGE
strtoimax(), wcstoimax()	INTMAX_MIN, INTMAX_MAX	ERANGE

라이브러리 함수가 errno를 설정하지 않는 경우. 표준 C는 함수에 대한 errno의 동작을 문서화하지 않는다. 예를 들면 setlocale() 함수는 일반적으로 error 이벤트에 대한 널 포인터를 반환하지만 errno 설정에 대한 어떤 보장도 하지 않는다.

함수를 호출한 후에 프로그램은 에러가 발생했는지를 결정하는 데 errno의 값에 의존하지 않아야 한다. 함수는 errno를 변경할 수 있고 errno가 정확하게 에러 상태를 나타낼 수 있는지의 여부를 보장할 수 없다.

라이브러리 함수가 서로 상이한 표준화 문서를 갖고 있는 경우. 여러 함수는 다양한 표준과 함께 errno에 대한 다른 동작을 한다. fopen() 함수가 하나의 예다. fopen()이 에러를 만나게 되는 경우 함수는 널 포인터를 반환한다. 표준 C는 fopen()을 설명할 때 errno를 언급하지 않았다. 하지만 POSIX.1은 fopen()의 에러 발생에 대해 에러 발생 시 널 포인터를 반환하고 에러를 가리키는 값으로 errno에 설정하도록 했다[IEEE Std

1003.1-2013]. 프로그램이 POSIX가 아닌 C 구현인 경우(윈도우 프로그램)는 fopen()을 호출한 후에 errno를 체크하지 않지만, POSIX의 프로그램은 fopen()이 널 포인터를 반환한다면 errno를 체크할 수 있다.

라이브러리 함수와 errno

표준 C에서 errno 사용에 대한 정리다.

- <complex.h>에서 정의된 함수는 errno를 설정하지만 요구하지 않는다.

- strtod, strtol, wcstod, wcstol의 함수군에서 숫자 변환 함수에 대해 만약 결과가 표현되는 값의 범위 밖에 있다면 적합한 최솟값 또는 최댓값이 반환되고 ERANGE의 값은 errno에 저장된다. strtod와 wcstod 함수와 같은 부동소수점 변환 함수에 대해 만약 언더플로가 발생하면 errno의 ERANGE 값은 구현 방식에 따라 정의된다. 만약 변환이 실패하면 0이 반환되고 errno는 설정이 되지 않는다.

- 숫자 변환 함수 atof()와 atoi 함수군은 'errno의 값을 설정할 필요가 없다.'

- <math.h>에 존재하는 수학 함수에서 도메인 에러의 경우 만약 정수 표현식 math_errhandling & MATH_ERRNO가 0이 아니면 errno는 EDOM 값을 갖는다. 기본 반올림default rounding을 가진 오버플로 또는 수학적 결과가 한정된 인수로부터 무한 값을 갖는 결과를 초래한다면 errno는 ERANGE 값을 갖는다. 그리고 언더플로에서 errno의 ERANGE 값은 구현 방식에 따라 정의된다.

- 만약 signal() 호출에 의해 만들어진 요청이 진행될 수 없다면 SIG_ERR의 값은 반환되고 양수의 값은 errno의 내부에 저장된다.

- 바이트 입/출력 함수, 와이드 문자 입/출력 함수, 멀티바이트 변환 함수는 인코딩 에러가 발생하는 경우에만 errno에 매크로 EILSEQ의 값을 저장한다.

- 실패 시 fgetpos()와 fsetpos()는 0이 아닌 값을 반환하고 구현 방식에 따라 정의된 양수의 값을 errno에 저장한다.

- 실패 시 ftell()은 -1L을 반환하고 구현 방식에 따라 정의된 양수의 값을 errno에 저장한다.

- perror() 함수는 errno에 에러 번호와 매핑을 해서 stderr에 메시지를 기록한다.

POSIX.1 표준에서 다른 여러 함수에서 errno의 사용법을 정의한다(표준 C 라이브러리 함수를 포함). POSIX는 이 규칙의 예외가 있는 함수의 집합도 포함을 하고 있다. 이런 함수는 에러를 표시하고자 예약된 반환값이 없지만 에러를 여전히 errno에 설정한다. 에러를 감지하고자 애플리케이션은 함수 호출 전에 errno에 0을 반드시 설정하고 호출 후에 0이 아닌 값을 갖고 있는지 체크해야 한다. 이런 함수로는 strcoll(), strxfrm(), strerror(), wscloo(), wcsxfrm(), fwde()가 포함된다. 표준 C는 이런 함수가 errno를 설정하고 성공 시에 0이 아닌 값을 갖도록 허용한다. 결과적으로 에러 검사에 대한 이와 같은 방식은 POSIX 시스템에서 사용돼야 한다.

부적절한 코드 예제(strtoul())

다음의 부적절한 코드 예제는 strtoul() 호출 전에 errno를 0으로 설정하는 데 실패한다. 만약 에러가 발생하면 strtoul()은 여전히 유효한 값을 반환하고(ULONG_MAX) errno는 strtoul()이 단지 성공적으로 실행됐는지 판단하는 수단이 된다.

```c
#include <errno.h>
#include <limits.h>
#include <stdlib.h>

void func(const char *c_str) {
   unsigned long number;
   char *endptr;

   number = strtoul(c_str, &endptr, 0);
   if (endptr == c_str || (number == ULONG_MAX
                           && errno == ERANGE)) {
     /* 에러 처리 */
   } else {
     /* 계산을 수행 */
   }
}
```

이런 방식으로 발견되는 에러는 프로그램 실행 전에 발생될 수 있고 실제 에러가 아닐 수도 있다.

해결 방법(strtoul())

이 해결 방법은 호출 전에 errno를 0으로 설정하고 호출 후에 errno를 검사한다.

```
#include <errno.h>
#include <limits.h>
#include <stdlib.h>

void func(const char *c_str) {
   unsigned long number;
   char *endptr;

   errno = 0;
   number = strtoul(c_str, &endptr, 0);

   if (endptr == c_str || (number == ULONG_MAX
                              && errno == ERANGE)) {
     /* 에러 처리 */
   } else {
     /* 계산을 수행 */
   }
}
```

부적절한 코드 예제(fopen())

다음의 부적절한 코드 예제는 fopen()이 에러가 발생해도 errno를 설정하지 않기 때문에 에러 진단에 실패한다.

```
#include <errno.h>
#include <stdio.h>

void func(const char *filename) {
   FILE *fileptr;

   errno = 0;
```

```
    fileptr = fopen(filename, "rb");
    if (errno != 0) {
      /* 에러 처리 */
    }
}
```

해결 방법(fopen(), C)

표준 C는 fopen()을 설명할 때 errno에 대한 언급이 없다. 이 해결 방법은 fopen() 호출의 결과를 실패에 대한 판단을 위해 사용될 수 있고 errno는 검사하지 않는다.

```
#include <stdio.h>

void func(const char *filename) {
    FILE *fileptr = fopen(filename, "rb");
    if (fileptr == NULL) {
      /* fopne()에서 에러 발생 */
    }
}
```

해결 방법(fopen(), POSIX)

이 해결 방법은 에러가 감지된 후에 errno가 체크된다.

```
#include <errno.h>
#include <stdio.h>

void func(const char *filename) {
    FILE *fileptr;

    errno = 0;
    fileptr = fopen(filename, "rb");
    if (fileptr == NULL) {
      /*
       * fopen()에서 에러가 발생하고,
       * 이제 errno를 유효하게 검사
       */
      perror("func");
```

```
    }
}
```

위험 평가

errno의 부적절한 사용은 에러 상태의 감지에 실패하거나 또는 에러가 없을 때도 에러 상태로 잘못 인식할 수 있다.

규칙	심각도	위험 발생 가능성	개선 비용	우선순위	레벨
ERR30-C	보통	높음	보통	P8	L2

관련된 가이드라인

ISO/IEC TS 17961:2013	Incorrectly setting and using errno [inverrno]
MITRE CWE	CWE-456, Missing Initialization of a Variable

참고 문헌

[Brainbell.com]	Macros and Miscellaneous Pitfalls
[Horton 1990]	Section 11, p. 168 Section 14, p. 254
[IEEE Std 1003.1-2013]	XSH, System Interfaces, fopen
[Koenig 1989]	Section 5.4, p. 73
[Summit 2005]	

■ ERR32-C. 애매한 errno 값에 의존하지 마라

C Standard [ISO/IEC 9899:2011]에 따르면 다음의 경우에 동작은 정의되지 않는다.

errno의 값이 abort나 raise 함수 호출의 결과 그리고 signal 함수의 호출로부터 반환되는 SIG_ERR를 받는 해당 시그널 핸들러가 아닌 다른 시그널이 발생된 후에 참조되는 경우.

'부록 B 정의되지 않은 동작 133'을 참조하라.

시그널 핸들러는 signal() 호출을 허용하고, 만약 그것이 실패하면 signal()은 SIG_ERR를 반환하고 errno를 양수값으로 설정한다. 하지만 만약 시그널을 발생시킨 이벤트가 외부에 존재한다면(프로그램이 abort()나 raise()를 호출한 경우가 아니면) 시그널 핸들러가 호출할 수 있는 함수는 _Exit(), abort() 또는 현재 처리되고 있는 시그널에서 signal()에 대한 호출이며, 만약 signal()이 실패하면 errno의 값은 지정되지 않는다.

이 규칙은 또한 'SIG31-C. 시그널 핸들러에서 공유 객체에 접근하거나 수정하지 마라'의 경우에 해당한다. errno에 의해 지정된 객체는 정적 지속 공간static storage duration을 갖고 volatile sig_atomic_t가 아니다. 결과적으로 errno를 설정하는 동작은 정의되지 않은 동작을 유발할 수 있다. C Standard, 7.14.1.1, 5절에서 이런 경우의 errno에 대한 특정한 예외가 있으며 errno가 지정되지 않은 값을 갖도록 허용하지만 다른 정의되지 않은 동작을 유발하지 않는다. 이러한 예외는 정의되지 않은 동작의 위험 없이 시그널 핸들러 내에서 signal()을 호출하는 것이 가능하다. 하지만 핸들러나 핸들러가 반환된 후 실행되는 다른 코드는 errno의 값에 의존해서는 안 된다.

부적절한 코드 예제

다음의 부적절한 코드 예제로 handler() 함수는 signum에 의해 지시되는 처리를 다시 저장하려는 시도를 한다. 만약 시그널을 설정하기 위한 실행이 요구되면 signal() 함수는 지정된 시그널에 대해 가장 최근에 성공적으로 호출한 시그널 핸들러의 값을 반환한다. 그렇지 않으면 SIG_ERR의 값이 반환되며 양수값이 errno에 저장된다. 불행하게도 외부 시그널이 생성될 때 handler() 함수가 호출되기 때문에 errno의 값은 지정되지 않고 errno(예를 들면 perror() 함수에 의해)를 읽으려는 시도는 정의되지 않은 동작을 유발한다.

```
#include <signal.h>
#include <stdlib.h>
#include <stdio.h>

typedef void (*pfv)(int);

void handler(int signum) {
```

```
    pfv old_handler = signal(signum, SIG_DFL);
    if (old_handler == SIG_ERR) {
      perror("SIGINT handler"); /* Undefined behavior */
      /* 에러 처리 */
    }
}

int main(void) {
    pfv old_handler = signal(SIGINT, handler);
    if (old_handler == SIG_ERR) {
      perror("SIGINT handler");
      /* 에러 처리 */
    }
    /* 메인 코드 루프 */

    return EXIT_SUCCESS;
}
```

handler()에서 perror()을 호출하는 것은 'SIG30-C. 시그널 핸들러에서는 비동기적으로 안전한 함수만 호출하라'의 규칙을 위반한다.

해결 방법

이 해결 방법은 errno를 참조하지 않으며 만약 signal() 호출이 실패하면 시그널 핸들러로부터 반환하지 않는다.

```
#include <signal.h>
#include <stdlib.h>
#include <stdio.h>

typedef void (*pfv)(int);

void handler(int signum) {
    pfv old_handler = signal(signum, SIG_DFL);
    if (old_handler == SIG_ERR) {
      abort();
    }
}
```

```
int main(void) {
    pfv old_handler = signal(SIGINT, handler);
    if (old_handler == SIG_ERR) {
        perror("SIGINT handler");
        /* 에러 처리 */
    }

    /* 메인 루프 코드 */

    return EXIT_SUCCESS;
}
```

부적절한 코드 예제(POSIX)

애플리케이션이 시그널 핸들러 내에서 처리할 수 있는 것은 C보다는 POSIX에서 좀 더 자유롭다. 비동기적으로 안전하게 호출될 수 있는 많은 함수를 갖고 있다('SIG30-C. 시그널 핸들러에서는 비동기적으로 안전한 함수만 호출하라' 참조). 에러 시에 errno를 설정하는 많은 함수는 시그널 핸들러가 호출에 실패한 지점과 errno를 점검하는 사이에 실행되는 상황을 초래할 수 있다. 결과적으로 점검되는 값은 함수에 의해 설정된 값이 아니며 시그널 핸들러 내에서 호출되는 함수에 의해 설정된 값이다. POSIX 애플리케이션은 이 문제를 피하려고 errno를 변경할 수 있는 코드를 포함하는 시그널 핸들러는 입력 시에 errno의 값을 항상 저장하고 반환 전에 그 값을 다시 복구하도록 하고 있다.

다음의 부적절한 코드 예제에서 시그널 핸들러는 errno의 값을 변경하고 결과적으로 실패한 함수 호출과 errno를 점검하는 사이에서 시그널이 수행된다면 부정확한 에러 처리가 발생할 수 있다.

```
#include <signal.h>
#include <stdlib.h>
#include <errno.h>
#include <sys/wait.h>

void reaper(int signum) {
    errno = 0;
    for (;;) {
```

```
        int rc = waitpid(-1, NULL, WNOHANG);
        if ((0 == rc) || (-1 == rc && EINTR != errno)) {
          break;
        }
    }
    if (ECHILD != errno) {
      /* 에러 처리 */
    }
}

int main(void) {
    struct sigaction act;
    act.sa_handler = reaper;
    act.sa_flags = 0;
    if (sigemptyset(&act.sa_mask) != 0) {
      /* 에러 처리  */
    }
    if (sigaction(SIGCHLD, &act, NULL) != 0) {
      /* 에러 처리 */
    }

    /* ... */

    return EXIT_SUCCESS;
}
```

해결 방법(POSIX)

이 해결 방법은 시그널 핸들러 내에서 errno의 값을 저장하고 다시 복구한다.

```
#include <signal.h>
#include <stdlib.h>
#include <errno.h>
#include <sys/wait.h>

void reaper(int signum) {
    errno_t save_errno = errno;
    errno = 0;
    for (;;) {
        int rc = waitpid(-1, NULL, WNOHANG);
```

```c
        if ((0 == rc) || (-1 == rc && EINTR != errno)) {
          break;
        }
    }
    if (ECHILD != errno) {
      /* 에러 처리 */
    }
    errno = save_errno;
}

int main(void) {
    struct sigaction act;
    act.sa_handler = reaper;
    act.sa_flags = 0;
    if (sigemptyset(&act.sa_mask) != 0) {
      /* 에러 처리 */
    }
    if (sigaction(SIGCHLD, &act, NULL) != 0) {
      /* 에러 처리 */
    }

    /* ... */

    return EXIT_SUCCESS;
}
```

위험 평가

errno의 결정되지 않은 값을 참조하는 것은 정의되지 않은 동작을 유발한다.

규칙	심각도	위험 발생 가능성	개선 비용	우선순위	레벨
ERR32-C	낮음	낮음	낮음	P3	L3

참고 문헌

[ISO/IEC 9899:2011]	7.14.1.1, "The signal Function"

■ ERR33-C. 표준 라이브러리 에러를 발견하고 처리하라

입/출력 함수와 메모리 할당 함수를 포함해서 표준 라이브러리 함수의 대부분은 유효한 값 또는 에러(예를 들면 -1 또는 널 포인터)를 나타내는 정확한 타입이 있는 값을 반환한다. 이런 함수에 대한 모든 호출이 성공적으로 수행되고 에러 식별자에 대한 반환값을 체크하지 않는다고 가정하는 것은 에러가 발생할 때 예상치 못한 동작과 정의되지 않은 동작을 유발할 수 있다. 에러 처리 정책에 따라 에러를 감지하고 적절하게 처리하는 것은 프로그램의 가장 기본적인 요소이며 'ERR00-C. 일관되고 이해할 수 있는 에러 처리 정책을 적용하고 구현하라'에서 설명한다.

표 12-3에서 보여 주는 표준 라이브러리 함수의 성공과 실패는 '에러 반환' 칼럼에서 나열된 값과 함께 함수의 반환값과 비교하거나 또는 각주에 언급된 라이브러리 함수의 하나를 호출해서 결정할 수 있다.

ungetc() 함수는 그것이 실패하더라도 에러 식별자를 설정하지 않고 인자가 EOF와 동일한지 확인하지 않는다면 신뢰할 수 있는 에러 체크가 불가능하다. C Standard [ISO/IEC 9899:2011]는 '한 문자의 푸시백pushback은 보장된다'라고 언급한다. 따라서 만약 읽기 작업을 수행하기 전에 기껏해야 1개의 문자가 푸시백되는 경우는 문제가 되지 않는다('FIO13-C. 방금 읽은 한 개의 문자 외의 것을 다시 넣지 마라' 참조).

표 12-3 표준 라이브러리 함수

함수	성공 시 반환값	실패 시 반환값
aligned_alloc()	공백(space) 포인터	널
asctime_s()	0	0이 아닌 값
at_quick_exit()	0	0이 아닌 값
atexit()	0	0이 아닌 값
bsearch()	일치하는 원소의 포인터	널
bsearch_s()	일치하는 원소의 포인터	널
btowc()	변환된 와이드 문자	WEOF
c16rtomb()	바이트 수	(size_t)(-1)
c32rtomb()	바이트 수	(size_t)(-1)

함수	성공 시 반환값	실패 시 반환값
calloc()	공백 포인터	널
clock()	프로세서 타임	(clock_t)(-1)
cnd_broadcast()	thrd_success	thrd_error
cnd_init()	thrd_success	thrd_nomem 또는 thrd_error
cnd_signal()	thrd_success	thrd_error
cnd_timedwait()	thrd_success	thrd_timedout 또는 thrd_error
cnd_wait()	thrd_success	thrd_error
ctime_s()	0	0이 아닌 값
fclose()	0	EOF(음수)
fflush()	0	EOF(음수)
fgetc()	읽은 문자	EOF[1]
fgetpos()	0	0이 아닌 값, errno > 0
fgets()	문자열 포인터	널
fgetwc()	읽은 와이드 문자	WEOF[1]
fopen()	스트림 포인터	널
fopen_s()	0	0이 아닌 값
fprintf()	문자 수(음수 아님)	음수
fprintf_s()	문자 수(음수 아님)	음수
fputc()	쓴 문자	EOF[2]
fputs()	음수 아닌 값	EOF(음수)
fputwc()	쓴 와이드 문자	WEOF
fputws()	음수 아님	EOF(음수)
fread()	읽은 원소 수	읽은 원소 수
freopen()	스트림 포인터	널
freopen_s()	0	0이 아닌 값
fscanf()	변환된 수(음수 아님)	EOF(음수)

함수	성공 시 반환값	실패 시 반환값
fscanf_s()	변환된 수(음수 아님)	EOF(음수)
fseek()	0	0이 아닌 값
fsetpos()	0	0이 아닌 값, errno > 0
ftell()	파일 위치	-1L, errno > 0
fwprintf()	와이드 문자 수(음수 아님)	음수
fwprintf_s()	와이드 문자 수(음수 아님)	음수
fwrite()	기록한 원소 수	기록한 원소 수
fwscanf()	변환된 수(음수 아님)	EOF(음수)
fwscanf_s()	변환된 수(음수 아님)	EOF(음수)
getc()	읽은 문자	EOF[1]
getchar()	읽은 문자	EOF[1]
getenv()	문자열 포인터	널
getenv_s()	문자열 포인터	널
gets_s()	문자열 포인터	널
getwc()	읽은 와이드 문자	WEOF
getwchar()	읽은 와이드 문자	WEOF
gmtime()	초 단위의 시간 포인터	널
gmtime_s()	초 단위의 시간 포인터	널
localtime()	초 단위의 시간 포인터	널
localtime_s()	초 단위의 시간 포인터	널
malloc()	공백 포인터	널
mblen(), s != NULL	바이트 수	-1
mbrlen(), s != NULL	바이트 수 또는 상태	(size_t)(-1)
mbrtoc16()	바이트 수 또는 상태	(size_t)(-1), errno == EILSEQ
mbrtoc32()	바이트 수 또는 상태	(size_t)(-1), errno == EILSEQ
mbrtowc(), s != NULL	바이트 수 또는 상태	(size_t)(-1), errno == EILSEQ

함수	성공 시 반환값	실패 시 반환값
mbsrtowcs()	널을 제외한 읽은 원소 수	(size_t)(-1), errno == EILSEQ
mbsrtowcs_s()	0	0이 아닌 값
mbstowcs()	널을 제외한 읽은 원소 수	(size_t)(-1)
mbstowcs_s()	0	0이 아닌 값
mbtowc(), s != NULL	바이트 수	-1
memchr()	지정된 문자의 포인터	널
mktime()	캘린더 시간	(time_t)(-1)
mtx_init()	thrd_success	thrd_error
mtx_lock()	thrd_success	thrd_error
mtx_timedlock()	thrd_success	thrd_timedout 또는 thrd_error
mtx_trylock()	thrd_success	thrd_busy 또는 thrd_error
mtx_unlock()	thrd_success	thrd_error
printf_s()	문자 수(음수 아님)	음수
putc()	쓴 문자	EOF[2]
putwc()	쓴 와이드 문자	WEOF
raise()	0	0이 아닌 값
realloc()	공백 포인터	널
remove()	0	0이 아닌 값
rename()	0	0이 아닌 값
setlocale()	문자열 포인터	널
setvbuf()	0	0이 아닌 값
scanf()	변환된 수(음수 아님)	EOF(음수)
scanf_s()	변환된 수(음수 아님)	EOF(음수)
signal()	이전 함수의 포인터	SIG_ERR, errno > 0
snprintf()	쓰일 문자 수(음수 아님)	음수
snprintf_s()	쓰일 문자 수(음수 아님)	음수

함수	성공 시 반환값	실패 시 반환값
sprintf()	널을 제외한 쓴 문자 수	음수
sprintf_s()	널을 제외한 쓴 문자 수	음수
sscanf()	변환된 수(음수 아님)	EOF(음수)
sscanf_s()	변환된 수(음수 아님)	EOF(음수)
strchr()	특정 문자 위치에 대한 포인터	널
strerror_s()	0	0이 아닌 값
strftime()	널을 제외한 문자 수	0
strpbrk()	특정 문자 위치에 대한 포인터	널
strrchr()	특정 문자 위치에 대한 포인터	널
strstr()	특정 문자열 위치에 대한 포인터	널
strtod()	변환된 값	0, errno == ERANGE
strtof()	변환된 값	0, errno == ERANGE
strtoimax()	변환된 값	INTMAX_MAX 또는 INTMAX_MIN, errno == ERANGE
strtok()	토큰의 첫 번째 문자에 대한 포인터	널
strtok_s()	토큰의 첫 번째 문자에 대한 포인터	널
strtol()	변환된 값	LONG_MAX 또는 LONG_MIN, errno == ERANGE
strtold()	변환된 값	0, errno == ERANGE
strtoll()	변환된 값	LLONG_MAX 또는 LLONG_MIN, errno == ERANGE
strtoumax()	변환된 값	UINTMAX_MAX, errno == ERANGE
strtoul()	변환된 값	ULONG_MAX, errno == ERANGE
strtoull()	변환된 값	ULLONG_MAX, errno == ERANGE
strxfrm()	전송된 문자열의 길이	>= n
swprintf()	널을 제외한 와이드 문자 수	음수
swprintf_s()	널을 제외한 와이드 문자 수	음수

함수	성공 시 반환값	실패 시 반환값
swscanf()	변환된 수(음수 아님)	EOF(음수)
swscanf_s()	변환된 수(음수 아님)	EOF(음수)
thrd_create()	thrd_success	thrd_nomem 또는 thrd_error
thrd_detach()	thrd_success	thrd_error
thrd_join()	thrd_success	thrd_error
thrd_sleep()	0	음수
time()	캘린더 타임	(time_t)(-1)
timespec_get()	베이스 값	0
tmpfile()	스트림 포인터	널
tmpfile_s()	0	0이 아닌 값
tmpnam()	널이 아닌 포인터	널
tmpnam_s()	0	0이 아닌 값
tss_create()	thrd_success	thrd_error
tss_get()	스레드에 지정된 공간의 값	0
tss_set()	thrd_success	thrd_error
ungetc()	푸시백된 문자	EOF
ungetwc()	푸시백된 문자	WEOF
vfprintf()	문자 수(음수 아님)	음수
vfprintf_s()	문자 수(음수 아님)	음수
vfscanf()	변환된 수(음수 아님)	EOF(음수)
vfscanf_s()	변환된 수(음수 아님)	EOF(음수)
vfwprintf()	와이드 문자 수(음수 아님)	음수
vfwprintf_s()	와이드 문자 수(음수 아님)	음수
vfwscanf()	변환된 수(음수 아님)	EOF(음수)
vfwscanf_s()	변환된 수(음수 아님)	EOF(음수)
vprintf_s()	문자 수(음수 아님)	음수

함수	성공 시 반환값	실패 시 반환값
vscanf()	변환된 수(음수 아님)	EOF(음수)
vscanf_s()	변환된 수(음수 아님)	EOF(음수)
vsnprintf()	쓰일 문자 수(음수 아님)	음수
vsnprintf_s()	쓰일 문자 수(음수 아님)	음수
vsprintf()	널을 제외한 문자 수(음수 아님)	음수
vsprintf_s()	널을 제외한 문자 수(음수 아님)	음수
vsscanf()	변환된 수(음수 아님)	EOF(음수)
vsscanf_s()	변환된 수(음수 아님)	EOF(음수)
vswprintf()	널을 제외한 와이드 문자 수	음수
vswprintf_s()	널을 제외한 와이드 문자 수	음수
vswscanf()	변환된 수(음수 아님)	EOF(음수)
vswscanf_s()	변환된 수(음수 아님)	EOF(음수)
vwprintf_s()	와이드 문자 수(음수 아님)	음수
vwscanf()	변환된 수(음수 아님)	EOF(음수)
vwscanf_s()	변환된 수(음수 아님)	EOF(음수)
wcrtomb()	저장된 바이트의 수	(size_t)(-1)
wcschr()	특정 와이드 문자 위치에 대한 포인터	널
wcsftime()	널을 제외한 와이드 문자 수	0
wcspbrk()	특정 와이드 문자 위치에 대한 포인터	널
wcsrchr()	특정 와이드 문자 위치에 대한 포인터	널
wcsrtombs()	널을 제외한 바이트 수	(size_t)(-1), errno == EILSEQ
wcsrtombs_s()	0	0이 아닌 값
wcsstr()	특정 와이드 문자열 위치에 대한 포인터	널
wcstod()	변환된 값	0, errno == ERANGE
wcstof()	변환된 값	0, errno == ERANGE

함수	성공 시 반환값	실패 시 반환값
wcstoimax()	변환된 값	INTMAX_MAX 또는 INTMAX_MIN, errno == ERANGE
wcstok()	토큰의 첫 번째 와이드 문자에 대한 포인터	널
wcstok_s()	토큰의 첫 번째 와이드 문자에 대한 포인터	널
wcstol()	변환된 값	LONG_MAX 또는 LONG_MIN, errno == ERANGE
wcstold()	변환된 값	0, errno == ERANGE
wcstoll()	변환된 값	LLONG_MAX 또는 LLONG_MIN, errno == ERANGE
wcstombs()	널을 제외한 바이트 수	(size_t)(-1)
wcstombs_s()	0	0이 아닌 값
wcstoumax()	변환된 값	UINTMAX_MAX, errno == ERANGE
wcstoul()	변환된 값	ULONG_MAX, errno == ERANGE
wcstoull()	변환된 값	ULLONG_MAX, errno == ERANGE
wcsxfrm()	전송된 와이드 문자열의 길이	>= n
wctob()	변환된 문자	EOF
wctomb(), s != NULL	저장된 바이트의 수	-1
wctomb_s(), s != NULL	저장된 바이트의 수	-1
wctrans()	towctrans()의 유효한 인자	0
wctype()	iswctype()의 유효한 인자	0
wmemchr()	특정 와이드 문자 위치에 대한 포인터	널
wprintf_s()	변환된 수(음수 아님)	음수
wscanf()	변환된 수(음수 아님)	EOF(음수)
wscanf_s()	변환된 수(음수 아님)	EOF(음수)

노트 'FIO34-C. 파일에서 읽어야 할 문자와 EOF 또는 WEOF를 구별하라'의 규칙에 따라서 호출자는 다음에 언급된 함수에 의해 파일 에러와 파일의 끝을 검증해야 한다.

1. `ferror()`과 `feof()` 호출에 의해
2. `ferror()` 호출에 의해

부적절한 코드 예제(setlocale())

다음의 부적절한 코드 예제에서 `utf8_to_wcs()` 함수는 연속되는 UTF-8 문자를 와이드 문자열로 전환을 시도한다. 첫 번째 `setlocale()` 함수 호출은 구현 방식에 따라 정의된 값인 "en_US.UTF-8"을 설정하지만 실패에 대한 점검을 하지 않는다. `setlocale()` 함수는, 예를 들면 로케일locale이 설정되지 않았을 때 널 포인터를 반환해서 실패한다. 함수는 자원의 부족과 다른 여러 이유로 실패할 수 있다. uft8에 의해 참조되는 연속 문자열에 따라서 `mbstowcs()` 함수의 연속적인 호출은 실패하거나 또는 wcs 버퍼에 예상치 못한 연속된 와이드 문자를 저장하게 되는 결과를 초래할 수 있다.

```
#include <locale.h>
#include <stdlib.h>

int utf8_to_wcs(wchar_t *wcs, size_t n, const char *utf8,
                size_t *size) {
  if (NULL == size) {
    return -1;
  }
  setlocale(LC_CTYPE, "en_US.UTF-8");
  *size = mbstowcs(wcs, utf8, n);
  return 0;
}
```

해결 방법(setlocale())

이 해결 방법은 `setlocale()`에 의해 반환되는 값을 체크하며 만약 함수가 실패하면 `mbstowcs()` 호출을 피한다. 함수는 호출자의 제어를 반환하기 전에 초기 설정을 로케일에 저장하도록 한다.

```
#include <locale.h>
#include <stdlib.h>

int utf8_to_wcs(wchar_t *wcs, size_t n, const char *utf8,
```

```
                size_t *size) {
  if (NULL == size) {
    return -1;
  }
  const char *save = setlocale(LC_CTYPE, "en_US.UTF-8");
  if (NULL == save) {
    return -1;
  }

  *size = mbstowcs(wcs, utf8, n);
   if (NULL == setlocale(LC_CTYPE, save)) {
     return -1;
   }
   return 0;
}
```

부적절한 코드 예제(calloc())

다음의 부적절한 코드 예제에서 temp_num, tmp2, num_of_records는 오염된 소스로부터
파생된다. 결과적으로 공격자는 num_of_records에 제공되는 큰 값에 의해 calloc()의
실행이 실패할 수 있다.

```
#include <stdlib.h>
#include <string.h>

enum { SIG_DESC_SIZE = 32 };

typedef struct {
   char sig_desc[SIG_DESC_SIZE];
} signal_info;

void func(size_t num_of_records, size_t temp_num,
          const char *tmp2) {
   signal_info *start = (signal_info *)calloc(num_of_records,
                                         sizeof(signal_info));
   signal_info *point = start + temp_num - 1;
   if (tmp2 == NULL) {
     /* Handle error */
   }
```

```
    memcpy(point->sig_desc, tmp2, SIG_DESC_SIZE);
    /* ... */
}
```

calloc()이 실패할 때 start에 의해 할당된 널 포인터를 반환한다. 만약 start가 널이면 sizeof(signal_info)에 의해 조정될 때 공격자는 전송되고자 쓰이는 주소를 참조하는 temp_num의 값을 사용할 수 있다. tmp2에 의해 참조되는 문자열의 내용은 주소를 덮어쓰는 데 사용될 수 있고 임의 코드 실행의 취약성을 유발할 수 있다.

해결 방법(calloc())

이 에러를 수정하고자 calloc()에 의해 반환되는 포인터가 널이 아님을 보장한다.

```
#include <stdlib.h>
#include <string.h>

enum { SIG_DESC_SIZE = 32 };

typedef struct {
    char sig_desc[SIG_DESC_SIZE];
} signal_info;

void func(size_t num_of_records, size_t temp_num,
          const char *tmp2) {
    signal_info *point;
    signal_info *start = (signal_info *)calloc(num_of_records,
                                        sizeof(signal_info));
    if (start == NULL) {
        /* 할당 에러 처리 */
    } else if (tmp2 == NULL) {
        /* 에러 처리 */
    }
    point = start + temp_num - 1;
    memcpy(point->sig_desc, tmp2, SIG_DESC_SIZE);
    point->sig_desc[SIG_DESC_SIZE - 1] = '\0';
    /* ... */
}
```

부적절한 코드 예제(recalloc())

다음의 부적절한 코드 예제로 p에 의해 참조되는 메모리의 크기를 다시 정의하려고 realloc()을 호출한다. 하지만 realloc()이 실패하면 널 포인터를 반환하고 원래 메모리 블록과 p 사이의 연결이 없어지며 결과적으로 메모리 노출이 발생한다.

```
#include <stdlib.h>

void *p;
void func(size_t new_size) {
    if (new_size == 0) {
      /* 에러 처리 */
    }
    p = realloc(p, new_size);
    if (p == NULL) {
      /* 에러 처리 */
    }
}
```

이 코드 예제는 'MEM04-C. 크기가 0인 할당을 수행하지 마라'의 규칙을 따른다.

해결 방법(recalloc())

이 해결 방법은 realloc()의 결과가 임시 포인터 q에 할당되고 원래 포인터 p에 할당되기 전에 유효화된다.

```
#include <stdlib.h>

void *p;
void func(size_t new_size) {
   void *q;
   if (new_size == 0) {
     /* 에러 처리  */
   }

   q = realloc(p, new_size);
   if (q == NULL) {
     /* 에러 처리 */
   } else {
```

```
        p = q;
    }
}
```

부적절한 코드 예제(fseek())

다음의 부적절한 코드 예제로 fseek() 함수는 파일의 바이트를 읽기 전에 file에 의해 참조되는 파일을 offset에 위치 설정하는 데 사용한다. 하지만 파일을 찾는 동안 입/출력 에러가 발생하면 연속되는 읽기 동작은 잘못된 내용을 버퍼에 채울 수 있다.

```
#include <stdio.h>

size_t read_at(FILE *file, long offset,
               void *buf, size_t nbytes) {
    fseek(file, offset, SEEK_SET);
    return fread(buf, 1, nbytes, file);
}
```

해결 방법(fseek())

표준 C에서 fseek() 함수는 에러 발생에 대한 지시를 위해 0이 아닌 값을 반환한다. 이 해결 방법은 fseek()의 실행이 실패한 경우 파일의 잘못된 부분에서 연산이 수행되는 것을 막으려고 파일로부터 읽기 동작을 수행하기 전에 테스트를 수행한다.

```
#include <stdio.h>

size_t read_at(FILE *file, long offset,
               void *buf, size_t nbytes) {
  if (fseek(file, offset, SEEK_SET) != 0) {
    /* 호출자에게 에러를 알림 */
    return 0;
  }
  return fread(buf, 1, nbytes, file);
}
```

부적절한 코드 예제(snprintf())

다음의 부적절한 코드 예제에서 snprintf()는 성공적으로 수행된다고 가정한다. 하지만 만약 호출이 실패하면(예를 들면 GNU libc bug 441945에서 설명된 불충분한 메모리의 문제로) 문자 버퍼가 초기화되지 않고 널로 종료하지 않기 때문에 log_message()에 대한 연속적인 호출은 정의되지 않은 동작을 갖는다.

```c
#include <stdio.h>

extern void log_message(const char *);

void f(int i, int width, int prec) {
    char buf[40];
    snprintf(buf, sizeof(buf), "i = %*.*i", width, prec, i);
    log_message(buf);
    /* ... */
}
```

해결 방법(snprintf())

이 해결 방법은 인자와 관계없이 성공적으로 실행한다는 가정을 하지 않는다. 포맷된 버퍼를 사용하기 전에 snprintf()의 반환값을 테스트한다. 이 해결 방법은 snprintf()에 충분한 크기의 정적 버퍼를 할당하지 않은 경우에 대한 에러 처리를 한다.

```c
#include <stdio.h>
#include <string.h>

extern void log_message(const char *);

void f(int i, int width, int prec) {
    char buf[40];
    int n;
    n = snprintf(buf, sizeof(buf), "i = %*.*i", width, prec, i);
    if (n < 0 || n >= sizeof(buf)) {
      /* snprintf() 에러 처리 */
      strcpy(buf, "unknown error");
    }
    log_message(buf);
}
```

472

해결 방법(snprintf(null))

포맷된 문자열의 길이는 출력에서 요구되는 크기를 지정하려고 널 버퍼 포인터를 가진 snprintf()를 호출할 수 있고 충분한 크기의 동적 버퍼를 할당할 수 있으며 마지막으로 snprintf()를 다시 호출해서 포맷된 출력을 동적 버퍼로 할당한다. 이런 방법을 사용한다 해도 모든 호출의 성공 여부는 테스트가 필요하며 어떤 에러든지 명확히 처리돼야 한다. 포맷된 문자열을 최초 스택에 할당하는 최적화된 방법은 효과적으로 작은 버퍼에 할당하는 것이며 만약 버퍼가 너무 작은 경우는 동적으로 충분한 크기를 할당하는 것이다.

```c
#include <stdio.h>
#include <stdlib.h>
#include <string.h>

extern void log_message(const char *);

void f(int i, int width, int prec) {
    char buffer[20];
    char *buf = buffer;
    int n = sizeof(buffer);
    const char fmt[] = "i = %*.*i";

    n = snprintf(buf, n, fmt, width, prec, i);
    if (n < 0) {
      /*  snprintf() 에러 처리  */
      strcpy(buffer, "unknown error");
      goto write_log;
    }

    if (n < sizeof(buffer)) {
      goto write_log;
    }

    buf = (char *)malloc(n + 1);
    if (NULL == buf) {
      /*  malloc() 에러 처리 */
      strcpy(buffer, "unknown error");
      goto write_log;
```

```
  }

  n = snprintf(buf, n, fmt, width, prec, i);
  if (n < 0) {
    /*  snprintf() 에러 처리  */
    strcpy(buffer, "unknown error");
  }

write_log:
  log_message(buf);

  if (buf != buffer) {
    free(buf);
  }
}
```

이 해결 방법은 goto 문장을 사용하고 있으며 'MEM12-C. 에러 발생 시 함수를 빠져나가거나 자원을 사용하고 할당하는 경우는 goto 문장의 사용에 주의하라'의 규칙에 주의해야 한다.

예외

ERR-EX1: 실패할 수 없는 함수의 반환값을 무시하거나 반환값이 중요하지 않은 값 또는 에러 상태를 진단할 필요가 없는 경우는 예외적으로 허용될 수 있다. 함수의 결과는 명시적으로 void로 캐스트돼야 한다. 표 12-4의 함수로부터 반환되는 값은 기존의 사용이 에러 체크를 생략했고 그로 인한 영향은 크지 않다.

표 12-4 반환값의 체크가 필요 없는 함수

함수	성공 시 반환값	실패 시 반환값
putchar()	기록한 문자	EOF
putwchar()	기록한 와이드 문자	WEOF
puts()	음수 아님	EOF(음수)
printf(), vprintf()	문자 수(음수 아님)	음수
wprintf(), vwprintf()	와이드 문자 수(음수 아님)	음수

함수	성공 시 반환값	실패 시 반환값
kill_dependency()	입력 매개 변수	없음
memcpy(), wmemcpy()	대상 입력 매개 변수	없음
memmove(), wmemmove()	대상 입력 매개 변수	없음
strcpy(), wcscpy()	대상 입력 매개 변수	없음
strncpy(), wcsncpy()	대상 입력 매개 변수	없음
strcat(), wcscat()	대상 입력 매개 변수	없음
strncat(), wcsncat()	대상 입력 매개 변수	없음
memset(), wmemset()	대상 입력 매개 변수	없음

위험 평가

에러 상태의 감지를 실패하는 것은 예상할 수 없는 결과를 초래할 수 있고 비정상적인 프로그램 종료와 서비스 거부 공격 또는 상황에 따라 공격자가 임의 코드 실행을 할 수 있다.

규칙	심각도	위험 발생 가능성	개선 비용	우선순위	레벨
ERR33-C	높음	높음	보통	P18	L1

관련된 취약성

어도브 플래시^{Adobe Flash} [VU#159523]의 취약성은 플래시가 calloc()에서 반환되는 값을 체크하지 않아서 발생한다. calloc()이 널 포인터를 반환하는 경우 플래시는 반환값의 오프셋에 쓰기 동작을 수행한다. 널 포인터의 역참조는 프로그램 충돌을 유발할 수 있지만 널 포인터의 오프셋을 역참조하는 것은 프로그램의 충돌 없이 계속 수행할 수 있도록 하는 취약성을 허용한다.

관련된 가이드라인

ISO/IEC TS 17961:2013	Failing to detect and handle standard library errors [liberr]
MITRE CWE	CWE-252, Unchecked Return Value
	CWE-253, Incorrect Check of Function Return Value
	CWE-390, Detection of Error Condition without Action
	CWE-391, Unchecked Error Condition

참고 문헌

[DHS 2006]	Handle All Errors Safely
[Henricson 1992]	Recommendation 12.1, "Check for All Errors Reported from Functions"
[ISO/IEC 9899:2011]	7.21.7.10, "The ungetc Function"
[VU#159523]	

13장

장

동시

13장 목차

위험 평가

규칙	심각도	위험 발생 가능성	개선 비용	우선순위	레벨
CON30–C	보통	낮음	보통	P4	L3
CON31–C	보통	보통	높음	P4	L3
CON32–C	보통	보통	보통	P8	L2
CON33–C	보통	보통	높음	P4	L3
CON34–C	보통	보통	높음	P4	L3
CON35–C	낮음	보통	보통	P4	L3
CON36–C	낮음	낮음	보통	P2	L3
CON37–C	낮음	보통	낮음	P6	L2
CON38–C	낮음	낮음	보통	P2	L3
CON39–C	낮음	높음	보통	P6	L2
CON40–C	보통	보통	보통	P8	L2
CON41–C	낮음	낮음	보통	P2	L3

■ CON30-C. 스레드 지정 공간을 클린업하라

tss_create() 함수는 키에 의해 식별되는 스레드 지정 공간 포인터를 생성한다. 스레드는 스레드 지정 공간을 할당하고 tss_set() 함수를 호출해서 저장 공간을 유일하게 식별하는 키를 가진 저장 공간과 연관시킨다. 만약 스레드가 적합하게 해제되지 않으면 이 메모리가 노출될 수 있다. 스레드 지정 공간이 해제되도록 보장하라.

부적절한 코드 예제

다음의 부적절한 코드 예제에서 각 스레드는 get_data() 함수에 동적으로 저장 공간을 할당하며 add_data() 함수에서 tss_set() 호출로 전역 키와 연관시킨다. 이 메모리는 스레드가 종료할 때 연속적으로 노출될 수 있다.

```c
#include <threads.h>
#include <stdlib.h>

/* 스레드 지정 공간에 전역 키 */
tss_t key;
enum { MAX_THREADS = 3 };
int *get_data(void) {
    int *arr = (int *)malloc(2 * sizeof(int));
    if (arr == NULL) {
      return arr; /* 에러를 보고*/
    }
    arr[0] = 10;
    arr[1] = 42;
    return arr;
}

int add_data(void) {
    int *data = get_data();
    if (data == NULL) {
        return -1; /* 에러를 보고*/
    }
    if (thrd_success != tss_set(key, (void *)data)) {
      /* 에러 처리 */
    }
    return 0;
}

void print_data(void) {
    /* 키로부터 스레드의 전역 데이터를 얻음*/
    int *data = tss_get(key);

    if (data != NULL) {
      /* 데이터 출력*/
    }
}

int function(void *dummy) {
    if (add_data() != 0) {
      return -1; /* 에러 보고*/
    }
    print_data();
```

```
        return 0;
}

int main(void) {
    thrd_t thread_id[MAX_THREADS];

    /* 스레드를 생성 전에 키를 생성*/
    if (thrd_success != tss_create(&key, NULL)) {
        /* 에러 처리 */
    }

    /* 저장 지정 존속 기간을 가진 스레드 생성 */
    for (size_t i = 0; i < MAX_THREADS; i++) {
        if (thrd_success != thrd_create(&thread_id[i],
                                               function, NULL)) {
            /* 에러 처리 */
        }
    }

    for (size_t i = 0; i < MAX_THREADS; i++) {
        if (thrd_success != thrd_join(thread_id[i], NULL)) {
            /* 에러 처리 */
        }
    }

    tss_delete(key);
    return 0;
}
```

해결 방법

이 해결 방법에서는 각 스레드가 종료하기 전에 **tss_get()** 함수로 스레드 지정 공간을 해제한다.

```
#include <threads.h>
#include <stdlib.h>

/* 스레드 지정 공간에 대한 전역 키 */
tss_t key;
```

```
int function(void *dummy) {
    if (add_data() != 0) {
        return -1; /* 에러 보고 */
    }
    print_data();
    free(tss_get(key));
    return 0;
}
/* ... 다른 함수는 변경되지 않는다 */
```

해결 방법

이 해결 방법은 스레드 지정 공간을 자동으로 해제하고자 tss_create()를 호출하는 동안 등록된 소멸 함수destructor function를 사용한다.

```
#include <threads.h>
#include <stdlib.h>

/* 스레드 지정 공간에 대한 전역 키 */
tss_t key;
enum { MAX_THREADS = 3 };

/* ... 다른 함수는 변경되지 않는다 */

void destructor(void *data) {
free(data);
}

int main(void) {
    thrd_t thread_id[MAX_THREADS];

    /* 스레드를 생성하기 전에 키를 생성 */
    if (thrd_success != tss_create(&key, destructor)) {
        /* 에러 처리 */
    }

    /* 특정 공간에 저장하는 스레드를 생성 */
    for (size_t i = 0; i < MAX_THREADS; i++) {
        if (thrd_success != thrd_create(&thread_id[i],
                                        function, NULL)) {
```

```
        /* 에러 처리 */
    }
}

for (size_t i = 0; i < MAX_THREADS; i++) {
    if (thrd_success != thrd_join(thread_id[i], NULL)) {
        /* 에러 처리 */
    }
}

tss_delete(key);
return 0;
}
```

결함 리포트 #416 (http://www.open-std.org/jtc1/sc22/wg14/www/docs/dr_416.htm)은 '만약 스레드 지정 데이터 키의 소멸자(tss_create 함수화 함께 생성된)가 호출될 때 표준은 지정되지 않는다'라고 언급한다. WG14 위원회에는 다양한 운영체제에서 여러 구현의 다양성을 허용하기 위한 미명시적underspecification 스레드에 대한 논의를 했다. 결과적으로 이것을 적용하기 전에 지정된 구현에 대해 문서를 정의 또는 스레드 지정 데이터 키에 대한 소멸자를 사용하는 해결 방법이 있다.

위험 평가

스레드 지정 객체의 해제를 실패하면 메모리 노출을 초래하고 서비스 거부 공격을 유발할 수 있다.

규칙	심각도	위험 발생 가능성	개선 비용	우선순위	레벨
CON30-C	보통	낮음	보통	P4	L3

■ CON31-C. 뮤텍스가 잠금 상태일 경우에 없애지 마라

뮤텍스mutex는 동시에 접근할 수 있는 공유되는 데이터 구조체를 보호하려고 사용한다. 만약 해당 뮤텍스로 스레드가 차단되는 동안 뮤텍스를 없애 버린다면 **중요한 섹션** critical section(데이터 경쟁으로부터 보호돼야 하는 공유된 데이터)은 더 이상 보호될 수 없다.

다음은 C Standard, 7.26.4.1, 2절 [ISO/IEC 9899:2011]의 내용이다.

mtx_destory 함수는 mtx에 의해 참조되는 뮤텍스에 의해 사용되는 자원들을 해제한다. mtx에 의해 참조되는 뮤텍스를 기다리는 스레드는 차단될 수 없다.

이 내용은 스레드가 뮤텍스를 기다리는 동안 뮤텍스를 제거하는 것은 정의되지 않은 동작을 유발할 수 있다.

부적절한 코드 예제

다음의 부적절한 코드 예제는 do_work() 함수를 호출하는 여러 개의 스레드를 생성하고 ID로서 유일한 숫자를 전달한다. do_work() 함수는 만약 인자가 0이면 lock 뮤텍스가 초기화되고, 만약 인자가 max_threads -1이면 뮤텍스가 제거된다. 경우에 따라 do_work() 함수는 일반적인 프로세스를 제공한다. 마지막 클린업 스레드를 제외하고 각 스레드는 그것이 종료할 때 아토믹 변수 completed가 증가된다.

불행하게도 이 코드는 여러 경쟁 상태를 포함하며 잠금이 해제되기 전에 뮤텍스가 제거된다. 추가적으로 mtx_lock()이 전달되기 전에 lock이 초기화된다는 보장이 없다. 이런 동작은 정의되지 않는다.

```c
#include <stdatomic.h>
#include <threads.h>

mtx_t lock;
/* 아토믹 다중 스레드는 안전하게 수정할 수 있다*/
atomic_int completed = ATOMIC_VAR_INIT(0);
enum { max_threads = 5 };

int do_work(void *arg) {
   int *i = (int *)arg;

   if (*i == 0) { /* Creation thread */
     if (thrd_success != mtx_init(&lock, mtx_plain)) {
        /* 에러 처리 */
     }
     atomic_store(&completed, 1);
   } else if (*i < max_threads - 1) { /* 작업자 스레드 */
```

```
    if (thrd_success != mtx_lock(&lock)) {
      /* 에러 처리 */
    }
    /* 접근된 데이터가 잠금에 의해 보호 */
    atomic_fetch_add(&completed, 1);
    if (thrd_success != mtx_unlock(&lock)) {
      /* 에러 처리 */
    }
  } else { /* 스레드 제거 */
    mtx_destroy(&lock);
  }
  return 0;
}

int main(void) {
  thrd_t threads[max_threads];

  for (size_t i = 0; i < max_threads; i++) {
    if (thrd_success != thrd_create(&threads[i], do_work, &i)) {
      /* 에러 처리 */
    }
  }
  for (size_t i = 0; i < max_threads; i++) {
    if (thrd_success != thrd_join(threads[i], 0)) {
      /* 에러 처리 */
    }
  }
  return 0;
}
```

해결 방법

이 해결 방법은 스레드를 생성하기 전에 main() 함수에 뮤텍스를 초기화하고, 스레드가 동시에 접근된 경우는 main() 함수에서 뮤텍스를 제거해서 경쟁 상태를 제거할 수 있다.

```
#include <stdatomic.h>
#include <threads.h>
```

```
mtx_t lock;
/* 아토믹 다중 스레드는 안전하게 증가될 수 있다 */
atomic_int completed = ATOMIC_VAR_INIT(0);
enum { max_threads = 5 };

int do_work(void *dummy) {
    if (thrd_success != mtx_lock(&lock)) {
        /* 에러 처리 */
    }
    /* 접근된 데이터는 잠금에 의해 보호 */
    atomic_fetch_add(&completed, 1);
    if (thrd_success != mtx_unlock(&lock)) {
      /* 에러 처리 */
    }

    return 0;
}

int main(void) {
    thrd_t threads[max_threads];

    if (thrd_success != mtx_init(&lock, mtx_plain)) {
      /* 에러 처리 */
    }
    for (size_t i = 0; i < max_threads; i++) {
        if (thrd_success != thrd_create(&threads[i], do_work, NULL)) {
          /* 에러 처리 */
        }
    }
    for (size_t i = 0; i < max_threads; i++) {
        if (thrd_success != thrd_join(threads[i], 0)) {
          /* 에러 처리 */
        }
    }

    mtx_destroy(&lock);
    return 0;
}
```

위험 평가

잠금 상태에서 뮤텍스를 제거하는 것은 유효하지 않은 제어 흐름과 부정확한 데이터가 발생할 수 있다.

규칙	심각도	위험 발생 가능성	개선 비용	우선순위	레벨
CON31-C	보통	보통	높음	P4	L3

관련된 가이드라인

MITRE CWE	CWE-667, Improper Locking

참고 문헌

[ISO/IEC 9899:2011]	7.26.4.1, "The mtx_destroy Function"

■ CON32-C. 멀티스레드에서 비트 필드에 접근할 때에 데이터 경쟁을 예방하라

비트 필드에 접근할 때 스레드는 인접한 메모리의 다른 비트 필드에 우연하게 접근할 수 있다. 컴파일러는 그들이 저장될 수 있는 하나의 저장 유닛에 다중의 인접한 비트 필드를 저장하기 때문에 이런 현상이 발생할 수 있다. 결과적으로 데이터 경쟁은 멀티스레드에 의해 접근되는 하나의 비트 필드에만 존재하지 않고 동일한 바이트나 워드를 공유하는 다른 비트 필드에서도 발생할 수 있다. 유사한 문제로는 'CON00-C.멀티스레드의 경쟁 상태를 피하라'에서 설명했지만 이 규칙에서 설명한 문제는 동일한 메모리 위치가 멀티스레드에 의해 수정될 수 있기 때문에 명확히 진단하기가 어렵다.

동시에 수행되는 프로그램에서 데이터 경쟁을 피하는 하나의 방법은 뮤텍스를 사용하는 것이다. 모든 스레드에서 적합하게 관찰이 될 때 뮤텍스는 공유 객체에 안전하고 보안성 있는 접근을 제공할 수 있다. 하지만 뮤텍스가 접근하는 스레드에 의해 제어되지 않을 때 다른 객체가 접근하는 것에 대한 보장을 할 수 없다. 불행하게도 현재 처리되는 비트 필드에 인접한 비트 필드가 저장되고 있는지 판단할 수 있는 호환 가능한 방법은 없다.

또 다른 접근 방법은 저장 유닛 내에서 각 비트 필드가 단지 한 번만 접근되는 것을 보장하도록 2개의 비트 필드 사이에 비트 필드가 아닌 멤버를 삽입할 수 있다. 이 기술은 동시에 2개의 비트 필드가 접근되지 않도록 보장한다.

부적절한 코드 예제(비트 필드)

인접한 비트 필드는 하나의 메모리 위치에 저장될 수 있다. 결과적으로 다른 스레드에 인접한 비트 필드를 수정하는 것은 정의되지 않은 동작을 유발한다. 다음은 이에 대한 부적절한 코드 예제다.

```
struct multi_threaded_flags {
    unsigned int flag1 : 2;
    unsigned int flag2 : 2;
};

struct multi_threaded_flags flags;

int thread1(void *arg) {
    flags.flag1 = 1;
    return 0;
}

int thread2(void *arg) {
    flags.flag2 = 2;
    return 0;
}
```

다음은 C Standard, 3.14, 3절 [ISO/IEC 9899:2011]의 내용이다.

노트 2 하나의 비트 필드와 인접한 비트 필드가 아닌 멤버는 서로 다른 메모리의 위치에 있다. 만약 멤버가 중첩된 구조체 내부에서 선언되고 다른 멤버는 그렇지 않은 경우 또는 길이가 0인 비트 필드 선언으로 두 멤버가 분리된 경우 또는 비트 필드로 선언되지 않아 두 멤버가 분리된 경우라면 동일하게 두 비트 필드에 적용할 수 있다. 만약 선언된 모든 멤버가 비트 필드(길이가 0이 아닌)라면 동일한 구조체에서 아토믹 비트 필드가 아닌 2개의 비트 필드를 동시에 업데이트하는 것은 안전하지 않다.

예를 들면 다음과 같은 순서로 발생이 가능하다.

```
Thread 1: register 0 = flags
Thread 1: register 0 &= ~mask(flag1)
Thread 2: register 0 = flags
Thread 2: register 0 &= ~mask(flag2)
Thread 1: register 0 |= 1 << shift(flag1)
Thread 1: flags = register 0
Thread 2: register 0 |= 2 << shift(flag2)
Thread 2: flags = register 0
```

해결 방법(비트 필드, C11, 뮤텍스)

이 해결 방법은 뮤텍스를 사용해서 플래그들의 모든 접근을 막는다. 결과적으로 데이터 경쟁을 예방할 수 있다.

```c
#include <threads.h>

struct multi_threaded_flags {
    unsigned int flag1 : 2;
    unsigned int flag2 : 2;
};

struct mtf_mutex {
    struct multi_threaded_flags s;
    mtx_t mutex;
};

struct mtf_mutex flags;

int thread1(void *arg) {
    if (thrd_success != mtx_lock(&flags.mutex)) {
        /* 에러 처리 */
    }
    flags.s.flag1 = 1;
    if (thrd_success != mtx_unlock(&flags.mutex)) {
        /* 에러 처리 */
    }
    return 0;
}
```

```
int thread2(void *arg) {
    if (thrd_success != mtx_lock(&flags.mutex)) {
        /* 에러 처리 */
    }
    flags.s.flag2 = 2;
    if (thrd_success != mtx_unlock(&flags.mutex)) {
        /* 에러 처리 */
    }
    return 0;
}
```

해결 방법(C11)

이 해결 방법은 구조체에서 2개의 서로 다른 멤버(비트 필드가 아닌)를 2개의 스레드가 동시에 수정한다. 메모리에서 멤버가 서로 다른 바이트를 점유하고 있기 때문에 동시 수행에 대한 어떤 보호 장치도 필요하지 않다.

```
struct multi_threaded_flags {
    unsigned char flag1;
    unsigned char flag2;
};

struct multi_threaded_flags flags;

int thread1(void *arg) {
    flags.flag1 = 1;
    return 0;
}

int thread2(void *arg) {
    flags.flag2 = 2;
    return 0;
}
```

C99와는 달리 C11은 명시적으로 메모리 위치를 정의하고 3.14.2에서 다음의 내용을 정의한다[ISO/IEC 9899:2011].

노트 1 두 스레드의 실행이 서로 간의 간섭 없이 다른 메모리 위치에 접근하고 업데이트할 수 있다.

C99와 그 이전 규칙을 준수하는 컴파일러를 사용해서 flag1과 flag2가 동일한 워드에 저장된다. 만일 2개의 할당 작업이 스레드 스케줄 작업을 통해 하나의 할당이 일어난 직후에 발생한다면 단지 하나의 플래그만 의도한 값으로 설정되고 나머지 플래그는 이전 값을 유지하게 된다. 이 문제는 2개의 멤버가 동일한 워드에서 표현되기 때문이며, 가장 작은 단위의 프로세서가 처리되기 때문이다. 표준 C가 C11로 변경되기 전에 만들어진 것은 이 플래그들이 동시에 변경되는 것을 보장하지 않는다.

위험 평가

경쟁 윈도우 발생이 짧긴 하지만 부정확한 실행 상태나 의도하지 않은 정보 노출로 해석된 데이터로 인해 할당이나 표현식은 부적절하게 평가될 수 있다.

규칙	심각도	위험 발생 가능성	개선 비용	우선순위	레벨
CON32-C	보통	보통	보통	P8	L2

참고 문헌

[ISO/IEC 9899:2011]	3.14, "Memory Location"

■ CON33-C. 라이브러리 함수를 사용할 때 경쟁 상태를 피하라

표준 C 라이브러리 함수는 스레드에 대한 **재진입 동작**reentrant을 보장하지 않는다. strtok()와 asctime()과 같은 함수는 프로세스 단위로 함수에 할당된 메모리 안에 저장된 결과 포인터를 반환한다. rand()와 같은 함수는 프로세스 단위로 함수에 할당된 메모리 안에 상태 정보를 저장한다. 동일한 함수를 호출하는 멀티스레드는 동시 수행의 문제를 일으키는 원인이 될 수 있고 비정상적인 동작을 유발하며 비정상적인 종료, 서비스 거부 공격, 데이터 무결성 위반과 같은 심각한 취약성의 원인이 될 수 있다.

표준 C에 따라서 표 13-1에 나열된 라이브러리 함수는 멀티스레드에서 호출될 때 데이터 경쟁을 포함할 수 있다.

표 13-1 데이터 경쟁 발생할 수 있는 라이브러리 함수

함수	개선 방안
rand(), srand()	MSC30-C. 의사 난수를 만들려고 rand() 함수를 사용하지 마라
getenv(), getenv_s()	ENV34-C. 함수에서 반환하는 포인터를 저장하지 마라
strtok()	strtok_s() – C11 Annex K의 함수 strtok_r() – POSIX의 함수
strerror()	strerror_s() – C11 Annex K의 함수 strerror_r() – POSIX의 함수
asctime(), ctime(), localtime(), gmtime()	asctime_s(), ctime_s(), localtime_s(), gmtime_s() – C11 Annex K의 함수
setlocale()	멀티스레드가 뮤텍스를 가진 로컬에 지정된 API에 접근하는 것을 방지
ATOMIC_VAR_INIT, atomic_init()	멀티스레드로부터 아토믹 변수를 초기화하지 마라
tmpnam()	tmpnam_s() – C11 Annex K의 함수 tmpnam_r() – POSIX의 함수
mbrtoc16(), c16rtomb(), mbrtoc32(), c32rtomb()	mbstate_t * 널 인자를 호출하지 마라

Portable Operating System Interface (POSIX®), Base Specifications, Issue 7 [IEEE Std 1003.1-2013]의 2.9.1절은 안전한 스레드가 요구되지 않는 함수 리스트를 보여 준다.

부적절한 코드 예제

다음의 부적절한 코드 예제에서 함수 f()는 멀티스레드 애플리케이션 안에서 호출된다. 하지만 시스템 함수를 호출하는 동안 에러가 발생한다. strerror() 함수는 주어진 에러 번호와 함께 프로그래머가 이해할 수 있는 에러 문자를 반환한다. C Standardm 7.24.6.2 [ISO/IEC 9899:2011]에서 strerror()은 데이터 경쟁을 피하도록 요구되지 않는다. 구현은 에러 문자열을 정적 배열 안으로 쓰기 동작을 수행하며 그것의 포인터를 반환하고 배열은 접근 가능하며 다른 스레드에 의해 수정될 수 있다.

```
#include <errno.h>
#include <stdio.h>
#include <string.h>

void f(FILE *fp) {
    fpos_t pos;
    errno = 0;
    if (0 != fgetpos(fp, &pos)) {
      char *errmsg = strerror(errno);
      printf("Couldn't get the file position: %s\n", errmsg);
    }
}
```

이 코드는 'ERR30-C. errno를 사용하는 라이브러리 함수를 호출하기 전에 errno 값을 0으로 설정하고, 함수가 에러를 의미하는 값을 반환했을 때는 errno 값을 체크하라'의 규칙을 준수하고자 처음에 errno를 0으로 설정하는 것에 주의해야 한다.

해결 방법(strerror_s())

이 해결 방법은 표준 C의 Annex K에 있는 strerror_s() 함수를 사용하며 strerror() 과 동일한 기능을 갖고 있지만 스레드의 안전성을 보장한다.

```
#define __STDC_WANT_LIB_EXT1__ 1
#include <errno.h>
#include <stdio.h>
#include <string.h>

enum { BUFFERSIZE = 64 };
void f(FILE *fp) {
    fpos_t pos;
    errno = 0;

    if (0 != fgetpos(fp, &pos)) {
      char errmsg[BUFFERSIZE];
      if (strerror_s(errmsg, BUFFERSIZE, errno) != 0) {
        /* 에러 처리 */
      }
      printf("Could not get the file position: %s\n", errmsg);
```

```
    }
}
```

Annex K는 옵션이기 때문에 strerror_s()는 모든 구현에서 사용할 수 없다.

해결 방법(POSIX, strerror_r())

이 해결 방법은 POSIX의 strerror_r() 함수를 사용하며 strerror()과 동일한 기능을 갖고 있지만 스레드의 안전성을 보장한다.

```
#include <errno.h>
#include <stdio.h>

enum { BUFFERSIZE = 64 };

void f(FILE *fp) {
    fpos_t pos;
    errno = 0;

    if (0 != fgetpos(fp, &pos)) {
        char errmsg[BUFFERSIZE];
        if (strerror_r(errno, errmsg, BUFFERSIZE) != 0) {
            /* 에러 처리 */
        }
        printf("Could not get the file position because of %s\n",
                errmsg);
    }
}
```

리눅스는 strerror_r()의 두 가지 버전을 제공하며 XSI-compliant 버전과 GNU-specific 버전이 있다. 이 해결 방법은 POSIX에서 XSI-compliant 버전이 애플리케이션을 컴파일하는 기본 버전이라고 가정한다(즉 _POSIX_C_SOURCE나 _XOPEN_SOURCE를 적합하게 정의해서). strerror_r() 매뉴얼은 이용할 수 있는 시스템을 나열한다.

위험 평가

동일한 라이브러리 함수를 호출하는 멀티스레드에서 발생되는 경쟁 상태는 애플리케이션의 비정상적인 종료와 데이터 무결성 위반 또는 서비스 거부 공격을 유발할 수 있다.

규칙	심각도	위험 발생 가능성	개선 비용	우선순위	레벨
CON33-C	보통	보통	높음	P4	L3

참고 문헌

[IEEE Std 1003.1-2013]	Section 2.9.1, "Thread Safety"
[ISO/IEC 9899:2011]	7.24.6.2, "The strerror Function"
[Open Group 1997]	Section 10.12, "Thread-Safe POSIX.1 and C-Language Functions"

■ CON34-C. 적합한 저장 존속 기간을 가진 스레드 사이에서 공유되는 객체를 선언하라

스레드의 자동 또는 로컬 스레드 값을 다른 스레드로부터 접근하는 것은 구현 방법에 따라 정의되며[ISO/IEC 9899:2011], 유효하지 않은 메모리 접근의 원인이 될 수 있다. 왜냐하면 스레드의 실행은 동기화 모델의 제한 사항에서 혼란이 발생될 수 있기 때문이다. 결과적으로 참조되는 스택 프레임이나 로컬 스레드 값은 다른 스레드가 접근을 시도할 때에 더 이상 유효하지 않을 수 있다. 공유되는 정적 변수는 스레드 동기화 메커니즘에 의해 보호될 수 있다. 하지만 자동(로컬) 변수는 참조되는 스택 프레임의 스레드가 실행을 멈출 수 있기 때문에 동일한 방식으로 공유될 수 없고 또는 참조되는 스택 프레임이 여전히 유효하다는 것을 보장하는 데 다른 메커니즘이 사용될 수 있다. 서로 관련된 스레드에서 자동 또는 로컬 스레드 객체에 접근하지 마라. 스레드 사이에서 데이터가 공유되지 않을 때 적합한 저장 존속 기간을 가진 객체를 선언하는 방법에 대한 내용은 'DCL30-C. 객체를 선언할 때 적절한 지속 공간을 지정하라'를 참조하라.

부적절한 코드 예제(자동 저장 존속 기간)

다음의 부적절한 코드 예제는 하위(자식) 스레드의 변수에 주소를 전달하고 그것을 출력한다. 변수는 자동 저장 존속 기간을 갖는다. 실행 순서에 따라 자식 스레드가 부모 스레드에서 변수의 수명이 끝난 후에 참조될 수 있다. 이것은 자식 스레드가 유효하지 않는 메모리 위치에 접근하는 원인을 제공할 수 있다.

```
#include <threads.h>
#include <stdio.h>

int child_thread(void *val) {
    int *res = (int *)val;
    printf("Result: %d\n", *res);
    return 0;
}

void create_thread(thrd_t *tid) {
    int val = 1;
    if (thrd_success != thrd_create(tid, child_thread, &val)) {
      /* 에러 처리 */
    }
}

int main(void) {
    thrd_t tid;
    create_thread(&tid);
    if (thrd_success != thrd_join(tid, NULL)) {
      /* 에러 처리 */
    }
    return 0;
}
```

부적절한 코드 예제(자동 저장 존속 기간)

한 가지 해결 방법은 스레드 사이에서 자동 저장 존속 기간을 가진 모든 객체가 선언되고 그들의 수명이 스레드 수명이 끝난 다음에도 연장되도록 보장하는 것이다. 이것은 thrd_join()과 같은 스레드 동기화 메커니즘을 사용해서 성공적으로 수행이 가능하다. 예를 들면 이 해결 방법은 val이 main() 안에 선언되고 thrd_join()이 호출된다.

부모 스레드는 지속적으로 실행하고 자식 스레드의 수행이 완료될 때까지 기다리기 때문에 공유 객체는 적어도 스레드보다는 긴 수명을 갖는다. 하지만 이 예제는 구현 방식에 따라 정의되는 동작이며 호환성이 없다.

```c
#include <threads.h>
#include <stdio.h>

int child_thread(void *val) {
    int *result = (int *)val;
    printf("Result: %d\n", *result); /* 정확하게 1을 출력 */
    return 0;
}

void create_thread(thrd_t *tid, int *val) {
    if (thrd_success != thrd_create(tid, child_thread, val)) {
        /* 에러 처리 */
    }
}

int main(void) {
    int val = 1;
    thrd_t tid;
    create_thread(&tid, &val);
    if (thrd_success != thrd_join(tid, NULL)) {
        /* 에러 처리 */
    }
    return 0;
}
```

해결 방법(정적 저장 존속 기간)

이 해결 방법은 정적static 저장 존속 기간을 가진 객체의 값을 저장한다. 객체의 수명은 프로그램의 전체 실행 동안 끝나지 않고 결과적으로 모든 스레드는 안전하게 접근할 수 있다.

```c
#include <threads.h>
#include <stdio.h>
```

```
int child_thread(void *v) {
   int *result = (int *)v;
   printf("Result: %d\n", *result); /* 정확하게 1을 출력 */
   return 0;
}

void create_thread(thrd_t *tid) {
   static int val = 1;
   if (thrd_success != thrd_create(tid, child_thread, &val)) {
     /* 에러 처리 */
   }
}

int main(void) {
   thrd_t tid;
   create_thread(&tid);
   if (thrd_success != thrd_join(tid, NULL)) {
     /* 에러 처리 */
   }
   return 0;
}
```

해결 방법(할당된 저장 존속 기간)

이 해결 방법은 동적으로 할당된 객체에서 자식 스레드로 전달되는 값을 저장한다.
이 객체는 명시적으로 해제될 때까지 지속되기 때문에 자식 스레드는 값을 안전하게
접근할 수 있다.

```
#include <threads.h>
#include <stdio.h>
#include <stdlib.h>

int child_thread(void *val) {
   int *result = (int *)val;
   printf("Result: %d\n", *result); /* 정확하게 1을 출력 */
   return 0;
}

void create_thread(thrd_t *tid, int *value) {
```

```
    *value = 1;
    if (thrd_success != thrd_create(tid, child_thread,
                                    value)) {
        /* 에러 처리 */
    }
}

int main(void) {
    thrd_t tid;
    int *value = (int *)malloc(sizeof(int));
    if (!value) {
        /* 에러 처리 */
    }
    create_thread(&tid, value);
    if (thrd_success != thrd_join(tid, NULL)) {
        /* 에러 처리 */
    }
    free(value);
    return 0;
}
```

부적절한 코드 예제(스레드 지정 공간)

다음의 부적절한 코드 예제로 값은 부모 스레드의 지정 공간에 저장된다. 하지만 스레드 지정 데이터는 그것을 저장한 스레드에서만 이용할 수 있기 때문에 child_thread() 함수는 result를 널 값으로 설정한다.

```
#include <threads.h>
#include <stdio.h>
#include <stdlib.h>

static tss_t key;

int child_thread(void *v) {
    int *result = tss_get(*(tss_t *)v);
    printf("Result: %d\n", *result);
    return 0;
}
```

```c
int create_thread(void *thrd) {
    int *val = (int *)malloc(sizeof(int));
    if (val == NULL) {
        /* 에러 처리 */
    }
    *val = 1;
    if (thrd_success != tss_set(key, val)) {
        /* 에러 처리 */
    }
    if (thrd_success != thrd_create((thrd_t *)thrd,
                                    child_thread, &key)) {
        /* 에러 처리 */
    }
    return 0;
}

int main(void) {
    thrd_t parent_tid, child_tid;

    if (thrd_success != tss_create(&key, free)) {
        /* 에러 처리 */
    }
    if (thrd_success != thrd_create(&parent_tid, create_thread,
                                    &child_tid)) {
        /* 에러 처리 */
    }
    if (thrd_success != thrd_join(parent_tid, NULL)) {
        /* 에러 처리 */
    }
    if (thrd_success != thrd_join(child_tid, NULL)) {
        /* 에러 처리 */
    }
    if (thrd_success != tss_delete(key)) {
        /* 에러 처리 */
    }
    return 0;
}
```

해결 방법(스레드 지정 공간)

이 해결 방법은 thrd_join()처럼 스레드 지정 공간이 스레드 동기화 메커니즘의 호출과 어떻게 연결되는지 보여 준다. 부모 스레드의 실행은 자식 스레드가 동작을 완료할 때까지 기다리기 때문에 자식 스레드가 유효하게 살아 있는 객체에 접근하는 것을 보장한다.

```c
#include <threads.h>
#include <stdio.h>
#include <stdlib.h>

static tss_t key;

int child_thread(void *v) {
    int *result = v;
    printf("Result: %d\n", *result); /* Correctly prints 1 */
    return 0;
}

int create_thread(void *thrd) {
    int *val = (int *)malloc(sizeof(int));
    if (val == NULL) {
      /* 에러 처리 */
    }
    val = 1;
    if (thrd_success != tss_set(key, val)) {
      /*에러 처리 */
    }
    /* ... */
    void *v = tss_get(key);
    if (thrd_success != thrd_create((thrd_t *)thrd,
                                    child_thread, v)) {
      /*에러 처리*/
    }
    return 0;
}

int main(void) {
    thrd_t parent_tid, child_tid;
```

```
    if (thrd_success != tss_create(&key, free)) {
      /*에러 처리 */
    }
    if (thrd_success != thrd_create(&parent_tid, create_thread,
                                    &child_tid)) {
      /*에러 처리 */
    }
    if (thrd_success != thrd_join(parent_tid, NULL)) {
      /*에러 처리 */
    }
    if (thrd_success != thrd_join(child_tid, NULL)) {
      /*에러 처리 */
    }
    if (thrd_success != tss_delete(key)) {
      /*에러 처리 */
    }
    return 0;
}
```

이 해결 방법은 포인트에서 정수로 그리고 정수에서 포인터로 변환하는 데 사용하며 구현 방법에 따라 정의된 동작이다('INT36-C. 포인터를 정수로 또는 정수를 포인터로 변환할 때 주의하라' 참조).

해결 방법(스레드 로컬 공간, 윈도우, 비주얼 스튜디오)

앞에서 설명한 해결 방법과 마찬가지로 이 해결 방법은 자식 스레드가 유효하게 살아 있는 객체에 접근하도록 보장하고자 스레드 동기화를 갖는 스레드 로컬 저장 공간을 사용한다. 비주얼 스튜디오는 스레드 로컬 공간을 제공하려고 __declspec(thread) 확장을 사용하고 동기화를 제공하려고 WaitForSingleObject() API를 사용한다.

```
#include <Windows.h>
#include <stdio.h>

DWORD WINAPI child_thread(LPVOID v) {
    int *result = (int *)v;
    printf("Result: %d\n", *result); /* 정확하게 1을 출력 */
    return NULL;
```

```
}

int create_thread(HANDLE *tid) {
  /*  val 스레드 로컬 값으로 선언  */
  __declspec(thread) int val = 1;
  *tid = create_thread(NULL, 0, child_thread, &val, 0, NULL);
  return *tid == NULL;
}

int main(void) {
  HANDLE tid;

  if (create_thread(&tid)) {
    /* 에러 처리 */
  }

  if (WAIT_OBJECT_0 != WaitForSingleObject(tid, INFINITE)) {
    /* 에러 처리 */
  }
  CloseHandle(tid);

  return 0;
}
```

부적절한 코드 예제(OpenMP, parallel)

스레드 인터페이스를 사용할 때 로컬 데이터가 스레드와 함께 안전하게 사용될 수 있도록 하는 것이 중요하며, 프로그래머는 스레드와 함께 데이터를 공유할 때 데이터를 로컬 메모리가 아닌 곳으로 항상 복사할 필요는 없다. 예를 들면 'The OpenMP® API Specification for Parallel Programming' [OpenMP]에서 shared 키워드는 로컬 자동 변수가 유효하게 남아 있는지에 대한 고려 없이 로컬 메모리를 공유하기 위한 OpenMP의 스레드 인터페이스와 통합해서 사용될 수 있다.

다음의 부적합한 코드 예제에서 변수 j는 parallel #pragma의 밖에서 선언되고 private 변수로서 분류되지 않는다. OpenMP에서, parallel #pragma의 외부에서 변수는 private로 분류되지 않고 공유된다.

```
#include <omp.h>
#include <stdio.h>

int main(void) {
    int j = 0;
    #pragma omp parallel
    {
        int t = omp_get_thread_num();
        printf("Running thread - %d\n", t);
        for (int i = 0; i < 5050; i++) {
            j++; /* j는 private이 아니고 경쟁 상태가 될 수 있다 */
        }
        printf("Just ran thread - %d\n", t);
        printf("loop count %d\n", j);
    }
    return 0;
}
```

해결 방법(OpenMP, parallel, private)

이 해결 방법은 변수 j가 parallel #pragma의 외부에서 선언되지만 명시적으로 private
을 붙여 준다.

```
#include <omp.h>
#include <stdio.h>

int main(void) {
    int j = 0;
    #pragma omp parallel private(j)
    {
        int t = omp_get_thread_num();
        printf("Running thread - %d\n", t);
        for (int i = 0; i < 5050; i++) {
            j++;
        }
        printf("Just ran thread - %d\n", t);
        printf("loop count %d\n", j);
    }
    return 0;
}
```

위험 평가

함수 포인터와 주소를 반환하는 것처럼 다른 스레드의 스택을 참조하는 스레드는 잠재적으로 스택의 중요한 정보를 덮어쓴다. 만약 프로그래머는 스레드가 다른 스레드의 지역 변수 접근을 허용하면 컴파일러가 경고 진단을 발생하지 않을 수 있으며 따라서 프로그래머는 컴파일 시에 잠재적 에러를 인식하지 못할 수 있다. 분석 도구로 동시 실행과 경쟁 상태의 문제를 진단하는 것은 어렵기 때문에 이 에러에 대한 개선 비용은 상당히 높다.

규칙	심각도	위험 발생 가능성	개선 비용	우선순위	레벨
CON34-C	보통	보통	높음	P4	L3

참고 문헌

[ISO/IEC 9899:2011]	6.2.4, "Storage Durations of Objects"
[OpenMP]	The OpenMP® API Specification for Parallel Programming

■ CON35-C. 미리 정의된 순서에서 잠금으로 인한 교착 상태를 피하라

뮤텍스는 멀티스레드가 공유되는 자원에 동시에 접근해서 발생하는 데이터 경쟁을 막는다. 경우에 따라 뮤텍스가 잠금 상태인 경우 멀티스레드 환경에서 다른 스레드도 잠금 상태가 되며 결과적으로 프로그램은 교착 상태^{deadlock}가 된다. 교착 상태는 다음의 네 가지 조건에 의해 발생된다.

- 상호 배제$^{mutual\ exclusion}$
- 자원의 점유$^{hold\ and\ wait}$
- 비선점$^{no\ preemption}$
- 순환성 대기$^{circular\ wait}$

교착 상태는 네 가지 조건이 모두 필요하며 교착 상태를 예방하고자 네 가지 조건 중에 적어도 하나를 막아야 한다. 단순한 해결 방법은 미리 정의된 순서에 따라 뮤텍스의 접근 제한(잠금 동작)을 통한 순환성 대기^{circular wait}의 발생을 방지하는 것이다.

부적절한 코드 예제

다음의 부적절한 코드 예제의 동작은 런타임 환경과 플랫폼의 스케줄러에 의존한다. 프로그램은 deposit() 함수에서 thr1 스레드가 ba2의 뮤텍스를 잠그려고 하고 동시에 thr2 스레드가 ba1의 뮤텍스를 잠그려고 시도하며 이로 인해 교착 상태에 빠지기 쉽다.

```
#include <stdlib.h>
#include <threads.h>

typedef struct {
   int balance;
   mtx_t balance_mutex;
} bank_account;

typedef struct {
   bank_account *from;
   bank_account *to;
   int amount;
} transaction;

void create_bank_account(bank_account **ba,
                         int initial_amount) {
   bank_account *nba = (bank_account *)malloc(
      sizeof(bank_account)
   );
   if (nba == NULL) {
     /* 에러 처리 */
   }

   nba->balance = initial_amount;
   if (thrd_success
      != mtx_init(&nba->balance_mutex, mtx_plain)) {
     /* 에러 처리 */
   }
```

```c
    *ba = nba;
}

int deposit(void *ptr) {
    transaction *args = (transaction *)ptr;

    if (thrd_success != mtx_lock(&args->from->balance_mutex)) {
        /* 에러 처리 */
    }

    /* 이체를 위한 충분한 잔고가 없음*/
    if (args->from->balance < args->amount) {
        if (thrd_success
            != mtx_unlock(&args->from->balance_mutex)) {
            /* 에러 처리 */
        }
        return -1; /* Indicate error */
    }

    if (thrd_success != mtx_lock(&args->to->balance_mutex)) {
        /* 에러 처리 */
    }

    args->from->balance -= args->amount;
    args->to->balance += args->amount;

    if (thrd_success
        != mtx_unlock(&args->from->balance_mutex)) {
        /* 에러 처리 */
    }

    if (thrd_success
        != mtx_unlock(&args->to->balance_mutex)) {
        /* 에러 처리 */
    }

    free(ptr);
    return 0;
}
```

```
int main(void) {
    thrd_t thr1, thr2;
    transaction *arg1;
    transaction *arg2;
    bank_account *ba1;
    bank_account *ba2;

    create_bank_account(&ba1, 1000);
    create_bank_account(&ba2, 1000);

    arg1 = (transaction *)malloc(sizeof(transaction));
    if (arg1 == NULL) {
        /* 에러 처리 */
    }
    arg2 = (transaction *)malloc(sizeof(transaction));
    if (arg2 == NULL) {
        /* 에러 처리 */
    }

    arg1->from = ba1;
    arg1->to = ba2;
    arg1->amount = 100;

    arg2->from = ba2;
    arg2->to = ba1;
    arg2->amount = 100;

    /* 예금 수행 */
    if (thrd_success
        != thrd_create(&thr1, deposit, (void *)arg1)) {
        /* 에러 처리 */
    }
    if (thrd_success
        != thrd_create(&thr2, deposit, (void *)arg2)) {
        /* 에러 처리 */
    }
    return 0;
}
```

해결 방법

이 해결 방법은 deposit() 함수에서 잠금에 대한 미리 정의된 순서를 만들어 순환 대기 상태를 제거한다. 각 스레드는 bank_account ID에 기초해서 잠금 동작을 수행하며 해당 ID는 bank_account struct가 초기화될 때 설정된다.

```c
#include <stdlib.h>
#include <threads.h>

typedef struct {
    int balance;
    mtx_t balance_mutex;

    /* 초기화 후에 변화하지 않는다 */
    unsigned int id;
} bank_account;

typedef struct {
    bank_account *from;
    bank_account *to;
    int amount;
} transaction;

unsigned int global_id = 1;

void create_bank_account(bank_account **ba,
                         int initial_amount) {
    bank_account *nba = (bank_account *)malloc(
        sizeof(bank_account)
    );
    if (nba == NULL) {
        /* 에러 처리 */
    }

    nba->balance = initial_amount;
    if (thrd_success
        != mtx_init(&nba->balance_mutex, mtx_plain)) {
      /* 에러 처리 */
    }
```

```
    nba->id = global_id++;
    *ba = nba;
}

int deposit(void *ptr) {
    transaction *args = (transaction *)ptr;
    int result = -1;
    mtx_t *first;
    mtx_t *second;

    if (args->from->id == args->to->id) {
        return -1; /* Indicate error */
    }

    /* 잠금에 대한 적합한 순서를 보장 */
    if (args->from->id < args->to->id) {
      first = &args->from->balance_mutex;
      second = &args->to->balance_mutex;
    } else {
      first = &args->to->balance_mutex;
      second = &args->from->balance_mutex;
    }
    if (thrd_success != mtx_lock(first)) {
      /* 에러 처리 */
    }
    if (thrd_success != mtx_lock(second)) {
      /* 에러 처리 */
    }

    /* 이체에 대한 충분한 잔고가 없음 */
    if (args->from->balance >= args->amount) {
      args->from->balance -= args->amount;
      args->to->balance += args->amount;
      result = 0;
    }

    if (thrd_success != mtx_unlock(second)) {
      /* 에러 처리 */
    }
    if (thrd_success != mtx_unlock(first)) {
```

```
    /* 에러 처리 */
  }
  free(ptr);
  return result;
}
```

위험 평가

교착 상태[deadlock]는 멀티스레드가 수행되는 것을 차단하며 프로그램 수행을 중단시킨다. 만약 공격자가 교착 상태에 대한 조건을 생성할 수 있다면 서비스 거부 공격이 발생할 가능성이 있다.

규칙	심각도	위험 발생 가능성	개선 비용	우선순위	레벨
CON35-C	낮음	보통	보통	P4	L3

관련된 가이드라인

MITRE CWE	CWE-764, Multiple Locks of a Critical Resource

■ CON36-C. 반복문에서 부정하게 동작할 수 있는 함수를 래핑하라

cnd_wait()과 cnd_timedwait() 함수는 임시적으로 뮤텍스의 소유를 양도하고 뮤텍스를 요청하는 다른 스레드가 진행될 수 있다. 이런 함수는 뮤텍스의 잠금을 통해 보호될 수 있는 코드로부터 호출돼야 한다. 대기하고 있는 스레드는 그것이 통지된 후에 실행을 재개하며 일반적으로 다른 스레드에 의해 호출되는 cnd_signal()의 호출 또는 cnd_broadcast() 함수의 호출 결과로 발생한다. cnd_wait() 함수는 **조건 변수 서술자**[condition predicate]가 점유인지를 검사하는 반복문으로부터 호출돼야 한다. 조건 변수 서술자는 스레드가 지속적인 수행을 허용하고자 참[true]이 돼야 하는 변수에 대한 표현식이다. cnd_wait(), cnd_timedwait() 또는 다른 메커니즘에 의해 스레드는 실행을 중단하며 조건 변수 서술자가 참일 때 스레드에게 보고되며 다시 실행된다.

```
#include <threads.h>
#include <stdbool.h>

extern bool until_finish(void);
extern mtx_t lock;
extern cnd_t condition;

void func(void) {
  if (thrd_success != mtx_lock(&lock)) {
    /* 에러 처리 */
  }

  while (until_finish()) { /* 조건 변수가 유지되지 않는다 */
    if (thrd_success != cnd_wait(&condition, &lock)) {
      /* 에러 처리 */
    }
  }

  /* 점유 조건일 때 재실행 */
  if (thrd_success != mtx_unlock(&lock)) {
    /* 에러 처리 */
  }
}
```

이 메커니즘은 대기하는 스레드에게 알려 주고 그것의 조건 변수 서술자를 체크한다. 다른 스레드에서 cnd_broadcast()의 호출은 대기하는 스레드에서 재실행되는 것을 정확하게 결정할 수 없다. 조건 변수 서술식은 스레드가 실행에 대한 통지를 받을 때 재실행 여부를 결정하도록 한다.

부적절한 코드 예제

다음의 부적절한 코드 예제는 링크 리스트를 모니터하고 리스트가 비어 있지 않을 때 리스트를 소비하도록 스레드를 할당한다.

이 스레드는 cnd_wait()을 사용해서 실행을 중지하고 통지가 될 때 재실행하며 원소를 가진 리스트가 소비된다. 리스트가 여전히 비어 있더라도 스레드가 보고를 받을 수 있으며 모든 스레드에 보고를 수행하는 cnd_broadcast()를 사용해 통지하기 때문이다. cnd_broadcast()를 사용하는 것은 cnd_signal()의 사용보다 선호된다('CON38-C.

조건 변수를 사용할 때 스레드의 안전성과 생존 상태를 보존하라' 참조).

조건 변수 서술자는 반복문의 조건 표현식에서 일반적으로 부정(거짓)의 값을 갖는다. 다음의 부적절한 코드 예제로 링크 리스트에서 원소를 제거하는 조건 변수 서술자는 (list -> next != NULL)이고 반면에 while 반복문 조건에 대한 조건 표현식은 (list -> next == NULL)이다.

다음의 부적절한 코드 예제는 if 블록 안에서 cnd_wait() 함수가 중첩돼 있으며 결과적으로 보고를 받은 후에 조건 변수 서술식을 체크하는 것에 실패한다. 만약 보고가 허위이고 악의적으로 이뤄진다면 스레드는 부적합하게 발생할 수 있다.

```c
#include <threads.h>

struct node_t {
    void *node;
    struct node_t *next;
};

struct node_t list;
static mtx_t lock;
static cnd_t condition;

void consume_list_element(void) {
    if (thrd_success != mtx_lock(&lock)) {
      /* 에러 처리 */
    }

    if (list.next == NULL) {
       if (thrd_success != cnd_wait(&condition, &lock)) {
         /* 에러 처리 */
       }
    }

    /* 조건식이 점유일 때 진행 */

    if (thrd_success != mtx_unlock(&lock)) {
      /* 에러 처리 */
    }
}
```

해결 방법

이 해결 방법은 cnd_wait()이 호출 전, 후에 조건을 체크하려고 while 반복문 안에서 cnd_wait() 함수를 호출한다.

```
#include <threads.h>

struct node_t {
    void *node;
    struct node_t *next;
};

struct node_t list;
static mtx_t lock;
static cnd_t condition;

void consume_list_element(void) {
    if (thrd_success != mtx_lock(&lock)) {
        /* 에러 처리 */
    }

    while (list.next == NULL) {
        if (thrd_success != cnd_wait(&condition, &lock)) {
            /* 에러 처리 */
        }
    }

    /* 조건식이 점유일 때 수행 */

    if (thrd_success != mtx_unlock(&lock)) {
        /* 에러 처리 */
    }
}
```

위험 평가

while 반복문 안에서 cnd_wait()이나 cnd_timedwait() 함수에 대한 호출에 실패하는 것은 규정되지 않은 차단과 서비스 거부 공격을 유발할 수 있다.

규칙	심각도	위험 발생 가능성	개선 비용	우선순위	레벨
CON36–C	낮음	낮음	보통	P2	L3

참고 문헌

[ISO/IEC 9899:2011]	7.17.7.4, "The atomic_compare_exchange Generic Functions"
[Lea 2000]	1.3.2, "Liveness" 3.2.2, "Monitor Mechanics"

■ CON37-C. 멀티스레드 프로그램에서 signal() 함수를 호출하지 마라

멀티스레드 프로그램에서 signal() 함수를 호출하는 것은 정의되지 않은 동작을 유발한다(부록 B, 정의되지 않은 동작 135).

부적절한 코드 예제

다음의 부적절한 코드 예제는 멀티 스레드 프로그램에서 signal() 함수를 호출한다.

```
#include <signal.h>
#include <threads.h>

volatile sig_atomic_t flag = 0;

void handler(int signum) {
   flag = 1;
}

/* 사용자가 SIGUSR1 전송할 때까지 실행  */
int func(void *data) {
   while (!flag) {
     /* ... */
   }
   return 0;
}
```

```
int main(void) {
    signal(SIGUSR1, handler); /* 정의되지 않음! */
    thrd_t tid;

    if (thrd_success != thrd_create(&tid, func, NULL)) {
      /* 에러 처리 */
    }
    /* ... */
    return 0;
}
```

노트 SIGUSR1 시그널 값은 C Standard에 정의되지 않는다. 결과적으로 이 코드는 C의 규칙을 준수하지 않는다.

해결 방법

이 해결 방법은 자식 스레드가 반복문 종료 시점을 인지하려고 `atomic_flag` 타입의 객체를 사용한다.

```
#include <stdatomic.h>
#include <threads.h>

atomic_flag flag = ATOMIC_VAR_INIT(0);

int func(void *data) {
    while (!flag) {
        /* ... */
    }
    return 0;
}

int main(void) {
    int result;
    thrd_t tid;

    if (thrd_success != thrd_create(&tid, func, NULL)) {
      /* 에러 처리 */
    }
    /* ... */
```

```
    /* 수행이 완료된 경우 플래그 설정*/
    while (!atomic_flag_test_and_set(&flag))
        ; /* 지속적인 수행 */
    return 0;
}
```

예외

CON37-EX1: 멀티스레드 프로그램이 자신에 맞게 변경된 시그널 핸들러를 사용할 때
정의된 동작을 제공하는 POSIX와 같은 구현에서 이 규칙은 예외다[IEEE Std 1003.1-
2013].

위험 평가

시그널과 스레드를 혼합하는 것은 정의되지 않은 동작을 유발한다.

규칙	심각도	위험 발생 가능성	개선 비용	우선순위	레벨
CON37-C	낮음	보통	낮음	P6	L2

참고 문헌

[IEEE Std 1003.1-2013]	XSH 2.9.1, "Thread-Safety"

■ CON38-C. 조건 변수를 사용할 때 스레드의 안전성과 생존 상태를 보존하라

스레드의 안전성과 **생존 상태**liveness는 조건 변수를 사용할 때 고려된다. 스레드 안전성
thread-safety의 속성은 모든 객체가 멀티스레드 환경에서 일관된 상태를 유지하도록 요
구한다[Lea 2000]. 생존 상태의 속성은 인터럽트 없이 연산 동작이나 함수의 호출이
완료하는 것이며 교착 상태가 발생하지 않는 것이다.

조건 변수는 while 반복문 내에서 사용돼야만 한다('CON36-C. 반복문에서 부정하
게 동작할 수 있는 함수를 래핑하라' 참조). 프로그램은 cnd_wait() 함수를 호출하기 전에
while 반복문 조건을 반드시 테스트해야 한다. 이런 테스트는 다른 스레드가 이미 조

건 변수 서술자를 만족하는지의 여부를 체크하고, 보고했는지를 체크한다. 보고 후에 cnd_wait() 함수의 호출은 규명되지 않은 차단을 초래할 수 있다.

스레드의 안전성을 보장하고자 프로그램은 cnd_wait() 함수로부터 반환한 후에 while 반복문 조건을 반드시 테스트해야 한다. 주어진 스레드가 cnd_wait() 함수를 호출할 때 cnd_broadcast()나 cnd_signal()의 호출에 의해 조건 변수가 시그널로 될 때까지 차단을 시도할 것이다.

cnd_signal() 함수는 호출 시에 지정된 조건 변수를 차단하는 스레드에 해제를 한다. 만약 멀티스레드가 동일한 조건 변수를 기다리고 있다면 스케줄러는 동작해야 하는 스레드를 선택할 수 있다(모든 스레드가 동일한 우선순위를 갖고 있다고 가정하는 경우). cnd_broadcast() 함수는 호출 시 지정된 조건 변수를 차단하는 모든 스레드를 해제한다. cnd_broadcast()의 호출 다음에 실행되는 스레드의 순서는 지정되지 않는다. 결과적으로 관련이 없는 스레드가 실행을 시작할 수 있고 조건 변수 서술자가 만족되는 것을 발견하고 비록 활동이 중단된 상태로 남아 있다고 해도 다시 실행될 수 있다. 이런 이유로 스레드는 cnd_wait() 함수가 반환된 후에 조건 변수 서술자를 반드시 체크해야 한다. while 반복문은 cnd_wait() 호출 전, 후에 조건 변수 서술자를 체크하는 것이 최선의 선택이다.

만약 각각의 스레드가 유일한 조건 변수를 사용한다면 cnd_signal()의 사용은 안전하다. 만약 멀티스레드가 조건 변수를 공유한다면 cnd_signal()의 사용은 다음의 조건을 만족할 경우 안전하다.

- 모든 스레드가 시작된 후에 반드시 동일한 연산을 수행해야 하며 선택된 스레드가 cnd_signal()의 호출에 대한 재실행을 의미하는 것이다.
- 시그널을 받을 때 단지 하나의 스레드가 시작되는 것이 요구된다.

cnd_broadcast() 함수는 만약 cnd_signal()의 사용이 안전하지 않다면 지정된 조건 변수에서 모든 스레드의 블록을 해제하는 데 사용될 수 있다.

부적절한 코드 예제(cnd_signal())

다음의 부적절한 코드 예제는 스레드가 생성될 때 각 스레드에 할당된 단계에 따라 연속적으로 수행되는 5개의 스레드를 사용한다(순차적인 프로세싱). current_step 변수는 현재 순서에 해당하는 단계를 점유하고 해당 스레드가 완료하면 증가된다. 마지막으로 다른 스레드는 시그널로 처리되고 다음 단계에서 수행될 수 있다. 각각의 스레드는 자신의 수행 단계가 준비될 때까지 기다리며 cnd_wait() 함수 호출은 while 반복문 내에서 래핑된다. 'CON36-C. 반복문에서 부정하게 동작할 수 있는 함수를 래핑하라'의 규칙을 준수한다.

```
#include <stdio.h>
#include <threads.h>

enum { NTHREADS = 5 };

mtx_t mutex;
cnd_t cond;

int run_step(void *t) {
    static int current_step = 0;
    size_t my_step = *(size_t *)t;

    if (thrd_success != mtx_lock(&mutex)) {
      /* 에러 처리 */
    }

    printf("Thread %d has the lock\n", my_step);

    while (current_step != my_step) {
        printf("Thread %d is sleeping...\n", my_step);

        if (thrd_success != cnd_wait(&cond, &mutex)) {
           /* 에러 처리 */
        }

        printf("Thread %d woke up\n", my_step);
    }
```

```
      /* 프로세싱 수행... */
      printf("Thread %d is processing...\n", my_step);
      current_step++;

      /* 대기 임무 시그널 */
      if (thrd_success != cnd_signal(&cond)) {
        /* 에러 처리 */
      }

      printf("Thread %d is exiting...\n", my_step);

    if (thrd_success != mtx_unlock(&mutex)) {
        /* 에러 처리 */
    }
    return 0;
}

int main(void) {
    thrd_t threads[NTHREADS];
    size_t step[NTHREADS];

    if (thrd_success != mtx_init(&mutex, mtx_plain)) {
        /* 에러 처리 */
    }

    if (thrd_success != cnd_init(&cond)) {
        /* 에러 처리  */
    }

    /* 스레드 생성 */
    for (size_t i = 0; i < NTHREADS; ++i) {
        step[i] = i;

        if (thrd_success != thrd_create(&threads[i], run_step,
                                        &step[i])) {
            /* 에러 처리 */
        }
    }

    /* 모든 스레드가 완료할 때까지 대기 */
```

```
    for (size_t i = NTHREADS; i != 0; --i) {
        if (thrd_success != thrd_join(threads[i-1], NULL)) {
            /* 에러 처리 */
        }
    }

    mtx_destroy(&mutex);
    cnd_destroy(&cond);
    return 0;
}
```

이 예제에서 모든 스레드는 조건 변수를 공유한다. 각 스레드가 순차적으로 수행되기 전에 crrent_step이 다른 값을 갖도록 요구하기 때문에 서로 다른 조건 변수 서술자를 갖게 된다. 조건 변수가 해당 시그널이 될 때 대기하는 다른 스레드가 시작될 수 있다. 표 13-2는 생존 속성이 위반되는 가능한 시나리오를 보여 준다. 만약 우연히 보고된 스레드가 다음 단계에서 수행돼야 할 스레드가 아니라면 스레드는 다시 대기할 것이다. 추가적인 보고는 발생되지 않으며 결국에는 이용할 수 있는 스레드의 풀pool에서 소멸될 것이다.

표 13-2 교착 상태(deadlock): 순서에 벗어난 각 단계에서의 값

시간	스레드 # (my_step)	current_step	실행 동작
0	3	0	첫 번째로 스레드 3번 실행: 산술자는 FALSE -> wait()
1	2	0	첫 번째로 스레드 2번 실행: 산술자는 FALSE -> wait()
2	4	0	첫 번째로 스레드 4번 실행: 산술자는 FALSE -> wait()
3	0	0	첫 번째로 스레드 0번 실행: 산술자는 TRUE -> current_step++; cnd_signal()
4	1	1	첫 번째로 스레드 1번 실행: 산술자는 TRUE -> current_step++; cnd_signal()
5	3	2	스레드 3번이 시작(스케줄러가 선택): 산술자는 FALSE -> wait()
6	–	–	스레드 소멸! 더 이상 스레드가 실행되지 않고 조건 변수 시그널은 다른 스레드를 시작

해결 방법(cnd_brpadcast())

이 해결 방법은 임의 시그널이 아닌 대기하는 모든 스레드의 시그널을 위해 cnd_broadcast() 함수를 사용한다. 이전의 부적절한 코드 예제의 run_step() 스레드가 단지 수정되며 예제는 다음과 같다.

```c
#include <stdio.h>
#include <threads.h>

int run_step(void *t) {
    static size_t current_step = 0;
    size_t my_step = *(size_t *)t;

    if (thrd_success != mtx_lock(&mutex)) {
        /* 에러 처리 */
    }

    printf("Thread %d has the lock\n", my_step);

    while (current_step != my_step) {
        printf("Thread %d is sleeping...\n", my_step);

        if (thrd_success != cnd_wait(&cond, &mutex)) {
            /* 에러 처리 */
        }

        printf("Thread %d woke up\n", my_step);
    }

    /* 프로세싱 수행 ... */
    printf("Thread %d is processing...\n", my_step);

    current_step++;

    /* 모든 시그널 대기 임무 */
    if (thrd_success != cnd_broadcast(&cond)) {
        /* 에러 처리 */
    }

    printf("Thread %d is exiting...\n", my_step);
```

```
    if (thrd_success != mtx_unlock(&mutex)) {
        /* 에러 처리 */
    }
    return 0;
}
```

깨어 있는 모든 시그널은 각 스레드가 조건 변수 서술식 테스트를 수행하기 때문에
생존 여부를 보장할 수 있고, 정확하게 하나의 시그널이 성공하고 실행을 계속한다.

해결 방법(스레드 단위로 유일한 조건 변수를 갖고 cnd_signal()을 사용)

다른 해결 방법은 각 스레드에 대한 유일한 조건 변수를 사용한다(동일한 뮤텍스와 연관
된 스레드). 이 경우에 cnd_signal()은 단지 대기하고 있는 시그널을 깨운다. 이 해결 방
법은 단지 필요한 스레드만 깨우기 때문에 cnd_broadcast()보다 훨씬 더 효율적이다.

시그널로 된 스레드의 조건 변수 서술식condition predicate은 반드시 참이어야 하며 그
렇지 않으면 교착 상태가 발생할 것이다.

```
#include <stdio.h>
#include <threads.h>

enum { NTHREADS = 5 };

mtx_t mutex;
cnd_t cond[NTHREADS];

int run_step(void *t) {
    static size_t current_step = 0;
    size_t my_step = *(size_t *)t;

    if (thrd_success != mtx_lock(&mutex)) {
        /* 에러 처리 */
    }

    printf("Thread %d has the lock\n", my_step);

    while (current_step != my_step) {
        printf("Thread %d is sleeping...\n", my_step);
```

```c
        if (thrd_success != cnd_wait(&cond[my_step], &mutex)) {
            /* 에러 처리 */
        }

        printf("Thread %d woke up\n", my_step);
    }

    /* 프로세싱 수행... */
    printf("Thread %d is processing...\n", my_step);
    current_step++;

    /* 다음 단계 스레드 시그널 */
    if ((my_step + 1) < NTHREADS) {
        if (thrd_success != cnd_signal(&cond[my_step + 1])) {
            /* 에러 처리 */
        }
    }

    printf("Thread %d is exiting...\n", my_step);

    if (thrd_success != mtx_unlock(&mutex)) {
        /* 에러 처리 */
    }
    return 0;
}

int main(void) {
    thrd_t threads[NTHREADS];
    size_t step[NTHREADS];

    if (thrd_success != mtx_init(&mutex, mtx_plain)) {
        /* 에러 처리 */
    }

    for (size_t i = 0; i< NTHREADS; ++i) {
        if (thrd_success != cnd_init(&cond[i])) {
            /* 에러 처리  */
        }
    }
```

```
    /* 스레드 생성 */
  for (size_t i = 0; i < NTHREADS; ++i) {
    step[i] = i;
    if (thrd_success != thrd_create(&threads[i], run_step,
                                    &step[i])) {
      /* 에러 처리 */
    }
  }

    /* 완료하고자 모든 스레드 대기 */
  for (size_t i = NTHREADS; i != 0; --i) {
    if (thrd_success != thrd_join(threads[i-1], NULL)) {
      /* 에러 처리 */
    }
  }

  mtx_destroy(&mutex);

  for (size_t i = 0; i < NTHREADS; ++i) {
    cnd_destroy(&cond[i]);
  }
  return 0;
}
```

해결 방법(윈도우, 조건 변수)

이 해결 방법은 마이크로소프트 윈도우 시스템(비스타 이후 버전)에서 가능한 CONDITION
_VARIABLE 객체를 사용한다.

```
#include <Windows.h>
#include <stdio.h>

CRITICAL_SECTION lock;
CONDITION_VARIABLE cond;

DWORD WINAPI run_step(LPVOID t) {
    static size_t current_step = 0;
    size_t my_step = (size_t)t;
```

```
        EnterCriticalSection(&lock);
        printf("Thread %d has the lock\n", my_step);

        while (current_step != my_step) {
            printf("Thread %d is sleeping...\n", my_step);

            if (!SleepConditionVariableCS(&cond, &lock, INFINITE)) {
                /* 에러 처리 */
            }

            printf("Thread %d woke up\n", my_step);
        }

        /* 프로세싱 수행 ... */
        printf("Thread %d is processing...\n", my_step);

        current_step++;

        LeaveCriticalSection(&lock);

        /* 모든 시그널 대기 임무 */
        WakeAllConditionVariable(&cond);

        printf("Thread %d is exiting...\n", my_step);
        return 0;
}

enum { NTHREADS = 5 };

int main(void) {
    HANDLE threads[NTHREADS];

    InitializeCriticalSection(&lock);
    InitializeConditionVariable(&cond);

    /* 스레드 생성 */
    for (size_t i = 0; i < NTHREADS; ++i) {
        threads[i] = CreateThread(NULL, 0, run_step,
                                  (LPVOID)i, 0, NULL);
    }
```

```
    /* 완료를 위해 모든 스레드가 대기*/
    WaitForMultipleObjects(NTHREADS, threads, TRUE, INFINITE);

    DeleteCriticalSection(&lock);

    return 0;
}
```

위험 평가

조건 변수를 사용하는 경우 스레드의 안전성과 프로그램의 생존성을 보존하는 데 실패하면 불명확한 차단과 서비스 거부 공격을 유발할 수 있다.

규칙	심각도	위험 발생 가능성	개선 비용	우선순위	레벨
CON38-C	낮음	낮음	보통	P2	L3

참고 문헌

[IEEE Std 1003.1–2013]	XSH, System Interfaces, pthread_cond_broadcast
	XSH, System Interfaces, pthread_cond_signal
[Lea 2000]	

■ CON39-C. 이미 병합되거나 분리됐던 스레드를 다시 사용하지 마라

C Standard, 7.26.5.6 [ISO/IEC 9899:2011]에서 이전에 병합되거나 분리된 경험이 있는 스레드는 다시 사용될 수 없다고 정의한다. 마찬가지로 7.26.5.3절에서 이전에 사용된 스레드는 다시 분리되지 않는다고 설명한다. 위의 내용을 위반하는 것은 정의되지 않은 동작을 유발한다.

부적절한 코드 예제

다음의 부적절한 코드 예제는 나중에 병합된 스레드를 분리한다.

```
#include <threads.h>

int thread_func(void *arg) {
    /* 작업 수행 */
    thrd_detach(thrd_current());
    return 0;
}

int main(void) {
    thrd_t t;

    if (thrd_success != thrd_create(&t, thread_func, NULL)) {
        /* 에러 처리 */
        return 0;
    }

    if (thrd_success != thrd_join(t, 0)) {
        /* 에러 처리 */
        return 0;
    }
    return 0;
}
```

해결 방법

이 해결 방법은 스레드를 분리하지 않는다. 자원은 메인 스레드와 함께 성공적으로
병합될 때 해제된다.

```
#include <threads.h>

int thread_func(void *arg) {
    /* 작업 수행 */
    return 0;
}

int main(void) {
    thrd_t t;

    if (thrd_success != thrd_create(&t, thread_func, NULL)) {
```

```
    /* 에러 처리 */
    return 0;
  }

  if (thrd_success != thrd_join(t, 0)) {
    /* 에러 처리 */
    return 0;
  }
  return 0;
}
```

위험 평가

이전에 이미 병합되고 분리된 스레드를 다시 사용하는 것은 정의되지 않은 동작을 유발한다.

규칙	심각도	위험 발생 가능성	개선 비용	우선순위	레벨
CON39-C	낮음	높음	보통	P6	L2

참고 문헌

[ISO/IEC 9899:2011]	7.26.5.3, "The thrd_detach Function"
	7.26.5.6, "The thrd_join Function"

■ CON40-C. 표현식에서 아토믹 변수를 두 번 참조하지 마라

일관된 잠금 정책은 멀티스레드가 동시에 접속하거나 또는 공유 데이터를 삭제할 수 없도록 보장한다. 아토믹 변수는 어떤 연산이 수행될 때 스레드의 안전성을 보장하려고 잠금에 대한 필요성을 제거한다. 아토믹 변수의 안전한 스레드 연산은 C Standard 의 7.17.7과 7.17.8 [ISO/IEC 9899:2011]에서 언급된다. 아토믹 연산이 통합될 수 있지만 통합된 연산은 개별적인 아토믹 연산에서 제공하는 스레드의 안전성을 제공하지는 않는다.

아토믹 변수는 할당 연산의 왼쪽에 항상 위치하며 *=와 같은 복합 대입 연산자를 포함해서 아토믹 쓰기 동작은 변수에서 수행된다. 아토믹 변수에서 증가(++)나 감소 (--) 연산자의 사용은 아토믹의 읽기-쓰기 연산을 구성하며 결과적으로 안전한 스레드가 된다. 표현식에서 아토믹 변수의 참조는 변수에서 서로 다른 아토믹의 읽기 동작을 가리킨다.

만약 동일한 아토믹 변수가 표현식에 두 번 표현되면 두 번의 아토믹 읽기 동작이나 또는 아토믹 읽기와 쓰기 동작이 요구된다. 그런 한 쌍의 아토믹 연산은 스레드에 안전하지 않으며 다른 스레드가 두 연산 사이에서 아토믹 변수를 수정할 수 있다. 결과적으로 아토믹 변수는 동일한 표현식에서 두 번 참조되지 않아야 한다.

부적절한 코드 예제(atomic_bool)

다음의 부적절한 코드 예제는 공유하는 atomic_bool flag 변수를 선언하고 flag의 현재값을 부정하는 toggle_flag()를 제공한다.

```c
#include <stdatomic.h>
#include <stdbool.h>

static atomic_bool flag;

void init_flag(void) {
    atomic_init(&flag, false);
}

void toggle_flag(void) {
    bool temp_flag = atomic_load(&flag);
    temp_flag = !temp_flag;
    atomic_store(&flag, temp_flag);
}

bool get_flag(void) {
    return atomic_load(&flag);
}
```

이 코드의 실행은 flag의 값이 읽히고 부정^{false}이 되며 다시 쓰이기 때문에 데이터 경쟁을 초래할 수 있다. 읽기와 쓰기 동작이 아토믹 변수에 있지만 문제가 발생될 수 있다.

예를 들어 toggle_flag()를 호출하는 2개의 스레드를 고려해야 한다. flag를 두 번 토글링^{toggling}해서 그것의 원래 값을 다시 저장할 수 있다. 표 13-3의 시나리오는 부정확한 상태의 flag를 보여 준다.

표 13-3 비교-교환이 없는 Toggle_Flag()

순서	flag	스레드	동작
1	true	t_1	flag의 현재값을 읽고 true를 캐시 안으로
2	true	t_2	flag의 현재값을 읽고 (여전히) true를 다른 캐시 안으로
3	true	t_1	캐시 안의 임시 변수를 false로 토글링
4	true	t_2	다른 캐시 안의 임시 변수를 false로 토글링
5	false	t_1	flag에 캐시 변수의 값을 쓰기
6	flase	t_2	flag에 다른 캐시 변수의 값을 쓰기

결과적으로 t_2에 의한 호출의 효과는 flag에 반영되지 않으며 toggle_flag()가 두 번이 아닌 단지 한 번 호출된 것처럼 프로그램이 동작한다.

해결 방법(atomic_compare_exchange_weak())

이 해결 방법은 정확한 값이 flag에 저장되도록 보장하려고 비교-교환$^{compare-and-exchange}$을 사용한다. 반복문에서 atomic_compare_exchange_weak()의 호출은 'CON41-C. 반복문에서 부정하게 실패할 수 있는 함수를 래핑하라'의 규칙을 준수한다.

```
#include <stdatomic.h>
#include <stdbool.h>

static atomic_bool flag;

void init_flag(void) {
    atomic_init(&flag, false);
```

```
}

void toggle_flag(void) {
    bool old_flag = atomic_load(&flag);
    bool new_flag;
    do {
        new_flag = !old_flag;
    } while (!atomic_compare_exchange_weak(&flag, &old_flag, new_flag));
}

bool get_flag(void) {
    return atomic_load(&flag);
}
```

다른 해결 방법은 아토믹 불린^{Boolean} 값인 atomic_flag 데이터 타입을 사용할 것이다. 하지만 atomic_flag는 토글^{toggle} 연산을 지원하지 않는다.

해결 방법(복합 대입)

이 해결 방법은 토글 flag에 대한 ^= 할당 연산을 사용한다. 이 연산은 C Standard, 6.5.16.2, 3절에 따라 아토믹을 보장한다. 이 연산은 인자 사이에서 비트 간 배타적 논리합$^{bitwise-exclusive-or}$ 연산을 수행하지만 논리 인자로 결국 부정과 같다.

```
#include <stdatomic.h>
#include <stdbool.h>

static atomic_bool flag;

void toggle_flag(void) {
    flag ^= 1;
}

bool get_flag(void) {
    return flag;
}
```

또 다른 해결 방법은 아토믹 연산을 보호하려고 뮤텍스를 사용하는 것이다. 하지만 이 해결 방법은 아토믹 변수의 성능에 대한 이점을 상실한다.

부적절한 코드 예제

다음의 부적절한 코드 예제는 아토믹 전역 변수 n를 갖고 n * (n + 1) / 2의 공식을 이용해서 n + (n-1) + (n-2) + ... + 1을 계산한다.

```
#include <stdatomic.h>

atomic_int n;

void compute_sum(void) {
    return n * (n + 1) / 2;
}
```

표현식에서 n의 값은 두 번의 아토믹 읽기로 변경될 수 있으며 부정확한 결과를 생산한다.

해결 방법

이 해결 방법은 함수의 매개 변수로 아토믹 변수를 전달하고 변수가 복사되도록 통제하며 정확한 결과를 보장한다.

```
#include <stdatomic.h>

void compute_sum(atomic_int n) {
    return n * (n + 1) / 2;
}
```

위험 평가

아토믹 변수의 연산은 아토믹으로 가정하지만 실제로 아토믹이 아닐 때 급격한 데이터 경쟁이 발생할 수 있으며 부정확한 데이터와 유효하지 않은 제어 흐름을 유발할 수 있다.

규칙	심각도	위험 발생 가능성	개선 비용	우선순위	레벨
CON40-C	보통	낮음	보통	P8	L2

관련된 가이드라인

MITRE CWE	CWE-366, Race Condition within a Thread
	CWE-413, Improper Resource Locking
	CWE-567, Unsynchronized Access to Shared Data in a Multithreaded Context
	CWE-667, Improper locking

참고 문헌

[ISO/IEC 14882:2011]	6.5.16.2, "Compound Assignment"
	7.17, "Atomics"

■ CON41-C. 반복문에서 부정하게 실패할 수 있는 함수를 래핑하라

부정하게 실패할 수 있는 함수는 반복문에서 래핑돼야 한다. atomic_compare_exchange_weak()와 atomic_compare_exchange_weak_explicit() 함수는 현 시점에 예전 값을 갖고 있다고 알려진 경우에만 새로운 값을 아토믹 변수에 설정하려고 한다. 연관된 함수인 atomic_compare_exchange_strong()과 atomic_compare_exchange_strong_explicit()과는 다르게 이 함수는 부정하게 실패하는 것이 허용된다. 이런 특성이 여러 플랫폼에서 수행되도록 만든다. 예를 들면 Alpha, ARM, MIPS, Power PC와 같은 load-linked/store-conditional(load-link 단계에서 데이터를 읽고 store-conditional 단계에서 다른 업데이트를 체크 후 수행)을 사용해 비교-교환을 수행하는 아키텍처다. 다음은 C Standard, 7.17.7.4, 4절 [ISO/IEC 9899:2011]에서 이 동작을 설명한다.

> 약한 비교-교환(weak compare-and-exchange) 연산은 부정하게 실패할 수 있다. 즉 expected와 object에 의해 참조되는 메모리 내용이 동일해도 0을 반환하고 원래 있던 메모리 내용을 expected에 다시 저장할 수 있다.

부적절한 코드 예제

다음의 부적절한 코드 예제에서 reorganize_data_structure()는 thrd_create()의 인자로서 사용된다. 재구성을 실행한 후 함수는 헤더 포인터를 교체하려고 시도하며 새로운 버전을 참조한다. 만약 로드될 때까지 다른 스레드가 헤더 포인터를 변경하지 않는다면 reorganize_data_structure()는 성공을 가리키는 참^{true}인 결과를 가진 스레드를 종료한다. 그렇지 않으면 새로운 재구성 시도는 버려지고 스레드는 거짓^{false}의 결과로 종료된다. 하지만 atomic_compare_exchange_weak()는 헤더 포인터가 변하지 않는 경우라도 실패할 수 있다. 그러므로 reorganize_data_structure()는 작업을 수행하고 그것을 불필요하게 버린다.

```
#include <stdatomic.h>
#include <stdbool.h>

struct data {
   struct data *next;
   /* ... */
};

extern void cleanup_data_structure(struct data *head);

int reorganize_data_structure(void *thread_arg) {
   struct data *_Atomic *ptr_to_head = thread_arg;
   struct data *old_head = atomic_load(ptr_to_head);
   struct data *new_head;
   bool success;

   /* ... 데이터 구조를 다시 정의 ... */

   success = atomic_compare_exchange_weak(ptr_to_head,
                                     &old_head, new_head);
   if (!success) {
     cleanup_data_structure(new_head);
   }
   return success; /* 스레드 종료  */
}
```

해결 방법(atomic_compare_exchange_weak())

부정 실패에 대한 복구를 위해 반복문이 사용돼야 한다. 하지만 atomic_compare_exchange_weak()는 헤더 포인터가 변경되기 때문에 실패할 수 있고 또는 실패가 부정일 수 있다. 어떤 경우든 스레드는 비교-교환 동작이 성공할 때까지 반복적으로 수행해야 하며 해결 방법은 다음과 같다.

```c
#include <stdatomic.h>
#include <stdbool.h>

struct data {
    struct data *next;
    /* ... */
};

extern void cleanup_data_structure(struct data *head);

int reorganize_data_structure(void *thread_arg) {
    struct data *_Atomic *ptr_to_head = thread_arg;
    struct data *old_head = atomic_load(ptr_to_head);
    struct data *new_head = NULL;
    struct data *saved_old_head;
    bool success;

    do {
        if (new_head != NULL) {
            cleanup_data_structure(new_head);
        }
        saved_old_head = old_head;
    /* ... 데이터 구조를 다시 구성 ... */
    }
    while (!(success = atomic_compare_exchange_weak(
                    ptr_to_head, &old_head, new_head
                )) && old_head == saved_old_head);
    return success; /* 스레드 종료 */
}
```

이 반복문은 제어 흐름의 부분이며, 예를 들면 부적절한 코드 예제의 스레드는 만약 거짓false을 반환하면 다시 시도될 수 있다.

해결 방법(atomic_compare_exchange_strong())

강한 비교-교환 동작strong compare-and-exchange과 약한 비교-교환 동작weak compare-and-exchange이 반복문에서 요구될 때 강한 것이 선호되며 해결 방법은 다음과 같다.

```c
#include <stdatomic.h>
#include <stdbool.h>

struct data {
   struct data *next;
   /* ... */
};

extern void cleanup_data_structure(struct data *head);

int reorganize_data_structure(void *thread_arg) {
   struct data *_Atomic *ptr_to_head = thread_arg;
   struct data *old_head = atomic_load(ptr_to_head);
   struct data *new_head;
   bool success;

   /* ... 데이터 구조를 다시 구성 ... */

   success = atomic_compare_exchange_strong(
     ptr_to_head, &old_head, new_head
   );
   if (!success) {
     cleanup_data_structure(new_head);
   }
   return success; /* 스레드 종료 */
}
```

위험 평가

반복문에서 atomic_compare_exchange_weak()와 atomic_compare_exchange_weak_explicit() 함수의 래핑에 실패하는 것은 부정확한 값과 비정상적인 제어의 흐름을 유발할 수 있다.

규칙	심각도	위험 발생 가능성	개선 비용	우선순위	레벨
CON41-C	낮음	낮음	보통	P2	L3

참고 문헌

[ISO/IEC 9899:2011]	7.17.7.4, "The atomic_compare_exchange Generic Functions"
[Lea 2000]	1.3.2, "Liveness" 3.2.2, "Monitor Mechanics"

14장

기타

14장 목차

위험 평가

규칙	심각도	위험 발생 가능성	개선 비용	우선순위	레벨
MSC30-C	보통	낮음	낮음	P6	L2
MSC32-C	보통	높음	낮음	P18	L1
MSC33-C	높음	높음	낮음	P27	L1
MSC37-C	높음	낮음	낮음	P9	L2
MSC38-C	낮음	낮음	보통	P2	L3

규칙	심각도	위험 발생 가능성	개선 비용	우선순위	레벨
MSC39-C	낮음	낮음	낮음	P3	L3
MSC40-C	낮음	낮음	보통	P2	L3

■ MSC30-C. 의사 난수를 만들려고 rand() 함수를 사용하지 마라

의사 난수pseudorandom number 생성기는 통계적 특성을 가진 난수를 생성하려고 수학적 알고리듬을 사용하지만 생성된 숫자가 완전한 난수는 아니다.

표준 C의 rand() 함수에 의해 생성되는 난수는 좋은 특성을 가진 난수를 보장하지 않는다. rand()에 의해 생성되는 숫자는 짧은 주기를 갖고 있으므로 쉽게 예측할 수 있다. 의사 난수에 대한 높은 요구 사항이 필요한 애플리케이션은 요구 사항을 충분히 만족할 수 있는 생성기를 사용해야 한다.

부적절한 코드 예제

다음의 부적절한 코드 예제는 rand() 함수 호출로 생성된 숫자를 이용해서 ID를 생성한다. 생성된 ID는 예측 가능하며 제한된 난수(임의 수)를 갖는다.

```
#include <stdio.h>
#include <stdlib.h>

enum { len = 12 };

void func(void) {
    /*
     * id는 아이디를 나타내고,
     * "ID"라는 글자로 시작하고 뒤에 랜덤 정수를 붙인다.
     */
    char id[len];
    int r;
    int num;
    /* ... */
    r = rand(); /* 랜덤 정수 발생 */
    num = snprintf(id, len, "ID % d", r); /* 아이디 생성 */
```

```
    /* ... */
}
```

해결 방법(POSIX)

이 해결 방법은 rand 함수를 POSIX의 random() 함수로 대체한다.

```
#include <stdio.h>
#include <stdlib.h>
#include <time.h>

enum { len = 12 };

void func(void) {
    /*
     * id는 아이디를 나타내고,
     * "ID"라는 글자로 시작하고 뒤에 랜덤 정수를 붙인다.
     */
    char id[len];
    int r;
    int num;
    /* ... */
    struct timespec ts;
    if (timespec_get(&ts, TIME_UTC) == 0) {
      /* 에러 처리 */
    }
    srandom(ts.tv_nsec ^ ts.tv_sec); /* PRNG를 시드한다 */
    /* ... */
    r = random(); /* 랜덤 정수 발생 */
    num = snprintf(id, len, "ID % d", r);  /* 아이디 생성 */
    /* ... */
}
```

POSIX의 random() 함수는 좋은 성능을 가진 의사 난수 생성기다. 비록 플랫폼에 따라 rand() 함수에 의해 생성되는 하위 12비트로 반복되는 패턴이지만 random()에 의해 생성되는 수는 모든 비트를 사용할 수 있다. rand48 계열의 함수들은 의사 난수 발생에 대한 다른 방법을 제공한다.

POSIX에서 지정되지는 않았지만 arc4random() 함수는 이를 지원하는 시스템에서 사용 가능한 다른 방법이다. 다음은 arc4random(3)의 매뉴얼 페이지의 내용이다 [OpenBSD].

arc4random()은 random(4)에서 설명한 견고하지만 느리고 많은 자원을 요구하는 랜덤 장치와 rand(3), random(3), drand48(3)에서 설명한 빠르지만 성능이 좋지 않은 인터페이스처럼 서브 시스템에 의해 지원되지 않는 중간 레벨의 시스템에 적합하다.

가장 적합한 난수를 얻으려면 구현 방식에 따라 정의된 함수를 사용해야 한다. 예측 불가능성이 핵심 요소이며 속도에 관한 문제가 없을 때 강력한 암호화 키를 생성하는 것처럼 /dev/random과 같은 엔트로피 소스를 사용하거나 또는 랜덤 숫자를 생성할 수 있는 하드웨어 장치를 사용할 수 있다. /dev/random 장치는 충분한 엔트로피를 생성할 수 있는 이벤트가 발생되지 않는다면 긴 시간 동안 차단될 수 있음을 인지해야 한다.

해결 방법(윈도우)

윈도우 플랫폼에서 CryptGenRandom() 함수는 암호 표기법으로 강력한 랜덤 숫자를 생성하는 데 사용할 수 있다. 구현 시에 적용된 세부 사항은 알 수 없으며 예를 들어 CryptGenRandom()이 엔트로피의 소스로 무엇을 사용했는지 알 수 없다. 다음은 마이크로소프트 개발자 네트워크Microsoft Developer Network의 CryptGenRandom()에 관한 내용이다 [MSDN].

만약 애플리케이션이 안전한 랜덤 소스에 접근한다면 CryptGenRandom() 함수를 호출하기 전에 랜덤 데이터를 갖고 버퍼 pbBuffer에 넣을 수 있다. CSP[cryptographic service provider]는 내부의 시드(seed)를 더 강하게(랜덤하게) 만들려고 이 데이터를 사용한다. CryptGenRandom()을 호출하기 전에 버퍼 pbBuffer의 초기화를 생략할 수 있다.

```
#include <Windows.h>
#include <wincrypt.h>
#include <stdio.h>
```

```
void func(void) {
    HCRYPTPROV prov;
    if (CryptAcquireContext(&prov, NULL, NULL,
                            PROV_RSA_FULL, 0)) {
        long int li = 0;
        if (CryptGenRandom(prov, sizeof(li), (BYTE *)&li)) {
            printf("Random number: %ld\n", li);
        } else {
            /* 에러 처리 */
        }
        if (!CryptReleaseContext(prov, 0)) {
            /* 에러 처리 */
        }
    } else {
        /* 에러 처리 */
    }
}
```

위험 평가

rand() 함수를 사용하는 것은 예측 가능한 랜덤 숫자(난수)가 발생할 수 있다.

규칙	심각도	위험 발생 가능성	개선 비용	우선순위	레벨
MSC30–C	보통	낮음	낮음	P6	L2

관련된 가이드라인

MITRE CWE	CWE–327, Use of a Broken or Risky Cryptographic Algorithm
	CWE–330, Use of Insufficiently Random Values

참고 문헌

[MSDN]	"CryptGenRandom Function"
[OpenBSD]	arc4random()

■ MSC32-C. 의사 난수 생성기를 적합하게 시드하라

의사 난수 생성기$^{\text{PRNG, Pseudorandom Number Generator}}$는 랜덤 숫자의 특성을 근사치로 계산해서 숫자가 발생할 수 있도록 하는 결정론적 알고리듬$^{\text{deterministic algorithm}}$을 갖고 있다. 각 시퀀스는 PRNG의 첫 번째 상태 그리고 상태를 변경하는 알고리듬에 의해 결정된다. 대부분의 PRNG는 시드 상태$^{\text{seed state}}$라는 초기 상태를 설정한다. 초기 상태를 설정하는 것을 PRNG 시딩^{seeding}이라고 부른다.

동일한 초기 상태에서 PRNG를 호출하는 것은 명시적으로 그것을 시딩하지 않거나 동일한 값으로 시딩하는 것으로 프로그램의 다른 수행에서 동일한 랜덤 숫자의 시퀀스가 발생하는 결과를 초래할 수 있다. 만약 PRNG 함수는 시드되지 않은 10개의 랜덤 숫자 시퀀스를 생산하고자 10회 호출된다면 첫 번째 코드 실행으로 생산되는 시퀀스는 S = {r1, r2, r3, r4, r5, r6, r7, r8, r9, r10}이다. 만약 PRNG가 동일한 초기 시드 값으로 연속적으로 시드된다면 그것은 동일한 시퀀스 S를 생성할 것이다.

결과적으로 부적합하게 시드된 PRNG의 첫 번째 수행 후 공격자는 향후 실행에서 생성될 랜덤 숫자의 시퀀스를 예상할 수 있다. 부적절한 시드나 PRNG가 시드에 실패하는 것은 취약성을 초래할 수 있으며 특히 보안 프로토콜에 취약성을 유발할 수 있다.

해결 방법은 PRNG가 항상 정확하게 시드되게 하는 것이다. 제대로 시드된 PRNG는 수행 시에 랜덤 숫자의 다른 시퀀스를 발생할 것이다.

모든 랜덤 숫자 생성기가 시드되는 것은 아니며 실제 랜덤 숫자 생성기는 시드될 필요가 없거나 예측 불가능한 결과를 생산하려고 하드웨어에 의존한다. /dev/random 장치나 유닉스 시스템과 같은 높은 수준의 PRNG는 시드되지 않는다. 이 규칙은 단지 시드가 가능한 알고리듬 의사 난수 생성기에 적용할 수 있다.

부적절한 코드 예제(POSIX)

다음의 부적절한 코드 예제는 random() 함수를 사용해서 10개의 의사 난수 시퀀스를 생성한다. random()이 시드되지 않을 때 그것은 rand() 함수처럼 동작하고 이 실행을 사용하는 여러 프로그램이 랜덤 숫자의 동일한 시퀀스를 생성하게 된다.

```
#include <stdio.h>
#include <stdlib.h>

void func(void) {
    for (unsigned int i = 0; i < 10; ++i) {
        /* 항상 동일한 시퀀스를 생성한다 */
        printf("%ld, ", random());
    }
}
```

출력은 다음과 같다.

첫 번째 실행: 1804289383, 846930886, 1681692777, 1714636915, 1957747793,
              424238335, 719885386, 1649760492,596516649, 1189641421,
두 번째 실행: 1804289383, 846930886, 1681692777, 1714636915, 1957747793,
              424238335, 719885386, 1649760492, 596516649, 1189641421,
...
n 번째 실행: 1804289383, 846930886, 1681692777, 1714636915, 1957747793,
              424238335, 719885386, 1649760492, 596516649, 1189641421,

해결 방법(POSIX)

random()에 의해 생성되는 랜덤 시퀀스를 시드하는 random() 함수를 호출하기 전에
srandom()을 호출한다. 이 해결 방법은 프로그램의 수행 시마다 다른 랜덤 숫자 시퀀
스를 생성한다.

```
#include <stdio.h>
#include <stdlib.h>
#include <time.h>

void func(void) {
    struct timespec ts;
    if (timespec_get(&ts, TIME_UTC) == 0) {
        /* Handle error */
    }
    else {
        srandom(ts.tv_nsec ^ ts.tv_sec);
        for (unsigned int i = 0; i < 10; ++i) {
            /* 실행 시마다 다른 시퀀스를 생성한다 */
```

```
        printf("%ld, ", random());
    }
}
```

출력은 다음과 같다.

첫 번째 실행: 198682410, 2076262355, 910374899, 428635843, 2084827500,
          1558698420, 4459146, 733695321, 2044378618, 1649046624,
두 번째 실행: 1127071427, 252907983, 1358798372, 2101446505, 1514711759,
          229790273, 954268511, 1116446419, 368192457, 1297948050,
세 번째 실행: 2052868434, 1645663878, 731874735, 1624006793, 938447420,
          1046134947, 1901136083, 418123888, 836428296, 2017467418,

이것은 동시 실행에 대한 충분한 랜덤 동작이 아닐 수 있으며 다른 스레드에서 서로 관련성이 있는 시퀀스가 연속으로 생성 또는 unsigned int 타입으로 16비트 넓이를 가진 작은 임베디드 시스템에서 랜덤 동작이 효과적으로 발생하지 않을 수 있다. 애플리케이션이나 요구하는 보안 수준에 따라 프로그래머는 PRNG를 시드하는 최선의 방법을 선택할 수 있다. 일반적으로 하드웨어가 실제 랜덤 숫자를 생성하는 소프트웨어보다 더 높은 성능을 갖고 있다(예를 들면 다이오드에서 열잡음 샘플링).

해결 방법(윈도우)

CryptGenRandom() 함수는 인자를 시더seeder로 제공하지 않기 때문에 부적합하게 시드되는 위험을 갖지 않는다.

```
#include <Windows.h>
#include <wincrypt.h>
#include <stdio.h>

void func(void) {
    HCRYPTPROV hCryptProv;
    long rand_buf;
    /* CSP 사용의 예제 */
    if (CryptAcquireContext(&hCryptProv, NULL, NULL,
                            PROV_RSA_FULL, 0)) {
      printf("CryptAcquireContext succeeded.\n");
    } else {
```

```
    printf("Error during CryptAcquireContext!\n");
  }

  for (unsigned int i = 0; i < 10; ++i) {
    if (!CryptGenRandom(hCryptProv, sizeof(rand_buf),
                        (BYTE *)&rand_buf)) {
      printf("Error\n");
    } else {
      printf("%ld, ", rand_buf);
    }
  }
}
```

출력은 다음과 같다.

첫 번째 실행: -1597837311, 906130682, -1308031886, 1048837407, -931041900,
          -658114613, -1709220953, -1019697289, 1802206541, 406505841,
두 번째 실행: 885904119, -687379556, -1782296854, 1443701916, -624291047,
          2049692692, -990451563, -142307804, 1257079211, 897185104,
세 번째 실행: 190598304, -1537409464, 1594174739, -424401916, -1975153474,
          826912927, 1705549595, -1515331215, 474951399, 1982500583,

위험 평가

규칙	심각도	위험 발생 가능성	개선 비용	우선순위	레벨
MSC32-C	보통	높음	낮음	P18	L1

관련된 가이드라인

MITRE CWE	CWE-327, Use of a Broken or Risky Cryptographic Algorithm
	CWE-330, Use of Insufficiently Random Values

참고 문헌

[MSDN]	"CryptGenRandom Function"

■ MSC33-C. 표준 라이브러리 에러를 발견하고 처리하라

C Standard, 7.27.3.1 [ISO/IEC 9899:2011]은 asctime() 함수의 예제로 다음의 코드를 제공한다.

```c
char *asctime(const struct tm *timeptr) {
    static const char wday_name[7][3] = {
        "Sun", "Mon", "Tue", "Wed", "Thu", "Fri", "Sat"
    };
    static const char mon_name[12][3] = {
        "Jan", "Feb", "Mar", "Apr", "May", "Jun",
        "Jul", "Aug", "Sep", "Oct", "Nov", "Dec"
    };
    static char result[26];
    sprintf(
        result,
        "%.3s %.3s%3d %.2d:%.2d:%.2d %d\n",
        wday_name[timeptr->tm_wday],
        mon_name[timeptr->tm_mon],
        timeptr->tm_mday, timeptr->tm_hour,
        timeptr->tm_min, timeptr->tm_sec,
        1900 + timeptr->tm_year
    );
    return result;
}
```

이 함수는 널을 포함해서 기껏해야 26개의 문자에 대한 문자열을 출력할 것이다. 만약 포맷 지시자에 의해 가리키는 길이를 카운트한다면 25개를 확인할 수 있다. 널 종료 문자를 고려해 계산해도 문자열의 배열 크기는 충분하다.

하지만 이 구현은 timepiece의 struct tm 데이터의 값이 일반적인 범위 안에 있다고 가정하며 범위의 한계를 요구하는 동작은 없다. 만약 표현돼야 하는 값을 예상된 문자보다 더 많이 출력해야 한다면 sprintf() 함수에서 result 배열의 오버플로가 발생할 수 있다. 예를 들면 만약 tm_year가 12345 값을 갖는다면 27개의 문자(널 종료 문자를 포함해서)가 출력되고 버퍼 오버플로를 유발한다.

POSIX® Base Specifications [IEEE Std 1003.1-2013]는 asctime()과 asctime_r() 함수에 대해 다음과 같이 설명한다.

이 함수들은 단지 이전(오래된) 구현에 대한 호환성 문제로 포함됐다. 만약 결과 문자열이 너무 길다면 정의되지 않은 동작을 유발하고 이 함수의 사용은 권장하지 않는다. 출력 문자열의 길이에 대한 오버플로를 검사하지 않는 구현에서 출력 버퍼의 오버플로가 가능하며 애플리케이션이 실패하거나 또는 시스템 보안 위반의 원인을 유발할 수 있다. 또한 이 함수들은 로컬(locale) 데이터와 시간 포맷을 지원하지 않는다. 이런 문제를 피하려면 애플리케이션은 로컬 시간(broken-down time)으로부터 문자열을 생성하고자 strftime()을 사용해야 한다.

C Standard, Annex K는 asctime_s()를 정의하고 보안성을 높이고자 asctime()을 대체해서 사용할 수 있다.

asctime() 함수는 'MSC24-C. 폐기된 예전 함수를 사용하지 마라'의 규칙에 해당하는 함수 리스트에 포함된다.

부적절한 코드 예제

다음의 부적절한 코드 예제는 잠재적으로 오염이 제거되지 않은 데이터를 갖고 asctime() 함수를 호출한다.

```
#include <time.h>

void func(struct tm *time_tm) {
    char *time = asctime(time_tm);
    /* ... */
}
```

해결 방법(strftime())

strftime() 함수는 프로그래머가 더 엄격한 포맷을 지정하도록 하며 결괏값인 시간 문자열에 최대 크기를 지정하도록 한다.

```
#include <time.h>

enum { maxsize = 26 };

void func(struct tm *time) {
```

```
    char s[maxsize];
    /* 로컬에 표시되는 현재 시간 */
    const char *format = "%c";

    size_t size = strftime(s, maxsize, format, time);
}
```

이 호출은 asctime()과 동일한 효과를 갖지만 maxsize보다 더 많은 문자가 출력되지 않고 버퍼 오버플로를 막는다.

해결 방법(asctime_s())

C Standard, Annex K는 asctime_s() 함수를 정의하고 asctime() 함수를 대체할 수 있는 가장 유사한 기능을 제공한다. 하지만 결괏값인 시간 문자열에 대한 최대 크기를 지정하는 추가 인자가 필요하다.

```
#define __STDC_WANT_LIB_EXT1__ 1
#include <time.h>

enum { maxsize = 26 };

void func(struct tm *time_tm) {
    char buffer[maxsize];

    if (asctime_s(buffer, maxsize, &time_tm)) {
        /* 에러 처리 */
    }
}
```

위험 평가

출력 문자열 길이^{output-string-length}의 오버플로를 검사하지 않는 구현에서 출력 버퍼의 오버플로가 발생할 가능성이 있다.

규칙	심각도	위험 발생 가능성	개선 비용	우선순위	레벨
MSC33-C	높음	높음	낮음	P27	L1

참고 문헌

[IEEE Std 1003.1-2013]	XSH, System Interfaces, `asctime`
[ISO/IEC 9899:2011]	7.27.3.1, "The `asctime` Function"

■ MSC37-C. 제어식이 void가 아닌 함수의 끝에 도달하지 않도록 보장하라

만약 반환 구문의 평가가 없는 void가 아닌 함수에서 제어식이 함수를 닫는 괄호(})까지 도달한다면 함수 호출의 반환값을 사용하는 것은 정의되지 않은 동작을 유발한다('부록 B, 정의되지 않은 동작 88' 참조).

부적절한 코드 예제

다음의 부적절한 코드 예제에서 strcmp() 함수로 전달되는 2개의 문자열이 동일하지 않을 때 checkpass() 함수의 끝에 제어식이 도달하고 정의되지 않은 동작을 유발한다. 많은 컴파일러는 checkpass() 함수에 대한 코드를 발생하고 반환 구문이 정의되지 않은 곳에서 실행 경로에 따라 다양한 값들이 반환된다.

```c
#include <string.h>
#include <stdio.h>

int checkpass(const char *password) {
  if (strcmp(password, "pass") == 0) {
    return 1;
  }
}

void func(const char *userinput) {
  if (checkpass(userinput)) {
    printf("Success\n");
  }
}
```

컴파일러는 이 에러를 자주 진단한다('MSC00-C. 컴파일 시 높은 경고 메시지 옵션을 줘라' 참조).

해결 방법

이 해결 방법은 chekpass() 함수가 항상 반환값을 갖도록 보장한다.

```
#include <string.h>
#include <stdio.h>

int checkpass(const char *password) {
    if (strcmp(password, "pass") == 0) {
      return 1;
    }
    return 0;
}

void func(const char *userinput) {
    if (checkpass(userinput)) {
      printf("Success!\n");
    }
}
```

부적절한 코드 예제

다음의 부적절한 코드 예제에서 input이 정수 delim을 포함하지 않을 때 getlen() 함수의 끝에 제어식이 도달한다. getlen() 함수의 정의되지 않은 반환값이 배열의 인덱스로 나중에 사용되기 때문에 버퍼 오버플로가 발생할 수 있다.

```
#include <stddef.h>

size_t getlen(const int *input, size_t maxlen, int delim) {
    for (size_t i = 0; i < maxlen; ++i) {
      if (input[i] == delim) {
        return i;
      }
    }
}

void func(int userdata) {
    size_t i;
    int data[] = { 1, 1, 1 };
```

```
    i = getlen(data, sizeof(data), 0);
    data[i] = userdata;
}
```

해결 방법

이 해결 방법은 사용자가 제공한 포인터에 결과를 저장하고 어떤 에러인지를 가리키기 위한 에러 코드 반환을 위해 getlen() 함수의 인터페이스를 변경한다. 이런 에러 타입을 처리하는 가장 최선의 방법은 애플리케이션과 에러의 타입을 지정하는 것이다('ERR00-C. 일관되고 이해할 수 있는 에러 처리 정책을 적용하고 구현하라' 참조).

```
int getlen(const int *input, size_t maxlen, int delim,
           size_t *result) {
    for (size_t i = 0; i < maxlen; ++i) {
        if (input[i] == delim) {
            if (result != NULL) {
                *result = i;
            }
            return 0;
        }
    }
    return -1;
}

void func(int userdata) {
    size_t i;
    int data[] = {1, 1, 1};
    if (getlen(data, sizeof(data), 0, &i) != 0) {
        /* 에러 처리 */
    } else {
        data[i] = userdata;
    }
}
```

예외

MSC37-EX1: C Standard, 5.1.2.2.3, 1절 [ISO/IEC 9899:2011]에 따르면 '메인 함수를 종료하는 }에 도달해서 0값을 반환한다.' 결과적으로 return 구문이 없는 main() 함수의 끝에 제어식을 사용하는 것은 허용된다.

위험 평가

함수의 끝에 제어식이 있는 void가 아닌 함수의 반환값을 사용하는 것은 버퍼 오버플로의 취약성을 초래할 뿐만 아니라 예상하지 못한 프로그램 동작을 유발한다.

규칙	심각도	위험 발생 가능성	개선 비용	우선순위	레벨
MSC37-C	높음	낮음	낮음	P9	L2

참고 문헌

[ISO/IEC 9899:2011]	5.1.2.2.3, "Program Termination"

■ MSC38-C. 매크로로 구현되는 객체를 이미 정의된 식별자로 취급하지 마라

다음은 C Standard, 7.1.4, 1절 [ISO/IEC 9899:2011]의 내용이다.

> 헤더에 선언된 함수는 함수형 매크로로 정의해서 구현될 수 있고 따라서 만약 라이브러리 함수가 명시적으로 선언된다면 다음에서 보이는 하나의 기법은 매크로에 의해 영향을 받지 않는 선언을 위해 사용될 수 있다. 매크로 정의는 괄호 안에 함수의 이름을 감싸서 지역적으로 사용을 차단할 수 있다. 왜냐하면 매크로 함수 이름의 확장으로 인자를 위한 왼쪽 괄호가 연결되지 않기 때문이다. 라이브러리 함수가 비록 매크로로 정의된다고 하더라도 라이브러리 함수의 주소를 얻을 수 있다.[185]
>
> 185) 이는 구현이 함수에 대해 매크로를 제공한다 할지라도 각 라이브러리 함수에 대한 실제 함수를 제공한다는 의미다.

하지만 C Standard는 객체에 접근하는 동작 안에서 또는 표준 라이브러리 매크로로 확장되는 함수에 대한 예외를 열거한다. 해당 매크로는 assert, errno, math_errhandling, setjmp, va_start, va_arg, va_copy, va_end다. 이 경우 정의되지 않은 동작은 110, 114, 122, 124, 138에서 설명된다(부록 B 참조). 프로그래머는 언더라잉 underlying 객체나 함수에 접근하려고 이런 매크로의 사용을 차단해서는 안 된다.

부적절한 코드 예제(assert)

다음의 부적절한 코드 예제에서 표준 assert() 매크로는 execute_handler() 함수의 포인터로 전달하기 위한 시도가 금지된다. assert() 매크로를 차단하려는 시도는 정의되지 않은 동작을 유발한다.

```
#include <assert.h>

typedef void (*handler_type)(int);

void execute_handler(handler_type handler, int value) {
    handler(value);
}

void func(int e) {
    execute_handler(&(assert), e < 0);
}
```

해결 방법(assert)

이 해결 방법은 assert() 매크로가 헬퍼helper 함수로 래핑wrapping되고 정의되지 않은 동작을 제거한다.

```
#include <assert.h>

typedef void (*handler_type)(int);

void execute_handler(handler_type handler, int value) {
    handler(value);
```

```
}

static void assert_handler(int value) {
    assert(value);
}

void func(int e) {
    execute_handler(&assert_handler, e < 0);
}
```

부적절한 코드 예제(errno 재정의)

오래된 코드는 다음의 부적절한 코드 예제처럼 부적절한 선언을 포함하기 쉽다.

```
extern int errno;
```

해결 방법(errno 선언)

이 해결 방법은 <errno.h> 헤더를 사용해서 errno를 선언하는 정확한 방법을 확인하는 것이다.

```
#include <errno.h>
```

표준 C를 준수하는 구현은 <errno.h> 헤더에 errno의 선언을 요구하지만 예전 구현에서는 제외된 경우도 있다.

위험 평가

이 규칙에서 열거한 특정 매크로를 사용하는 함수나 또는 객체에 접근하는 것은 정의되지 않은 동작을 유발한다.

규칙	심각도	위험 발생 가능성	개선 비용	우선순위	레벨
MSC38-C	낮음	낮음	보통	P2	L3

참고 문헌

ISO/IEC 9899:2011	7.1.4, "Use of Library Functions"

■ MSC39-C. 지정되지 않은 값을 가진 va_list에서 va_arg() 함수를 호출하지 마라

가변 인자 함수^variadic function^는 va_list 타입의 객체를 초기화하려고 va_start()를 사용해서 그들의 가변 인자에 접근하고, 반복적으로 va_arg() 매크로를 호출하며 최종적으로 va_end()를 호출한다. va_list는 다른 함수에 인자로 전달될 수 있지만 함수 내에서 va_arg()를 호출하는 것은 va_list가 함수 호출에서 결정되지 않은 값을 가질 수 있다. 결과적으로 va_list를 다시 초기화하지 않고 변수 인자를 읽으려는 시도는 예상되지 않은 동작을 유발할 수 있다. 다음은 C Standard, 7.16, 3절 [ISO/IEC 9899:2011]의 내용이다.

> 가변 인자에 접근이 요구되면 호출된 함수는 va_list 타입을 가진 객체(일반적으로 하위 절에서 ap로서 참조)를 선언한다. ap 객체는 인자로서 다른 함수로 전달될 수 있다. 만약 함수가 매개 변수 ap를 가진 va_arg 매크로를 호출하면 호출하는 함수에서 ap의 값은 지정되지 않고 ap가 다른 참조를 하기 전에 va_end로 전달된다.[253]
>
> 253) va_list에 대한 포인터를 생성하고 그 포인터를 다른 함수로 전달하는 것이 허용되며 다른 함수로 전달 후에 원시 함수는 리스트를 계속 활용한다.

부적절한 코드 예제

다음의 부적절한 코드 예제는 가변 인자가 0이 아니라는 것을 검사하려고 va_list를 contain_zero()인 헬퍼 함수로 전달한다. contains_zero() 함수를 호출한 후에 ap의 값은 지정되지 않는다.

```
#include <stdarg.h>
#include <stdio.h>
```

```
int contains_zero(size_t count, va_list ap) {
    for (size_t i = 1; i < count; ++i) {
        if (va_arg(ap, double) == 0.0) {
            return 1;
        }
    }
    return 0;
}

int print_reciprocals(size_t count, ...) {
    va_list ap;
    va_start(ap, count);

    if (contains_zero(count, ap)) {
        va_end(ap);
        return 1;
    }

    for (size_t i = 0; i < count; ++i) {
        printf("%f ", 1.0 / va_arg(ap, double));
    }

    va_end(ap);
    return 0;
}
```

해결 방법

이 해결 방법은 va_list의 포인터 값을 얻으려고 contains_zero()를 수정한다. va_copy 매크로는 리스트를 복사하는 데 사용하고 복사본을 자유롭게 사용하며 그것을 클린 업^{clean up}한다. 결과적으로 print_reciprocals() 함수는 원래 va_list를 자유롭게 사용한다.

```
#include <stdarg.h>
#include <stdio.h>

int contains_zero(size_t count, va_list *ap) {
    va_list ap1;
```

```
    va_copy(ap1, *ap);
    for (size_t i = 1; i < count; ++i) {
        if (va_arg(ap1, double) == 0.0) {
            return 1;
        }
    }
    va_end(ap1);
    return 0;
}

int print_reciprocals(size_t count, ...) {
    int status;
    va_list ap;
    va_start(ap, count);

    if (contains_zero(count, &ap)) {
        printf("0 in arguments!\n");
        status = 1;
    } else {
        for (size_t i = 0; i < count; i++) {
            printf("%f ", 1.0 / va_arg(ap, double));
        }
        printf("\n");
        status = 0;
    }

    va_end(ap);
    return status;
}
```

위험 평가

결정되지 않은 값을 갖고 있는 va_list를 사용하는 변수 인자를 읽는 것은 예상할 수 없는 결과를 초래할 수 있다.

규칙	심각도	위험 발생 가능성	개선 비용	우선순위	레벨
MSC39-C	낮음	낮음	낮음	P3	L3

| [ISO/IEC 9899:2011] | 7.16, "Variable Arguments `<stdarg.h>`" |

■ MSC40-C. 제한 사항을 위반하지 마라

C Standard, 3.8 [ISO/IEC 9899:2011]에 따르면 제한 사항이란 '제한 또는 규칙은 문법이나 의미론적으로 언어의 구성 요소를 설명하는 수단으로서 해석된다' 용어의 유사성에도 불구하고 런타임 제한 사항은 동일한 의미를 갖지 않는다.

C 표준의 제한 사항에 대한 위반은 구현에서 진단 메시지를 요구하도록 한다. 다음은 C Standard, 5.1.1.3 [ISO/IEC 9899:2011]의 내용이다.

규칙을 준수하는 구현은 만약 컴파일 처리 단위가 문법의 규칙이나 제한 사항을 위반하거나 또는 동작이 명시적으로 정의되지 않았거나 구현 방식에 따라 이미 정의된 것이라면 적어도 하나의 진단 메시지를 발생한다(구현에 따라 정의된 방법으로). 진단 메시지는 다른 환경에서 발생될 필요는 없다.

C Standard는 각주에 추가적인 설명을 다음과 같이 언급한다.

구현은 지역적으로 각 위반 사항에 대한 문제를 식별해야 한다. 물론 구현은 프로그램이 여전히 정확하게 해석될 수 있는 한도에서 여러 진단 메시지를 생성할 수 있는 자유가 있다. 그로 인해 유효하지 않은 프로그램을 성공적으로 컴파일하는 경우도 있다.

제한 사항 위반은 유효하지 않은 프로그램을 초래할 수 있기 때문에 이 규칙의 위반이다.

부적절한 코드 예제(Inline, 내부 링크)

다음은 C Standard, 6.7.4, 3절 [ISO/IEC 9899:2011]의 내용이다.

외부 링크를 갖고 있는 인라인 정의 함수는 정적인 객체나 스레드의 자동 저장 존속 기간을 수정하는 정의를 포함할 수 없고 내부 링크를 가진 식별자에 대한 참조를 포함하지 않는다.

이 제한 사항이 발생한 동기는 인라인 정의 구문에 있다. 다음은 하위절 6.7.4의 7절 내용이다.

인라인 정의는 컴파일러가 동일한 컴파일 단위에서 함수에 대한 호출 구현 시에 사용하는 외부 정의를 변경하는 데 제공한다. 함수의 호출이 인라인 정의를 사용하는지 또는 외부 정의를 사용하는지 지정되지 않는다.

즉 만약 함수가 외부와 인라인 정의를 갖고 있다면 구현 시에 필요한 정의를 호출할 수 있는 선택의 자유가 있다(함수에서 2개로 구분된 호출은 외부 정의와 인라인 정의 중에 하나를 호출할 수 있다). 그러므로 이 정의가 정적, 또는 스레드 저장 존속 기간을 가진 다중 객체나 내부 링크 객체를 참조할 때 문제가 발생할 수 있다.

다음의 부적절한 코드 예제는 외부 인라인 함수에 대한 파일 스코프와 내부 링크를 가진 정적 변수를 참조한다.

```
static int I = 12;
extern inline void func(int a) {
    int b = a * I;
    /* ... */
}
```

해결 방법(Inline, 내부 링크)

이 해결 방법은 static 한정자를 생략하며 결과적으로 변수 I는 기본 설정에 따라 외부 링크를 갖는다.

```
int I = 12;
extern inline void func(int a) {
    int b = a * I;
    /* ... */
}
```

부적절한 코드 예제(Inline, 수정 가능한 정적 변수)

다음의 부적절한 코드 예제는 extern inline 함수에서 수정할 수 있는 static 변수를 정의한다.

```
extern inline void func(void) {
    static int I = 12;
    /* I를 수정할 수 있는 계산을 수행 */
}
```

해결 방법 (Inline, 수정 가능한 정적 변수)

이 해결 방법은 로컬 변수 정의로부터 static 키워드를 제거한다. 만약 I에 대한 수정
이 func() 호출 사이에 있다면 그것은 파일 스코프에서 선언돼야 하며 외부 링크로 정
의될 것이다.

```
extern inline void func(void) {
    int I = 12;
    /* I를 수정할 수 있는 계산을 수행 */
}
```

부적절한 코드 예제(Inline, 수정 가능한 static)

다음의 부적절한 코드 예제는 2개의 컴파일 단위인 file1.c와 file2.c를 포함한다. 첫
번째 파일인 file1.c는 의사 난수를 생성하는 함수를 정의한다.

```
/* file1.c */

/* Externally linked definition of the function get_random() */
extern unsigned int get_random(void) {
    /* 시드를 초기화 */
    static unsigned int m_z = 0xdeadbeef;
    static unsigned int m_w = 0xbaddecaf;

    /* 다음 의사 난수 값을 계산하고 시드를 업데이트 */
    m_z = 36969 * (m_z & 65535) + (m_z >> 16);
    m_w = 18000 * (m_w & 65535) + (m_w >> 16);
    return (m_z << 16) + m_w;
}
```

마지막 라인에 왼쪽 시프트 연산은 래핑될 수 있지만 이것은 'INT30-C. unsigned
정수 연산이 래핑되지 않도록 주의하라'의 예외인 INT30-EX3에 의해 허용된다.

두 번째 파일인 file2.c는 의사 난수 생성기의 상태를 유지하는 가변적인 static 객체를 참조하는 함수의 inline 버전을 정의한다. get_random() 함수의 호출을 분리하는 것은 다른 정의를 호출할 수 있고 분리된 정적static 객체에서 각 연산이 수행되고 잘못된 의사 난수 생성기를 초래하게 된다.

```c
/* file2.c */

/*  get_random 함수의 인라인 정의 */
inline unsigned int get_random(void) {
    /*
     * 시드 초기화
     * 제한 사항 위반: 정적 저장 존속 기간이
     * non-static 인라인 정의로 참조
     */
    static unsigned int m_z = 0xdeadbeef;
    static unsigned int m_w = 0xbaddecaf;

    /* 다음 의사 난수를 계산하고 시드를 업데이트 */
    m_z = 36969 * (m_z & 65535) + (m_z >> 16);
    m_w = 18000 * (m_w & 65535) + (m_w >> 16);
    return (m_z << 16) + m_w;
}

int main(void) {
    unsigned int rand_no;
    for (int ii = 0; ii < 100; ii++) {
        /*
         * 의사 난수를 얻는다.
         * 구현은 파일에서 인라인 정의가 정의됐는지 또는
         * file2.c 안에서 외부 정의가 호출됐는지를 정의한다
         */
        rand_no = get_random();
        /* 랜덤 숫자를 사용... */
    }

    /* ... */

    /*
     * 다른 의사 난수를 얻는다.
```

```
 * 동작은 구현에 따라 정의.
 */
rand_no = get_random();
/* 랜덤 숫자를 사용... */
return 0;
}
```

해결 방법(Inline, 수정 가능한 static)

이 해결 방법은 static 변경자를 내부 링크를 제공하는 file2.c의 inline 함수 정의에 추가한다. file.2.c의 get_random()에 대한 모든 참조는 내부적으로 링크된 정의를 참조할 것이다. 변경되지 않은 첫 번째 파일은 여기서는 언급하지 않는다.

```
/* file2.c */

/* get_random 함수의 static 인라인 정의 */
static inline unsigned int get_random(void) {
    /* 시드를 초기화
     * 더 이상 제한 사항을 위반하지 않음
     * 인라인 함수는 이제 내부적으로 링크된다
     */
    static unsigned int m_z = 0xdeadbeef;
    static unsigned int m_w = 0xbaddecaf;

    /* 다음 의사 난수를 계산하고 시드를 업데이트 */
    m_z = 36969 * (m_z & 65535) + (m_z >> 16);
    m_w = 18000 * (m_w & 65535) + (m_w >> 16);
    return (m_z << 16) + m_w;
}

int main(void) {
    /* get_random()을 사용해서 의사 난수를 생성... */
    return 0;
}
```

위험 평가

제한 사항 위반은 예상할 수 없는 제어 흐름과 오류가 있는 데이터가 발생할 수 있는 넓은 범위의 에러다.

규칙	심각도	위험 발생 가능성	개선 비용	우선순위	레벨
MSC40-C	낮음	낮음	보통	P2	L3

참고 문헌

[ISO/IEC 9899:2011]	4, "Conformance"
	5.1.1.3, "Diagnostics"
	6.7.4, "Function Specifiers"

부록 A

용어 설명

가용성^{availability}[IEEE Std 610.12-1990] 시스템이나 컴포넌트가 사용을 위한 요구에 동작하고 접근할 수 있는 정도에 대한 능력. 가능성^{probability}으로 표현되기도 한다.

객체형 매크로^{object-like macro}[ISO/IEC 9899:2011] #define 전처리기 지시자는 괄호가 없는 지시자를 정의한다. 컴파일 단위에서 매크로 이름에 이어지는 인스턴스는 나머지 지시자를 대체하는 전처리 토큰의 교체 리스트에 의해 교체된다. '함수형 매크로^{function-like macro}'를 참조하자.

검사 시점과 사용 시점^{TOCTOU, TOCTTOU} 검사 시점과 사용 시점^{TOCTOU, Time-Of-Check, Time-Of-Use}은 TOCTTOU^{Time-Of-Check-To-Time-Of-Use}로도 불리는데, 접근 제한 검사는 보호하는 동작을 가진 아토믹이 아닌 취약성을 표현하며 공격자가 접근 통제 규칙을 위반하는 것을 허용한다.

경고 메시지^{warning message} 소스 코드가 컴파일 단위로 번역되는 컴파일러의 구현을 방해하지 않을 때 발생되는 진단 메시지다. '진단 메시지^{diagnostic message}와 에러 메시지^{error message}'를 참조하자.

공격^{exploit}[ISO/IEC TS 17961:2013] 명시적 또는 암시적으로 보안 정책을 위반하는 보안 취약성을 이용하는 기술이다.

구현implementation [ISO/IEC 9899:2011] 소프트웨어의 특정 집합으로 특정 제어 옵션에 따른 특정 해석 환경에서 동작하고, 특정 실행 환경에서 프로그램을 해석하며 함수의 실행을 지원한다.

구현 방식에 따라 정의된 동작implementation-defined behavior [ISO/IEC 9899:2011] 각 구현이 어떤 방식을 선택했는지 명시하며 일반적인 동작이 정의되지 않은 상태다.

대상 구현target implementation [ISO/IEC TS 17961:2013] 환경을 제한하고 구현 방법에 따라 정의된 동작을 하는 C 프로그래밍 언어의 구현은 프로그램의 분석 과정에서 정의된 분석 도구에 의해 구현된다.

댕글링 포인터dangling pointer 메모리가 해제된 곳을 가리키는 포인터다.

데이터 경쟁data race [ISO/IEC 9899:2011] 프로그램의 실행은, 만약 서로 다른 스레드에서 2개의 충돌하는 동작을 포함할 경우 데이터 경쟁이 발생한다. 적어도 하나는 아토믹atomic이 아니며, 다른 스레드보다 먼저 발생하지 않는다. 이런 데이터 경쟁은 정의되지 않은 동작을 초래한다.

도메인 밖의 값out-of-domain value [ISO/IEC TS 17961:2013] 특정한 연산자나 함수의 해당 도메인이 아닌 곳에서의 값이다.

문자열string [ISO/IEC 9899:2011] 문자열은 첫 번째 널 문자를 포함해서 널 문자로 종료하는 연속되는 문자들이 인접해 있는 것이다.

보안 결함security flaw [ISO/IEC TS 17961:2013] 잠재적인 보안 위험이 존재하는 소프트웨어의 결함이다.

보안 정책security policy [Internet Society 2000] 민감하고 중요한 시스템 자원을 보호하려고 시스템이나 조직이 어떻게 보안 서비스를 제공할 것인지 규제 또는 한정하는 규칙이나 관습의 집합이다.

부수 효과side effect [ISO/IEC 9899:2011] volatile 객체의 접근, 객체 수정, 파일 수정, 연산을 수행하는 함수의 호출에 의한 실행 환경 상태 내에서의 변화다.

부호 없는 정수 래핑^{unsigned integer wrapping} unsigned 피연산자가 결과 타입에 의해 표현될 수 있는 가장 큰 값보다 하나 더 큰 값의 모듈로^{modulo}로 줄어든 결과를 수반하는 계산이다.

분석 도구^{analyzer} [ISO/IEC 9899:2011] 소프트웨어 프로그램에서 코딩 결함을 진단하는 메커니즘이다.

> **노트** 분석 도구는 정적 분석 도구 또는 컴파일러 스위트(suite) 안의 도구, 다른 구문 분석 도구를 포함한다.

불안전한 함수형 매크로^{unsafe function-like macro} 매크로 함수가 인자를 하나 또는 그 이상 확장하는 것은 정확하게 평가하지 못하는 원인을 제공할 수 있다. '함수형 매크로^{function-like macro}'를 참조하자.

비동기적으로 안전한 함수^{asynchronous-safe function} [GNU Pth] 만약 해당 함수가 시그널 핸들러 내에서 부수 효과^{side effect} 없이 안전하게 호출되는 경우 함수는 비동기적으로 안전 또는 비동기 시그널에 안전하다. 즉 함수는 불안정한 상태 없이 정렬된 순서에서 벗어나 실행되도록 특정 지점에서 인터럽트될 수 있어야 한다. 전역 데이터^{global data}가 그 자체로 일관된 상태가 아닌 경우라도 함수는 적합하게 실행돼야 한다. 비동기적으로 안전한 연산은 다음과 같다.

- 시그널 핸들러를 재등록하려고 signal() 함수를 호출
- 조건 없이 volatile sig_atomic_t 변수를 수정(이 타입의 변경은 아토믹^{atomic}으로 처리)
- 즉각적인 프로그램 종료를 위해 _Exit() 호출
- 구현에서 지정된 비동기적으로 안전한 함수 호출

소수의 함수만이 비동기적으로 안전한 함수다.

비정상 종료^{abnormal end} [ISO/IEC/IEEE 24765:2010] 프로그램이 완료되기 이전에 프로세스가 종료된다.

비정상 프로그램 종료^{abnormal program termination} '비정상 종료'를 참조하자.

생존성liveness 모든 연산 또는 메서드 호출이 비록 안전하지 않게 진행돼도 인터럽트 없이 완료하도록 수행된다.

서비스 거부 공격denial-of-service attack DoS 공격. 특정 사용자에게 컴퓨터 자원을 사용하지 못하도록 한다.

시퀀스 포인트sequence point [ISO/IEC 9899:2011] 표현식의 평가는 부수 효과를 일으킨다. 프로그램 실행 시 특정한 지점을 시퀀스 포인트sequence points라고 부르며 이전 평가의 모든 부수 효과는 완료되고 이어지는 평가의 부수 효과가 발생하지 않는 지점이다.

신뢰성reliability [IEEE Std 610.12-1990] 시스템이나 컴포넌트가 지정된 시간 동안, 특정 상태에서 요구되는 함수를 실행하는 능력이다.

신뢰할 수 없는 데이터untrusted data [ISO/IEC 11889-1:2009] 데이터가 신뢰할 수 있는 경계가 아닌 외부로부터 출현한 경우다.

엄격한 준수strictly conforming [ISO/IEC 9899:2011] 엄격히 규칙을 준수하는 프로그램은 국제 표준과 지정된 라이브러리를 사용한다. 엄격히 규칙을 따르는 프로그램은 규칙을 따르는 구현과 구현 방법에 따라 정의되는 동작과 같이 규칙을 따를 수 없는 구현 사이에서 최대한의 호환성을 갖도록 하려는 의도가 있다.

에러 메시지error message 소스 코드가 컴파일 단위로 번역되지 않는 문제를 만났을 때 생성하는 진단 메시지다.

영역 밖의 에러 식별자out-of-band error indicator [ISO/IEC TS 17961:2013] 라이브러리 함수는 단지 에러의 상태를 가리키는 데 사용되는 값을 반환한다.

예상하지 못한 동작unexpected behavior 정확하게 정의된 동작이 프로그래머의 부정확한 가정에 의해 예상하지 못한 동작을 유발할 수 있다.

오염 제거sanitize [ISO/IEC TS 17961:2013] 하나 또는 그 이상의 제한적 싱크를 지나면서 부과되는 제한 사항을 다른 값이나 오염된 값을 테스트 혹은 교체해서 안전하게 보장한다.

노트 값이 규칙을 준수하지 않을 경우 그 값의 사용을 피하기 위한 경로를 전환하거나 다른 경로를 사용하고 이미 알려진 안전한 값으로 대체된다. 예를 들면 strlen 함수의 인자로 전달하기 전에 버퍼의 끝에 널 문자를 추가한다.

오염된 값tainted value [ISO/IEC TS 17961:2013] 오염이 제거되지 않은 오염된 소스로부터 전달된 값이다.

오염된 소스tainted source [ISO/IEC TS 17961:2013] 신뢰할 수 없는 데이터의 외부 소스다.

> **노트** 오염된 소스는 다음을 포함한다.
>
> - main() 함수의 매개 변수
>
> - localeconv(), fgetc(), getc(), getchar(), fgetwc(), getwc(), getwchar()에서 반환되는 값
>
> - getenv(), fscanf(), vfscanf(), vscanf(), vscanf(), fgets(), fread(), fwscanf(), vfwscanf(), vwscanf(), wscanf(), fgetws()에 의해 생성된 문자열

유효하지 않은 포인터invalid pointer 유효한 포인터가 아닌 포인터다. '유효한 포인터valid pointer'를 참조하자.

유효한 포인터valid pointer [ISO/IEC TS 17961:2013] 배열이나 배열의 마지막 원소 다음의 원소를 참조하는 포인터다. '유효하지 않은 포인터invalid pointer'를 참조하자.

> **노트** 이 정의의 목적상 배열의 원소가 아닌 객체의 포인터는 객체 타입의 길이가 하나인 배열의 첫 번째 원소의 포인터처럼 동일하게 동작한다(C Standard, 6.5.8, 4절).
> 이 정의의 목적상 객체는 일정한 개수의 바이트를 가진 배열로 간주할 수 있으며, 개수는 객체의 사이즈이며 sizeof 연산자에 의해 얻어진다(C Standard, 6.3.2.3, 7절).

유효화validation [IEC 61508-4] 검사에 의한 확인과 특정하게 의도된 요구 사항으로 수행된 객관적인 증거를 제공한다.

인밴드 에러 식별자in-band error indicator [ISO/IEC 9899:2011] 라이브러리 함수는 성공적인 호출에 의해 결코 반환될 수 없는 값을 에러에서 반환한다.

일반적인 프로그램 종료^{normal program termination}[IEEE Std 1003.1-2013] main() 함수에서 반환에 의해 발생되는 일반적인 종료이며 exit(), _exit(), _Exit()과 함께 요청이 될 때 시작 함수로부터 반환에 의해 프로세스를 종료하는 마지막 스레드, 또는 취소 동작을 통해서 발생한다. '비정상 종료^{abnormal termination}'를 참조하자.

임계 구역^{critical sections} 공유되는 데이터가 존재하며, 둘 이상의 스레드가 동시에 접근할 수 없도록 데이터 경쟁^{data race}을 예방해야 한다.

잘못된 표현^{trap representation}[ISO/IEC 9899:2011] 객체는 객체 타입의 값을 표현하지 않는다. 문자 타입을 가진 표현식이 아닌, 잘못된 표현을 가진 객체의 값을 읽으려는 시도는 정의되지 않는다. 문자 타입을 가진 표현식이 아닌 객체의 전부나 부분을 수정하는 부수 효과에 의한 표현은 정의되지 않는다.

재진입^{reentrant}[ISO/IEC/IEEE 24765:2010] 소프트웨어 모듈이 다른 프로세스의 부분으로서 실행되는 동안 어떤 한 프로세스의 부분으로 다시 들어갈 수 있는 특정한 상황이며 여전히 원하는 결과를 달성한다.

정의되지 않은 동작^{UB, Undefined Behavior}[ISO/IEC 9899:2011] 호환되지 않거나 에러가 있는 프로그램 또는 에러가 있는 데이터의 사용에 대해 표준 C가 어떤 요구 사항도 부과하지 않는 부분에서 일으키는 동작이다. 정의되지 않은 동작의 예는 정수 오버플로에 대해 발생하는 동작이 있다.

정적 분석^{static analysis}[ISO/IEC TS 17961:2013] 코드를 실행하지 않고 접근하기 위한 프로세스다.

제한적 싱크^{restricted sink}[ISO/IEC TS 17961:2013] 피연산자와 인자의 도메인은 그들의 타입에 의해 설명된 도메인의 부분 집합이다.

조건 변수 서술자^{condition predicate} 스레드가 지속적인 실행을 허용하려고 참^{true}이 돼야 하는 함수의 변수로부터 만들어진 표현식이다.

좌변값lvalue[ISO/IEC 9899:2011] 객체 타입의 표현식이나 void가 아닌 불완전한 타입을 가진 표현식. lvalue라는 이름은 근본적으로 E1 = E2라는 할당 표현식에서, 왼쪽 피연산자 E1이(수정 가능한) lvalue가 되도록 요구한다. 객체를 '지정자 값locator value'이라고 표현한다고 간주한다.

준수성conforming[ISO/IEC 9899:2011] 규칙을 준수하는 프로그램은 구현에 따른 비호환적인 특성에 의존한다.

중복 해제 취약성double-free vulnerability 동일하게 할당된 객체가 한 번 이상의 해제로 발생되는 에러다.

지정되지 않은 값indeterminate value[ISO/IEC 9899:2011] 지정되지 않은 값unspecified value 또는 잘못된 표현trap representation이다.

지정되지 않은 값unspecified value[ISO/IEC 9899:2011] 표준 C가 어떤 방식에서 선택해야 하는 값에 대해 요구 사항을 부과하지 않는 관련된 타입의 유효한 값이다.

지정되지 않은 동작unspecified behavior[ISO/IEC 9899:2011] 표준 C가 2개 혹은 그 이상의 방법을 제공하는 동작이며 어떤 방식을 선택해야 하는지 요구 사항에 대한 정의가 없다.

진단 메시지diagnostic message[ISO/IEC 9899:2011] 진단 메시지는 구현 시에 발생하는 메시지 출력에서 정의된 부분 집합에 속하는 메시지다. 진단 메시지는 제한 사항 위반이나 유효하지만 부정확한 프로그래밍 언어를 작성한 경우를 나타낸다. 메시지는 일반적으로 파일 이름과 문제가 되는 코드를 구성하는 라인을 가리킨다. 추가적으로 문제의 심각도를 가리킨다. 표준 C는 그런 요구 사항을 지정하지 않지만 가장 심각한 문제는 구현이 컴파일 단위로 전체를 번역하는 데 실패하는 것이다. 그러한 경우 진단의 출력은 에러error다. 다른 경우는 구현이 단순한 경고 메시지를 보여 주고 나머지 프로그램을 계속 번역(컴파일)하는 것이다. '에러 메시지error message'와 '경고 메시지warning message'를 참조하라.

취약성vulnerability[ISO/IEC TS 17961:2013] 공격자가 명시적이나 암시적으로 보안 정책을 위반하도록 허용하는 상태들의 집합이다.

함수형 매크로^{function-like macro}[ISO/IEC 9899:2011] #define 전처리기 지시자는 0 또는 다른 매개 변수에 의해 식별자를 정의하고, 생략 부호(…) 또는 2개의 조합, 괄호로 닫히며 문법적으로 함수의 호출과 유사하다. 컴파일 단위에서 매크로 이름에 이어지는 인자의 괄호에 뒤따르는 인스턴스는 나머지 지시자를 대체하는 전처리 토큰의 대체 리스트에 의해 교체된다. '불안전한 함수형 매크로^{unsafe function-like macro}'를 참조하자.

호스트 환경^{hosted environment}[ISO/IEC 9899:2011] 독립적으로 구성되지 않은 환경이다. 프로그램의 시작은 main()에서 시작하고, 복잡한 타입이 구현되며 모든 표준 C 라이브러리 기능을 사용할 수 있다.

부록 B

정의되지 않은 동작

C Standard, Annex J, J.2 [ISO/IEC 9899:2011]에 따르면 프로그램의 동작은 다음의 표에 설명된 환경에서 정의되지 않는다. '가이드라인' 칼럼은 정의되지 않은 동작 UB의 특정한 사례를 설명하는 코딩 표준을 가리킨다. '설명' 칼럼은 표준의 직접적인 인용이다. 괄호에 들어 있는 번호는 정의되지 않은 동작을 식별하는 표준 C(C11)의 참조하는 절(paragraph, subclause)이다.

UB	설명	가이드라인
1	제한 사항의 범위 밖에서 '해야 하는' 또는 '하지 말아야 하는'으로 표현되는 요구 사항은 위반된다(4절).	MSC15-C
2	비어 있지 않은 소스 파일이 역슬래시로 이어지는 개행 문자로 끝나지 않거나 또는 부분적인 전처리 토큰이나 코멘트(comment)로 끝난다(5.1.1.2).	
3	토큰 병합은 유니버셜 문자 이름의 문법과 동일하게 연속되는 문자열을 생산한다(5.1.1.2).	PRE30-C
4	호스트 환경에서 프로그램은 지정된 폼을 사용하고 main이라는 이름으로 함수를 정의하지 않는다(5.1.2.2.1).	
5	프로그램의 실행은 데이터 경쟁을 포함한다(5.1.2.4).	
6	기본 소스 문자 집합이 아닌 문자는 소스 파일에 놓이게 되며 식별자, 문자 상수, 문자열 리터럴, 헤더 이름, 코멘트, 토큰으로 전환될 수 없는 전처리 토큰은 제외한다(5.2.1).	
7	식별자, 코멘트, 문자열 리터럴, 문자 상수, 헤더 이름은 유효하지 않은 멀티바이트 문자를 포함하거나 또는 초기 시프트 상태에서 시작하고 끝나지 않는다(5.2.1.2).	

UB	설명	가이드라인
8	동일한 식별자는 같은 컴파일 단위에서 내부와 외부 링크를 갖고 있다(6.2.2).	DCL36-C
9	객체는 수명이 끝나고 참조된다(6.2.4).	DCL21-C, DCL30-C
10	수명이 끝난 객체의 포인터 값이 사용된다(6.2.4).	DCL30-C, EXP33-C
11	자동 저장 존속 기간을 가진 객체의 값은 그것이 지정되지 않은 동안 사용된다(6.2.4, 6.7.8, 6.8).	EXP33-C, MSC22-C
12	잘못된 표현(trap representation)은 문자 타입을 갖지 않은 lvalue 표현식에 의해 읽힌다(6.2.6.1).	EXP33-C
13	잘못된 표현은 문자 타입이 아닌 lvalue 표현식을 사용하는 객체를 수정하는 부수 효과(side effect)에 의해 생산된다(6.2.6.1).	
14	어떤 연산에 대한 피연산자는 음수 0인 결과를 생산할 수 있지만 구현은 음수 0을 지원하지 않는다(6.2.6.2).	
15	동일한 객체나 함수에 대한 두 번의 선언은 호환하지 않은 타입을 지정한다(6.2.7).	DCL23-C, DCL40-C
16	프로그램은 평가되지 않는 표현식에 의해 지정된 가변 길이 배열 타입으로부터 복합적인 구조형의 타입을 요구한다(6.2.7).	
17	정수 타입으로 변환 또는 정수 타입에서 다른 타입으로 변환은 표현될 수 있는 범위 밖의 값을 생산한다(6.3.1.4).	FLP34-C
18	실수형 부동소수점에서 범위가 작은 타입으로 줄이는 것은 표현할 수 있는 범위 밖의 값을 생산한다(6.3.1.5).	FLP34-C
19	lvalue는 평가될 때 객체를 할당하지 않는다(6.3.2.1).	
20	호환되지 않는 타입을 가진 배열이 아닌 lvalue는 할당된 객체의 값을 요구하는 구문에서 사용된다(6.3.2.1).	
21	register 저장 클래스와 함께 선언될 수 있는 자동 저장 존속 기간의 lvalue를 할당하는 객체는 할당된 객체의 값을 요구하는 구문에서 사용되지만 객체는 초기화되지 않는다(6.3.2.1).	
22	배열 타입을 가진 lvalue는 배열의 초기 원소에서 포인터로 전환되고, 배열 객체는 register 저장 클래스를 갖는다(6.3.2.1).	
23	void 표현식의 값을 사용하도록 만들려는 시도 또는 암시적, 명시적인 변환(void는 제외)은 void 표현식에 적용된다(6.3.2.2).	

UB	설명	가이드라인
24	포인터를 정수 타입으로 변환하는 것은 표현될 수 있는 범위 밖의 값을 생산한다 (6.3.2.3).	INT36-C
25	2개의 포인터 타입 사이의 변환은 부정확하게 정렬되는 결과를 생산한다(6.3.2.3).	EXP36-C
26	포인터는 참조되는 타입과 호환하지 않는 타입의 함수를 호출하는 데 사용한다(6.3.2.3).	EXP37-C
27	동일하지 않은 ' 또는 " 문자는 토큰이 진행하는 동안 논리적인 소스 라인에 위치한다 (6.4).	
28	예약어 토큰은 키워드가 아닌 다른 목적으로 트랜슬레이션(translation) 단계 7 또는 8에서 사용된다(6.4.1).	
29	식별자에서 유니버셜 문자 이름은 지정된 범위에 들어갈 수 있는 인코딩의 문자를 지정하지 않는다(6.4.2.1).	
30	식별자의 시작 문자는 유니버셜 문자 이름이다(6.4.2.1).	
31	식별자의 의미를 나타내지 않는 일반 문자(nonsignificant character)에서 2개의 식별자는 서로 다르다(6.4.2.1).	DCL23-C, DCL40-C
32	func{} 식별자는 명시적으로 선언된다(6.4.2.2).	
33	프로그램은 문자열 리터럴을 수정하려고 시도한다(6.4.5).	STR30-C
34	', 역슬래시, ", /, /* 문자는 <와 >인 구획 문자 사이에서 순서에 따라 발생하거나 또는 ', 역슬래시, //, /* 문자는 "인 구획 문자 사이에서 헤더 이름의 전처리 토큰 안에서 순서에 따라 발생한다(6.4.7).	EXP39-C
35	스칼라 객체에서 부수 효과는 동일한 스칼라 객체에서 서로 다른 부수 효과 또는 동일한 스칼라 객체의 값을 사용하는 계산에서 비순서적으로 연관돼 있다(6.5).	EXP30-C
36	예외 조건은 표현식의 평가가 진행하는 동안 발생한다(6.5).	INT32-C
37	객체는 허용되는 타입의 lvalue가 아니라 접근할 수 있는 저장된 값을 갖는다(6.5).	DCL40-C, EXP39-C
38	스코프에서 함수 프로토타입이 없는 함수의 호출에 대해 인자의 수는 매개 변수의 개수와 일치하지 않는다(6.5.2.2).	EXP37-C
39	함수 프로토타입과 함께 선언된 함수의 스코프에서 함수 프로토타입이 없는 함수 호출은 생략 부호와 함께 프로토타입이 끝나거나 또는 확장 후에 인자의 타입은 매개 변수의 타입과 호환되지 않는다(6.5.2.2).	EXP37-C
40	함수 프로토타입이 정의되지 않은 함수의 스코프에서 함수 프로토타입이 없는 호출은 확장 후 인자의 타입과 매개 변수의 타입이 호환되지 않는다(6.5.2.2).	EXP37-C

UB	설명	가이드라인
41	함수는 호출되는 함수를 가리키는 표현식에서 참조되는 타입(표현식의 타입)과 호환되지 않는 타입이 함께 정의된다(6.5.2.2).	DCL40-C, EXP37-C
42	아토믹 구조체 또는 공용체의 멤버가 접근된다(6.5.2.3).	
43	단항 * 연산자의 피연산자는 유효하지 않은 값을 갖는다(6.5.3.2).	
44	포인터는 정수나 포인터 타입이 아닌 다른 타입으로 변환된다(6.5.4).	
45	/ 또는 % 연산자의 두 번째 피연산자의 값은 0이다(6.5.5).	INT33-C
46	배열 객체 포인터와 정수 타입 포인터의 덧셈과 뺄셈이 동일한 배열 객체를 가리키지 않는 결과를 생산한다(6.5.6).	ARR30-C
47	배열 객체의 포인터와 정수 타입 포인터의 덧셈과 뺄셈이 배열 객체의 경계를 넘은 포인터를 가리키는 결과를 생산하고 단항 연산자 *의 피연산자로 사용되는 경우다(6.5.6).	ARR30-C
48	포인터는 뺄셈이 수행되는 동일한 배열 객체를 참조하지 않는다(6.5.6).	ARR36-C
49	객체가 명확하게 주어진 배열 첨자로 접근이 된다 해도 배열 첨자가 배열의 경계 밖에 있다. 예를 들면 int a[4][5]로 선언된 배열에 a[1][7]로 lvalue 표현식이다(6.5.6).	ARR30-C
50	2개의 포인터에 대한 뺄셈의 결과는 ptrdiff_t 타입의 객체 안에서 표현되지 않는다(6.5.6).	
51	표현식은 음수 또는 확장된 표현식의 넓이보다 크거나 같은 크기로 시프트된다(6.5.7).	INT34-C
52	signed로 확장된 타입을 갖고 있는 표현식은 왼쪽으로 시프트하고 표현식의 값이 음수이거나 또는 시프트의 결과가 확장된 타입에서 표현되지 않는다(6.5.7).	
53	동일한 집합체나 공용체(동일한 배열 객체를 넘지 않는)를 참조하지 않는 포인터는 관계 연산자를 사용해서 비교한다(6.5.8).	ARR36-C
54	객체는 부정확하게 겹쳐지는 객체로 할당되거나 또는 호환되지 않는 타입과 함께 겹쳐지도록 할당된다(6.5.16.1).	
55	정수 상수 표현식을 요구하는 표현식은 정수 타입을 갖지 않고 정수 상수가 아닌 피연산자, 열거형 상수, 문자 상수, sizeof 표현식(정수 상수의 결과를 갖는), 즉각적으로 변환되는 부동 상수, 정수 타입의 변환이 아닌 다른 변환(sizeof 연산자에 대한 외부의 피연산자)을 포함한다(6.6).	
56	초기화에서 상수 표현식은 다음에 하나를 평가하지 않는다. 상수 표현식, 널 포인터 상수, 주소 상수, 객체 타입의 주소 상수와 정수 상수 표현식의 덧셈이나 뺄셈이다(6.6).	
57	상수 표현식은 산술 타입을 갖지 않고 정수 상수가 아닌 피연산자, 부동 상수, 열거형 상수, 문자 상수, sizeof 표현식을 갖고 산술 타입의 변환이 아닌 다른 변환(sizeof 연산자에 대한 외부의 피연산자)을 포함한다(6.6).	

UB	설명	가이드라인
58	객체의 값은 배열 첨자 [ ], 구성 원소 . 또는 ->, 주소 &, 간접 지시자 * 연산자나 주소 상수를 생성하는 포인터 변환에 의해 접근된다(6.6).	
59	객체의 식별자는 링크 없이 선언되고 객체의 타입은 선언자 뒤 또는 만약 초기화 구문이 라면 초기화 선언자 뒤에서 불완전하다(6.7).	
60	함수는 extern이 아닌 암시적 저장 클래스 지시자를 가진 블록 스코프에서 선언된다 (6.7.1).	
61	구조체나 공용체는 이름을 가진 멤버를 포함하지 않고 정의된다(6.7.2.1).	
62	참조되는 객체가 배열에 대한 원소를 제공하지 않을 때 구조체의 유동적 배열 멤버는 포 인터를 발생시키거나 접근을 시도한다(6.7.2.1).	ARR30-C
63	완전한 타입이 필요할 때 불완전한 구조체나 공용체 타입은 내용을 정의하는 태그의 다 른 선언에 의해 동일한 스코프에서 완전하지 않다(6.7.2.3).	
64	const 한정자 타입이 아닌 lvalue의 사용을 통해 const 한정자 타입으로 정의된 객체를 수정하도록 시도한다(6.7.3).	EXP05-C, EXP40-C
65	volatile 한정자 타입이 아닌 lvalue의 사용을 통해 volatile 한정자 타입으로 정의된 객체를 참조하도록 시도한다(6.7.3).	EXP32-C
66	함수 타입의 명세(specification)는 타입 한정자를 포함한다(6.7.3).	
67	호환이 필요한 2개의 한정자 타입은 호환되는 타입의 동일한 버전을 갖지 않는다(6.7.3).	
68	수정된 객체는 restrict 한정자 포인터를 통해 const 한정자 타입으로 접근 또는 restrict 한정자 포인터를 통해 동일한 객체에 기초한 서로 다른 포인터에 의해 접근된 다(6.7.3.1).	EXP43-C
69	restrict 한정자 포인터는 블록이 포인터와 연관되기 전에 실행이 시작하지 않거나 할 당되기 전에 끝나지 않는 블록의 제한된 포인터에 기초한 값이 할당된다(6.7.3.1).	
70	외부 링크를 가진 함수는 inline 함수 지정자와 선언되지만 동일한 컴파일 단위로 정의 되지 않는다(6.7.4).	
71	_Noreturn 함수 지정자로 선언된 함수는 해당 호출자에게 반환한다(6.7.4).	
72	객체의 정의는 정렬 지정자를 갖고 객체의 또 다른 정의는 다른 정렬 지정자를 갖는다 (6.7.5).	
73	다른 컴파일 단위에서 객체의 선언은 다른 정렬 지정자를 갖는다(6.7.5).	
74	서로 호환이 요구되는 2개의 포인터 타입은 동일하게 지정되지 않거나 또는 호환되는 타입의 포인터가 아니다(6.7.6.1).	

UB	설명	가이드라인
75	배열 선언에서 크기 표현식은 상수 표현식이 아니며 프로그램 수행 시 비양수(nonpositive) 값으로서 평가한다(6.7.6.2).	ARR32-C
76	2개의 배열 타입이 호환을 요구하는 내용에서 두 배열이 서로 호환하지 않은 원소 타입 또는 배열의 크기 지정자를 동일한 값으로 평가한다(6.7.6.2).	
77	배열 매개 변수의 선언은 [와] 사이에서 static 키워드를 포함하고 대응하는 인자는 원소의 최소한의 지정된 개수로 첫 번째 배열의 원소 접근을 제공하지 않는다(6.7.6.3).	
78	저장 클래스 지정자나 타입 지정자는 함수 매개 변수의 타입 리스트로서 void 키워드를 수정한다(6.7.6.3).	
79	호환되는 2개의 함수 타입을 요구할 경우 두 함수가 호환되는 반환 타입을 갖지 않거나 또는 매개 변수가 생략 부호의 사용을 동의하지 않거나 또는 매개 변수의 타입과 개수가 호환되지 않는다(기본 인자 확장 후에 매개 변수 타입 리스트가 없는 경우나 또는 1개의 타입이 식별자 리스트를 가진 함수 정의로 지정된 경우)(6.7.6.3).	
80	구조체나 공용체의 이름이 없는 멤버의 값이 사용된다(6.7.9).	
81	스칼라 초기화 구문은 단일 표현식이 아니며 괄호 안에 닫힌 단일 표현식도 아니다 (6.7.9).	
82	자동 저장 존속 기간을 가진 구조체나 공용 객체의 초기화 구문은 초기화 리스트가 아니며 호환되는 구조체나 공용체 타입을 갖는 단일 표현식도 아니다(6.7.9).	
83	단일 문자열로 초기화되는 배열이 아닌 구조체나 공용체의 초기화 구문은 원소와 멤버의 초기화 구문에 대해 괄호로 닫힌 리스트가 아니다(6.7.9).	
84	외부 링크를 가진 식별자가 사용된다. 하지만 프로그램에서 식별자에 대해 정확히 하나의 외부 정의가 존재하지 않거나 또는 식별자가 사용되지 않고 식별자에 대한 여러 개의 외부 정의가 존재한다(6.9).	
85	함수 정의는 식별자 리스트를 포함하지만 매개 변수의 타입은 선언 리스트에 선언되지 않는다(6.9.1).	
86	함수 정의에서 수정된 매개 변수 타입은 객체 타입이 아니다(6.9.1).	
87	인자의 변수 개수를 받는 함수는 생략 표기법으로 끝나는 매개 변수 타입 리스트 없이 정의된다(6.9.1).	
88	}는 함수를 종료하고 함수 호출의 값은 호출자에 의해 사용된다(6.9.1).	MSC37-C
89	내부 링크를 가진 객체의 식별자와 불완전한 타입은 내부적 정의로 선언된다(6.9.2).	
90	토큰 정의는 #if나 #elif 전처리기 지시자의 확장 시에 발생 또는 정의된 단항 연산의 사용은 매크로 교체 전의 지정된 형태와 동일하지 않다(6.10.1).	

UB	설명	가이드라인
91	확장 후 결과인 #include 전처리기 지시자는 2개의 헤더 이름의 형태 중에 하나와는 일치하지 않는다(6.10.2).	
92	#include 전처리기 지시자 안에서 문자 시퀀스는 문자로 시작하지 않는다(6.10.2).	
93	전처리기 지시자로서 동작하지 않는 매크로 인자의 리스트 안에 전처리 토큰의 순서가 있다(6.10.3).	PRE32-C
94	전처리 연산자 #의 결과는 문자열 리터럴의 유효한 문자가 아니다(6.10.3.2).	
95	전처리 연산사 ##의 결과는 유효한 전처리 토큰이 아니다(6.10.3.3).	
96	확장 후의 결과인 #line 전처리기 지시자는 2개의 정확하게 정의된 형태에서 하나와 일치하지 않거나 또는 숫자 시퀀스는 0을 지정하거나 또는 2147483647보다 큰 숫자다 (6.10.4).	
97	컴파일 실패로 기록된 STDC가 아닌 #pragma 전처리기 지시자나 또는 정의되지 않은 동작을 만난다(6.10.6).	
98	#pragma STDC 전처리기 지시자는 정확하게 정의된 형태의 하나와 동일하지 않다 (6.10.6).	
99	미리 정의된 매크로의 이름이나 또는 정의된 식별자는 #define이나 #undef 전처리기 지시자의 임자어(subject)가 된다(6.10.8).	
100	명시적으로 허용(예를 들면 memmove)하기보다는 라이브러리 함수의 사용에 의해 겹쳐지는 객체에 대한 복사를 하기 위한 시도다(7절).	
101	구현의 일부로서 제공되지 않는 표준 헤더의 하나로 동일한 이름을 가진 파일은 포함된 소스 파일을 찾는 표준 장소에 위치하게 된다(7.1.2).	
102	헤더는 외부 선언과 정의 안에 포함된다(7.1.2).	
103	표준 헤더에 의해 선언되고 정의되는 함수, 객체, 타입, 매크로는 그것이 포함돼 선언되고 정의된 헤더 앞에서 사용된다(7.1.2).	
104	표준 헤더는 키워드로서 동일한 이름으로 정의된 매크로를 포함한다(7.1.2).	
105	프로그램은 표준 헤더를 이용하기보다는 자신의 라이브러리 함수를 선언하려고 하지만 선언은 외부 링크를 갖고 있지 않다(7.1.2).	
106	프로그램은 7.1.4에 의해 허용되기보다는 예약된 식별자를 정의하거나 선언한다(7.1.3).	DCL37-C
107	프로그램은 밑줄 표시로 시작하는 이름 그리고 대문자 또는 추가된 밑줄 표시 기호를 사용하는 매크로 정의를 제거한다(7.1.3).	
108	라이브러리 함수의 인자는 유효하지 않은 값 또는 유효한 인자를 가진 함수에 의해 예상하지 못한 타입을 갖는다(7.1.4).	

UB	설명	가이드라인
109	라이브러리 함수 배열 인자로 전달되는 포인터는 모든 주소를 계산하는 값을 갖지 않으며 객체의 접근은 유효하다(7.1.4).	ARR30-C, ARR38-C
110	assert의 매크로 정의는 실제 함수의 접근을 위해 금지된다(7.2).	MSC38-C
111	assert 매크로 인자는 스칼라 타입을 갖지 않는다(7.2).	
112	CX_LIMITED_RANGE, FENV_ACCESS, FP_CONTRACT 프라그마(pragma)는 모든 외부 선언이 아닌 내부에서 사용 또는 모든 명시적인 선언과 복합문 안에서 구문이 이어진다(7.3.4, 7.6.1, 7.12.2).	
113	문자를 처리하는 함수의 인자의 값은 EOF의 값과 같지 않거나 unsigned char로 표현되지 않는다(7.4).	STR37-C
114	errno의 매크로 선언은 실제 객체에 접근하고자 금지 또는 프로그램이 errno 이름과 함께 식별자를 정의한다(7.5).	DCL37-C, MSC38-C
115	프로그램의 부분은 부동소수점 상태 플래그를 테스트하고 부동소수점 제어 모드를 설정 또는 기본 모드 설정을 하지 않고 실행하지만 FENV_ACCESS 프라그마가 "off"에 대한 상태로 컴파일된다(7.6.1).	
116	부동소수점 상태 플래그의 접근을 제공하는 함수의 예외 마스크 인자(exception-mask argument)는 비트 연산자인 OR에 의해 얻을 수 없는 0이 아닌 값을 갖는다(7.6.2).	
117	fesetexceptflag 함수는 fexcept_t 객체에 대응하는 값을 제공하는 호출에서 지정되지 않은 부동소수점 상태 플래그를 설정하는 데 사용된다(7.6.2.4).	
118	fsetenv나 feupdateenv의 인자는 fegetenv나 feholdexcept의 호출에 의해 설정하는 객체가 아니며 환경변수 매크로도 아니다(7.6.4.3, 7.6.4.4).	
119	정수 연산이나 변환 함수의 결괏값은 표현될 수 없다(7.8.2.1, 7.8.2.2, 7.8.2.3, 7.8.2.4, 7.22.6.1, 7.22.6.2, 7.22.1).	ERR07-C
120	프로그램은 setlocale 함수에 의해 반환되는 값에 의해 참조되는 문자열을 변환한다(7.11.1.1).	ENV30-C
121	프로그램은 localeconv 함수에 의해 반환되는 값에 의해 참조되는 구조체를 변경한다(7.11.2.1).	ENV30-C
122	math_errhandling의 매크로 정의는 금지 또는 프로그램은 math_errhandling 이름을 가진 식별자를 정의한다(7.12).	MSC38-C
123	부동소수점의 분류나 비교 매크로의 인자는 실수가 아니다(7.12.3, 7.12.14).	
124	setjmp의 매크로 정의는 실제 함수에 접근하고자 금지 또는 프로그램은 setjmp 이름을 가진 외부 식별자를 정의한다(7.13).	MSC38-C

UB	설명	가이드라인
125	setjmp 매크로의 호출은 허용되는 내용이 아닌 다른 곳에서 발생한다(7.13.2.1).	MSC22-C
126	longjmp 함수는 존재하지 않는 환경 변수를 재저장하고자 호출된다(7.13.2.1).	MSC22-C
127	longjmp 후에 volatile 지정자 타입이 아닌 자동 저장 클래스 객체의 값을 접근하려는 시도가 있고 setjmp 매크로에 대응하는 호출을 포함하는 함수가 로컬에 있으며 그것은 setjmp 호출과 longjmp 호출 사이에서 변경된다(7.13.2.1).	MSC22-C
128	프로그램은 유효하지 않은 포인터를 시그널 핸들러 함수에 지정한다(7.14.1.1).	
129	시그널 핸들러는 계산의 예외에 해당하는 시그널이 발생될 때 반환한다(7.14.1.1).	SIG31-C
130	SIGFPE, SIGILL, SIGSEGV, 계산의 예외에 해당하는 구현에서 정의된 다른 값을 대응해 호출된 시그널 핸들러가 반환한다(7.14.1.1).	SIG35-C
131	시그널은 abort나 raise 함수를 호출한 결과로서 발생되고 시그널 핸들러는 raise 함수를 호출한다(7.14.1.1).	SIG30-C, SIG31-C
132	시그널은 abort나 raise 함수의 호출의 결과로서 발생하고, 시그널 핸들러는 volatile sig_atomic_t로 선언된 객체를 할당하는 값이 아닌 잠금이 없는 아토믹 객체의 스레드나 정적 저장 존속 기간을 가진 객체를 참조한다. 또한 abort 함수, _Exit 함수, quick_exit 함수, signal 함수(동일한 시그널 번호로)보다 표준 라이브러리에서 함수를 호출한다(7.14.1.1).	SIG31-C
133	시그널 후에 참조되는 errno의 값은 abort 또는 raise 함수와 signal 함수의 호출로부터 반환된 SIG_ERR에서 얻어진 시그널 핸들러에서 발생된다(7.14.1.1).	ERR32-C
134	시그널은 비동기적인 시그널 핸드러에 의해 생성된다(7.14.1.1).	
135	signal 함수는 멀티스레드 프로그램에서 사용된다(7.14.1.1).	CON37-C
136	가변 인자를 가진 함수는 적합하게 선언되고 초기화된 va_list 객체가 아닌, 또는 va_start 매크로가 호출되기 전에 가변적 인자에 접근하려는 시도를 한다(7.16, 7.16.1.1, 7.16.1.4).	
137	매크로 va_arg는 동일한 매개 변수를 가진 va_arg 매크로를 호출하는 함수를 전달하는 매개 변수 ap를 사용해서 호출된다(7.16).	
138	va_strat, va_arg, va_copy, va_end의 매크로 정의는 실제 함수에 접근하고자 금지 또는 프로그램은 va_copy나 va_end 이름을 가진 외부 식별자를 선언한다(7.16.1).	MSC38-C
139	va_start나 va_copy 매크로는 동일한 함수에서 va_end 매크로로의 대응하는 호출 없이 사용된다(7.16.1, 7.16.1.2, 7.16.1.3, 7.16.1.4).	
140	va_arg 매크로의 매개 변수 타입은 뒤에 붙은 *에 의해 단순하게 얻을 수 있는 타입의 객체에 대한 포인터가 아니다(7.16.1.1).	

UB	설명	가이드라인
141	va_arg 매크로는 다음 인자가 없을 때 호출 또는 예외와 함께 인자의 확장된 타입과 호환되지 않는 타입으로 호출된다(7.16.1.1).	DCL10–C
142	va_copy나 va_start 매크로는 동일한 va_list에서 va_end 매크로의 호출 없이 매크로에 의해 이전에 초기화되는 va_list를 초기화하려고 호출된다(7.16.1.2, 7.16.1.4).	
143	va_start 매크로의 paramN 매개 변수는 레지스터 저장 클래스, 함수나 배열 타입, 기본 인자 확장의 애플리케이션 결과에 의한 타입과 함께 선언된다(7.16.1.4).	
144	offsetof 매크로의 멤버 지정자 매개 변수는 타입 매개 변수에 대한 . 연산자의 유효하지 않은 오른쪽 피연산 또는 비트 필드를 지정한다(7.19).	
145	정수 상수(integer–constant) 매크로의 인스턴스에서 인자는 10진수, 8진수, 16진수 상수 또는 대응하는 타입의 경계를 초과하는 값을 갖는다(7.20.4).	
146	입/출력 바이트 함수는 와이드로 발생한 스트림에 의해 지원되거나 와이드 문자 입/출력 함수는 바이트에 기초한 스트림에 의해 지원된다(7.21.2).	
147	사용은 와이드에 기초한 스트림에 가장 최근에 쓰인 와이드 문자를 넘어 파일의 특정 부분에 만들어진다(7.21.2).	
148	FILE 객체의 포인터 값은 연관된 파일이 닫힌 후에 사용된다(7.21.3).	FIO42–C, FIO46–C
149	fflush 함수의 스트림은 입력 스트림 또는 가장 최근의 연산이 입력해서 변경된 스트림을 참조한다(7.21.5.2).	
150	fopen 함수의 호출에서 모든 인자에 의해 참조되는 문자열은 지정된 문자 시퀀스와 동일하지 않다(7.21.5.3).	
151	업데이트된 스트림에서 출력 연산이 fflush 함수의 호출 없이 입력 동작에 의해 이어지거나 파일 위치 함수, 업데이트된 스트림에서 입력 연산이 파일 위치 함수의 호출과 함께 출력 동작에 의해 이어진다(7.21.5.3).	FIO39–C
152	setvbuf 함수의 호출에서 제공된 배열의 내용을 사용하도록 만들려고 시도한다(7.21.5.6).	
153	포맷된 입/출력 함수의 호출에서 포맷에 대한 불충분한 인자가 있거나 또는 인자가 적절한 타입을 갖지 않는다(7.21.6.1, 7.21.6.2, 7.29.2.1, 7.29.2.2).	FIO47–C
154	포맷된 입/출력 함수 또는 strftime이나 wcsftime 함수의 호출에서 포맷은 초기 시프트 상태에서 시작과 종료하는 유효하지 않은 멀티바이트 문자 시퀀스다(7.21.6.1, 7.121.6.2, 7.27.3.5, 7.229.2.1, 7.29.2.2, 7.29.5.1).	
155	포맷된 출력 함수의 호출에서 정밀도는 설명되지 않은 다른 변환 명세와 함께 나타낸다(7.21.6.1, 7.29.2.1).	FIO47–C

UB	설명	가이드라인
156	포맷된 출력 함수에 대한 변환 명세는 크기와 정밀도 필드 인자를 나타내려고 별표(*)를 사용하지만 대응하는 인자는 제공되지 않는다(7.21.6.1, 7.29.2.1).	
157	포맷된 출력 함수의 변환 명세는 설명되지 않은 변환 명세로 #이나 0 플래그를 사용한다 (7.21.6.1, 7.29.2.1).	FIO47-C
158	포맷된 입/출력 함수의 변환 명세는 설명되지 않은 변환 명세로 길이 변환자를 사용한다 (7.21.6.1, 7.21.6.2, 7.29.2.1, 7.29.2.2).	FIO47-C
159	S 변환 지정자는 포맷된 출력 함수와 만나고 인자는 널 종료 문자를 누락한다(정밀도가 널 종료 문자를 필요로 하지 않는다고 지정하지 않는 한)(7.21.6.1, 7.29.2.1).	
160	포맷된 입/출력 함수의 하나로 n 변환 함수는 플래그, 할당이 내재된 문자, 필드 넓이, 정밀도를 포함한다(7.21.6.1, 7.21.6.2, 7.29.2.1, 7.29.2.2).	
161	% 변환 지정자는 포맷된 입/출력 함수의 하나와 만나지만 완전한 변환 명세는 정확하게 %%는 아니다(7.21.6.1, 7.21.6.2, 7.29.2.1, 7.29.2.2).	FIO47-C
162	유효하지 않은 변환 명세는 포맷된 입/출력 함수, strftime, wcsftime 함수의 하나에 대한 포맷으로 발견된다(7.21.6.1, 7.21.6.2, 7.27.3.5, 7.29.2.1, 7.29.2.2, 7.29.5.1).	FIO47-C
163	포맷된 출력 함수(배열에 쓰이거나 배열에 쓰일 수 있는)에 의해 전송되는 문자나 와이드 문자의 개수는 INT_MAX보다 크다(7.21.6.1, 7.29.2.1).	
164	포맷된 입력 함수에 의해 할당된 입력 아이템의 개수는 INT_MAX보다 크다(7.21.6.2, 7.29.2.2).	
165	포맷된 입력 함수의 하나로 변환된 결과와 객체에서 표현될 수 없거나 또는 받을 수 있는 객체가 적합한 타입을 갖지 않는다(7.21.6.2, 7.29.2.2).	
166	c나 s, [의 변환 지정자는 포맷된 입력 함수의 하나와 만나고 대응하는 인자에 의해 참조되는 배열이 입력 시퀀스(그리고 변환 지정자가 s나 [라면 널 종료 문자)를 받을 만큼 충분히 크지 않다(7.21.6.2, 7.29.2.2).	
167	l 지정자를 갖고 있는 c나 s, [변환 지정자는 포맷된 입력 함수의 하나와 만나지만 입력은 초기 시프트 상태에서 시작하는 유효하지 않은 멀티바이트 문자다(7.21.6.2, 7.29.2.2).	
168	포맷된 입력 함수의 하나로 %p 변환의 입력 아이템은 동일한 프로그램 수행 시 먼저 변환된 값이 아니다(7.21.6.2, 7.29.2.2).	
169	vfprintf, vfscanf, vprintf, vscanf, vsnprintf, vsprintf, vsscanf, vfwprintf, vfwscanf, vswprintf, vswscanf, vwprintf, vwscanf 함수는 부적합하게 초기화는 va_list 인자와 함께 호출 또는 함수가 반환된 후에 인자가 사용된다(va_end의 호출이 아닌 다른 호출)(7.21.6.8, 7.21.6.9, 7.21.6.10, 7.21.6.11, 7.21.6.12, 7.21.6.13, 7.21.6.14, 7.29.2.5, 7.29.2.6, 7.29.2.7, 7.29.2.8, 7.29.2.9, 7.29.2.10).	

UB	설명	가이드라인
170	fgets, gets, fgetws 함수의 호출에서 제공되는 배열의 내용은 읽기 에러가 발생된 후에 사용된다(7.21.7.2, 7.21.7.7, 7.293.2).	FIO40-C
171	바이너리 스트림의 파일 위치 지시자는 호출 전에 값이 0이 되는 곳에서 ungetc 함수의 호출 후에 사용된다(7.21.7.11).	
172	스트림의 파일 위치 지시자는 fread나 fwrite 함수의 호출 동안 발생된 에러 후에 사용된다(7.21.8.1, 7.21.8.2).	
173	fread 함수의 호출에 의해 부분적 원소 읽기 동작이 사용된다(7.21.8.1).	
174	fseek 함수는 0이 아닌 오프셋을 가진 텍스트 스트림에서 호출되고, 동일한 파일과 연관된 스트림에서 이전의 ftell 함수의 성공적인 호출에 의해 오프셋이 반환되지 않거나 또는 whence인자는 SEEK_SET이 아니다(7.21.9.2).	
175	fsetpos 함수는 동일한 파일과 연관된 스트림에서 fgetpos 함수에 대한 이전의 성공적인 호출에 의해 반환되지 않는 위치를 설정하려고 호출된다(7.21.9.3).	
176	0으로 요청된 크기를 가진 calloc, malloc, realloc 함수의 호출로 반환되는 널이 아닌 포인터는 객체에 접근하는 데 사용된다(7.22.3).	MEM04-C
177	free나 realloc 함수에 호출로 할당이 해제되는 공간을 참조하는 포인터의 값이 사용된다(7.22.3).	MEM30-C
178	aligned_alloc 함수의 요청된 정렬이 유효하지 않거나 또는 구현에 의해 지원되지 않으며 요청되는 크기는 정렬의 정배수가 아니다(7.22.3.1).	
179	free나 realloc 함수의 포인터 인자는 calloc, malloc, realloc, free, realloc 호출에 의해 할당이 해제된 공간에 의해 먼저 반환된 포인터와 동일하지 않다(7.22.3.3, 7.22.3.5).	MEM34-C
180	malloc 함수에 의해 할당된 객체의 값이 사용된다(7.22.3.4).	
181	이전 객체의 크기를 넘어 realloc 함수에 의해 할당된 새로운 객체의 바이트 값이 사용된다(7.22.3.5).	EXP33-C
182	프로그램은 exit이나 quick_exit을 한 번 이상 호출 또는 두 함수 모두를 호출한다(7.22.4.4, 7.22.4.7).	ENV32-C, ERR04-C
183	Atexit, at_quick_exit 함수와 등록되는 함수를 호출하는 동안 등록된 함수의 호출을 종료하는 longjmp 함수의 호출을 만든다(7.22.4.4, 7.22.4.7).	ENV32-C
184	getenv, strerror 함수에 의해 설정되는 문자열은 프로그램에 의해 수정된다(7.22.4.6, 7.24.6.2).	ENV30-C
185	quick_exit 함수가 실행되는 동안 시그널이 발생된다(7.22.4.7).	

UB	설명	가이드라인
186	커맨드는 종료나 정의되지 않은 동작을 일으키는 원인을 문서화하는 system 함수를 통해 실행된다(7.22.4.8).	
187	검색이나 분류 기능을 가진 함수는 원소의 멤버가 0이라고 할지라도 유효하지 않은 포인터 인자와 함께 호출된다(7.22.5).	
188	검색이나 분류 기능을 가진 함수에 의해 호출되는 비교 함수는 검색이나 분류되는 배열의 내용을 변경하거나 또는 일관되지 않게 정렬되는 값을 반환한다(7.22.5).	
189	besearch 함수에 의해 검색되는 배열은 적합한 순서에서 그것의 원소를 갖지 않는다(7.22.5.1).	
190	현재 변환 상태는 LC_CTYPE 카테고리의 변경 후에 멀티바이트/와이드 문자 변환 함수에 의해 사용된다(7.22.7).	
191	문자열이나 와이드 문자열 유틸리티 함수는 객체의 경계를 넘어 배열에 접근하도록 지시된다(7.24.1, 7.29.4).	
192	문자열이나 와이드 문자열 유틸리티 함수는 길이가 0이라도 유효하지 않은 포인터의 인자로 호출된다(7.24.1, 7.29.4).	
193	대상 배열의 내용은 지정된 길이가 너무 작아 전체에 널로 종료하는 결과를 유지할 수 없는 strxfrm, strftime, wcsxfrm, wcsftime 함수를 호출한 후 사용된다(7.24.4.5, 7.29.4.4.4, 7.29.5.1).	
194	strtok 또는 wcstok에 대한 첫 번째 호출에서 첫 번째 인자는 널 포인터다(7.24.5.8, 7.29.4.5.7).	
195	타입 제네릭(type-generic) 매크로 인자의 타입은 선택된 함수의 매개 변수 타입과 호환되지 않는다(7.25).	
196	복잡한 인자(complex argument)는 복잡한 함수(complex function)를 갖지 않는 타입 제네릭 매크로의 제네릭 매개 변수가 제공된다(7.25).	
197	날짜와 시간의 표현에서 적어도 하나가 asctime으로 전달되고 일반적인 범위 밖의 값을 포함 또는 4자리를 초과하는 연도를 계산하거나 1000년보다 적은 값을 갖는다(7.27.3.1).	
198	fwprintf 함수의 호출에서 1 지정자 없이 s 지정자에 대응하는 인자는 초기 시프트 상태에서 시작하는 유효한 멀티 바이트 문자 시퀀스를 참조하지 않는다(7.29.2.11).	
199	wcstok 함수의 호출에서 ptr에 의해 참조되는 객체는 동일한 와이드 문자열의 이전 호출에 의해 저장되는 값을 갖지 않는다(7.29.4.5.7).	
200	mbstate_t 객체는 부적절하게 사용된다(7.29.6).	EXP33-C

UB	설명	가이드라인
201	와이드 문자 분류를 위한 wint_t 타입의 인자 값이나 또는 케이스 매핑 함수는 WEOF의 값과 동일하지 않고 wchar_t로서 표현되지 않는다(7.230.1).	
202	iswctype 함수는 설명을 반환하는 wctype 함수의 호출에 대한 효과로 다른 LC_CTYPE 카테고리를 사용해서 호출된다(7.30.2.2.1).	
203	towctrans 함수는 설명을 반환하는 wctrans 함수의 호출에 대한 효과의 하나로 다른 LC_CTYPE 카테고리를 사용해서 호출된다(7.30.3.2.1).	

부록 C

지정되지 않은 동작

C Standard, Annex J, J.1 [ISO/IEC 9899:2011]에 따르면 프로그램의 동작은 다음의 표에서 설명된 환경에서 지정되지 않는다. '설명' 칼럼은 표준의 직접적인 인용이다. 괄호에 들어가 있는 번호는 지정되지 않은 동작을 식별하는 표준 C(C11)의 참조하는 절(paragraph, subclause)이다. '가이드라인' 칼럼은 지정되지 않은 동작[USB]의 특정한 케이스를 설명하는 코딩 표준을 가리킨다.

USB	설명	가이드라인
1	정적(static) 초기화의 방식과 시기(5.1.2).	
2	만약 main의 반환 타입이 int와 호환되지 않는다면 종료 상태는 호스트 환경으로 반환 (5.1.2.2.3).	
3	잠금이 없는 아토믹 객체의 값도 volatile sig_atomic_t 타입의 값도 아니며 가상 머신의 처리가 시그널의 수신에 의해 인터럽트될 때 부동소수점 환경 변수의 상태 (5.1.2.3).	
4	출력하는 문자의 현재 위치가 라인의 마지막에 있고 그 문자가 쓰이는 경우 출력하는 장치의 동작(5.2.2).	
5	백스페이스 문자의 현재 위치가 라인의 시작 위치에 있고 그 문자가 쓰이는 경우 출력하는 장치의 동작(5.2.2).	
6	수평 탭 문자의 현재 위치가 마지막으로 정의된 수평 탭 위치나 또는 그 위치를 지나서 쓰이는 경우 출력하는 장치의 동작(5.2.2).	
7	수직 탭 문자의 현재 위치가 마지막으로 정의된 수직 탭 위치나 또는 그 위치를 지나서 쓰이는 경우 출력하는 장치의 동작(5.2.2).	

USB	설명	가이드라인
8	유니버설 문자 이름과 대응하지 않는 확장된 소스 문자가 외부 식별자로 중요한 초기 문자를 포함하는 경우(5.2.4.1).	
9	타입 표현의 많은 유형(6.2.6).	
10	구조체나 공유체에서 값을 저장하는 경우 패딩 바이트 값(6.2.6.1).	
11	마지막으로 저장된 것이 아닌, 그 외의 다른 공유체 멤버의 바이트 값(6.2.6.1).	EXP-39C
12	값에 대한 하나 이상의 표현식을 가진 객체에 값을 저장할 때 사용되는 표현식(6.2.6.1).	
13	정수 표현식에서 패딩 비트의 값(6.2.6.2).	
14	어떤 연산자가 음수 0인 값을 생성 또는 음수 0이 객체에 저장될 때 일반적인 0으로 되는 경우(6.2.6.2).	
15	2개의 문자열 리터럴이 서로 다른 배열을 발생하는 경우(6.4.5).	
16	하위 표현식이 평가되는 순서 그리고 함수 호출에 지정된 (), &&, ||, ?:, 콤마 연산자를 제외한 부수 효과가 발생되는 순서(6.5).	EXP30-C
17	함수 지시자, 인자, 함수 호출에서 평가되는 인자 내에서의 하부 표현식의 순서(6.5.2.2).	
18	복합 문자열 초기화 리스트 표현식에서 부수 효과의 순서(6.5.2.5).	
19	할당 연산자의 피연산자가 평가되는 순서(6.5.16).	
20	비트 필드(bit-field)를 유지하려고 할당된 주소가 있는 저장 유닛의 정렬(6.7.2.1).	
21	인라인 함수의 호출이 인라인 정의를 사용하거나 함수의 외부 선언을 사용하는 경우(6.7.4).	
22	sizeof 연산자의 피연산자 부분인 경우 사이즈 표현식이 평가되는지의 여부와 사이즈 표현식의 값 변경이 연산자의 결과에 영향을 주지 않는 경우(6.7.6.2).	EXP44-C
23	초기화 구문에서 부수 효과가 초기화 리스트 표현식 사이에서 발생하는 순서(6.7.9).	
24	함수 매개 변수에 대한 저장 레이아웃(6.9.1).	
25	전체적으로 확장된 매크로 교체 리스트가 함수형 매크로 이름을 마지막 전처리 토큰으로 포함할 경우와 소스 파일로부터 다음 전처리 토큰이 (인 경우 그리고 전체 확장된 첫 번째 매크로의 이름을 갖고 끝나는 매크로의 확장된 교체는 다시 (이며 이것이 중복된 교체로 간주되는 경우(6.10.3).	
26	#와 ## 연산이 매크로가 대체되는 동안 평가되는 순서(6.10.3.2, 6.10.3.3).	
27	FENV_ACCESS가 'off'로 해석되는 프로그램의 부분에서 FENV_ACCESS가 'on'으로 해석되는 부분까지 실행이 전달될 때 부동소수점 플래그의 상태(7.6.1).	

USB	설명	가이드라인
28	F.8.6에서 언급된 것을 제외하고 feraiseexcept에서 부동소수점 예외를 발생시키는 순서(7.6.2.3).	
29	math_errhandling이 매크로이거나 또는 외부 링크를 가진 식별자인 경우(7.12).	DCL37-C
30	지정된 값이 부동소수점이 아닌 경우에 frexp 함수의 결과(7.12.6.4).	
31	정확한 값이 반환 타입의 범위 외부에 있을 때 ilogb 함수의 산술 결과(7.12.6.5, F.10.3.5).	
32	값이 범위 밖에 있을 때 반올림의 결괏값(7.12.9.5, 7.12.9.7,F.10.6.5).	
33	y가 0일 때 quo에 의해 참조되는 객체에서 remquo 함수에 의해 저장되는 값(7.12.10.3).	
34	비교 매크로 인자가 구문의 타입 변환으로 보다 큰 포맷 안에서 표현되는 경우(7.12.14).	
35	setjmp는 매크로이거나 외부 링크를 가진 식별자인 경우(7.13).	DCL37-C
36	va_copy와 va_end가 매크로이거나 외부 링크를 가진 식별자인 경우(7.16.1).	DCL37-C
37	일반화되지 않은 부동소수점이 a나 A 변환 지정자와 함께 출력되는 경우 소수점 앞의 16진수 값(7.21.6.1, 7.29.2.1).	
38	모든 푸시백 문자가 읽히거나 버려질 때까지 텍스트 스트림에 대한 ungetc 함수, 또는 문자열에 대한 ungetwc 함수의 성공적인 호출 후에 파일 위치 지시자의 값(7.21.7.10,7.29.3.10).	
39	fgetpos 함수에 의해 저장되는 세부적인 값(7.21.9.1).	
40	다음 텍스트 스트림을 위한 ftell 함수에 의해 반환되는 세부적인 값(7.21.9.4).	
41	Strtod, strtof, strtold, wcstod, wcstof, wcstold 함수가 음수 부호를 가진 음수로 변환하거나 음수의 값에 의해 unsigned 시퀀스로 변환을 하는 경우(7.22.1.3, 7.29.4.1.1).	
42	calloc와 malloc, realloc 함수의 연속되는 호출에 의해 할당되는 저장 공간의 인접도와 순서(7.22.3).	
43	0바이트가 요청됐을 경우 caloc, malloc, realloc 함수의 연속되는 호출에 의해 할당된 저장 공간의 양(7.22.3).	MEM04-C
44	exit 함수가 호출되기 전에 발생되지 않은 atexit 함수의 호출이 계속 수행되는 경우(7.22.4.2).	
45	quick_exit 함수가 호출되기 전에 발생되지 않은 at_quick_exit 함수가 계속 수행되는 경우(7.22.4.3).	
46	동일하게 비교되는 2개의 원소가 besearch 함수에 의해 같게 되는 경우(7.22.5.1).	

USB	설명	가이드라인
47	동일하게 비교되는 2개의 원소 순서가 qsort 함수에 의해 분류되는 경우(7.22.5.2).	
48	캘린더 시간의 인코딩이 time 함수에 의해 반환되는 경우(7.27.2.4).	MSC05-C
49	만약 변환된 시간의 값이 일반적 범위에서 벗어나면 strftime이나 wcsftime 함수에 의해 저장되는 문자(7.27.3.5, 7.29.5.1).	
50	wchar_t 값이 7.92.2나 7.29.5에서 함수에 대한 포맷 문자열을 나타내는 확장된 문자 집합의 멤버가 아니면 인코딩 에러가 발생하고 지정된 구문은 wcrtomb에 의해 처리되는 값을 요구하지 않는 경우(7.29.1).	
51	인코딩 에러가 발생된 후에 변환 상태(7.28.1.1, 7.28.1.2, 7.28.1.3, 7.28.1.4, 7.29.6.3.2, 7.29.6.3.3, 7.29.6.4.1, 7.29.6.4.2).	
52	IEC 60559 부동소수점의 정수 변환에서 '유효하지 않은' 부동소수점 예외가 발생되는 경우 결괏값(F.4).	
53	정수가 아닌 IEC 60559 부동소수점 값의 정수 변환이 '부정확한' 부동소수점 예외를 일으키는 경우(F.4).	
54	IEC 60559를 준수하는 구현에서 <math.h>의 라이브러리 함수가 '부정확한' 부동소수점 예외를 일으키는 경우(F.10).	
55	IEC 60559를 준수하는 구현에서 <math.h>의 라이브러리 함수가 부적당한 '언더플로' 부동소수점 예외를 일으키는 경우(F.10).	
56	NaN이나 무한대 값에 대한 frexp에 의해 저장되는 지수 값(F.10.3.4).	
57	만약 반올림 값이 반환되는 타입의 범위 밖에 있는 경우 lrint, llrint, lround, llround 함수에 의한 반환되는 결괏값(F.10.6.5, F.10.6.7).	
58	IEC 60559-호환성 있는 구현에서 특정 예외 값을 위한 수학 함수의 복잡한 결과 (complex result)에서 sign에 해당하는 부분(G.6.1.1, G.6.2.2, G.6.2.3, G.6.2.4, G.6.2.5, G.6.2.6, G.6.3.1, G.6.4.2).	

참고 문헌

[Acton 2006] Acton, Mike. Understanding Strict Aliasing. CellPerformance, June 1, 2006.

[Banahan 2003] Banahan, Mike, Declan Brady, and Mark Doran. The C Book, Second Edition. Originally published by Addison-Wesley in 1991. Published by Mike Banahan as an e-book in 2003. http://www.phy.duke.edu/~rgb/General/c_book/c_book/index.html

[Brainbell.com] Brainbell.com. "Advice and Warnings for C Tutorials." http://www.brainbell.com/tutors/c/Advice_and_Warnings_for_C/

[Bryant 2003] 『컴퓨터 시스템(Computer Systems: A Programmer's Perspective)』(Randal E. Bryant, David R. O'Hallaron 지음, 김형신 옮김, 피어슨에듀케이션코리아, 2016)

[C99 Rationale 2003] Rationale for International Standard—Programming Languages—C, Revision 5.10 (C99 Rationale), April 2003. http://www.open-std.org/jtc1/sc22/wg14/www/C99RationaleV5.10.pdf

[Chess 2007] Chess, Brian, and Jacob West. Secure Programming with Static Analysis. Boston:Addison-Wesley, 2007.

[Coverity 2007] Coverity Prevent User's Manual (3.3.0). 2007.

[CVE] Common Vulnerabilities and Exposures. http://cve.mitre.org/

[Dewhurst 2002] Dewhurst, Stephen C. C++ Gotchas: Avoiding Common Problems in Coding and Design. Boston: Addison-Wesley, 2002.

[DHS 2006] U.S. Department of Homeland Security. "Build Security In." 2006. https://buildsecurityin.us-cert.gov/

[DISA 2008] DISA. Application Security and Development Security Technical Implementation Guide, Version 2, Release 1. July 2008. http://citeseerx.ist.psu.edu/viewdoc/download?rep=rep1&type=pdf&doi=10.1.1.184.4979

[Dowd 2006] 『소프트웨어 보안 평가(The Art of Software Security Assessment: Identifying and Preventing Software Vulnerabilities)』(마크 다우드, 존 맥도날드, 저스틴 쉬허 지음, 삼성SDS 정보보안연구회 옮김, 에이콘출판, 2013) http://taossa.com for updates and errata.

[Drepper 2006] Drepper, Ulrich. "Defensive Programming for Red Hat Enterprise Linux(and What To Do If Something Goes Wrong)." May 3, 2006. http://people.redhat.com/drepper/defprogramming.pdf

[Finlay 2003] Finlay, Ian A. CERT Advisory CA-2003-16, "Buffer Overflow in Microsoft RPC." CERT/CC, July 2003. http://www.cert.org/advisories/CA-2003-16.html

[Flake 2006] Flake, Halvar. "Attacks on Uninitialized Local Variables." Black Hat Federal, 2006. http://www.blackhat.com/presentations/bh-europe-06/bh-eu-06-Flake.pdf

[Garfinkel 1996] Garfinkel, Simson, and Gene Spafford. Practical UNIX & Internet Security, Second Edition. Sebastopol, CA: O'Reilly Media, 1996.

[GCC Bugs] GCC Team. "GCC Bugs." Free Software Foundation, Inc., 2013. http://gcc.gnu.org/bugs/#nonbugs_c

[GNU Pth] Engelschall, Ralf S. GNU Portable Threads, 2006. http://www.gnu.org/software/pth/

[Goodin 2009] Goodin, Dan. "Clever Attack Exploits Fully-Patched Linux Kernel." The Register, July 2009. http://www.theregister.co.uk/2009/07/17/linux_kernel_exploit/

[Graff 2003] Graff, Mark G., and Kenneth R. Van Wyk. Secure Coding: Principles and Practices. Cambridge, MA: O'Reilly, 2003.

[Greenman 1997] Greenman, David. "Serious Security Bug in wu-ftpd v2.4." BUGTRAQ Mailing List (bugtraq@securityfocus.com), January 2, 1997. http://seclists.org/bugtraq/1997/Jan/0011.html

[Griffiths 2006] Griffiths, Andrew. "Clutching at Straws: When You Can Shift the Stack Pointer." 2006. http://felinemenace.org/papers/p63-0x0e_Shifting_the_Stack_Pointer.txt

[Hatton 1995] Hatton, Les. Safer C: Developing Software for High-Integrity and Safety-Critical Systems. New York: McGraw-Hill, 1995.

[Henricson 1992] Henricson, Mats, and Erik Nyquist. "Programming in C++, Rules and Recommendations." Ellemtel Telecommunication Systems Laboratories, 1992. http://www.doc.ic.ac.uk/lab/cplus/c++.rules/

[Horton 1990] Horton, Mark R. Portable C Software. Upper Saddle River, NJ: Prentice Hall, 1990.

[Howard 2002] Howard, Michael, and David C. LeBlanc. Writing Secure Code, Second Edition. Redmond, WA: Microsoft Press, 2002.

[IEC 60812] International Electrotechnical Commission (IEC). Analysis Techniques for System Reliability-Procedure for Failure Mode and Effects Analysis (FMEA), Second Edition. (IEC 60812). Geneva, Switzerland: IEC, 2006.

[IEC 61508-4] IEC. Functional Safety of Electrical/Electronic/Programmable Electronic Safety-Related Systems-Part 4: Definitions and Abbreviations (IEC 61508-4). Geneva, Switzerland: IEC, 1998.

[IEEE 754] Institute of Electrical and Electronics Engineers (IEEE). Standard for Binary Floating-Point Arithmetic (IEEE 754-2008), 2008. http://grouper.ieee.org/groups/754/

[IEEE Std 1003.1-2013] IEEE and The Open Group. Standard for Information Technology—Portable Operating System Interface (POSIX®), Base Specifications, Issue 7 (IEEE Std 1003.1,2013 Edition). E-book: http://ieeexplore.ieee.org/servlet/opac?punumber=6506089

[IEEE Std 610.12-1990] IEEE Computer Society. IEEE Standard Glossary of Software Engineering Terminology. New York: IEEE, September 1990.

[Internet Society 2000] The Internet Society. Internet Security Glossary (RFC 2828). 2000. ftp://ftp.rfc-editor.org/in-notes/rfc2828.txt

[ISO/IEC 10646:2012] International Organization for Standardization/International Electrotechnical Commission (ISO/IEC). Information Technology—Universal Multiple-Octet Coded Character Set (UCS) (ISO/IEC 10646:2012). Geneva, Switzerland: ISO, 2012. http://standards.iso.org/ittf/PubliclyAvailableStandards/index.html

[ISO/IEC 11889-1:2009] ISO/IEC. Information Technology—Trusted Platform Module—Part 1:Overview (ISO/IEC 11889-1:2009). Geneva, Switzerland: ISO, 2009.

[ISO/IEC 14882:2011] ISO/IEC. Information Technology—Programming Languages—C++, Third Edition. (ISO/IEC 14882-2011). Geneva, Switzerland: ISO, 2011.

[ISO/IEC 9899:1990] ISO/IEC. Programming Languages—C (ISO/IEC 9899:1990). Geneva, Switzerland: ISO, 1990.

[ISO/IEC 9899:1999] ISO/IEC. Programming Languages—C, Second Edition. (ISO/IEC 9899:1999). Geneva, Switzerland: ISO, 1999.

[ISO/IEC 9899:2011] ISO/IEC. Programming Languages—C, Third Edition. (ISO/IEC 9899:2011). Geneva, Switzerland: ISO, 2011.

[ISO/IEC JTC1/SC22/WG14 N791] ISO/IEC. Solving the Struct Hack Problem (ISO/IEC JTC1/SC22/WG14 N791). Geneva, Switzerland: ISO, 1997.

[ISO/IEC TR 24731-2:2010] ISO/IEC. Extensions to the C Library—Part II: Dynamic Allocation Functions (ISO/IEC TR 24731). Geneva, Switzerland: ISO, April 2010.

[ISO/IEC TR 24772:2013] ISO/IEC. Information Technology–Programming Languages—Guidance to Avoiding Vulnerabilities in Programming Languages through Language Selection and Use (ISO/IEC TR 24772:2013). Geneva, Switzerland: ISO, March 2013.

[ISO/IEC TS 17961:2013] ISO/IEC. Information Technology—Programming Languages, Their Environments and System Software Interfaces–C Secure Coding Rules (ISO/IEC TS 17961). Geneva, Switzerland: ISO, 2012.

[ISO/IEC/IEEE 24765:2010] ISO/IEC/IEEE. Systems and Software Engineering—Vocabulary. Geneva, Switzerland: ISO, 2010.

[Jack 2007] Jack, Barnaby. "Vector Rewrite Attack: Exploitable NULL Pointer Vulnerabilities on ARM and XScale Architectures" (white paper). May 2007. http://cansecwest.com/csw07/Vector-Rewrite-Attack.pdf

[Jones 2008] Jones, Derek M. The New C Standard: An Economic and Cultural Commentary. Farnborough, England: Knowledge Software Ltd., 2008. http://www.knosof.co.uk/cbook/

[Kernighan 1988] 『C 언어 프로그래밍(The C Programming Language)』(Brian W. Kernighan, Dennis M. Ritchie 지음, 김석환, 박용규, 최홍순 옮김 휴먼싸이언스, 2016)

[Kettlewell 2002] Kettlewell, Richard. C Language Gotchas. February 2002. http://www.greenend.org.uk/rjk/2001/02/cfu.html

[Kirch-Prinz 2002] Kirch-Prinz, Ulla, and Peter Prinz. C Pocket Reference. Sebastopol, CA: O'Reilly, 2002.

[Koenig 1989] 『C 함정과 실수(C Traps and Pitfalls)』(앤드류 쾨니히 지음, 윤지은 옮김, 피어슨에듀케이션코리아, 2004)

[Lai 2006] Lai, Ray. "Reading between the Lines." OpenBSD Journal, October 2006. http://undeadly.org/cgi?action=article&sid=20061027031811

[Lea 2000] 『자바 병행 프로그래밍(Concurrent Programming in Java)』(DOUG LEA 지음, 최용호 옮김, 성안당, 2003)

[Liu 2009] Liu, Likai. "Making NULL-Pointer Reference Legal." Life of a Computer Science Student, January, 2009. http://lifecs.likai.org/2009/01/making-null-pointer-reference-legal.Html

[Lockheed Martin 2005] Lockheed Martin. "Joint Strike Fighter Air Vehicle C++ Coding Standards for the System Development and Demonstration Program." Document Number 2RDU00001 Rev C., December 2005. http://www.research.att.com/~bs/JSF-AVrules.Pdf

[McCluskey 2001] McCluskey, Glen. "Fexible Array Members and Designators in C9X." ;login:, 26, 4 (July 2001): 29-32. http://www.usenix.org/publications/login/2001-07/pdfs/mccluskey.pdf

[Mercy 2006] Mercy. "Exploiting Uninitialized Data." SecuriTeam, January 2006. http://www.securiteam.com/securityreviews/5EP040KHFW.html

[Microsoft 2003] Microsoft Security Bulletin MS03-026, "Buffer Overrun In RPC Interface Could Allow Code Execution (823980)." September 2003. http://www.microsoft.com/technet/security/bulletin/MS03-026.mspx

[MISRA C:2012] Motor Industry Software Reliability Association (MISRA). MISRA C3: Guidelines for the Use of the C Language in Critical Systems 2012. Nuneaton, UK: MIRA, 2012. http://www.misra.org.uk/

[MIT 2005] Massachusetts Institute of Technology (MIT). "MIT krb5 Security Advisory 2005-003. http://web.mit.edu/kerberos/www/advisories/MITKRB5-SA-2005-003-recvauth.Txt

[MITRE 2013] MITRE. Common Weakness Enumeration. 2013. http://cwe.mitre.org

[MSDN] Microsoft Developer Network. http://msdn.microsoft.com/en-us/default.aspx

[Murenin 2007] Murenin, Constantine A. "cnst: 10-Year-Old Pointer-Arithmetic Bug in make(1) Is Now Gone, Thanks to malloc.conf and Some Debugging." LiveJournal, June 2007. http://cnst.livejournal.com/24040.html

[NIST 2006] National Institute of Standards and Technology (NIST). SAMATE Reference Dataset. 2006. http://samate.nist.gov/SRD/

[Open Group 1997] The Open Group. "Go Solo 2-The Authorized Guide to Version 2 of the Single UNIX Specification" (white paper). May 1997. http://www.unix.org/whitepapers/64bit.html

[OpenBSD] Berkley Software Design, Inc. Manual Pages. June 2008. http://www.openbsd.org/cgi-bin/man.cgi

[OpenMP] OpenMP. "The OpenMP API® Specification for Parallel Programming." http://openmp.org/wp/

[OWASP Freed Memory] Open Web Application Security Project (OWASP). "Using Freed Memory." http://www.owasp.org/index.php/Using_freed_memory

[Pethia 2003] Pethia, Richard D. "Viruses and Worms: What Can We Do about Them?" September 10, 2003. http://www.cert.org/congressional_testimony/Pethia-Testimony-9-10-2003/

[Plum 1985] Plum, Thomas. Reliable Data Structures in C. Kamuela, HI: Plum Hall, Inc.,1985.

[Plum 1989] Plum, Thomas, and Dan Saks. C Programming Guidelines, Second Edition. Kamuela, HI: Plum Hall, 1989.

[Plum 1991] Plum, Thomas. C++ Programming. Kamuela, HI: Plum Hall, 1991.

[Saks 2007] Saks, Dan. "Sequence Points." Embedded Systems Design, July 1, 2002. http://www.embedded.com/electronics-blogs/programming-pointers/4023983/Sequence-Points

[Seacord 2013a] Seacord, Robert C. "C Secure Coding Rules: Past, Present, and Future." InformIT, June 26, 2013. http://www.informit.com/articles/article.aspx?p=2088511

[Seacord 2013b] Seacord, Robert C. Secure Coding in C and C++, Second Edition. Boston: Addison-Wesley, 2013. See http://www.cert.org/books/secure-coding for news and errata.

[Spinellis 2006] Spinellis, Diomidis. Code Quality: The Open Source Perspective. Boston: Addison-Wesley, 2006. http://www.spinellis.gr/codequality

[Summit 1995] Summit, Steve. C Programming FAQs: Frequently Asked Questions. Reading, MA: Addison-Wesley, 1995.

[Summit 2005] Summit, Steve. "comp.lang.c Answers to Frequently Asked Questions (FAQ List)." 2005. http://www.faqs.org/faqs/comp.lang.c/C-FAQ-list/

[Sun 1993] Sun Security Bulletin #00122. 1993. http://sunsolve.sun.com/search/document.do?assetkey=1-22-00122-1

[UNIX 1992] UNIX System Laboratories. System V Interface Definition, Third Edition. Reading, MA: Addison-Wesley, 1992.

[van Sprundel 2006] van Sprundel, Ilja. "Unusualbugs." 2006. http://2008.ruxcon.org.au/files/2006/unusual_bugs.pdf

[Viega 2003] Viega, John, and Matt Messier. Secure Programming Cookbook for C and C++: Recipes for Cryptography, Authentication, Networking, Input Validation & More. Sebastopol, CA: O'Reilly, 2003.

[Viega 2005] Viega, John. CLASP Reference Guide: Volume 1.1 Training. Secure Software, 2005.

[VU#159523] Giobbi, Ryan. Vulnerability Note VU#159523, "Adobe Flash Player Integer Overflow Vulnerability." April 2008. http://www.kb.cert.org/vuls/id/159523

[VU#162289] Dougherty, Chad. Vulnerability Note VU#162289, "GCC Silently Discards Some Wraparound Checks." April 2008. http://www.kb.cert.org/vuls/id/162289

[VU#551436] Giobbi, Ryan. Vulnerability Note VU#551436, "Mozilla Firefox SVG Viewer Vulnerable to Buffer Overflow." 2007. http://www.kb.cert.org/vulnotes/id/551436

[VU#623332] Mead, Robert. Vulnerability Note VU#623332, "MIT Kerberos 5 Contains Double-Free Vulnerability in 'krb5_recvauth()' Function." 2005. http://www.kb.cert.org/vuls/id/623332

[VU#834865] Gennari, Jeff. Vulnerability Note VU#834865, "Sendmail Signal I/O Race Condition." March 2008. http://www.kb.cert.org/vuls/id/834865

[VU#925211] Dougherty, Chad. Vulnerability Note VU#925211, "Debian and Ubuntu OpenSSL Packages Contain a Predictable Random Number Generator." June 2008. https://www.kb.cert.org/vuls/id/925211

[Walfridsson 2003] Walfridsson, Krister. "Aliasing, Pointer Casts and GCC 3.3." August 2003. http://mail-index.netbsd.org/tech-kern/2003/08/11/0001.html

[Walls 2006] Walls, Douglas. "How to Use the Qualifier in C." Sun ONE Tools Group, Sun Microsystems. March 2006.

[Wang 2012] Wang, Xi. "More Randomness or Less" (blog entry). June 2012. http://kqueue.org/blog/2012/06/25/more-randomness-or-less/

[Warren 2002] 『해커의 즐거움(Hacker's Delight)』(헨리 워렌 지음, 김종규 옮김, 피어슨에듀케이션코리아, 2006) http://www.hackersdelight.org

[Wheeler 2004] Wheeler, David. "Secure Programmer: Call Components Safely." Security-Focus, December 2004. http://www.securityfocus.com/archive/98/385517/30/150/threaded

[Wojtczuk 2008] Wojtczuk, Rafal. "Analyzing the Linux Kernel vmsplice Exploit." McAfee Avert Labs blog, February 13, 2008. http://www.avertlabs.com/research/blog/index.php/2008/02/13/analyzing-the-linux-kernel-vmsplice-exploit/

[xorl 2009] xorl. "xorl %eax, %eax." 2009. http://xorl.wordpress.com/

[Zalewski 2001] Zalewski, Michal. "Delivering Signals for Fun and Profit: Understanding, Exploiting and Preventing Signal-Handling Related Vulnerabilities." Bindview Corporation, May 2001. http://lcamtuf.coredump.cx/signals.txt

찾아보기

CERT® C 프로그래밍 2/e

버그 없는 안전한 소프트웨어

발 행 | 2022년 8월 31일

지은이 | 로버트 C. 시코드
옮긴이 | 노 영 찬

펴낸이 | 권 성 준
편집장 | 황 영 주
편 집 | 조 유 나
　　　　김 다 예
　　　　임 지 원
디자인 | 윤 서 빈

에이콘출판주식회사
서울특별시 양천구 국회대로 287 (목동)
전화 02-2653-7600, 팩스 02-2653-0433
www.acornpub.co.kr / editor@acornpub.co.kr